GMF 시리즈 ②

전인적 선교 훈련,
어떻게 할 것인가?

로버트 브링좁슨, 조나단 루이스 편집 | 변진석, 엄주연 옮김

사단법인 **한국해외선교회**
Global Missionary Fellowship, Inc.

사단법인 한국해외선교회(Global Missionary Fellowship: 약칭 GMF)는 1987년에 설립된 초교파 복음주의 선교 공동체로 2012년 현재 720명의 파송선교사가 59개국에서 사역하고 있으며 산하에 다음과 같은 부서가 있습니다. GMF는 세계 복음화를 위한 한국 교회와 전 세계 교회의 파트너로 섬기는 일을 다하고자 합니다.

파송부서: GBT, GMP, HOPE

지원부서: KRIM(선교연구)

        GMTC, GPTI, GLFocus(훈련 및 리더십양성),

        MK-Nest(선교사 자녀)

        법인사역부(장기 정책, 대정부 업무)

Integral Ministry Training

Design & Evaluation

Edited by
Robert Brynjolfson · Jonathan Lewis

Translated by
Jin Suk Byun · Joo Yun Eum

Copyright © 2006 by World Evangelical Alliance Mission Commission
Originally published in English under the title as
Integral Ministry Training
by William Carey Library
Translated and used by the permission of
William Carey Library 1605 E. Elizabeth Street,
Pasadena, California 91104

All rights reserved

Korean Edition
Copyright © 2013 by Global Missionary Fellowship
Seoul, Korea

| 일러두기 |

이 자료는 세계복음주의연맹(WEA) 선교위원회(MC)의 허락을 받아 (사)한국해외선교회(GMF) 산하의 한국글로벌리더십연구원(GLF)과 한국선교훈련원(GMTC)이 공동으로 주최하는 "선교사와 사역자를 위한 전인적 사역 훈련 세미나"를 위해 *Integral Ministry Training*을 번역한 것입니다. GLF와 GMTC의 허락 없이 이 자료의 무단전재와 무단복제를 금합니다.

안점식 박사
아세아연합신학대학교 선교학 교수

이미 선교 훈련 사역을 하고 있지만, 훈련을 재정비하여 더욱 질 높은 선교 훈련을 제공하고자 하는 선교 훈련사역자들은 이 책을 반드시 읽어야 할 것이다. 또한 신학교 등에서 선교학을 학문적으로 가르치면서, 동시에 실제적으로 선교 훈련을 시키려는 생각을 가진 선교학 교수들에게도 이 책은 필독서가 되리라고 믿는다. 선교지에서 현지인들을 선교사로 파송하기 위해서 선교 훈련원 사역을 하는 선교사들에게도 필독서로 추천하고 싶다.

이태웅 박사
GLF(한국글로벌리더십연구원) 원장

선교 훈련 사역에 있어서 핵심적인 역할을 담당하고 있는 전문가들이 쓴 이 책은 이 분야를 몇 단계 더 발전시켜 놓았다. 모든 선교 훈련사역자들이 반드시 읽어야 할 책이다.

이현모 원장
침례신학대학교 선교대학원장, 전 WMTC(세계선교훈련원) 원장

선교사 후보생들은 "실제적" 훈련을 요구한다. 그러나 때로는 실제적 훈련이 무엇을 의미하는지 모호할 때가 많았다. 이 책은 전인적 훈련 개념을 통해 이 요구에 적절하게 응답하고 있다. 여기서 선교적 지식과 사역행동뿐 아니라 선교사 스스로에 대한 문제까지 포괄하여 이 개념을 다루고 있다. 이것은 독특한 문화적 배경으로 인해 불필요한 관계적 갈등을 많이 하고 있는 한국 선교사들에게는 절실한 개념이다. 선교 훈련에 관련된 모든 사역자들에게 이 책을 적극 추천한다.

최형근 박사
서울신학대학교 선교학 교수

한국 교회 선교의 적실성을 가늠하는 척도들 가운데 하나는 선교 훈련이다. 훈련의 부재나 결핍 혹은 잘못된 훈련으로 인해 한국 교회의 선교에 많은 문제들을 유발해온 것은 주지의 사실이다. 그리스도의 성품을 닮는 것을 목표로 하며 선교 인력들의 생애주기에 필요한 다양한 기술들을 습득하는 것에 민감한 전인적 선교 훈련을 요구하는 오늘날의 선교 상황 가운데, 범세계적인 선교 훈련 전문가들에 의해 저술된 본서의 출간은 선교 훈련을 주도하는 담당자들의 인식 전환과 새로운 시도의 동기를 부여할 뿐 아니라 새로운 실천의 장으로 나아가는 디딤돌이 될 것이다. 또한 본서는 한국 교회 선교 훈련에 새로운 전환을 가져올 것이라고 확신한다.

윌리엄 데이비드 테일러(William David Taylor)
WEA(세계복음주의연맹) 선교위원회 국제 대사

이 책은 세계복음주의연맹(WEA) 선교위원회가 지난 20여 년 세계 선교의 전략적 분야의 하나로서 심혈을 기울여 온 결과이다. 이 책은 선교 훈련 사역을 발전시키는 데 있어서 앞으로도 오랫동안 교과서와 핸드북의 역할을 담당하게 될 것이다.

시몬 스티어(Simon Steer)
영국 레드클리퍼대학교 학장

하나님의 선교를 위해 전인적인 선교사로 준비될 수 있도록 사려 깊은 기획과 탁월한 전달 방식을 갖춘 타문화 선교 훈련 모델을 제시해준 이 귀중한 책은 세계 선교 운동이 효과적으로 일어나게 하는 데 있어서 필수적인 역할을 담당하며 선교의 과업이 성취될 때까지 큰 도움을 줄 것이다.

C. 바나바(C. Barnabas)
인도선교학연구원 원장

이 책은 선교 훈련 사역을 하고 있는 모든 훈련자들이 읽고 사용해야 할 필수적인 자료이다. 선교 훈련자들에게 상황화된 훈련 과정을 개발하거나 선교사들이 하나님의 부르심에 합당한 사역을 위해 효과적으로 준비하도록 돕는 교육 방법을 제시하고 있다.

티모시 올로네이드(Timothy O. Olonade)
NEMA(나이제리아복음주의선교협의회) 총재

이 책의 저자들은 총체적인 선교사 준비 과정에 대한 매우 경이로운 선물을 우리에게 선사하고 있다. 특히 다음 세대의 선교사들을 어떻게 배출해야 할지에 대해 획기적인 영향력을 끼칠 수 있는 내용을 담고 있다.

오마르 가바(Omar Gava)
COMIBAM(라틴아메리카선교연합) 국제선교 훈련책임자

타문화 선교사를 훈련시키고 파송해야 할 이 중요한 시점에 이 책이 양질의 전인적 선교 훈련을 위한 전략적 도구로 등장했다. 각 장마다 이 분야에 대한 저자들의 풍부한 경험이 묻어나고 있다.

감사의 글

『전인적 선교 훈련, 어떻게 할 것인가?』는 여러 사람이 수고한 결과이다. 어떤 책도 지원하는 팀의 결집된 노력이 없다면 출간될 수 없을 것이다. 나는 공동 편집자인 조나단 루이스에게 특별히 감사하고 싶다. 이 책의 출간 프로젝트는 내가 결코 가질 수 없었던 그의 전문지식과 이전 출판 및 편집 경험을 신뢰하는 가운데 추진되었다.

더불어 우리는 너그러운 마음으로 자원하여 협력해준 또 다른 사람들에게 진심 어린 감사를 표현하고 싶다.

먼저 로버트 페리스에게 감사한다. 그는 『선교 훈련원 설립하기: 프로그램 개발자를 위한 매뉴얼』(*Establishing Ministry Training: A Manual for Programme Developers*)이라는 책을 편집하여 출간함으로 이 분야를 개척하였다. 또한 윌리엄 테일러에게 감사한다. 그는 이 프로젝트가 실행되도록 처음부터 지속적으로 격려해주었을 뿐 아니라 계속적으로 조언해주고 훌륭한 서문을 써주었다. 그리고 아무런 보상을 기대하지 않고 이 책에 글을 기꺼이 기고해준 저자들에게 감사한다. 뿐만 아니라 제3부에 있는 선교 훈련원 사례들과 그 외 평가도구들이 편집될 수 있도록 기고해준 사람들에게 감사한다. 물론 이 책이 현재의 형태로 나올 수 있도록 도와준 편집팀에게도 감사한다.

책의 디자인과 배열은 코 팔카(Koe Pahlka)의 노력으로 이루어졌다. 심플 그래픽(Simple Graphics)의 피터 미셀은 멋진 표지를 만들어 주었다. 던 루이스, 맥 앨리스터 부부는 원고 교정을 도와주었다. 이 모든 분들에게 마음 깊은 곳으로부터 우리의 감사를 전한다.

공동편집인
로버트 브링좁슨 · 조나단 루이스

역자 서문

    1997년 12월 말, 에콰도르에서의 첫 선교사 임기를 마치고 안식년으로 귀국하였을 때가 생각난다. 첫 임기를 무사히 마쳤다는 안도감, 고향이지만 무엇인가 낯설게 느껴지던 이질감, 그리고 피로감이 겹치면서 이상야릇한 기분에 사로잡혔던 기억이 있다. 감사하게도 한국으로 들어올 무렵 우리 가족은 GMTC 안식년 주재 선교사로 초청을 받았다. 현지로 나가기 전 훈련을 받았던 목동 용왕산 언덕 위 "믿음의 집"에 다시 둥지를 틀면서 우리는 마치 고향으로 돌아온 연어처럼 안도감을 느낄 수 있었다.

    한편, 나는 안식년 주재 선교사로서 이전 훈련생 때와는 또 다른 관점에서 GMTC 훈련을 관찰할 수 있었다. 현지에서 이제 막 돌아온 선교사로서, 나는 훈련이 훈련생들의 삶과 사역에 어떤 영향을 줄 것이라는 것을 알았기에 더 큰 열정과 흥미를 가지고 참여하였다. 마침 그때 세계복음주의연맹(WEA) 선교위원회(MC)가 『잃어버리기에는 너무나 소중한 사람들』(*Too Valuable to Lose*)이라는 아주 놀라운 책을 발간하였는데, 백인숙 교수님을 비롯한 몇몇 분이 그 책을 번역하는 일에 나도 참여할 수 있었다. 그 책은 광범위한 국제적 네

트웤을 사용하여 실시된 "선교사 중도 탈락 방지 프로젝트"(Reducing Missionary Attrition Project: ReMAP)의 결과물로서 그 핵심적 발견은 선교 훈련, 특히 효과적이고 적절한 파송 전 훈련(pre-field training)이 중요하다는 것이었다. 이러한 주장은 한국 교회의 선교 운동을 발전시키기 위해서는 선교 훈련 운동이 선행되어야 한다는 확신을 나에게 심어주었고, 결과적으로 현재 GMTC에서의 선교 훈련 사역에 헌신하도록 이끌어주었다.

이번에 발간되는 이 책 또한 『잃어버리기에는 너무나 소중한 사람들』에서 제기된 문제들에 대한 구체적인 응답으로 나타난 것이다. 이 책의 주장은 잃어버리기에는 너무나 소중한 사람들인 선교사들을 적절히 준비시키기 위한 훈련은 총체적(holistic)이고 전인적(integral)인 훈련이 되어야 함을 강조하고 있다. 그러한 훈련은 단순히 지식을 전달하거나 몇 가지 타문화 적응 기술을 익히도록 하는 데 그치는 것이 아니라 지식과 행동 및 태도, 즉 전 성품(whole person)의 변화와 성장을 포괄하는 훈련이 되어야 한다는 것이다. 나아가 그러한 전인적 훈련의 당위성만을 단순히 주장하는 데서 그치지 않고, 실제적인 훈련 방법과 평가 및 개선의 방향까지도 제시하는 것이 이 책의 강점이라고 할 수 있다.

이 책의 한국어판 발행을 위해서 세계복음주의연맹 선교위원회의 출판물을 총괄하는 윌리엄 테일러 박사(WEA-MC 전 총재, 현재는 WEA 세계 대사 및 멘토로 활약 중)는 특별한 관심을 보여주셨고, 한국어 출판 허락과 더불어 한국 실정에 맞게 필요한 것을 추가하거나 뺄 수 있는 자유까지도 주셨다. 또한 이 책의 공동 편집자들이며 주요 기고자들이었던 로버트 브링줍슨 박사와 조나단 루이스 박사가 2010년 6월, GLF/GMTC가 공동으로 개최하였던 선교 훈련 지도자 세미나(지구촌 교회 필그림 하우스)에 직접 와서 이 책을 중심으로 전인적 선교 훈련에 대한 귀한 가르침을 주셨다. 그 세미나가 계기가 되어 이 책의 내부용 초역이 이루어졌었고, 3년이 지나 이제 정식으로 발간되게 된 것이다. 이 책의 2부는 GMTC에서 교수와 원목으로서 본 역자와 함께 동역하고 있는 엄주연 목사님이 번역해주셨다. 이 책을 번역하면서 선교 훈련자로서 우리 두 사람은 GMTC에서 우리가 하고 있는 사역의 의미와 내용을 다시 한 번 검토하는 기회를 가질 수 있었던 것에 감사하다. GMTC의 설립자며 초대 원장님이셨던 이태웅 목사님은 "선교 훈련에 대한 구체적 내용을 담은 책이 한국에서 정식으로 출간되기는 처음일 것"이라며 우리를 격려해주셨고, 앞으로 한국 선교 운동의 관점에서 선교 훈련에 대한 책을 조만간 내는 것이 필요하다고 방향을 제시하셨다.

최근 세계 선교계에서 뿐 아니라 한국 선교사들이 현지에서 "선교 훈련"을 해야 할 필요성을 강하게 느끼는 것을 보고 있다. 이제는 어느 한 지역에서 다른 지역으로 선교사를 보내는 것이 아니라 "모든 곳에서 모든 곳으로" 선교사를 보내는 "범세계 교회 선교 운동"의 시대를 우리가 살아가고 있는데 아무쪼록 이 책이 한국 교회와 세계교회의 선교 운동을 성숙시키는 데 일조할 수 있게 되기를 바란다.

2013년 봄이 활짝 피어나는 시절에
역자를 대표하여 **변진석**

추천사 | 안점식 박사 외 8인 | 5
감사의 글 | 로버트 브링좁슨 · 조나단 루이스 | 9
역자 서문 | 변진석 | 11
서문: 전인적 선교 훈련의 발전과정 | 윌리암 D. 테일러 | 16
머리말: 서구 주도 선교 훈련에 대한 도전 | 로돌포 기론 | 36
한국 선교 훈련에 대한 소고 | 이태웅 | 44

1부 전인적 선교 훈련의 기초

→ 1장 전인적 선교 훈련을 향한 여정 | 로버트 브링좁슨 | 71
→ 2장 전인적 선교 훈련의 철학 | 조나단 루이스 | 93
→ 3장 전인적 선교 훈련의 이해 | 로버트 브링좁슨 | 119
→ 4장 선교 훈련 프로그램을 시작하는 방법 | 로이스 풀러 | 141
→ 5장 성인들을 위한 훈련 계획 | 이블린 힙버트 | 165

2부   전인적 선교 훈련 설계 과정

→ 6장   훈련관계자가 가져야 할 전제와 합의점 만들기
            | 조나단 루이스 | **197**
→ 7장   훈련 프로파일 작성 과정 | 조나단 루이스 | **219**
→ 8장   학습 목표 작성 | 스티븐 호크 | **247**
→ 9장   학습 경험 설계하기 | 스티븐 호크 | **277**
→ 10장 선교 훈련 프로그램 평가 | 로버트 페리스 | **307**

3부   추가적 자료들

→ 자료 1 세계 여러 지역 훈련 프로그램들 소개 | **329**
→ 자료 2 평가 도구들 | **389**

서문

전인적 선교 훈련의 발전과정:
세계복음주의연맹 선교위원회의 관점

윌리암 D. 테일러(William D. Taylor)

1. 이 책과 연관된 세 번의 만남

　몇 주 전, 나와 아내 이본느는 훈련을 받고 있는 헌신적이며 창의적인 아프리카인 선교사 후보생들 그룹과 함께 앉아있었다. 그들은 적어도 아프리카의 6개국, 아니 그보다 더 많은 숫자의 문화를 대표하는 사람들로서 남아프리카공화국 프레토리아(Pretoria)에서 실시된 팀 지도력 집중 훈련(Focus Team Leadership Training) 프로그램 과정을 절반 정도 통과하고 있었다. 그들은 우리에게 적나라하고도 심오한 질문들을 쏟아냈는데, 그 내용은 선교 사역, 삶의 도전들, 응답되지 않는 기도, 살아오면서 저지른 실수들, 어떻게 평생 동안 선교사의 삶을 살 수 있을 것인가, 제 기능을 할 수 있는 아프리카 선교 구조는 무엇인가, 세대 간의 변화들(generational changes)은 무엇인가에 관한 것들이었다. 그것은 모든 면에서 유익한 나눔이었고 우리에게는 장기 선교에 깊이 헌신된 젊은 세대의 목소리를 듣는 기회였다.

작년에 나는 콜롬비아국제대학(Columbia International University)에서 박사과정 세미나를 인도하였는데 학생들은 5개 대륙을 망라한 지역에서 타문화 선교 사역에 참여하고 있는 6명의 경력 선교사들 그룹이었다. 닷새 동안 우리는 일종의 선교적 혹은 교육적 공동체를 이루어 함께 먹고, 서로에게 경청하며, 함께 기도하는 가운데 사람들이 더 장기적이고 효과적인 선교 사역을 하도록 준비시키는 최선의 교육적 시스템에 관해 배우고, 이해를 넓히는 기회를 가졌다.

다음 주에 나는 지역 교회 선교 목사들과 점심을 함께하며 회의하는 모임에 참석하게 될 것인데, 그곳에서는 어떻게 지역 교회가 독자적으로 선교 훈련을 할 수 있을 것인가에 관한 보고가 있게 될 것이다. 나는 참석자들 중 많은 이들을 알고 있는데 과연 어떤 생각들이 나오게 될지에 대해서 염려하고 있다. 그러한 생각들의 근거가 되는 몇 가지 전제들에 대한 도전은 누가 할 것인가? 효과적인 선교 훈련을 위해 더욱 철저하게 가르치고 배우는 상황을 제공하기 위해서는 헌신된 선교 훈련 및 교육 기관과의 전략적인 동반자관계를 형성해야 한다는 사실을 깨닫는 교회들이 있을 것인가? 아무튼 나는 많은 것들을 배워야 한다.

2. 세계 여러 지역에서 일어나고 있는 선교 훈련 사역에 관한 성찰

위의 세 번의 만남들은 세계에서 벌어지고 있는 선교 훈련 프로그램들의 축약된 단면을 가까이에서 들여다 본 것이다. 나는 세계 여러 지역에서 "선교 훈련"을 하고 있다고 주장하는 최소한 60여 개의 학교와 프로그램들을 개인적으로 방문하였다. 그 외에도 나는 전 세계의 또 다른 50여 개의 센터에서 일하고 있는 친구들과 동료들을 알고 있다. 이것은 나의 개인적 데이터베이스의 일부를 이루고 있다. 또한 나는 사역 혹은 선교(ministry or mission)[1] 훈련을 위한 박사과정 세미나들에서 가르치고 있다.

첫째, 우리는 다음과 같은 명백한 사실을 발견하고 있다. 즉 오늘날 선교계에는 엄청나게 다양한 선교 훈련/교육/형성 모델이 존재한다는 것이다. 그것들 중 몇몇은 지역 교회에 기반을 둔 영적 변화에 주력하는 학교들이다. 어떤 것들은 작지만 오로지 타문화권 사역자들을 무장시키는 데 초점을 둔 헌신된 선교 훈련 센터들이다. 어떤 기관들의 커리큘럼은 여러 나라 말로 번역된 양질의 DVD 녹화물로 진행되고 있는 반면 어떤 기관들은 강력한 전임 사역자들로 구성된 교수진을 갖춘 곳도 있다. 일부 기관들은 오래되었지만 대부분은 매우 최근에 생겨난 것들이다. 그러한 신생 기관들은 모든 대륙에서 발견되고 있는데, 어떤 곳은 지역 교회에 기반을 두고 있고 어떤 데는 선교 단체에서 운영하고 있다. 한편, 선교 단체들을 섬기는 것을 목표로 하고 있는 기관들도 있다.

훈련 프로그램을 마친 사람들에게 자격증이나 학위를 수여하는 것에 대해 자부심을 느끼는 훈련 기관들이 있는가 하면, 다른 곳에서는 선교와 타문화 연구(inter-cultural studies) 분야의 B.A., M.A., Th.M., D.Min., 또는 Ph.D. 학위를 자부심을 가지고 수여하고 있다. 나는 이러한 모든 형태들을 실제로 목격했고, 대체적으로는 그것들로 인해 격려를 받고 있다.

둘째, 세계복음주의연맹(WEA) 선교위원회는 선교 훈련을 위해

---

[1] 이 책의 원제목 *Integral Ministry Training: Design & Evaluation*이 보여주듯 이 책의 주 내용은 전인적 사역 훈련을 다루는 것이지만 그 주요 초점은 선교 훈련에 있다. 따라서 이 책에서는 사역 훈련과 선교 훈련을 상호호환적으로 번역하였다.

긴요하고도 상황화된 그리고, 활용 가능한 문서들을 창출하기 위해 독특한 방법을 강구하였다. 그 주제에 관해 첫 번째로 발간된 것은 『선교 훈련 국제화하기: 세계적 전망』(Internationalising Missionary Training: A Global Perspective)으로서 선교 훈련에 관해 큰 획을 그은 책이었다. 선교 훈련에 영향을 주고 있는 상황, 모델, 교육적 주제들에 대해 그처럼 직접적으로 다룬 책은 없었다. 이것은 우리가 1989년 같은 주제로 개최했던 마닐라 선교회의(Manila consultation)의 결과물로서, WEA 선교위원회 출판물의 기준을 세우는 책이 되었다. 전 세계 선교계의 필요들에 대해 전 세계로부터 온 저자들이 전 세계적 전망을 제시했기 때문이다. 그 책은 스페인어로도 번역이 되었다.

1993년에 조나단 루이스(Jonathan Lewis)가 편집한 『당신의 직업을 열방을 위해 사용하라: 효과적인 전문인 선교 지침』(Working Your Way to the Nations: A Guide to Effective Tentmaking)이라는 또 하나의 특별한 책이 나왔고 그것은 스페인어, 포르투갈어, 한국어, 중국어 그리고 아랍어로 신속하게 번역되었다. 우리는 조나단으로 하여금 이 책에 대한 원래의 생각을 제공하여 추진할 수 있도록 한 싱가포르 출신의 건축가이며 현지도자인 로호펑(Loh Hoe Peng)에게 감사한다.

이 책의 출간에 이어 1994년 미국 캘리포니아 파사데나에서 개최된 선교 훈련회의(missionary training consultation)의 결과로 1995년에는 세 권의 책이 나오게 되었다. 첫 번째 책이 그 주제에 대한 실제적인 핸드북인 데이빗 할리(David Harley)의 『섬김을 위한 준비: 타문화 선교를 위한 훈련』(Preparing to Serve: Training for Cross-Cultural Mission)이었고, 두 번째 책은 레이몬드 윈저(Raymond Windsor)가 편집한 전 세계의 500개 훈련 과정에 대한 안내서인 『세계 선교 훈련 프로그램 요람』(The World Directory of Missionary Training Programmes)이었으며, 세 번째 책이 로버트 페리스(Robert W. Ferris)가 편집한 독창적인 책인 『선교

훈련원 설립하기: 프로그램 개발자를 위한 매뉴얼』(*Establishing Ministry Training: A Manual for Programme Developers*)이었다. 이 중 할리의 책은 스페인어와 포르투갈어로 번역되었다(현재 어떤 책은 더 이상 판매되지 않고 있지만, 세 책 모두 www.wearesources.org에서 읽거나 다운로드할 수 있다).

시간이 지나면서, 세계에는 새로운 훈련 모델들이 부상하고 있는데, 어떤 기관들은 완전히 바뀌었고 다른 몇몇 기관들은 전혀 바뀌지 않은 것에 자부심을 가지고 있다. 우리는 첫 번 책에서 많은 다양한 모델들을 소개하였는데 지난 15년 동안 이런 모델을 보여주었던 학교들 중 몇 개는 거의 사라졌고, 다시금 어떤 새로운 형태로 회생하고 있다. 어떤 학교들은 중대한 변화를 겪었는데, 다른 몇 학교들에 있어서 변화는 개념적 단계 이상을 넘어서지 못하고 있다. 우리는 수년 동안 이러한 훈련 센터들과 프로그램들이 현재 어떻게 하고 있는지를 추적하였다. 로버트 브링졉슨(Robert Brynjolfson)과 조나단 루이스에 의해 편집된 이 새롭고도 독창적인 작품, 『전인적 선교 훈련, 어떻게 할 것인가?』(*Integral Ministry Training: Design and Evaluation*)에는 1991년 책에 제시되었던 몇몇 모델들이 다시 등장하고 있다. 선교 현장은 새로운 모델들과 함께 심오하게 변화하고 있는데도 그와 같은 모델들에 대해 선교사나 사역 훈련에 대해 열정을 가진 사람들이 깊은 감사를 하고 있다는 것은 의미심장하다.

셋째, 의심할 여지없이 사역 혹은 선교 훈련 및 교육에 있어 가장 근본적인 도전들은 북반구와 남반구를 막론하고 지역 교회들로부터 나타나고 있다. 교회들이 세계 선교 운동에 있어 주요한 참여자로서 자신들의 역할을 깨닫기 시작하고 그것을 위한 필요한 구조들-선교적 교회, 훈련 프로그램, 파송과 지원 체제들-을 갖추어 나가고자 함에 따라 능력을 부어주시는 하나님의 영이 신선한 방법으로 역사하고 계심을 인하여 우리는 기뻐한다. 실제로 세계의 많은 지역에서 교회들은 기초적이고도 최상의 선교 참여자 역할을 해오고 있다(라틴아메리카가 이러한 진실의 예를 보여주는 대륙이다). 다른 지역들에서도 교회들은 그들의 목소리를 내려고 시도하고 있고 이것은 단지 한 지역이나 국가가 아니라 전 세계적으로 일어나고 있는 현상이다.

우리는 이러한 역동적인 교회의 역할을 기뻐하는 한편, 몇 가지 질문들을 하게 된다. 중소형 교회(물론 중소형 교회가 어느 정도 "크기"인가는 그것이 한국인가 일본인가, 나이지리아인가 영국인가, 브라질인가 독일인가에 따라 다를 것이지만)가 선교 훈련의 온전한 내용을 다 제시한다는 것을 기대할 수 있을 것인가? 솔직히 말해서 우리는 교회들이 자신들이 할 수 있는 모든 것을 하기를 원하지만 또한 자신들이 지역 상황에서 제공할 수 없는 어떤 분야들에 대해서는 헌신된 선교 훈련 센터들에 위임하거나 협약을 맺기를 바란다. 거기에는 사역의 핵심적인 과목들과 무슬림, 힌두, 불교, 정령숭배자들과 세속화된 사람들을 대상으로 하는 교회 개척 원리들에 관한 것을 포함할 것이다. 또한 다른 무엇보다 근간을 이루는 선교 신학과 타문화 이슈들, 그리고 상황화(contextualization)와 같은 내용이 포함될 것이다.

우리 모두는 지역 교회들이 가장 잘 할 수 있는 영역이 있다는 것을 인정해야 한다. 그것은 성품 훈련에 관한 것, 영성 훈련, 지역 교회가 근거한 상황 속에서의 타문화 실습, 교회를 중심으로 한 지역 공동체를 위한 실제적인 사역, 그리고 다른 사람들과 책임질 수 있는 관계를 맺는 것과 같은 영역일 것이다. 우리가 14개국의 선교사들의 주요 탈락 요인 연구를 하면서 알게 된 문제의 유형들은 부적절한 영성과 성품 훈련, 관계성 및 공동체에 있어 취약함, 그리고 우리 앞에 놓인 선교의 과제를 수행하기 위한 도구적인 지식과 기술의 결여 등과 관련된 것이었다. 『잃어버리기에는 너무나 소중한 사람들』(*Too Valuable to Lose*)²을 대충 살펴본다 할지라도 많은 이슈들이 효율적인 파송 전 훈련(pre-field training)의 결여와 직접적으로 연관이 되어 있음을 발견하게 된다. 그리고 이러한 이슈들 중 많은 것들이 지역 교회의 상황에서 가장 잘 다루어질 수 있음을 알게 된다.

그러나 우리는 규격화된 지점을 세계 곳곳에 개설하는 형태(McDonaldized fashion)의 유행을 따르는 선교를 계속해서도 안 되겠지만 지역 교회에서 한두 사람이 만들어낸 간략한 프로그램이 타문화권에서 장기적으로 사역할 사람들을 준비시키는 데 있어 효과적이라고 가정해서도 안 된다. 만일 우리가 사역자들을 잘 준비시키지 않는다면 더 많은 사역자들이 고통스러운 탈락을 경험하게 될 것이 분명하다.

파송 전 선교 훈련에 대한 최근의 매우 중요한 연구들 중 하나가 영국 선교 네트워크인 GC(Global Connections)에 의해 수행된 실제적인 작업으로부터 나왔다(http://globalconnections.co.uk/findresources/training/missiontrining.htm).

그 연구는 4가지 주제들을 조사하였다.
- 선교 훈련에 있어 현재 요구되는 것
- 선교 훈련이 현재 제공할 수 있는 것
- 선교 훈련에 있어 인식되고 있는 경향과 발전들
- 선교 훈련의 특성에 대한 관점들

그 연구의 전체 보고서는 구입해서 볼 수 있는데 그것은 몇 가지 특별하고도 현실적인 제안을 하고 있다(우리는 GC가 이 책 제3부의 추가

---

2 1998, 죠이선교회 출판부. 백인숙, 김동화, 이현모, 변진석 옮김(역주).

적 자료들 부분에 그들의 자료 요약을 넣을 수 있도록 허락해준 것에 대해 감사한다). GC는 또한 그들의 웹사이트에 여러 형태의 선교 훈련을 위한 다양한 선택들을 실어 놓고 있는데 거기에는 자격증, 학위, 수료증을 주는 프로그램, 온라인과 통신 교육, 대학원 과정의 공부와 단기 코스 및 맛보기 프로그램 등을 망라하고 있다. 그와 유사한 연구 프로젝트들은 전 세계의 기독교 교육, 훈련 센터들과 교회의 시스템들을 흔들어 깨우게 될 것이다.

넷째, 우리 중 다수가 내린 결론은 북반구와 남반구를 막론하고 유감스럽게도 대부분의 공식적 교육 기관들은 변화하려는 의지가 아주 적어서 자신들의 훈련 전제들을 검토하고 다른 것들로부터 배우려고 하지 않는다는 것이다. 사역 혹은 선교 훈련에 있어 가장 창의적인 일들은 북반구가 아니라 (아주 예외적인 경우들이 있기는 하지만) 남반구에서 일어나고 있다. 그들 중 어떤 기관들에게는 "탁월성"과 공적 인증에 대한 압력이 너무나 크다. 내가 아는 한 서구의 교육 기관 중에서는 유일하게 콜롬비아국제대학만이 이 책에서 제시하고 있는 "프로파일 과정"(profiling process)을 채택하여 사역하고 있다. 우리는 그 대학의 교수로 있으면서 그러한 일들이 가능하도록 주도하고 있는 로버트 페리스(Robert Ferris)의 용기와 역할에 감사한다.

다섯째, 이 새로운 책은 자문화권 내에서든지 아니면 타문화권에서든지 어떤 방식으로 사람들을 훈련시키고 교육하여 세워나갈 것인지에 관하여 여러 해 동안의 실습과 평가, 숙고와 성찰을 요약한 것이다. 이 책은 비공식적(non-formal) 교육에 초점을 맞추든지 아니면 완전히 공식적 교육을 하든지 상관없이 모든 종류의 훈련 센터들, 프로그램들과 기관들에 동일하게 적용된다. 나를 포함하여 이 책의 모든 저자들은, 교육가, 프로그램 개발가, 성찰적 실천가(reflective practitioner)들로서 최상의 전인적 사역 훈련이 되기 위하여-그것이 자기 문화권이든 타문화권이든, 가깝든 멀든, 모국어로 하는 훈련이든 새로운 언어를 배워서 하는 것이든- 특징적으로 다루어야 할 절대적인 핵심 이슈들에 대해서 동의하고 있다. 이 책은 우리가 이미 출간한 책들에 기초하여 나온 것이다. 하지만 동시에 이 책은 하나님의 사역을 위한 소명과 은사를 받은 일꾼들을 훈련 혹은 교육시키는 것과 관련하여 그동안 우리가 주장하여 왔던 몇 가지 소중한 전제들에 대해 다시 한 번 대담하게 도전함으로 그 의제를 한걸음 더 앞으로 진전시키고 있다.

이 책의 일곱 명의 뛰어난 저자들은 모두 훈련에 헌신하고 있고, 자신들의 훈련 경험과 성찰에서 귀하게 얻은 것들을 나누고 있다. 이 책은 또한 사역을 위해 훈련시키고 교육하여 사람들을 세워 나가는 일을 하고 있는 모든 이들을 위한 일종의 교육적 틀(template)을 제공하고 있다. 하지만 이 책은 훈련을 부차적인 가치를 지닌 것으로 간주하거나 아주 값싸게 구입할 수 있는 어떤 것으로 만들려고 하지는 않을 것이다. 이 책은 전인적 선교 훈련에 중요하게 관련되어 있는 사람들(stakeholders)에게 진지한 성찰과 자기 점검을 요구하고 있다.

우리는 사역을 위한 최선의 준비는 공동체 속에서 이루어진다는 것을 깊이 확신하고 있는데 이것은 아주 획기적인 의미들을 지니고 있다. 우리는 폭증하는 인터넷을 통한 교육적 대안들을 어떻게 보아야 할 것인가? 그것들은 같은 지리적 공간에서 함께 사역 팀을 이루는 데 합류할 수 있을 것인가? 부분적으로는 필요에 의해 그리고 부분적으로는 재정 상황에 의해, 그리고 고도의 압력을 받고 있는 생활 형태와 경제적 도전들로 인한 요구 때문에 주야간 및 주말 강의들을 제공하고 있는 공식적 학교들(formal schools)에 대해서는 무엇이라고 말할 것인가? 훈련의 필수적인 요소인 서로에게 책임져주는 공동체 속에서의 경험을 우리 학생들이 할 수 없다고 할 때 무엇에 근거하여 선교학 석사학위를 그들에게 수여할 수 있겠는가?

사역자들이 필수적인 영성과 관계 맺는 능력을 갖추고, 지식과 기술을 습득하도록 우리는 전적으로 헌신하고 있는데 그러한 것들은 적대적 환경 속에서도 그들이 생존할 수 있도록 할 뿐 아니라 활기차게 살아갈 수 있도록 만들 것이다. 그래서 전인적 선교 훈련에 대한 이 책은 선교 역사에 있어 아주 적절한 시간에 우리에게 나타났다고 본다. 우리가 이미 출간한 다른 책들과 더불어 이 책은 세계적 이슈들을 반영하고 있고 우리를 둘러싼 세계로부터 나오는 목소리들을 들으라고 우리를 초청하고 있다.

선교위원회(MC)의 새로운 정기 간행물인 「커넥션즈」(Connections: The Journal of the WEA Mission Commission)는 2005년 여름호를 "타문화 사역을 위한 총체적 훈련"(Holistic Training for Cross-Cultural Ministry)의 주제와 관련한 이슈에 할애하고 있다. 그 이슈는 커넥션즈의 기록보관소(archive)에서 읽거나 무료로 다운로드 받을 수 있다(www.worldevangelicalalliance.com/resources/connections.htm).

어떻게 그것을 읽어야 할까? 천천히 주의 깊게 읽는 가운데 성찰하고 적용하기 위해 멈추는 시간이 있어야 할 것이다. 그리고 선교적 공동체를 이루고 계신 삼위일체 하나님(Trinitarian Missionary Community)께 더욱 효과적인 전인적 사역 준비를 위한 여정 속에 있는 당신을 찾아와 달라고 간구하는 가운데 무엇이 달라져야 할 것인가를 생각하도록 하라.

3. 국제 선교 훈련 네트워크 및 이 책의 저자들에 대한 소개

선교위원회(MC)는 1989년 마닐라에서 개최되었던 국제 선교 훈련에 관한 회의를 발기하였다. 이를 계기로 많은 이슈들이 부각되었고 여러 종류의 책과 비정기간행물이 발간되었다. "협력자들"(Associate)로 불리는 사람들로 구성된 일종의 중심그룹이 형성되었는데 그 주요 인물들은 데이빗과 로즈메리 할리 부부(David and Rosemary Harley), 로버트 페리스(Robert Ferris), 바바라 번즈(Barbara Burns), 스티브 호크(Steve Hoke), 레이 윈저(Ray Windsor)와 MC의 간사인 빌 테일러(Bill Taylor)와 조나단 루이스(Jonathan Lewis)였다. 협력자들은 광범위하게 여행하면서 훈련 센터들을 방문하였고 국가적, 지역적 회의들을 개최하였다. 이러한 노력의 결실로 국제선교훈련협의회(International Missionary Training Fellowship; IMTF)가 탄생하게 되었다.

그 후 몇 해 동안 IMTF는 주로 느슨하게 연결된 교제 차원으로 존재하였다. 조나단 루이스가 「문화적 선교 훈련」(*Training for Cross-Cultural Ministry*)이라는 이름의 비정기간행물을 내면서 IMTF에 참여하고 있는 사람들에게 실제적인 분야의 글들을 써달라고 요청하였다. 계속되는 대화 속에서 선교 훈련의 최상의 실천은 단지 신학적이고 선교학적 이해를 돕는 것이 아니라 전인격(whole person)에 초점을 맞추어야 한다는 것이 명백해졌다. MC에 의해 계속 출간되는 책들과 글들은 이 내용을 지원하였다(MC에서 간행된 모든 책들과 회보들은 www.wearesources.org에서 무료로 볼 수 있고, pdf파일로도 다운로드 할 수 있다).

2003년 6월, 캐나다에서 개최된 3년마다 모이는 MC 회의에서 훈련 공동체의 멤버들은 기도하는 가운데 IMTF를 활성화시키고 더욱 조직으로서의 기능을 하도록 만들기 위한 일련의 방안들을 검토하였다. 그 모임의 결과로 나온 "백서"(white paper)에는 시도해야 할 사항들 21개를 담고 있었다. 아마도 가장 두드러진 요청은 MC가 그 네트워크를 위한 전임 대표를 찾아야 한다는 것이었다. IMTF는 또한 그 이름을 IMTN(International Missionary Training Network)으로 바꾸었다. 2005년 1월, MC 지도자들은 제안된 사항들을 추진하는 데 전념할 사람으로 조나단 루이스를 지명하였다. 그리고 1년 반 뒤인 2006년 남아프리카 공화국 모임에서 로버트 브링줍슨이 IMTN의 첫 전임 대표가 되었다.

IMTN은 전 세계 복음주의 기독교 단체들이 최상의 선교 훈련을 할 수 있도록 격려하는 일에 집중하고 있다. 또한 선교사로 섬기도록 부름 받은 모든 사람이 그러한 수준 있는 훈련을 받는 것이 가능하도록 하기 위해 노력하고 있다. IMTN은 그 목적을 다음과 같이 다양한 방법으로 수행하고 있다.

- 전인적(integral) 선교 훈련과 최상의 훈련 방법을 증진시킨다.
- 훈련을 설계하고 전인적 선교 훈련을 실시할 수 있도록 방법을 제공한다.
- 문화적으로 적합한 커리큘럼과 훈련 과정을 개발한다.
- 연구와 자문을 진행한다.
- 선교 훈련 프로그램들에 대한 평가를 제공한다.
- 교육용으로 넓게 사용되는 선교 훈련 자료들을 인터넷을 통해 보급한다.

한편, IMTN은 일차적으로 세계 여러 지역의 지도자들과 공동의 비전과 프로젝트와 프로그램을 나누고 있다. IMTN의 직원들은 이러한 지역에서 주도하는 일을 협력하고 지원하는 일에 협조하기 위해 존재하지만 각 지역의 전문가 자원봉사자들의 능동적인 참여와 제안이 없이는 IMTN은 그 목적을 달성할 수 없다. IMTN에 대한 더 자세한 것은 www.missionarytraining.com에서 볼 수 있다.

이 책의 저자들은 모두 선교 훈련에 풍부한 경험을 가지고 있고 IMTN에 적극적으로 참여하고 있는 귀한 자원들이다. 그들을 소개한다.

1) 로버트 브링졸슨(Robert Brynjolfson)

로버트는 18세에 캐나다 밴쿠버의 자기 집을 떠나 선교 단체 IT(International Teams)와 함께 볼리비아에서 처음 선교사로서 사역을 하였으며 교회 개척에 참여하였다. 본국으로 돌아와서 그는 밴쿠버에 있는 북서침례교대학(Northwest Baptist College)에서 공부를 하였고 그 후에 리젠트칼리지(Regent College)에서 목회학 석사학위(M.Div.)를 취득했다. 리젠트칼리지에서 공부하는 동안 그는 후에 결혼하게 될 아르헨티나 출신의 실비아를 만났다. 두 사람은 WEC(Worldwide Evangelization for Christ) 국제선교회와 함께 스페인과 적도 기니에서 지도자 훈련과 개발 사역을 하였다.

캐나다로 돌아왔을 때 로버트와 실비아는 WEC으로부터 "바로 활용할 수 있는"(hands-on) 선교 훈련 프로그램을 시작해달라는 요청을 받았다. 이것은 후에 브리티시콜롬비아(BC) 랭글리에 있는 **훈련원**(Gateway Missionary Training Center)의 설립으로 발전하게 된다. 2006년에 로버트는 미국 일리노이 주 디어필드에 소재한 트리니티복음주의신학교(Trinity Evangelical Divinity School)에서 공부를 마치고 목회학 박사학위(D.Min.)를 받게 된다. 2006년 7월, IMTN의 대표직을 수행하기 위해 그는 브리티시콜롬비아 버나비에 있는 에스페란사 다중문화 교회의 목사직을 사임하였다. 로버트와 실비아는 카리스, 월터, 데이빗이라는 세 명의 자녀를 두고 있으며 캐나다 랭글리에 살고 있다.

2) 로버트 페리스(Robert W. Ferris)

로버트는 주님의 인도하심으로 라이베리아에서 선교 사역을 하게 된 부모를 따라 타문화 사역에 처음으로 노출되었는데 그때 나이가 12세였다. 그가 라이베리아에서 사는 동안 대다수의 세계(the Majority World) 교회에서 사역 훈련을 필요로 한다는 것을 알게 되었다. 대학과 신학교를 마친 후 로버트와 그의 아내 수는 SEND 국제선교회 소속으로 필리핀에 갔으며 로버트는 FEBIAS성경대학에서 신학을 가르쳤다. 타문화권에서 가르치는 것에 대한 교육적 도전이 커지고 있다는 인식은 1977년 그로 하여금 대학원에서 교육행정과 커리큘럼에 대하여 공부하도록 이끌었다. 1988년, 21년간의 필리핀 교회들을 위한 사역을 마치고 로버트는 휘튼대학(Wheaton College)의 빌리그래함센터(Billy Graham Center) 주재 학자(scholar in residence)로 임명이 되었고 거기서『신학 교육의 갱신』(Renewal in Theological Education)이라는 책을 집필하였다.

로버트는 세계복음주의연맹 선교위원회와 1989년부터 동역했다. 그는 선교위원회의 선교 훈련 커리큘럼 개발 워크샵을 개발하던 팀의 일원이었고『타문화 사역을 위한 훈련』(Training for Cross-Cultural Ministry)에 몇 개의 글을 기고하였으며『선교 훈련원 설립하기』(Establishing Ministry Training)를 편집하였다. 로버트는 현재 미국 사우스캐롤라이나 주 콜롬비아에 있는 콜롬비아국제대학의 부학장으로 섬기고 있다. 2006년 로버트와 수는 결혼 45주년을 경축하였다. 그들은 두 명의 결혼한 자녀들과 세 명의 손주들을 두었다.

3) 로이스 풀러(Lois K. Fuller)

로이스는 나이지리아에서 1974년부터 2004년까지 섬기며 가르쳤다. 그녀의 사역을 위한 준비는 임마누엘성경학교(Emmanuel Bible College)와 구엘프대학(the University of Guelph, 언어학)을 포함하여, 트리니티복음주의신학교(Trinity Evangelical Divinity School, 신약학)와 영국의 런던신학교(London School of Theology, 이전 런던성경학교)에서 이루어졌다. 그녀는 현재 캐나다 온타리오 해밀튼에 있는 맥마스터신학교(McMaster Divinity College)에서 박사과정을 밟고 있다. 로이스의 나이지리아에서의 사역은 사역 훈련에 주로 투자되었다.

21년 동안 아프리카신학대학연합선교교회(United Missionary Church of Africa Theological College, UMCATC)에서 헬라어, 성경과 선교 과목을 가르쳤으며 나이지리아 조스에 있는 나이지리아복음주의선교사기관(Nigeria Evangelical Missionary Institute, NEMI)의 초대 학장으로 6년간 섬겼다. 그녀는 그 학교와 나이지리아에 있는 다른 많은 훈련 프로그램과 신학교들을 위해 선교 커리큘럼과 교재들을 개발하는 일을 도왔다. 그녀는 『열방으로 나아감』(Going to the Nations), 『선교사와 사역』(The Missionary and His Work), 『아프리카 전통 종교에 대한 선교사 핸드북』(A Missionary Handbook on African Traditional Religion), 『하나님을 위한 모험』(Adventures for God), 『선교의 성경적 근거』(A Biblical Theology of Missions)와 같은 책들의 저자이다. 박사학위를 마치고 난 후에는 캐나다에서 가르칠 예정이다.

4) 로돌포 기론(Rodolfo Girón)

로돌포는 건축가로서 그의 모국인 과테말라의 산카를로스대학

(San Carlos University)을 졸업한 후 1978년부터 사역에 참여하였다. 그는 하나님의 교회(Church of God)의 안수받은 주교로서 미국 테네시 클리브랜드에서 목회학 석사학위(M.Div.)를 취득하였다. 그 후 과테말라 하나님의 교회의 신학 교육의 책임자로 섬기면서, 거주 및 TEE 프로그램 양쪽을 관할하였다. 1990년부터 1997년까지 그는 코미밤³(COMIBAM)의 회장으로 섬기면서 라틴아메리카 전체의 선교를 증진시키고 활성화하는 일을 하였다. 그는 또한 콤히나(Cooperation in Missions for the Hispanics of North America; COMHINA)의 창립자와 초대 실행 대표로 섬겼다. 그 기간 중 그는 선교사 중도 탈락 방지 프로젝트(ReMAP)의 국제 코디네이터로 역할을 하였다. 1997년부터 2006년 초까지 루디는 과테말라를 떠나 러시아 모스크바에 있는 하나님의 교회 교육 기관인 유라시아신학교(Eurasian Theological Seminary)의 설립자 및 총장으로 섬겼다. 2006년 1월 로돌포는 하나님의 교회의 히스패닉 교육 사역의 미국 책임자가 되었다.

그와 그의 아내 알마에게는 네 명의 자녀와 네 명의 손주들이 있다. 그는 가족들과 시간을 보내기 좋아하며, 좋은 문학 작품읽기, 음악 작곡, 친구들 방문하는 것을 즐긴다.

5) 이블린 힙버트(Evelyn Hibbert)

이블린은 모국인 오스트레일리아에서 여덟 살 때 선교로 부름을 받았고 파푸아뉴기니와 오스트레일리아에서 성장했다. 의학 공부를 마친 후 남편 리차드와 함께 터키와 불가리아에서 12년 동안 사역하였다. 그녀의 사역은 교회 개척과 더불어 무슬림 배경을 가

---

3 COMIBAM은 Congreso Misionero Iberoamericano의 약자로 스페인어와 포르투갈어를 쓰는 라틴아메리카 국가들의 선교 운동을 주도하는 연합 기구이다(역주).

진 터키어를 구사하는 집시들을 그리스도께 돌아오게 하는 급성장하고 있는 운동의 지도자들을 개발시키는 데 초점을 맞추었다. 2002년 이래로 그녀는 WEC 국제선교회의 훈련과 연장교육을 위한 국제 대표(International Director for Equipping and Advance)로 섬기고 있다. 그녀와 남편은 융통성있고, 실천 가능하며, 현장에 있는 선교사들이 실제로 훈련받을 수 있는 방법을 개발하고 있는 중이다. 그녀는 직업 교육 관련 교육학 석사학위(M.Ed.)를 가지고 있으며, 다중문화(multicultural) 팀 지도력에 초점을 맞춘 교육학 박사과정 중에 있다.

6) 스티브 호크(Steve Hoke)

스티브는 교회인력자원개발사역(People Development for Church Resource Ministries; CRM, 캘리포니아 애나하임)의 부총재이며 직원 개발과 돌봄 팀 사역을 하고 있다. 그는 시애틀에 있는 태평양대학(Pacific University)의 선교학 교수(1977-1985)였고, 국제월드비전(World Vision International) 현장 훈련책임자였으며 라이프미니스트리(LIFE Ministry, 일본)의 총재였다. 스티브는 선교에 대한 50여 편의 글을 썼고 빌 테일러와 함께『나를 보내소서! 열방을 향한 여정』(Send Me! Your Journey to the Nations)을 공동 집필하였다.

그는 퍼스펙티브스(Perspectives) 코스를 위한 강의를 많이 하고 있고 ACMC와 함께 훈련을 하고 있으며, 세계적으로 IFMA-EFMA Leader-LINK 시리즈 강의와 교회와 선교 수양회의 강사로 광범위하게 활동함으로 지역 교회들이 자신들의 선교 비전을 더 전략적으로 진행하도록 돕고 있다. 그의 소원은 최전방에 있는 선교 지도자들이 성령의 능력을 힘입어 세계 어려운 지역 속에서도 영적 권위를 가지고 사역하도록 무장시키고 격려하는 것이다. 그는 아내 엘로이스와 함께 미국 콜로라도의 포트 콜린스에서 살고 있다.

7) 조나단 루이스(Jonathan Lewis)

조나단은 아르헨티나 선교사 집안에서 여덟 형제 중 하나로 태어났고 삼대째 선교사이다. 그와 아내 던은 20여 년(1976-1997) 동안 온두라스, 페루, 멕시코와 아르헨티나에서 선교사로 사역하였다. 사역 훈련과 프로그램 개발은 루이스의 사역에서 주요한 맥을 이루고 있다. 라틴아메리카에서 부상하고 있는 선교 운동에 참여하고 있는 사람들을 지원하고 훈련한다는 비전을 가지고 그들은 스페인어로 된 선교 코스 개발서인『세계 선교』(World Mission)를 1986년에 아르헨티나에서 처음으로 발간하였다. 그 후 상당한 기간 동안 조나단과 던은 네 명의 자녀들과 아르헨티나에서 살면서 COMIBAM 선교 운동을 섬기면서 코르도바에 타문화선교사훈련센터(Center for Cross-Cultural Missionary Training; CCMT)를 설립하였다. 조나단은 또한 인력 자원 개발 분야를 공부하여 1992년 콜로라도주립대학(Colorado State University)으로부터 박사학위(Ph.D.)를 수여받았다. 1992-2006년까지 조나단은 세계복음주의연맹 선교위원회의 간사로 섬겼다.

루이스 부부는 그 중 5년은 캐나다에서 살면서 **Gateway**가 발전하도록 돕는 한편, 조나단은 트리니티웨스턴대학(Trinity Western University)에서 ACTS 타문화 사역 센터를 시작하여 타문화 사역 프로그램을 가르쳤다. 그는 IMTN과 함께 선교 훈련에 계속 헌신하고 있다. 조나단과 던은 미국 워싱턴 주 펀데일에 거주하고 있으며 야외활동을 즐긴다.

4. 이 글을 마무리하면서

나는 세계 선교에 있어 놀라울 정도로 다양한 모습을 가진 교회를 바라보면서-진정으로 이것은 오늘날의 가장 세계화된 측면이라고 할 수 있는데-타문화 선교 훈련과 연관하여 많은 격려되는 점을 발견하였다. 새로운 모델들이 떠오르고 있고, 지역 교회들은 자신들의 프로그램들을 개선하려고 시도하고 있으며, 창의적인 훈련 대안들을 여러 가지 언어들로 인터넷상에서 접근할 수 있는 가능성이 점점 더 커지고 있다. 우리는 기존의 훈련 모델들을 점검하여 그들의 프로그램들 안에 새로운 성령의 바람을 불어넣을 수 있기를 갈망하는 고도의 헌신되고도 재능 있는 사람들을 가지고 있다.

미래는 용기 있는 선교 지도자들과 교육가들을 요청하고 있다. 그들은 기존에 자신들이 해오던 사역 훈련의 기본 전제들을 점검하는 일에 대해서까지 열정적으로 협력하기를 원하는 사람들이다. 그들은 젊고도 창의적인 지도자들을 양성하고 있으며, 공식적인 학문 기관의 구조에 얽매이지 않는 사람들이다. 또한 그들은 북반구 교회가 남반구 교회들로부터 배우든지 남반구 교회들이 북반구 교회들로부터 배우든지 서로에게 배울 필요를 보는 사람들로서, 모두가 서로 경청하는 사람들이다.

우리는 자신의 문화와 다른 상황 속에서-지리적으로 가깝든 멀든 간에-언어적, 민족적 경계를 넘어 사역할 가능성이 높은 사역자들을 파송 전(pre-field)에 그리고 전 생애(life-long)에 걸쳐 전인적으로 무장시키는 일의 절대적 중요성을 우리의 모든 자원을 동원하여 강조하는 일에 헌신하고 있다. 셀 수 없이 많은 도시와 국가들 안에서 "민족들"이 이동하며 재정착하고 있는 중이다. 그 결과 우리는 파키스탄 또는 토론토에서 무슬림들에게, 스리랑카 또는 런던에서 불교인들에게, 뭄바이 또는 밴쿠버에서 힌두교인들에게, 과테말라 또는 로스엔젤레스에서 마야 족속들에게, 아이티 또는 마이애미에서 정령숭배자들에게 "도달"(reach)할 수 있다.

하나님이 우리에게 은혜와 창의성을 주셔서 놀라운 효율성과 섬김의 정신을 가지고 그러한 경계선들을 넘고, 창조하고, 재평가하고, 변화시키며, 재설계하는 사역을 할 수 있게 해주시기를 소원한다.

머리말

서구 주도 선교 훈련에 대한 도전:
비서구 선교 훈련에 대한 관점

로돌포 기론(Rodolfo Girón)

1. 새로운 방법으로 적들과 대적함

사무엘상 17장은 다윗과 골리앗의 이야기를 기록하고 있다. 거기에는 또한 다윗이 그 거인과 용감하게 싸우겠다고 하였을 때 사울이 보인 반응에 대한 언급도 있다. 이 역사적인 본문은 이스라엘 백성의 삶에 있어서 가장 의미있는 순간들 중 하나를 다루고 있는 것이다. 그것은 하나님의 백성으로서 우리가 적들과 대적하기 위해 적절하고 상황화된 방법들을 사용하는 것의 중요성을 보여주는 하나의 모델이 되는 구절이다.

이것은 서구로부터 행해진 전통적 선교에도 관련되겠지만, 2/3세계로부터의 선교 운동에 특별히 적용된다. 역사적 선교 운동의 발전에 매우 중요하게 활용되었던 방법들, 도구들, 그리고 전략들은 이제 막 부상하고(emerging) 있는 2/3세계 선교의 필요와 잠재력과는 아마도 어울리지 않을 것이다. 선교 훈련 영역에 있어서 이러한 인식은 특별히 중요하다. 우리는 다른 사람들의 방법들을 무비판적으로 수용하는 경향을 가지고 있을 수 있는데, 그 이유는 그것들이 어떤 문화들을 위해 잘 작동하였다고 느끼기 때문이다. 동시에 어떤 이들은 자신들의 방법들을 우리에게 강요하려고 할 것인데 바로 그것은 자신들의 방법이 선교 훈련에 유일하게 바른 길이라고 믿기 때문이다.

비서구 선교사 운동은 그들의 선교 현장의 전쟁터에서 다윗이 대적해야 했던 골리앗과 같은 많은 거인들을 직면하고 있다. 골리앗은 신체적으로 볼 때 다윗보다 엄청나게 컸다. 그는 키가 거의 3미터에 달했는데 그에 비하면 다윗은 "소년"에 지나지 않았다. 골리앗은 떨고 있는 이스라엘 무리와 싸우기 위해 그 자리에 있었지만 사울 왕을 포함하여 아무도 그와 싸울 준비가 되어 있지 않았다.

다윗은 그 무시무시한 거인과 기꺼이 싸우기를 원하고 또 싸울 수 있는 사람으로 등장했다. 다윗은 비전, 용기, 무용(武勇)을 지닌 사람이라는 것이 드러났고 무엇보다 이 사람은 하나님의 성령이 충만한 사람이었다. 다윗이 자신의 방법, 경험과 도구들을 사용하여 싸움에 직면하였던 방법은 현지에서 큰 거인들과 대면하게 될 우리의 선교사들을 훈련시키기 위한 훈련 방법들과 전략들을 발전시켜야 하는 도전에 우리가 접근하고자 할 때 하나의 모범사례가 된다. 우리는 다른 사람들이 전통적으로 해왔던 것을 단순히 반복할 수 있는데, 그러한 접근이 잘 먹혀들어왔다고 믿기 때문일 것이다. 한편, 우리는 우리 현실과 필요에 맞는 우리 자신의 방법들과 우리들을 일치시키고 그것을 사용할 수 있다. 다윗이 그의 앞에 있는 여러 도전들에 어떻게 대면하였는지를 살펴보도록 하자.

2. 반대와 비판에 부딪히는 도전

거인들과 싸우고자 할 때 우리가 직면할 수 있는 주요한 문제들 중 하나가 바로 자신의 백성으로부터 오는 반대와 비판이다. 말도 되지 않는 것 같지만 우리는 전쟁터에 들어가기도 전에 패배당할 수 있다. 이것은 다윗이 "이 블레셋 사람을 죽여 이스라엘의 치욕을 제거하는 사람에게는 어떠한 대우를 하겠느냐 이 할례받지 않은 블레셋 사람이 누구이기에 살아계시는 하나님의 군대를 모욕하겠느냐?"(삼상 17:26)고 묻기를 결정했을 때 바로 직면했던 것이다.[1]

첫째, 다윗은 그의 형제들로부터의 반대에 직면했다(삼상 17:28). 28절에 의하면 그의 맏형 엘리압은 다윗이 일어나고 있는 일에 관심을 보이는 것에 대해 들었을 때 다음과 같이 그에게 말했다. "네가 어찌하여 이리로 내려왔느냐…나는 네 교만과 네 마음의 완악함을 아노라." 다윗의 용기에 대해 자랑스럽게 여기기는커녕 화를 내었다. 이상해 보이지만 다윗은 그 주장을 멈추지 않고 그 형으로부터 "돌아섰다." 요점은 우리 편인 사람들로부터 돌아서라는 것이 아니라 하나님의 도우심으로 우리가 위대한 일들을 할 수 있다고 믿는 것을 거부하도록 하는 "패배자 정신"(loser mentality)으로부터 우리는 돌아서야 한다는 것이다. 우리가 자신의 제한들을 훨씬 뛰어넘는 일들을 할 수 있다고 믿어야 하는 시간이 도래했다. 우리는 정신 자세를 바꿀 필요가 있다.

둘째, 다윗은 기존체제, 즉 사울 왕으로부터 반대를 받았다(삼상 17:33). 다윗의 제안은 마침내 사울의 주목을 받게 되었다. 왕을 향하여 "그(골리앗)로 말미암아 사람이 낙담하지 말 것이라. 주의 종이 가

---

[1] All references in this section are from NASB.

서 저 블레셋 사람과 싸우리이다"(삼상 17:32)라고 말하는 다윗의 용기를 보는 것은 놀라운 일이다.

이 용감한 선언에 대한 사울의 반응은 그가 다윗의 외모를 보고 가졌던 편견으로부터 온 것이 분명하다. 그는 다윗에게 "네가 가서 저 블레셋 사람과 싸울 수 없으리니 너는 소년이요 그는 어려서부터 용사임이니라"(삼상 17:33)고 말한다.

한 사람의 외모나 경험이 부족해 보이는 것 때문에 그 사람을 평가절하하기 쉽다. 사울은 다윗이 가진 자원과 경험을 볼 수 없었다. 본문에 의하면 그는 다윗이 누구인지조차 기억하지 못했다(삼상 17:55). 얼마 전 나는 이 부분에 대한 한 라틴아메리카 신학자가 쓴 주석을 읽었다. 그는 다윗의 이름과 경력이 사울의 컴퓨터에는 입력이 되어 있지 않았지만 그렇다고 해서 이것이 다윗이 존재하지 않음을 의미할 필요는 없는 것이라고 잘 관찰하였다. 다윗처럼 2/3세계 선교 운동도 이슬람, 힌두교, 그리고 다른 거짓 종교 시스템들과 대적하기에는 "힘이 부족"하고 "너무 어리다"고 무시당할 수 있다.

사울의 편견에 대한 다윗의 반응은 자기 방어적이거나 변명이 아니라 자신의 원칙과 경험에 대해 재차 확언하는 것이었다. 다윗의 마음은 순수했다. 그는 사울의 편견이나 두려움에 대응하는 데 시간을 쓰지 않았다. 대신 그는 자신이 과거 경험했던 것에 대해 사울에게 직접 이야기하였다. "주의 종이 아버지의 양을 지킬 때 사자나 곰이 와서 양 떼에서 새끼를 물어가면 내가 따라가서 그것을 치고 그 입에서 새끼를 건져내었고…주의 종이 사자와 곰도 쳤은즉 살아 계시는 하나님의 군대를 모욕한 이 할례받지 않은 블레셋 사람이리이까 그가 그 짐승의 하나와 같이 되리이다"(삼상 17:35-36).

다윗은 그의 삶에 있는 하나님의 능력을 이해하고 있었다. 그는 하나님이 자신과 함께하시기 때문에 골리앗을 패배시킬 수 있음을 알았다. 하나님의 성령의 능력을 통하여 우리가 무엇을 할 수 있다는 것을 알고 있을 때 우리는 하나님이 우리를 통하여 하신 일에 대해 용서를 구할 필요가 없다.

여기서 우리는 기독교의 최근 역사를 살피는 것의 중요성을 알 필요가 있다. 지난 30년 동안 기독교는 패러다임의 변화를 경험하였다. 과거 대부분의 그리스도인들은 서구에 살고 있었으나, 현재는 대다수가 비서구에 살고 있다. 한국, 중국, 과테말라와 브라질 같은 국가들의 교회가 가장 빨리 성장하고 있다. 그 사실은 많은 일들이 이전과는 달라졌음을 의미한다. 많은 나라의 교회들이 성장하여 자신들의 방법으로 일들을 처리하는 것을 알고 있다. 하나님은 2/3세계 교회들을 축복하셨고 많은 서구의 교회들이 그들로부터 배우도록 만들기 시작하셨다.

3. 올바른 방법들을 선택하는 도전

대부분의 사람들이 그렇겠지만, 사울은 적합한 갑옷을 입지 않고서는 싸우는 것이 불가능하다고 믿었다. 따라서 그는 자신이 보기에 적합하다고 생각한 것을 하였다. 그는 다윗이 거인과 대적할 수 있도록 하기 위해서 다윗에게 자신의 옷을 입히기로 결정하였다. 그는 다윗에게 그의 갑옷이 맞는지를 질문해야 한다고 결코 생각하지 않았다. 그는 자신의 갑옷이 다윗을 돕기보다는 방해할 수 있다는 것을 전혀 고려하지 않았다. 사울은 자신에게 갑옷이 제 기능을 하였기에 다윗에게도 그러할 것이라고 생각했다. 이것은 어디서 많이 듣던 소리가 아닌가? 우리가 다른 문화적 상황 속에서 문제들을 해결하려고 할 때 자주 일어나는 일이다. 우리는 자신의 방법들이 우리가 사역하고 있는 사람들에게도 최상의 것이 되어야 한다고 가정한다.

　본문의 경우는 전쟁터에서 다른 싸움들을 해본 경험을 가진 사람이 싸움에는 처음인 다른 사람에게 자신의 방법을 강요하려고 시도하는 것이다. 다윗이 갑옷 입어보는 것을 거절하지 않았다는 사실을 주목해야 한다. 그는 한 번 시도를 해보지만 곧 그것이 자신에게는 싸움을 하기 위해 최상의 방법이 아니라는 것을 발견하였다. 많은 경우에 우리는 우리가 익숙하게 사용하였던 것보다 다른 방법들을 시도한다. 시도해본다는 것은 좋은 것인데 특별히 우리가 선교 현장으로 나가기 전 상황에 있을 때 그러하다. 그럼에도 불구하고, 어떤 방법들과 전략들은 우리의 필요나 가진 것과는 맞지 않을 것이라는 것을 발견하게 될 것이다.

　우리는 다윗에게 무슨 일이 벌어졌는지 보게 된다. 사무엘상 17:39은 "다윗이 칼을 군복 위에 차고는 익숙하지 못하므로 시험적으로 걸어보았다"고 말한다. 사울의 갑옷을 입고 실습해보는 것이 부족했기에 다윗을 그것을 사용할 수 없었다. 다른 사람들에 의해 사용된 선진화된 방법들의 편리함에도 불구하고, 만일 우리가 그것들에 익숙하지 않다면 그것들은 우리에게 작동하지 않을 수 있다.

　사울의 방법들(그의 갑옷과 칼)을 사용할 수 없다는 것을 깨닫자 다윗은 "그것들을 벗어버렸다." 그런 다음 그는 싸우기 위해 자신의 무기들을 취하고 자신의 전략을 사용했다. 다윗은 "시내에서 매끄러운 돌 다섯을 골라서 자기 목자의 제구 곧 주머니에 넣고 손에 물매를 가지고 블레셋 사람에게 나아갔다"(삼상 17:40). 다윗은 자신에게 익숙한 것이 그가 사용할 수 있는 것들이라는 것을 알았다.

　이 구절은 2/3세계 선교 운동에 대해 놀라운 메시지를 주고 있다! 우리는 과거 50년 동안에 많은 좋은 것들을 배웠다는 사실을 기억할 필요가 있다. 2/3세계의 교회는 그 어느 때보다 빠르게 특히 서구의 교회에 비해서는 더욱 빠르게 성장하고 있다. 가장 큰 교회들이 2/3세계(즉 비서구권 세계)에 존재하고 있다.

많은 귀한 일들이 소위 "현지"라고 불리던 곳에서 성취되었다. 지금은 이슬람, 불교, 힌두교와 같은 거인들을 대항해서 싸우는 전쟁터에 들어가기 위해 그러한 경험들을 사용할 때이다.

우리가 사용하는 방법을 잘 아는 것보다 더 좋은 도구는 없다. 이것은 새로운 도구들을 사용하도록 훈련받을 수 있다는 가능성을 배제하는 것은 아니다. 그러나 훈련 방법조차도 훈련을 받는 사람들의 사고방식과 필요에 적합하도록 이루어져야 한다. 그렇다면 어떻게 다른 상황들에서 온 사람들이 자신들의 귀중한 경험들을 새로운 전사(戰士)의 필요에 맞지 않는 방법들은 강요하지 않으면서 전수할 수 있을 것인가라는 질문이 제기된다. 어떻게 우리는 서구 국가들에서 효과적이었다고 입증되었지만 우리의 특수한 상황에는 최상이 아닐지도 모르는 훈련 경험과 방법들을 적용할 수 있을 것인가? 나는 그것이 상황화를 통해 가능하다고 대답할 것이다.

우리는 다른 상황들에서 사용되었던 도구들과 방법들로부터 핵심 원리들을 추려내고 우리 자신의 상황들에 그것들을 적용시킴으로써 배워야 한다. 어떤 면에서 다윗이 골리앗을 물리쳤을 때 이 원리를 사용했다. 사무엘상 17:51은 "다윗이 달려가서 블레셋 사람을 밟고 그의 칼을 그 칼집에서 빼내어 그 칼로 그를 죽이고 그의 머리를 베었다"라고 말한다. 다윗은 그의 임무를 완수하는 데 골리앗의 칼을 사용했지만 그것에 의존하지는 않았다. 우리는 다른 이들로부터 최상의 것들을 취해서 우리의 필요에 상황화된 방법으로 적용시켜야 한다.

다윗은 우리에게 위대한 모범이다. 그는 경험이 있었고 하나님이 그를 통하여 할 수 있는 것이 무엇인지에 대해서도 믿음을 가지고 있었지만, 그는 사울의 방법들을 실험해보는 것을 거절하지 않았다. 그럼에도 불구하고 그는 다음과 같이 말할 수 있을 정도로 용기가 있었다. "나는 이것을 가지고 갈 수 없습니다. 사울 왕이시여, 나는 당신의 방법으로 그 일을 할 수 없습니다. 내 방식으로 그것을 할 수 있도록 허락해주십시오. 하나님은 나에게 그 싸움을 싸우기 위한 다른 방법들을 보여주셨는데 그것들이 이 거인에게 효과가 있을 것이라고 믿습니다." 다윗의 목표는 하나님께 영광과 존귀를 돌리는 것이었다. 그는 자신이 높임을 받는 것을 구하지 않고 하나님이 그렇게 되시기를 원했다. 골리앗의 도전에 맞서 그는 "나는 만군의 여호와의 이름 곧 네가 모욕하는 이스라엘 군대의 하나님의 이름으로 네게 나아가노라. 오늘 여호와께서 너를 내 손에 넘기시리니…온 땅으로 이스라엘에 하나님이 계신 줄 알게 하겠다"(삼상 17:45-46)라고 응답했다. 다윗의 최종적인 목적은 유일하게 영광을 받으실 자격이 있으신 하나님께 온 땅이 영광을 돌리도록 하는 것이었다!

이것은 우리에게도 위대한 모범이 된다. 우리가 하는 모든 일의 영광은 하나님께 속해 있다. 때때로 우리가 색다른 방식으로 일들을 처리할 때 우리는 인정을 받지 못한다. 대신에 다른 사람들이 인정을 받을 수도 있지만 우리가 하나님의 영광을 구하는 이상 그것은 문제가 되지 않는다. 우리가 추구하는 최종적인 목적은 온 땅이, 온 땅 위의 모든 백성이, 복음을 듣지 못한 사람들이 그들을 사랑하는 유일하신 하나님이 존재하시고 하나님의 아들 예수 그리스도가 그들을 위해 죽으셨음을 알도록 하는 것이다.

얼마나 귀한 교훈인가! 하나님의 영에 이끌려 새로운 방식으로 적과 싸운 그 소년은 하나님의 백성에게 우리의 현실과 자원에 맞는 방법들을 사용해서 전투에서 승리하는 것이 가능하다는 것과 그렇게 함으로 하나님께 모든 영광을 돌리게 된다는 것을 가르쳐주고 있다.

소고

한국 선교 훈련에 대한 소고[1]
– GMTC를 통해 본 –

이태웅 박사
선교학 박사, 글로벌리더십포커스(www.GLfocus.org) 원장

1. 선교 훈련의 비전을 품고

　　GMTC가 시작되던 시기는 2/3세계 선교 운동이 한창 무르익기 시작한 때이다. 2/3세계 선교 운동은 1970년대부터 일어나기 시작했는데 1980년대에 들어서 좀 더 많은 선교사들이 파송되었다. 그 당시 아시아에서만 17,299명의 선교사가 나갔다. 한국 교회도 이 기류를 탔으나 타문화권에서 사역하는 선교사들은 그때까지만 해도 아주 미미한 숫자였다. 1980년대 통계상으로 나온 한국 선교사의 수가 511명이었으나 타문화권에서 사역하는 선교사는 소수에 불과했다. 그 당시 선교 훈련을 전문적으로 하는 곳도 거의 전

---

[1] 본 원고는 2007년 리더십 전환이 있을 때 GMTC 선교연구지에 발표한 글을 현시점에 맞게 개정한 것임을 밝히는 바이다.

무한 상태였다. 이와 같은 상황 가운데 한국 교회가 선교하기 위해서 절대적으로 필요한 것이 무엇인가 생각하게 되었다. 최소한 세 가지로 집약되었다. 첫째, 선교사를 파송하는 교회가 있어야 했다. 둘째, 선교사를 보낼 현지가 필요했다. 셋째, 파송할 수 있는 준비된 선교사가 필요했다. 파송할 수 있는 선교사를 배출하기 위해서 선교 훈련을 시키지 않으면 안된다고 믿었기에 내가 할 사역은 이 세 가지 중에 선교 훈련이라는 확신이 들었다. 선교 훈련이 잘 될 때 궁극적으로 교회가 선교에 대하여 비전을 갖게 되고, 더 나아가서 훈련된 선교사들이 점차 늘어감에 따라서 그들에 의해 현지가 개척되리라는 확신도 아울러 생겼다.

이런 꿈은 내가 죠이선교회 사역을 위임한 후 다음 사역에 대한 준비를 위해 1979년 말부터 1983년 중반까지 트리니티복음주의신학교(Trinity Evangelical Divinity School)에서 유학을 하면서 구체화되었다. 그 당시 교회 개척, 목회, 신학교 쪽에는 사역자가 비교적 많았지만 선교 훈련을 전임으로 하는 사역자는 전무한 상태였다. 하지만 이 훈련을 하기 위해서는 무엇보다 먼저 내 자신의 준비가 필요했다. 교육과 선교, 신학과 선교, 더 나아가서 선교 현장에서 직접 활용할 수 있는 실제적인 부분과 선교의 이론적인 면을 통합시키는 실력이 먼저 생겨야 했다. 이런 연구는 대학생을 위한 선교 훈련 프로그램을 개발하기 위한 박사학위 논문을 쓰면서 차츰 그 윤곽이 잡히기 시작했다. 이 논문은 거의 공개되지 않았지만 후에 GMTC 훈련을 위한 철학을 형성하는 데 중요한 기초가 되었다.

그 밖에도 누가 GMTC의 주체가 되는가도 고민 중 하나였다. 한 가지 분명한 사실은 한국 교회와 지도자들에 의해 이 훈련이 주도되어야 한다는 것이었다. 몇몇 분들의 격려가 큰 도움이 되었다. 고 김인수 박사, 고 하용조 목사, 홍정길 목사, 고 옥한흠 목사, 고 이영덕

전 총리 그리고 전재옥 박사 등이다. 고 하용조 목사님과 나는 거의 1년에 걸쳐서 어떤 식으로 선교 훈련을 시작해야 할 것인가에 대한 설계에 들어갔다. 훈련 목표는 어떤 것이 되어야 하며, 훈련을 위한 커리큘럼은 어떻게 짜며, 중요한 과목들은 어떤 것이 될 것이며, 더 나아가서 누가 훈련을 시켜야 할 것인가 등을 놓고 고민을 거듭하였다. 거의 밑그림들이 그려졌을 때는 또 하나의 고민이 생겼다. 과연 이 훈련원의 소속을 어디에 두는가를 놓고 조용히 기다리는 시간을 가질 수밖에 없었다. 이때 최소한 두 가지 중요한 기준을 가지고 생각하게 되었다. 하나는 훈련원 set-up을 어떤 형태로 하는 것이 하나님께 영광이 될 것이냐는 점이었고, 또 다른 하나는 나의 은사를 생각해봤을 때 어떤 방식으로 훈련을 하는 것이 가장 적합한 것이냐는 점이었다. 이런 나의 고민을 아셨는지 하용조 목사님은 자신의 의견에 개의치 말고 내가 편리한 대로 하라고 나에게 자유를 주셨다.

이런 과정을 통해 훈련원의 태동에 발동이 걸리게 되었다. 그 당시 이름은 선교연구원이었다. 영어로는 KRIM(Korea Research Institute for Mission, 현재는 이 명칭을 GMF 산하의 연구기관인 KRIM이 사용하고 있다)으로 표기했다. 초창기 이 일에 함께 참여한 행정 직원은 내 아내와 백인숙 교수 밖에 없었다. 그나마도 당시 백인숙 교수는 죠이선교회에 속해 있었기 때문에, 죠이선교회 대표로 계셨던 문정선 목사님의 호의로 파트 타임으로 우리와 함께 일을 할 수 있었던 것이다. 사무실로는 임시로 우리 집 2층 서재를 사용하게 되었다.

막상 이렇게 훈련에 대한 초기 청사진을 마련해 놓고 훈련을 시작하려고 했을 때 훈련을 시킬 장소가 없었다. 물론 훈련 자료도 존재하지 않았다. 생각해보니 훈련 자료를 만드는 데만도 약 7년 정도가 걸릴 것 같았다. 또 교수들도 없었다. 그 당시 선교를 경험한 사람들이 거의 없는 상태였기 때문에 현지 경험을 한 교수를 찾는다는 것은 하늘에서 별 따기였다. 그 외에도 내 자신에 대한 갈등도 많았다. 비록 세계제자훈련연맹 소속 선교사로 미국에서 제자훈련 사역을 했고, 국내에서는 학생단체에서 수십 년간 사역을 했고, 더 나아가서 많은 선교사들과 긴 시간들을 보냈지만 비서구권에서의 선교 경험이 없는 사람으로서 훈련을 시킬 수 있는 자격이 있느냐는 질문이 나를 괴롭혔던 것이다. 이런 질문은 나만 아니라 주위에 있는 가까운 사람들로부터도 제기되었다. 나는 더욱더 의기소침하게 되었고 감히 훈련을 시작하겠다는 용기를 낼 수가 없었다.

그러던 어느 날 내 아내와 여느 때처럼 대전침례신학교에 강의를 하러 갔다 돌아오는 기차에서 우리는 다시 한 번 선교 훈련을 과연 시작할 것인가 아닌가를 의논하게 되었다. 나는 내 속마음을 아내에게 털어놓았다. 너무나 부족한 것이 많고 엄두가 나지 않는다는 속내를 솔직히 드러냈다. 그랬을 때 아내는 다음과 같은 질문식의 짤막한 대답을 했다. "어떻게 처음부터 완벽한 훈련을 할 수 있겠어요? 부족하면 부족한 대로 시작하는 것이 옳지 않겠어요? 그리고 차츰 보완해나가면 되지 않겠어요?" 나는 그 이야기를 듣고 마음속으로 다음과 같은 결단을 내리게 되었다. "그렇다. 부족한 대로 시작하자. 그리고 가면서 보충을 해나가자." 이로써 내가 당면했던 커다란 저항으로부터의 돌파구가 생긴 것이다. 그 다음부터는 한 번도 뒤를 돌아본 적이 없다. 아무리 어려운 일이 있더라고 이 어려운 환경을 반드시 뚫고 나가야 한다는 생각 밖에는 없었다.

그 다음 이야기는 마치 모세가 이스라엘 백성과 함께 홍해 앞에 서 섰을 때 물속으로 한 걸음을 내딛자 바다가 갈라진 것과 같은 느낌의 것이었다. 전혀 가능하지 않은 것 같았지만 한걸음 떼어놓을 때마다 하나씩 하나씩 필요한 것들이 준비돼 갔다. 그리고 그와 같은 준비는 지난 수십 년간 계속 이어졌다. 많은 기적과 같은 일들이 하나씩 내 눈앞에 펼쳐졌다. 나는 이러한 일들을 경험하면서 나 혼자만의 힘으로 이런 일들이 이루어졌다고 결코 생각하지 않는다. 이런 일들은 처음부터 끝까지 팀으로서 이루어진 것이다. 그 당시 팀에 대한 의식이 별로 없는 때였지만 어렴풋이나마 내 머리 속에 각인된 사실은 이것은 한 사람이 하는 일이 아니라, 서로의 경험들과 은사들을 함께 나누고 공유해가면서 그것들이 합쳐져서 필요한 기능을 발휘할 수 있다는 생각이었다. 물론 외부로부터의 칭찬은 원장인 내가 주로 듣는 경우가 많았다. 하지만 실상은 구성원들 모두가 참여해 각자의 역할을 했다. 바로 이분들 한 사람 한 사람이 하나님 앞에서 더 큰 상을 탈 것으로 늘 생각하면서 나는 나의 역할을 계속할 뿐이었다.

2. GMTC가 현재 모습을 갖추기까지

GMTC(이전 이름은 KRIM)는 1986년에 첫 문을 열게 되었다. 첫 훈련생들을 모집해서 개강예배를 남서울교회에서 드리게 되었다. 개강예배를 드리기 위해서 김현희 권사님과 백인숙 교수와 나와 내 아내가 남서울교회로 가고 있었다. 거의 다 도착하여 김현희 권사님이 "훈련은 어디서 하지요"라는 질문을 했다. 그 말에 나는 어안이 벙벙해졌다. 사실 그때까지만 해도 우리가 어디서 훈련을 해야 할지 정하지 못하고 있었던 것이다. 조금 있으면 개강예배를 드리고 어디서 훈련을 할 것이라고 광고를 해야 하는데 그때까지 훈련 장소가 마련되지 못했다. 차 안에서 김현희 권사님은 남편 되는 김도민 장로님과 함께 의논을 해보겠노라고 하면서 "저희 집에서 시작하면 어떻겠습니까?"라고 건의를 했다. 이렇게 해서 1기 훈련생들은 김현희 권사님 댁에서 시작되었다. 총 17명이 훈련을 시작하였다. 그 당시는 하루를 택해서 온종일 훈련을 하고, 나머지 시간은 자신들이 있는 각처에서 실습을 하는 식으로 훈련이 진행되었다. 그리고 기독교 수양관과 죠이 회관에서 좀 더 집중적인(intensive) 훈련이 있었고, 공동체 훈련도 그곳에서 했다. 그렇게 9개월 동안 훈련을 하였다. 일부 강의는 공개되어서 다른 사람들도 함께 참석을 할 수 있게 하였다.

이때쯤 하나님은 홍정길 목사님을 통해 현재 본부 건물로 쓰고 있는 곳을 구입할 수 있는 계기를 마련해주셨다. 연인수 형제가 갑작스럽게 하나님의 부르심을 입었고, 그 어머니 되시는 유유희 권사님과 가족들이 홍정길 목사님께 그 당시 1억 원을 맡기셨던 것이다. 고 연인수 형제는 선교를 사랑했던 아들이었기 때문에 어머니 되시는 유유희 권사님은 선교를 위해 거액을 헌금하셨던 것이다. 홍 목사님은 그 당시 남서울교회 사정으로 봐서 그 돈을 다른 곳에 쓸 용도가 많았을 것이다. 하지만 미국 코스타(KOSTA)를 다녀오시는 비행기 내에서 그 헌금을 GMTC에 주시기로 결심하셨다. 그분은 우리가 훈련 장소를 위해서 열심히 기도하고 있었던 것을 아셨던 것 같다. 우리는 1억 원과 그동안 붙은 약간의 이자(홍 목사님이 이것까지 넘겨주셨다)를 가지고 지금 현재 본부 건물을 구입할 수 있었다.

이것은 GMTC가 현재 모습을 갖추는 데 있어서 결정적인 사건이라 볼 수 있다. 첫 번째 사건이 김도민, 김현희 장로님 집을 우리에게 1년간 빌려주신 것이라면, 두 번째 디딤돌은 본부 건물이 생긴 일이다. 우리는 그 후부터 긴 세월 동안 고 연인수 형제를 기념하는 추도예배를 드렸다. 우리는 이 정신을 훈련에 도입하기를 원했던 것이다. 한 알의 밀알이 떨어져 썩으면 많은 결실을 맺는다는 메시지를 우리 훈련생들에게 주고 싶었다. 홍 목사님은 여러 해 오셔서 추도예배를 인도해주셨고 훈련원이 현 상태로 이르는 데 있어서 지금까지 늘 함께하여 주셨다.

　이사회가 처음 모였을 때였다. 고 옥한흠 목사님은 이렇게 말씀하셨다. "너 흙 파먹고 살거야? 다들 이 자리에서 이태웅 목사를 위한 후원 금액을 써내." 이렇게 하여 그 자리에서 후원금을 받아내셨다. 이 후원금을 쪼개서 우리 가정의 생활비와 초기 행정비로 썼으며 이로써 GMTC가 재정적으로 독립하는 데 중요한 한 걸음을 뗄 수 있는 계기가 마련되었다.

　건물에 대한 이야기를 하자면 책을 한 권 써도 될 것이다. 얼마나 많은 헌신들과 숨은 이야기들이 있는지 여기서 다 밝힐 수가 없다. 감사의 집은 그 당시 여 집사들의 기도 후원 모임인 LAM의 한 회원 가정의 희생적인 헌금을 통해서 하나님께 드릴 수가 있었다. 후에 그 가정은 재건축을 위해서도 희생하였다. 이 밖에도 믿음의 집, 귀빈빌라 하나하나가 실로 기적적인 것들이었다. 이를 위해서 기도한 각 기수의 훈련생들, LAM 회원들, 모든 직원들의 공로가 있었다. 많은 교회가 이 일에 참여한 것도 아니고, 대형 교회들이 참여한 것도 아니다. 개미 군단 같은 한 사람 한 사람, 부요하지도 않은 분들이, 어떤 때는 훈련생들 가운데서 희생적으로 참여함으로 말미암아 지금 현재 GMTC의 모든 시설들이 갖추어진 것이다. 어느 날 하나님이 이 일에 헌신한 한 사람 한 사람에게 상을 주실 때 비로소 그 일들이 더 분명하게 드러나게 될 것이다. 그때까지는 지금 이 정도로 하고 덮어두는 것이 나을 것이다. 하지만 이 과정을 생각하면 귀중하게 드린 헌금들을 직접 받았던 나로서는 지금도 마음이 뭉클해지고 눈시울이 뜨거워질 때가 많다. 나는 지금도 그것들을 잊지 못하고 그런 사람들을 위하여 하나님께 기도드리고 있다.

　LAM 회원들은 GMTC에 있어서 빼놓을 수 없는 분들이다. 처음 LAM이 시작된 계기는 집사들을 위한 선교 훈련이었다. 첫 훈련을 백인숙 교수가 맡았다. 지금 기억하기로는 거의 1년에 걸쳐서 이들을 훈련시킨 것 같다. 이들은 훈련을 마친 다음에 계속 기도로 선교에 동참하였다. GMTC만을 위한 모임은 아니었다. 하지만 GMTC는 이분들의 존재를 빼놓고는 말할 수가 없게 되었다. 초기에는 이들 가운데 식사 봉사자들도 나왔다. 닭 집사님과 생선 집사님이라는 별명도 나오게 되었다. 한 집사님은 매주 한 번씩 닭고기 요리를 만들어서 훈련생들을 즐겁게 해주셨다. 또 다른 집사님은 7년 동안 매주 한 번씩 생선을 사다가 훈련생들을 먹이셨다. 그래서 생선 집사님이 되셨던 것이다. 이분들은 몸소 봉사한 것 이외에도 왼손이 하는 것을 오른손이 모르게 희생적으로 자신의 생애를 쏟아주셨고, 무엇보다도 GMTC에서 일어나는 거의 모든 일에 기도로 동참하였다. 지금까지도 LAM 회원들은 GMTC를 위해 기도와 후원을 아끼지 않고 있다. 이분들은 이 세상에서 상급을 타기에는 너무 귀한 분들이라 하나님이 천국에서 상급을 직접 주실 것이라 확신한다.

훈련이 시작되었을 때 교수들의 경우 훈련자의 자격을 갖춘 사람을 찾는다는 것은 거의 불가능한 때였다. 다행히 초기 창립 팀으로 백인숙 교수와 송헌복 교수가 영입되었다. 백인숙 교수는 그 당시 OM을 통해서 선교를 경험한 바 있었다. 문정선 목사님의 배려로 죠이에서 GMTC로 옮겨 전임 사역을 할 수 있게 되었다. MK-Nest로 소속을 옮기기까지 긴 시간 동안 행정과 교수 사역을 함께 하면서 GMTC에 헌신을 하였다. 그 다음으로는 민명홍 교수이다. 민명홍 교수는 오랜 기간 동안 OM에서 사역을 했고, 무디성서학원(Moody Bible Institute)과 휘튼대학원(Wheaton College Graduate School)에서 공부를 한 바 있었다. 1987년부터 교수팀에서 사역을 시작한 후 헌신의 집 공사 중 큰 기여를 한 것을 비롯하여 작고 큰일에 관여하며 이곳에 있을 때까지 헌신적으로 GMTC를 섬겼다. 유경애 교수의 경우는 침례신학교에서 교육학을 가르치고 있었을 때 처음 만났다. 초기에는 파트타임으로 도와주다가 1988년에 전임 사역자로 GMTC에 부임하게 되었다. 이 세 분들은 초기부터 GMTC의 교수진으로서 팀을 이루어 매 기수 훈련생 그룹이 지나갈 때마다 심혈을 기울여서 그들을 가르치고, 돕고, 위해서 기도했다. 이처럼 여러분이 GMTC의 성장을 위해서 자신들의 생애를 아낌없이 쏟았다. 그 밖에도 조관식 목사, 정홍호 박사, 조은혜 교수, 안점식 박사, 김이근 목사, 남전우 목사, 이순임 교수가 GMTC 교수 팀에 합류했고 현재는 남전우 목사님만 남아있다. 반면에 바톤 터치가 이제는 새로운 원장인 변진석, 홍혜경 박사 부부에게까지 이르게 되었다. 그 후 엄주연 목사님(원목)과 행정진에서 교수팀에 합류한 조은경 실장과, 현지와 영국에서 각각 귀국한 조을희 목사님과 이성혜 박사가 최근에 교수팀에 합세하면서 현재 가장 강력한 팀을 이루게 되었다. 이렇게 우리에게 보내진 교수들과 행정 직원들이 합쳐져서 마치 미식축구 팀이 한 팀워크를 이루어서 게임을 하듯이 고효율 팀(High Impact Team)을 구성해 왔던 것이다.

어린이학교는 처음에 KRIM 유치원으로 시작되었다. 아이들도 부모와 같이 현지에 가기 때문에 이들도 훈련이 필요했다. 이들을 훈련시키되 이들의 발달 과정을 무시하지 않는 범위 내에서 한다는 것은 큰 도전이 되었다. 처음에는 우리가 참고할 수 있는 자료가 전무했었고 또한 이들에게 훈련을 시킬 경험자들도 부족했다. 하지만 GMTC 어린이학교는 양승순 초대 원장과 그 뒤를 이은 이준선 원장 그리고 현재에 이르기까지 많은 사람들이(자원봉사자들 포함) 땀과 눈물을 흘린 데 힘입어 많은 선교사 자녀(Missionary Kids, MK)들을 선교사 부모들과 함께 선교 현지로 보냈다. 이들 대부분이 지금까지 훌륭한 MK들로 성장하고 있다. 이 파트에서 수고했던 대표적인 사람으로는 정인혜, 김윤정 선생이 있고, 한때는 조은경 선생의 지도하에 최은혜, 임춘재, 이은주, 윤지현 선생이 한 팀이 되어 어린이학교를 운영하였고, 현재는 윤지현, 장선영, 이수정, 김은정, 한지연 선생이 중심이 되어 어린이학교를 계속 이끌어가고 있다.

    GMTC 행정 직원을 구하는 것은 마치 무남독녀의 짝을 찾는 부모의 심정처럼 어려운 일이었다. 다행히 거의 초창기부터 서정금 집사는 재정을 맡아서 신실하게 수고해왔는데 20여 년 이상을 사역한 뒤 재작년에 명예롭게 은퇴를 하였다. 초기 총무로서는 윤국현 목사, 그 다음은 임태순 선교사가 바톤을 이어받았고, 심대식 목사님이 떠난 후에는 정규채 법인 총무가 잠시 동안 법인과 GMTC 총무까지 맡아서 사역을 했었다. 그 후로 행정진은 총무가 없이 실장 체제로 운영 되다가 홍혜경 선교사가 행정 코디네이터로 리더십을 발휘한 후에 비로소 행정체계가 정비되어 현재 행정 상태를 계속 잘 유지해 오고 있다. 김의경 실장은 맥가이버라는 닉네임을 가지고 탁구 실력과 더불어 이곳을 거쳐 가는 모든 훈련생들 사이에 그 명성을 떨쳤나. 이은경 실장도 만만치 않은 실력가로 우뚝 솟있다. 권미신 간사도 어느덧 고유의 역할로 GMTC에서 없어서는 안 될 존재가 되었고 그 뒤를 이어 김록옥 간사가 수고하고 있다.

    이들 한 사람 한 사람의 힘은 미약할지 모른다. 또 강점뿐 아니라 약점도 함께 가지고 있는 사람들이다. 하지만 이들이 한 마음이 되어, 심혈을 기울여 사역한 결과 GMTC가 최상의 상태(Excellence)를 이어갈 수 있게 되었던 것이다.

3. 선교 훈련을 위한 커리큘럼 형성 과정

　　GMTC가 시작될 당시의 상황을 분석해봤을 때 타문화권을 위한 한국 선교는 걸음마 단계였다. 현지 체제는 존재하지 않거나 있다고 해도 미미한 정도였다. 또 지도자도 많지 않은 상황이었다. 그래서 GMTC는 초기부터 선교 지도자를 양성한다는 생각을 갖게 되었다. GMTC 졸업생들이 다 지도자가 되지는 못하겠지만 최소한 목표는 그렇게 잡았다. 이들은 장차 개척자로서 현지 개척도 하고, 귀국하여 교회에 선교 의식을 고취시키기도 하고, 더 나아가서 국제 선교 단체에 들어가서도 일할 수 있는 사람이 될 것으로 생각했다. 이런 인재들이 계속 축적된다면 한국 선교계에 큰 영향을 줄 것이라는 생각이었다. 따라서 초기부터 소수 정예 훈련, 최선(Excellence)을 다하여 철저하게 훈련하는 것을 그 핵심 가치로 삼았다. 현지의 필요를 생각해봤을 때는 훈련생 숫자를 늘리는 것이 더 좋지 않은가라는 생각도 들었다. 하지만 한국의 상황으로 보아 10년 내지 15년 후는 선교 후보생들이 줄어들 가능성이 있을 뿐만 아니라, 한국 선교계의 특성상 각 선교 단체나 더 나아가서는 교단들이 선교 훈련을 시킬 것이 자명한 일이었다. 따라서 조직이나 시설을 너무 크게 늘렸을 때 어느 시점에 가서는 그 조직이나 시설을 운영하기 위해 그것이 훈련에 부담이 될 것이라는 두려움이 있었다. 따라서 기동성이 있고, 유지비가 최소한으로 드는 방향을 택했다.

　　이런 상황 가운데 우리가 택한 방향성은 최소한의 비용을 들이되, 소프트웨어는 가장 적합하고 최선의 것이 될 수 있도록 노력해야 한다는 것이었다. 이것은 선교 훈련을 어떤 장소에서 시킬 것인가와 맞물려 있었다. 이렇게 할 수 있기 위해서 위치는 교회나 자원봉사자가 쉽게 드나들 수 있는 장소이면서, 동시에 훈련생들이 어느 정도 여유를 누릴 수 있는 공간이 있는 곳이어야만 했다. 이런 점들을 고려해보았을 때 장소는 동네 한 자락에 위치하되 옆에 공원이 있는 곳이 적합하다고 생각했다. 또한 그 당시 교수들이 많지 않고 우리 부부도 어린 아이 둘을 키우는 부모였기 때문에 그 아이들을 정상적으로 키우면서 일할 수 있는 우리가 살고 있는 거주지와 근접한 곳이 필요했다. 이런 관점에 비추어 봤을 때 목동 법무단지 한 끝자락이 제일 좋은 곳으로 생각되었다. 나의 이런 생각은 결국 적중하였다. 특히 이런 곳이야말로 훈련을 받으면서 자연스럽게 가정생활도 점검해볼 수 있는 곳이었다. 이런 곳은 많은 경우 현지와도 흡사한 점이 많고, 자연스럽게 살면서 본인들의 실제 모습들이 드러날 수도 있어서 훈련을 받을 수 있는 최적의 조건이 될 수 있다고 생각했다. 이렇게 해서 목동이 선교 훈련원 장소로 채택된 것이다.

그 후 목동은 점심시간마다 교회나 자원봉사자들이 와서 훈련생들과 직원들의 식사를 준비해주고 어린이 자원봉사자들도 쉽게 드나드는 장소가 되었다. 이런 선택은 졸업생들에게도 하나의 본보기(role model)가 되어서 훈련생들이 졸업한 후에 자신들의 사역지에서도 이런 저비용 고효율의 사역을 할 수 있다는 희망을 주는 데 기여했으리라 본다.

숫자에 대해서는 당시 한국 선교사 수가 워낙 소수였기 때문에 우리는 전체의 10퍼센트를 훈련시키면 좋겠다는 생각을 했다. 우리가 더 많은 숫자를 훈련시키려다 철저한 훈련을 하지 못하는 것보다는 소수의 숫자만이라도 철저히 훈련을 시킴으로써 나머지 90퍼센트에게도 직간접적으로 영향을 줄 것을 기대하였던 것이다.

그 당시 선교 훈련을 시키는 곳이 몇 군데 있긴 했다. 하지만 뚜렷한 선교 훈련 철학을 가지고 하는 곳은 거의 없었던 것으로 기억된다. 선교 훈련을 시킬 수 있는 사람들이 제한되었기 때문에 외국에서 강사가 오면 한 분야는 강의하되, 나머지는 스스로 알아서 훈련해가는 상황이었다. GMTC는 초기부터 모든 분야에 필요한 훈련들을 우리 힘으로 한다는 생각을 갖고 시작했다. 필요할 때는 내외국인을 포함해서 외부 강사를 쓰지만 그들로 한정적인 역할과 분야에만 국한시킨다는 생각을 갖게 되었다. 이렇게 할 때 여러 가지 유리한 면이 있었다. 무엇보다 먼저 훈련생들을 우리가 원하는 목표에 따라서 훈련을 시킬 수 있는 것이 가장 큰 장점이었다. 그 밖에도 우리가 교수진을 자급자족함으로써 그들이 훈련생들이 훈련 받는 전 과정을 지켜보고 필요한 도움들을 줄 수 있는 장점도 활용할 수 있었다. 더 나아가서 초기부터 훈련생과 교수들 사이의 간격을 좁히고 서로 평등한 사고를 가지고 훈련에 임했다. 훈련자들은 철저히 팀으로서 자신의 경험들과 강점들을 팀에 포함시킴으로써 팀 자체가 우리가 원하는 훈련자의 면모를 갖추게 되었다. 한 사람으로서는 이것이 쉽지 않았지만 여러 사람들의 각자 가진 특유의 은사들이 합쳐졌을 때 그 팀 자체가 이상적인 팀의 성격을 띠기 시작했던 것이다.

훈련 교안들을 작성하는 데만도 7년 정도 걸릴 것이라는 예측이 있었지만 우선 초안을 작성하고 거기에 필요한 것을 추가시키면서 한 기수 한 기수를 더할수록 그것이 더 구체화 되었다. 유명한 사람들을 모셔다가 강의를 하는 것은 처음부터 훈련에 큰 효과가 없을 것이라는 생각을 하였다. 오히려 교수와 훈련생들이 함께 연구하고, 함께 가르치며, 훈련생끼리도 다른 훈련생들에게 가르치는, 즉 비공식 일상 교육(Informal, Nonformal) 방법을 채택하였다. 나중에 발견했지만 이 면이야말로 선교 훈련에 있어서 그것이 훈련(Training)이냐 혹은 단순한 교육(Education)이냐를 판가름하는 시금석이 된다는 점이었다. 심지어는 강의실에서 강의하는 내용도 그저 단순히 지식을 전달하기 위한 것이라기보다는 한 사람 한 사람이 어떻게 전인적으로 정상적인 사역을 할 수 있는 사람이 될 수 있는가에 그 초점이 맞추어진 것이 일반 신학교 교육과 차별화 된 것이라 볼 수 있다.

당시는 영어를 하는 곳이 많지 않고 또 영어를 잘 못하는 사람들이 많았기 때문에 커리큘럼 안에 영어 교육이 추가되었다. 아침에 영어 훈련이 그룹별로 일주일에 두세 번 기본적으로 이루어졌다. 그리고 한 달에 걸친 해외 적응 훈련이 뒤따랐다. 우리는 태국, 싱가포르, 인도네시아 등을 방문하는 코스가 있었고, 때에 따라서는 구소련 중앙아시아 3개국을 도는 코스를 마련하였다. 우리 교수들은 함께 훈련생 전원과 동행하며 현지에서의 생활을 경험하는 시간들을 가졌다. 후에 상황이 많이 달라졌다. 많은 훈련생들이 이미 현지를 경험하였고, 우리나라가 세계화 되는 과정 중에 해외여행을 안 해본 사람이 거의 없다는 것을 파악한 후, 훈련생들이 불필요하게 더 많은 시간을 훈련원에서 보내는 것을 방지하기 위해서 영어 훈련과 현지 적응 훈련들을 생략했다. 선교 훈련에 절대적으로 필요하지 않은 부분들을 제거해서 지금 현재 상태의 6개월(22주)과 4개월(16주) 훈련으로 압축되었다. 하반기 훈련은 연장교육을 하는 쪽으로 발전되기를 바랐으나, 그것을 특별히 구분할 필요가 없다고 생각하였다. 왜냐하면 아무리 이미 훈련을 받고 나간 사람이라도 GMTC 훈련 철학에 따라서 훈련을 받지 않은 사람이라면 다시 한 번 기초를 밟아 보는 것도 유익할 것이라는 생각에서였다. 이런 훈련 철학의 준비와 거듭되는 개정을 통해서 우리는 최선을 다한다는 핵심 가치를 계속 고수하면서 훈련을 위해 훈련생 한 사람 한 사람을 깎았다. 이렇게 훈련생들을 철저히 훈련시키는 데는 소위 "Life Formation"(성장하는 생명)라고 명명한 전인을 위한 훈련을 매 금요일마다 실행하고 연이어서 튜토리얼 그룹(tutorial group)이 소그룹으로 만나서 배운 내용을 서로 토의하며 심화시키는 과정이야말로 빼놓을 수 없는 부분이다.

수요일마다 훈련원 사람들이 모두 모여서 드리는 예배 역시 훈련의 중요한 부분이 되었다.

훈련생 한 사람 한 사람은 훈련 받는 기간 동안 공식적으로 최소한 세 번 상담을 받았고, 상담 기간 동안에는 여러 가지 툴(tool)을 사용하게 되었다. 가장 기본적인 툴로서는 T-JTA(Taylor-Johnson Temperament Analysis) 성격 검사로서 아홉 가지 양극이 되는 성격 가운데 자신이 어디에 속해 있는가를 판단하는 검사이다. 이것은 후에 모든 훈련자들이 훈련생들을 평가하고 돕는 데 매우 중요한 역할을 하였다. 심리검사도 일익을 하였다. "나는 누구인가?"라는 시간을 통해서 자신들이 살아온 여정을 서로 나누고, 마음의 그림들을 그리는 것, 타문화 적응에 대한 평가 툴(tool) 등 이런 모든 것들은 우리가 훈련생들을 이해하는 데 매우 좋은 도구가 되었다.

특히 이들과 함께 점심시간마다 대화를 나누고, 세상을 품은 기도 시간을 한 시간씩 가지며, 심야 기도회와 수요 예배에서 함께 만나 서로 삶을 나누는 과정들은 매우 중요했다. 이런 것을 통해 훈련자와 훈련생들 사이의 간격이 좁혀지며 서로의 문제들이 있는 그대로 노출되고 해결되었다. 이것은 상담자 한 사람이 일정 시간, 가령 일주일에 두 시간을 만나는 것과는 비교도 안 되는 엄청난 강점을 갖게 되었다. 그리고 훈련생들이 훈련자들을 철저히 신임했기 때문에 그 마음에 있는 것을 노출하는 것을 꺼려하지 않았다. 그래서 지금까지 훈련을 받고 나간 사람들이 극소수를 빼놓고는 그들의 마음을 열고 필요한 도움을 받고 졸업을 하였다.

훈련을 시키면서 나는 GMTC가 과연 다른 세계 훈련 기관과 비교했을 때 어떤 위치에 있는가에 대해 항상 신경을 썼다. 다행히 1989년에 세계복음주의연맹(WEA) 선교위원회가 마닐라에서 처음으로 선교 훈련에 대한 세미나를 개최한 이후 국제선교훈련협회

(International Missionary Training Fellowship; IMTF)를 형성하고 세계적인 선교 훈련 기관들과 네트워킹하는 일을 계속 하였다. GMTC는 이런 일에 초기부터 참여함으로써 전 세계적으로 선교 훈련의 방향이 어떻게 진행되는지를 눈여겨 보았다. 그들이 하는 대로 다 쫓아가지는 않지만 거기에서 나오는 정보들을 언제든지 GMTC 훈련과 호환하려고 노력했다. 특별히 도움이 되었던 것은 1993년에 아시아복음주의협의회(EFA) 선교위원회가 주최했던 선교 훈련자 워크샵이었다.

여기에서 처음으로 선교 훈련 커리큘럼 형성을 위해 다쿰 프로세스(DACUM Process)가 채택되었다. 이것은 일반 사회에서 직업훈련 커리큘럼을 만드는 데 사용되었던 방법이다. 이것이 조나단 루이스(Jonathan Lewis) 박사에 의해서 선교 훈련에 도입되었다. 그 내용을 간단히 요약하면, 먼저 선교 관련자(missionary stakeholder)들이 모여서 선교사들은 어떤 모습을 갖추어야 할 것인가에 대해 소위 프로필(profile)을 작성한다. 그 후에 이런 선교사들이 나오기 위해서 어떤 목표가 있어야 할 것이며, 또 이 목표를 달성하기 위해서 교과과정은 어떻게 작성해야 되는가를 논의게 된다.

그 당시 GMTC는 이미 그런 방향으로 가고 있었으나 이곳에서 나온 결과들과 비교해보고 필요한 부분을 보완할 수 있었다. 그 중에 하나가 선교 훈련의 핵심 과목에 관한 것이다. 그 당시 핵심 과목들을 아홉 가지로 규정하였다. 현재 GMTC가 이 아홉 가지를 훈련의 핵심 교과 과정으로 삼고 있다. 이 아홉 가지 핵심 교과과정은 성품적인 부분과 전문 분야의 두 가지 영역으로 나누어진다. 선교사에게는 양쪽이 다 중요하지만 한국 상황을 살펴봤을 때 우리에게 더 필요한 것은 인성 개발 면이라 생각했다. 이 때문에 GMTC는 그동안 전자 쪽에 더 비중을 두고 다루었다.

그동안 훈련생들의 훈련 정도를 평가하는 문제를 놓고 오랫동안 고민해오면서 뚜렷한 방향이 서지 않았는데, 이렇게 인성과 전문성 두 가지를 분류해 나눔으로써 평가 문제가 해결되었다. 이와 같이 긴 터널을 통과하며 선교 훈련에 관한 구체적인 평가 방향도 제자리를 잡아가게 되었다. 이런 평가 도구는 훈련을 받는 사람에게도 도움이 되고, 훈련시키는 사람이나 훈련 받은 사람들을 허입하는 파송 기관에도 도움이 될 것이다. 훈련생들은 바로 이런 평가서를 가지고 처음 훈련을 받을 때 자신들의 목표를 정하고 중간에 자신이 어느 정도 진전이 있었는가를 교수들과 함께 평가하고, 마지막에 가서 다시 한 번 최종 결과를 교수들과 함께 점검하게 된다.

4. GMTC의 사역을 넘어서 평생교육을 위한 꿈으로

GMTC 훈련 중에 몇 차례에 걸쳐 있었던 평가서는 나중에 그것이 현지에 가서도 자신의 현 위치를 알고 앞으로 어떤 쪽으로 더 노력해야 할 것인가에 대한 좌표를 정하는 데 있어서 매우 중요한 자료가 될 것이다. 바라기는 훈련생들이 졸업을 한 후 선교 현장에서도 평가서에 나타난 자신의 상태에 따라서 자신을 개발하기 위하여 계속 힘쓰는 것이다. 또 안식년에 귀국 할 때마다 선교 지도자들과 함께 디브리핑(debriefing)을 통하여 자신의 발전 사항을 짚어봄으로써 더 발전해야 할 분야를 파악하고 그것이 평생 동안 자신을 발전시키는 촉매제가 될 수 있기를 간절히 바랄 뿐이다.

선교사 연장교육도 이와 같은 상시 평가를 통하여 발견된 근거를 기초로 한다면 더 현실적이고 구체적이 될 수 있을 것이다. 앞으로 GMTC 훈련을 받고 졸업한 사람들이 자연스럽게 이런 평생 교육 시스템과 연결되도록 부단히 노력할 것이다. 이런 선교사들은 어디에 있든지 평생 동안 발전할 수 있을 것이다. 이런 시스템을 한 파송 단체가 독자적으로 운영하기는 벅찰 것이다. 이것은 아마도 전문적인 연장교육 기관과 파송 선교 단체가 협력해가면서 운영해야 할 것이다. 이를 위해서 GMF는 글로벌리더십포커스(Global Leadership Focus, www.Glfocus.org)와 그 안에 말레이시아의 침례신학대학과 협력하여 선교학 박사학위를 수여하는 한국글로벌리더십연구원(www.KGLI.org)을 세워 특별히 GMTC 졸업생이나 이와 동종의 훈련을 받고 현지에서 자신을 계속해서 개발하기 원하는 사람들을 돕고 있다. 이외에도 미국 남침례교 6개 신학교 중에 하나인 미드웨스턴침례신학대학원과의 협업을 통해 GMTC 졸업생들은 선교학 석사과정의 1/3 학점을 인정받게 되며, 목회학 박사의 경우 두 과목까지 보완작업을 거쳐서 박사학위 학점으로까지 인정받을 수 있게 되었다(2013년 6월 중 MOU를 체결할 것이 결정됨). 그 이외에도 소속단체의 행정에 방해가 되지 않는 범위 내에서 자신들이 속한 기관과 상관없이 계속 멤버 케어와 영적 및 지적 발전을 위한 도움을 받을 수 있다. 이처럼 GMTC 졸업생들과 현역 선교사들을 위하여 평생 동안 연장교육 체제와 컨설팅 기능을 발휘함으로써 그들을 계속 도울 수 있다면 그보다 더 보람된 일이 없을 것이라 생각한다.

5. 더 넓은 우리의 꿈

우리의 꿈은 거기서 끝나지 않는다. 이들이 계속 성장하여 언젠가 한국에 다시 정착했을 때 한국 교회의 부흥을 위해서 나머지 여력을 쏟을 수 있게 하는 것이 남아 있다. 이들을 누가 조금만 돕는다면 자신들의 현지 경험을 활용해서 본국에 돌아와서도 한국 문화에 더욱 적합한 한국 신학과 한국 선교학을 형성하는 데 기여할 수 있을 것이다. 만약 이러한 꿈이 실현된다면 이는 하나님의 왕국이 이 땅에 이루어지는 데 한걸음 더 다가가게 될 뿐만 아니라 한국 교회의 귀중한 유산이 될 것이다. 지금까지는 선교를 마친 은퇴 선교사들이 세계 각처로 뿔뿔이 흩어져 어디론가 사라져 버렸다. 이제는 더 이상 그렇게 되는 것을 방치해서는 안 될 것이다. 특히 백 세를 사는 시대에 돌입한 21세기 현 상황 가운데서는 이런 비전의 실현이야말로 노후 대책 등 많은 문제들을 해결하는 데도 기여할 것이라 확신한다.

이처럼 우리의 꿈은 훈련생들이 GMTC를 졸업하는 것으로 끝나는 것이 아니라 현지에서 돌아와 한국에 재정착하고 더 나아가서 하나님의 왕국을 이루어가기 위한 목적으로 그들이 가진 전문성과 능력을 적극 활용하게 하는 데까지 이어진다. 지난 수십 년 동안 이와 같은 꿈을 품고 GMTC 훈련에 임하였다. 그동안 GMTC를 통과한 훈련생들이나 훈련자 모두와 또 앞으로 통과할 모두가 이런 꿈을 품고 평생 동안 자신의 발전을 위해 노력한다면 이 비전은 마침내 이루어질 것이다. 이런 꿈의 실현이 한국 사회와 한국 교계에 미치는 영향은 우리가 가히 상상할 수 없을 정도로 클 것이다. 이런 꿈이 이루어지기를 간절히 고대하며 오늘도 그리고 내일도 우리의 생애를 쏟기 원한다.

6. GMTC 원장 내정자와 GMTC의 미래

GMTC는 아주 초창기부터 이런 꿈을 이어갈 지도자를 향하여 러브콜을 보내고 있었다. 교수들을 위하여 또 차기 원장을 위하여 그렇게 했다. 하지만 한국 교회는 본국에 파묻혀서 앞에 나서지 않고 일하는 선교사들에 대하여 여간 인색하지 않다. 게다가 선교에 뜻이 있는 사람이면 현지로 가지, 본국에서 행정이나 훈련에 종사하는 것을 꺼려하는 경향이 있다.

훈련을 위한 차기 지도자에 대해 생각할 때 최소한 다음과 같은 자격에 대해 생각하지 않으면 안 되는 추세이다. 그는 영성이 있어야 하고 신학 및 선교학에 대해서도 신학교 교수들에 비교해 그 자격이 떨어지지 않아야 하고, 언어 특히 현지어 중 하나쯤은 물론이고 영어도 잘 해야 하고, 가르치는 은사가 있어야 하고, 상담도 어느 정도 해야 하고, 지도력도 필요하고, 무엇보다도 가정생활이 원만하여 타인이 보기에도 모범이 되어야 하며, 동료 선교사들에게 존경을 받을 수 있는 사람이어야 한다. 아마 계속 말하라면 그 리스트는 더 불어날 것이다. 조건이 매우 까다롭다. 이러한 조건에 맞는 사람을 찾는다는 것은 실로 하늘에서 별을 따는 것과 같은 일이다. GMTC는 이런 사람을 찾기보다는 이런 사람을 양성해서 차기 지도자로 삼자는 생각을 하고 거의 수십여 년 전부터 사람을 찾았다. 그리고 구체적으로 사람을 택하여 준비과정을 밟게 했다. 처음 택한 사람은 아쉽게도 7년이 넘게 준비 과정을 밟았지만 후에 다른 사역을 선택하였다. 여간 난감한 일이 아니었다. 하지만 하나님은 우리를 인도하시되 적당히 하시지 않고 완전하게 하신다는 것을 이 일을 통하여서도 알게 되었다.

그 후 몇 년에 걸쳐서 또 사람을 찾았다. 졸업생, 다른 단체 사람들, 행정가 등에서 위에 제시한 기준을 가지고 찾았다. 결국 그 당시 에콰도르에서 두 팀을 사역하고 있었고 안식년 기간 중에는 주재 선교사의 신분으로서 GMTC에서 교수 사역을 한 바 있는 변진석, 홍혜경 선교사 부부가 가장 적합한 사람으로 물망에 올랐다. 그러나 이들이 GMTC에 오기까지는 넘어야 할 장벽이 한두 가지가 아니었다. 먼저는 그들이 속한 GMP에서도 그를 차기 지도자 중 한 사람으로 생각하고 있었던 것이다. 다행히 이 문제를 놓고 여러 날 고민 끝에 그 당시 GMP 대표였던 도문갑 목사님이 GMTC에 양보해주셨다. 얼마나 감사한 일인지 모른다. 그러나 더 큰 장애가 앞을 가로막고 있었다. 정작 본인들은 그들이 잘 하고 있던 에콰도르 선교를 접고 들어올 의향이 없었다. 그래서 이를 위하여 여러 사람이 기도했다. 결국 우리는 이들의 허락을 받아낼 수 있었고, 그 후 변 선교사는 트리니티복음주의신학교(Trinity Evangelical Divinity School)에서 선교학으로 박사과정을 이수하게 되었다. 그리고 2006년 7월에 자녀 둘을 다 데리고 가족이 모두 귀국하게 되었다.

변 선교사 부부가 오기까지 실로 긴 과정을 보내야만 했다. 그 보람은 기대 이상으로 컸다. 우리의 마음은 그분들이 갈 데가 없어서 GMTC에 오는 것이 아니라, 어디나 갈 수 있는 자격을 갖춘 사람들이지만 유독 GMTC에 소명이 있기 때문에 오는 것이었다. 우리는 국내는 물론이고 국제 선교계에서도 경쟁력을 가진 사람으로 발전할 수 있는 사람을 원하였다. 하나님은 아주 귀중한 분들을 허락하셨다고 믿는다. 이분들의 지도력에 의하여 GMTC는 두 번째 장(Second Chapter)을 열게 되었다. 하나님이 이 모든 과정을 오묘하게 인도해주신 것에 대하여 찬양을 드린다. 한 해 동안 이들과 함께 동역하면서 아주 행복했다.

GMTC는 다시 한 번 S-curve(상승곡선)를 그릴 때가 되었다. 이를 위하여 GMTC는 과거에 만족하고 살아서는 안 된다. 이제까지 GMTC는 하나님이 무엇을 원하시는가에 대한 질문을 하면서 과거 수십 년을 보냈듯이 앞으로도 계속 그렇게 하지 않으면 안 될 것이다. 대체적으로 5년 내지 10년 앞을 미리 내다보며 나아가지 않으면 안 될 것이다. 훈련생들을 모집하는 일도 만만치 않다. 선교에 헌신한 선교 훈련생들을 잘 모집하는 일이 우리에게는 늘 큰 관심사였고 앞으로도 그렇게 될 것이다. 우리는 그동안 늘 이렇게 하나님께 기도해왔다. "추수할 일꾼을 보내어 주소서." 그 밖에도 다음 몇 가지는 GMTC가 계속적으로 하나님께 쓰임을 받는 데 결정적인 역할을 하게 될 것이다.

첫째, 훈련자 자신이 먼저 훈련을 잘 받아야 한다. 아마도 가장 중요하면서도 어려운 일 중 하나는 훈련생들을 잘 훈련시키는 것에 앞서서 훈련자들 자신이 얼마나 발전하고 있는가이다. 훈련생들에게 자신을 끊임없이 쏟아주면서 훈련자 자신이 계속 발전해야 한다는 것은 말만큼 쉬운 일이 아니다. 지금까지 훈련을 시키면서 가장 어려웠던 점은 바로 나와의 싸움이었다. 늘 자문자답하는 질문은 "내가 과연 훈련을 시킬 수 있는 사람인가?" 하는 것이었다. 반면에 마귀는 훈련자들을 쓰러트리는 일을 위해 총력을 다해왔고, 앞으로도 그렇게 할 것이다. 훈련자의 실수는 훈련원 전체의 영성을 깨뜨릴 수 있다. 이를 방지하기 위해서 훈련자들은 끊임없이 하나님께 매달리며 기도하지 않으면 안 될 것이다. 지도자로서의 발전을 거듭해 나아가야 한다. 그렇지 않고서는 훈련자로서 생존하기가 어려울 것이다.

둘째, 훈련생이 진정으로 변화를 받아야 한다. 과거 수십 년 동안 이를 위하여 가장 신경을 많이 썼다. 세계관이 변화되지 않고서는 가치관이 변화되지 못하고, 가치관의 변화가 없이는 얼마 안 가서 우리의 열매들이 가짜임이 들통 날 수밖에 없다. 이를 위하여 우리의 생애를 쏟아주지 않고서는 효과를 얻기를 기대하지 말아야 한다. 쉽게 사람이 변하는 것을 본 일이 거의 없다. 훈련생들의 만족도도 중요하지만 이보다 더 중요한 것이 훈련생들로 하여금 바로 이런 변화를 경험하게 하는 일이다. 이를 위하여 훈련생들이 자신의 부족한 점을 자각하게 하고 이들이 동의하는 가운데 메스를 대어 환부를 도려내고 새 살이 나오게 하는 과정은 아마도 GMTC가 내세울 수 있는 가장 큰 강점일 것이다. 이런 점이 약화되어서는 결코 안 된다. 만일 사람의 외형적인 면에만 신경을 쓰고, 깊은 세계관 차원의 변화를 위해 뼈를 깎는 듯한 혁신적인 노력을 결여한다면 GMTC는 얼마 안 가서 또 하나의 평범한 선교 훈련 기관으로 전락될 것이다.

셋째, 선교 훈련 시스템(system-선교 훈련에 필요한 전반에 걸친 모든 것을 한 시스템으로 본 것)을 계속 점검하고 보완해야 할 것이다. 훈련자는 앞서 가서 훈련을 어떤 형태로 할 것인가에 대한 연구를 계속해야 한다. 이를 위해 선교학 분야와 현지에 대한 시각을 끊임없이 새롭게 해야 할 것이다. 선교학계와 현지가 어떻게 변하며, 무슨 필요가 있으며, 선교 단체들은 어떤 꿈을 가지고 있는지, 서구권과 비서구권의 차이는 훈련 방향을 정하는 데 어떤 영향을 주는가를 끊임없이 성찰해야 할 것이다. 그 결과에 따라서 훈련 시스템을 계속 개혁해야 한다. 결국 좋은 시스템은 좋은 결실을 얻게 해준다. 이런 일은 구호를 통하여서나 열의만으로 되지 않는다. 끈질기게 시스템을 더 좋은 것으로 발전시켜 나아갈 때 비로소 더 좋은 시스템이 되고 좋은 시스템을 통하여 좋은 결실을 얻게 된다.

다행히 이런 일은 혼자가 아닌 팀으로 할 수 있다. 이처럼 미래를 준비하는 고효율 팀(High Impact Team)이 최선의 훈련 기관(Excellence)을 형성하는 것을 보게 되면 선교 후보생들과 선교 단체 지도자들은 계속 GMTC를 믿고 그들의 훈련생들을 보내게 될 것이다. 그렇게 할 때 GMTC는 계속 선교 후보생들이 매력을 느끼는 곳이 될 것이다. 이곳을 나온 사람들이 세계 각처에 흩어져서 마치 누룩이 온 덩이를 부풀게 하듯이 하나님 나라를 도래케 할 것이다. 이를 위해 우리는 첫 장(chapter)을 열었다. 이제는 첫 장을 뒤로 두고 다음 새 장(second chapter)을 열어가고 있다. 이를 위하여 우리는 처음 GMTC가 시작했을 때같이 초심으로 돌아가서 하나님의 손길이 앞으로도 함께하시기를 간절히 기도해야 할 것이다. 우리가 계속 다음과 같은 마음을 품고 기도하는 이상 GMTC는 계속 이 땅에 존재할 가치가 있을 것이다.

주인이여 금년에도 그대로 두소서 내가 두루 파고 거름을 주리니 (눅 13:8).

1부

전인적
선교 훈련의
기초

1장 _ 전인적 선교 훈련을 향한 여정

로버트 브링죱슨(Robert Brynjolfson)

1. 여정

내가 전인적 선교 훈련에 대해 매료된 것은 캐나다에서 선교 훈련 프로그램 개발을 처음 시작하면서부터이다. 그것은 시작부터 일종의 지도가 없는 여행이었다. 나는 캐나다 WEC 국제선교회의 지도자들로부터 "실제적인" 선교 훈련을 시작해달라는 요청을 받았다. 이 도전을 받아들이자 내가 받았던 신학적 교육을 반복하는 것 외에는 어떻게 선교사를 훈련시켜야 하는지에 대한 생각이 정말 없다는 것을 깨닫게 되었다. 그 일을 함께 하던 동료 켄 게티(Ken Getty)가 세계복음주의연맹(WEA) 선교위원회가 발간한 『선교 훈련 국제화하기』(*Internationalizing Missionary Training*)¹를 내 손에 들려주었는데 나는 그것을 읽으면서 선교 훈련의 특별한 필요들은 전형적인 신학교육

---

1 William D. Taylor, *Internationalizing Missionary Training* (UK: Paternoster Press, 1991).

과 연관된 것보다는 다른 방법들을 요구한다는 것을 확신하게 되었다. 후에 빌 테일러(Bill Taylor)가 가르치는 한 강좌에서 나는 로버트 페리스(Robert Ferris)의 책 『선교 훈련원 설립하기』(Establishing Missionary Training)[2]와 WEA 선교위원회의 또 다른 책인 데이빗 할리(David Harley)[3]의 책을 만나게 되었는데 그것들은 뛰어난 자료들[4]이었다.

이 책들을 읽으면서 나는 전인적 선교 훈련의 개념을 이해하기 시작했는데 그것은 한 선교사가 잘 훈련되었다는 것은 선교사는 어떤 사람인지(그가 단지 무엇을 알고, 무엇을 하고 있는가에 대한 것 뿐만이 아니라)에 대해 우리가 분명한 생각을 가져야 한다는 것을 확실하게 해 주었다. 당시 WEC 국제선교회는 선교사 프로파일을 이미 개발하였는데 시작을 위한 자료로 그것을 사용하면서 동료들과 함께 나는 훈련원으로부터 우리가 배출하기 원하는 선교사의 프로파일을 개발하였다. 그것은 선교사가 무엇을 해야 하고, 무엇을 알아야 하는지와 더불어 어떤 사람이 되어야 하는지를 묘사하였다. 이 프로파일은 우리 프로그램의 결과물에 대한 그림이 되었다. 그것은 우리가 새로 시작한 Gateway의 모든 훈련의 기반이 되었다. 책에서 배운 대로 우리는 선교사 후보생의 삶에 실제로 나타나야 할 최종 결과를 마음에 두고 훈련을 기획하였다. 그러나 불행하게도 이러한 가슴 설레게 하는 개념들은 토론하기는 쉽지만 실행하는 것은 어렵다.

우리는 개념들을 실행하기 위해 비틀거리는 가운데 앞으로 나가면서 학생들보다 우리 자신이 더 많이 배우게 된 것 같다. 우리는 그 길을 따라 행하면서 해를 입히기보다는 선을 이루기를 간절히 소망

---

2 Robert Ferris, *Establishing Missionary Training: A manual for programme developers*(Pasadena: Wm. Carey Library, 1995).
3 David Harley, *Preparing to Serve*(Pasadena: Wm. Carey Library, 1995).
4 언급된 이 세 권의 책은 http://www.wearesources.org.에서 내려 받을 수 있다.

했다. 불확실했던 이 시간 동안에 우리는 조나단 루이스[5]와 기대치 못했던 만남을 가지게 되었는데 그는 아주 필요했던 몇 가지 조언을 주었다. 그 결과 **존재, 행동, 지식** 세 분야 모두에 원하는 성과를 산출하기 위해 주의를 집중시키고 필요한 자원을 제공할 수 있는 프로그램을 **어떤 방식으로** 개발해야 하는지에 대해 아주 더 분명해졌다는 것이다. 이것은 우리에게 교실에서의 시간을 반으로 줄이고 추가적인 프로그램들을 발전시키는 것을 의미했는데 거기에는 3개월간의 계획된 타문화 인턴십, 일대일 멘토링, 디브리핑(debriefing), 그리고 공동체로 사는 삶을 더욱 의도적으로 활용하는 것과 같은 것들이 있었다.

우리의 여정을 돌아보면, 우리는 "바로 활용할 수 있는"(hands-on) 실제적이고 전인적 선교 훈련이라는 가치에는 헌신되어 있었지만, 시작단계에서 우리가 가야 한다고 생각하는 곳에 어떻게 도달할 수 있을지에 대한 분명한 생각이 결여되어 있었다. 이 책『전인적 선교 훈련, 어떻게 할 것인가?』가 그 당시에 있었더라면 전인적 훈련 원리를 우리가 이해하는 데 큰 도움을 주었을 것이고, 중요한 초점과 그에 따른 과정을 제공함으로 더 큰 확신과 효율성을 가지고 프로그램을 실행하도록 만들었을 것이다. 감사하게도, Gateway 훈련원은 전환을 이루기 위해 필요한 도움을 받았고 1998년 이후로는 진정한 의미에서 전인적 훈련 프로그램을 제공하고 있다(이것에 대한 더 자세한 이야기는 제3장에서 볼 수 있다).

---

5 Jonathan Lewis는 1995년 아르헨티나 코르도바에 타문화 선교 훈련 센터를 설립한 국제적 팀의 일원이었다. 이 센터는 전인적 선교 훈련 기획의 원리들에 기반을 두었다.

2. 이 책의 내용에 대한 안내

이 책은 WEA 선교위원회가 1995년에 발간한 『선교 훈련원 설립하기』에서 처음으로 소개되었던 전인적 훈련의 철학에 대하여 강조하면서, 동시에 그 책의 핵심을 향하는 과정을 보존하고 향상시키고 있다. 페리스의 책이 지난 12년 동안 선교 훈련 공동체를 위해 유용하게 사용되었다는 것은 세계 여러 지역에서 그 개념이 익숙하게 사용되고 있다는 것을 통해 입증되었다.

2년 전, 그 책을 아르헨티나에서 대학원생들을 위한 커리큘럼 설계 코스를 위한 교재로 번역하여 사용하면서 조나단 루이스(Jonathan Lewis)와 나는 자료들을 최신화하고, 과정을 간소화시키며, 거기에 전인적 훈련 및 성인 교육 이론의 철학에 관련한 자료들을 보충하였을 때의 이점을 보았다. 처음에 우리는 이 새롭게 편집된 책을 스페인어 판으로만 사용하려고 했는데 빌 테일러가 영어로 재편집하여 이와 같은 형태의 WEA 선교위원회 간행물로 낼 것을 강력하게 요청하였다.

이 책에서 독자들은 열 개의 장(章)들에 걸친 전인적 훈련 커리큘럼의 이론적 내용(1장-5장) 및 과정적 요소(6장-10장)들이 두 개의 부(部)로 나누어져 펼쳐져 있는 것을 발견하게 될 것이다. 3부에서는 추가적인 자료들을 제공하고 있다. 1부는 **전인적 선교 훈련의 기초**라는 제목이 붙여져 있는데 독자들에게 전인적 훈련의 기초적인 요소들에 대해 제시할 것이다. 도입하는 1장에 뒤이어 조나단 루이스가 쓴 2장 **전인적 선교 훈련의 철학**은 우리로 하여금 "기독교 세계관의 관점에서 어떻게 교육에 접근하여야 하는가? 라는 중요한 질문에 대하여 생각해볼 것을 요청한다. 그것은 몇 가지 원리들이 우리가 훈련을 설계하고 실행할 때 우리의 사고를 인도해야 함을 제안하고 있다. 3장 **전인적 선교 훈련의 이해**는 우리가 "전인적"(integral)이라고 할 때 의미하는 바를 정의하고 이러한 개념을 지지하는 교육 이론에 대하여 다룬다. 이어서 4장 로이스 풀러의 **선교 훈련 프로그램을 시작하는 방법**은 지난번 편집된 책에서 가지고 온 것이다. 그녀가 쓴 글은 훈련 프로그램을 시작하려는 계획을 세우고 있는 사람들이 "반드시 읽어야" 하는데 왜냐하면 그녀는 기본적인 질문들을 던지는 한편, 새로운 훈련 프로그램을 기획하는 사람들이 장차 직면하게 될 아직 검토해보지 않은 전제들에 대해서 다루고 있기 때문이다. 1부의 마지막 장인 이블린 힙버트의 **성인들을 위한 훈련 계획**은 성인 교육 이론을 제공하고 있다. 그 장은 이 책에 추가된 아주 중요한 부분이다. 모든 전인적 또는 총체적(holistic) 훈련 프로그램은 성인 교육(adult education) 원리들과 친숙해져야 할 뿐 아니라 성인 학습(adult learning)을 향상시키기 위한 방법, 기술, 개입에 숙련되어야 한다.

2부의 제목은 **전인적 선교 훈련 설계 과정**[6]인데 다섯 개 장이 로버트 페리스가 편집했던 이전 책인 『선교 훈련원 설립하기』와 똑같은 방법으로 구성되었다. 조나단 루이스는 6장 **훈련관계자들이 가져야 할 전제와 합의점 만들기**에서 훈련과 결정 내리는 과정의 저변에 깔려있는 전제들을 살펴보도록 함으로 독자들로 하여금 훈련에 관련된 당사자들이 누구인지를 밝혀내는 토론으로 이끈다. 7장 **훈련 프로파일 작성 과정**에서 조나단 루이스는 독자들로 하여금 사명 또는 성취되어야 할 사역에 대한 명확한 묘사에 기초하여 훈련을 통해 배출하여야 할 최종 결과물인 선교사 혹은 사역자는 어떠한 사람이 되

---

[6] 이 부분에서 첫 번째와 두 번째 편집된 책의 주요한 차이점은 Jonathan Lewis가 쓴 7장 "훈련 프로파일 작성 과정"(The Outcomes Profiling Experience)이다. 그 장은 어떤 사람이 훈련된 사람인가 그리고 그 사람은 무엇을 할 수 있는가에 대한, 즉 훈련의 최종 결과물에 대한 프로파일(an outcomes profile)을 훈련 관련자 그룹이 발전시키는 것을 돕기 위해 더 간략한 5단계 계획을 제시함으로 그 과정을 명확하게 하였다.

어야 하는가에 대한 프로파일을 발전시키는 것을 돕는다. 스티브 호크는 그러한 최종 결과물을 배출하기 위한 학습 목표들을 어떻게 잘 문서화할 것인가를 8장 **학습 목표 작성**에서 다루고 있다. 그리고 9장 **학습 경험 기획하기**에서 스티브는 독자들이 학습 목표에서 더 나아가 앞서 표현되었던 학습 목표를 충족시키는 학습 경험을 창조하는 데로 나가도록 돕고 있다. 2부는 마지막 10장 로버트 페리스의 **사역 훈련 프로그램 평가**로 결론을 맺는다. 어떤 커리큘럼 설계 과정도 전체 프로그램을 평가하고 개선하기 위한 적절한 계획 없이는 완성되지 않는다.

이러한 두 개의 부(部)에 이어서 독자들은 이 책의 마지막 부분인 3부 자료에 이르게 될 것이다. 그것은 다시 두 개의 부분으로 나누어진다. "**자료 1 세계 여러 지역 훈련 프로그램 소개**"는 사례 연구의 모음을 제시하고 있는데 그것은 독특한 상황들 속에서 실시되고 있는 훈련 프로그램들이 직면하고 있는 어려운 문제들에 대한 창의적 해결책들을 풍부하게 담고 있다. "**자료 2 평가 도구들**"은 사역 훈련과 조직을 발전시키기 위한 좋은 자료들을 제공하고 있다.

3. 상징들에 대한 설명

모든 지도를 읽는 데 있어 범례(凡例)들은 유용한 장치이다. 많은 경우에 우리는 지도나 도표들 위에 있는 상징들을 보고 당황한 경험과 그 모든 상징들 뒤에 있는 의미를 설명하기 위한 범례를 찾을 필요를 느껴보았을 것이다. 단어들은 상징들이고 각 독자에게 자주 다른 지시와 함축적 의미들을 가져다준다. 만일 이러한 사실을 무시하면 혼동에 빠지게 되고 최악의 경우에는 좌절과 의심으로 이끈다.

이런 문제를 막기 위해서 이 책에서는 "미리" 명확하게 밝힐 필요가 있는 몇 가지 표현들을 사용하고 있다.

1) 전인적 훈련(Integral Training)

전인적 훈련은 성품과 영성 형성(character and spiritual formation), 기술 발전 및 자신에 대한 이해를 포함한 전인격(whole person)의 필요에 의도적으로 부응하는 학습 경험을 제공한다.

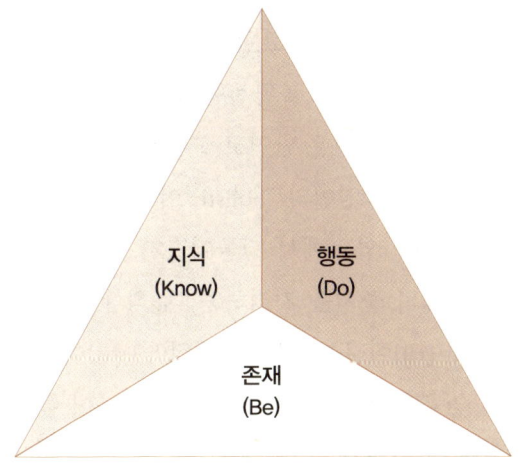

우리는 심장, 손, 머리의 상징들을 세 개의 상호 연관된 측면들 또는 훈련을 나타내기 위해 사용한다. "존재"(be), "행동"(do), "지식"(know)이란 단어들은 이 삼각을 표현하는 다른 방법이다. 실제로 우리의 토론에 있어 세 개의 요소들이 너무 뚜렷하게 드러나서 우리는 그 자체가 적합한 상징이라고 느끼게 되었고 그 지배적인 상징이 이 책의 표지에 나타나게 되었다. 이러한 상징들에 의해 대표되는 교육적 이론은 3장 **전인적 선교 훈련의 이해**에서 볼 수 있다. 전인적 훈련은 훈련의 최종 결과로 원하는 바가 무엇인지 확인하는 것 즉, 훈련생들이 어떤 사람이 되어야 하는가, 무엇을 할 수 있게 되는가, 그리고 사역에 있어 어떻게 효율적이 될 수 있는가를 이해하는 것으로부터 시작한다. 그 후에 그러한 최종 결과를 생산하기 위해 적합한 방법들과 상황들을 사용한다.

이 책의 편집자들은 "전인적"(integral)이라는 단어를 다음과 같은 세 개의 이유를 가지고 제목으로 사용하기로 선택했다.

첫째, 그것은 다양하게 분리되어 있는 부분들을 통합하여 전체 또는 온전한 사물을 만드는 것을 지칭하는 총체적(holistic)이라는 말과 동의어이다.

둘째, 전체적인 어떤 것이 필요한데, 만일 어떤 부분이 부족하다면 그것은 무엇인가 결핍되고 불완전한 것이다. 전인격(whole-person)을 지향하지 않는 사역 훈련은 단연코 불완전하다.

셋째, 이 책의 정신은 영어의 "holistic"이 "integral"과 동의어로 번역되는 지역(아르헨티나-역주)에서 만들어졌기 때문이다. 전인적이라는 책 제목은 이 책의 출처를 지적하는 데 적합하다. 이 책 전체를 통하여 전인적(integral)이라는 말과 총체적(holistic)이라는 말은 동의어로 사용되고 있음을 기억하는 것이 중요하다. 이 책에서는 두 단어가 어떠한 구별의 의도가 없이 사용된다.

2) 커리큘럼

이 책은 **커리큘럼**(curriculum)이라는 말을 모든 학습 영역을 포괄하는 의미로 사용하며 단지 강의실에서 일어나는 학문적이고 공식적인 학습만을 결코 지칭하지 않는다. 8장에서 스티브 호크가 커리큘럼에 대해 적절하게 정의내린 부분을 독자들을 위하여 여기서 인용하고자 한다.

우리는 커리큘럼을 의도적인 배움이 발생하는 전체적인 학습 환경이라고 하는 더 넓은 의미로 사용할 것이다. 사람들이 어떤 사람이 되어야 하는지 혹은 무엇을 해야 하는지를 알고 실천하도록 하기 위해서 우리는 커리큘럼을 계획한다.

이 정의에서 우리는 한 가지 중요한 단어에 주목해야 하는데 그것은 커리큘럼이 의도적(intentional)이라는 것이다. 비형식적(informal)인 학습은 적합한 태도를 강화하고 성품과 영적 성장을 지원하기 위해 필요하다. 이것은 주로 통제되지 않고 계획되지 않은 학습의 순간들에서 일어난다. 그럼에도 불구하고 이것도 여전히 커리큘럼에 포함되는데 왜냐하면 전인적 사역 훈련을 기획하는 사람들은 사람, 경험, 그리고 환경과의 교류를 통하여 그와 같은 자발적인 비형식적 학습이 일어난다는 것을 알고 있기 때문이다. 자발적으로 발생하는 비형식적 학습에 관하여 훈련 기획자들이 특별하게 계획할 수는 없지만 그들은 훈련생들이 다른 사람들의 삶과 주변으로부터 영향을 매우 깊이 받을 수 있을 것 같은 환경을 의도적으로 제공할 수는 있다. 예를 들면, 전인적 선교 훈련 기획자들은 사람들로 하여금 가까이서 함께 살게 하고 집안일들을 공동으로 나누어 하도록 함으로써 자기 인식(self-awareness)을 갖도록 하고 성품 변화와 성장의 기회들을 만들어낼 수 있다.

독자들이 이 매뉴얼을 계속 읽어가노라면, 커리큘럼이란 단어가 언제나 이러한 넓은 의미로 사용되고 있다는 것을 기억하도록 자극받게 될 것이다. 커리큘럼이란 단어는 교실에서 전달되는 공부의 과정을 뛰어넘는 것이다. 그것은 전도 실습, 성경 공부 인도, 해외 단기 훈련 중 타문화에 적응하는 것과 새로운 언어를 배우는 것은 물론 기도 모임, 예배, 멘토링, 점심시간 중 대화를 통한 코칭을 포함하고 있다. 숙련된 훈련자는 원하는 효과를 산출하기 위해 자신들의 커리큘럼 속에서 엄청나게 다양한 방법들, 과정들과 상황들을 의도적으로 사용한다.

3) 최종 결과에 입각한(Outcomes-Based) 훈련

분명한 정의를 내리지 않으면 의구심을 불러일으킬 수 있는 또 다른 용어가 있다. 우리 중 어떤 사람들에게 "최종 결과에 입각한" 교육이라는 용어는 동의보다는 좌절과 짜증을 유발시킬 수 있는 상황들 속에서 사용되는 것을 보아왔다. 그러한 상황들은 어떤 학교나 훈련 프로그램이 공인된 인증서나 정부 등록을 위해 "최종 결과에 입각한" 것이 되어야 한다는 것을 외부적 권위가 강제할 때 일어난다. 이렇게 훈련을 소개하는 과정의 오류로 인해 아주 필요한 접근방법이 기피되는 경우가 있다. 사람들이 흔히 말하듯이 우리는 목욕물을 버릴 때 아기까지 쏟아버려서는 안 된다.

최종 결과에 입각한 훈련은 일종의 교육적 접근으로서 훈련을 통해 얻고자 하는 목표를 설정하고 그렇게 표현된 결과가 훈련생들 안에 의도적으로 나타나도록 프로그램을 조직적으로 발전시키는 것이다. 이러한 접근은 누가 훈련된 사람이고, 무엇을 할 수 있어야 하며, 그러한 사람이 되고 그러한 일들을 하기 위하여 그 사람이 배워야 할 것은 무엇인가에 관한 분명한 학습 결과에 대한 진술(statement)을 만듦으로써 훈련의 필요를 목표화한다.

때로 최종 결과는 "유능성"(competencies)이라고도 불리는데 독자들은 이러한 단어들이 정확하게 같은 뜻으로 쓰이지는 않는다는 것을 기억해야 한다. 유능성이란 기술과 능력의 발전과 관련된 것이지만, 결과(outcome)란 더욱 일반적인 것이다. 유능성이란 단어는 직업

교육의 연마에 깊은 뿌리를 두고 있다.

이러한 학습 결과 진술들은 훈련과정을 인도하여 학습 개입을 통해 명시된 학습 목표들을 성취하도록 한다. 나아가 그것들은 프로그램을 평가하고 훈련생들의 진보를 측정하는 기준을 제공한다. 훈련 프로그램의 책임 맡은 사람들이 합의 과정을 통해 누가 훈련된 사람이고, 훈련을 통해 습득한 기술들은 어떤 것이며, 어떤 사람이 되어야 하고 어떠한 일들을 수행해야 하는지를 묘사할 수 있을 때 그 시스템은 제대로 작동한다. 그것은 교육 과정이 가정들(assumptions)에 의존하는 것이 아니라 사전에 미리 결정된 목표를 지향하는 계획된 과정(planned process)의 실행과 그 훈련 코스 종료 시 성취의 수준을 객관적으로 정의할 수 있는가에 근거한다는 것을 확실하게 만든다.

훈련관계자들(stakeholders)이 참여하여 합의를 통해 만들어낸 최종 결과들은 정상적으로 잘 수용되며 전체 설계된 과정을 이끌어가는 효과적인 목표를 제공한다. 다른 대안은 직관과 시행착오에 근거한 프로그램을 기획하는 것이다. 그러나 경험을 통해 보건대 우리가 분명한 목적을 마음에 가지게 될 때 그것은 성취를 더욱 쉽게 만들 뿐 아니라 우리의 노력이 목표를 향하고 있는지를 확신을 가지고 말할 수 있도록 만든다.

4) 정서적 학습(Affective Learning)

이 매뉴얼은 정서적 영역 안에서의 원하는 최종 학습 결과를 지칭하는 다양한 표현들을 사용할 것이다. 교육가들은 세 가지 영역에서의 학습을 언급하곤 하는데 그것들은 인지(cognitive), 정서(affective), 정신운동(psycho-motor)의 영역이다. 사역을 위한 훈련은 이러한 세 가지 영역에서 성취를 목표로 하지만, 우리는 다른 용어를 사용하기를 더 선호한다. 우리는 인지적 학습(cognitive learning) 대신에 이해(understanding)라는 말을 사용하는데 왜냐하면 그것이 단순한 지식의 습득보다 더 높은 발전을 반영하기 때문이다. 정신운동성 학습 대신에 사역(ministry) 또는 업무(work) 기술과 능력에 대해 언급한다. 그러나 정서적 학습 영역과 관련해서는 자주 그 용어를 그대로 사용한다. 이 매뉴얼은 정서적 영역 안에서의 학습을 빈번하게 성품 성장과 성품 특징, 자질과 태도와 관련하여 언급하게 될 것이다. 저자들의 마음에는 성품이라는 용어가 그가 어떤 사람인가를 언급하는 것이며, 그리고 거기에는 영성 형성(spiritual formation)의 분야가 포함된다. 성품은 "존재"(be), "행동"(do), "지식"(know)의 세 요소들 중 "존재"를 언급한다.

성품 성장은 영성 형성이다. 그리스도인의 성품은 영적 거듭남과 갱신과 더불어 시작된다. 그 어느 누구도 삼위일체 하나님과 성장하는 관계가 없이는 그리스도인으로서 성품이 진정으로 성장할 수 없다. 많은 훈련 프로그램이 성품 발전과 영성 형성 사이에 구별을 둘 것이지만 본질적으로 그것은 모두 정서적 학습 영역의 부분들이다. 이 책은 성품 혹은 성품 특징과 태도라는 용어들을 일차적으로 사용하지만 독자들은 영성 형성이라는 매우 중요한 영역이 성품 형성의 필수적인 부분이라는 것을 이해해야 한다.

4. 이 책은 누구를 위한 책인가?

이 책은 사역 훈련에 관심이 있거나 혹은 관여하고 있는 사람들을 위해 기획되었다. 비록 이 책의 많은 부분이 "선교 훈련"의 상황에 해당하지만, 원리와 묘사된 과정들은 다른 형태의 사역 훈련 기획에도 적용된다. 따라서 그것은 교회 및 선교 단체 또는 기독교 사역을 위한 사람들을 훈련시키고자 하는 모든 단체의 지도자들에게 유용할 것이다.

이 책은 훈련을 설계하고 있는 사람들과 기존의 훈련 프로그램에 대해 평가를 필요로 하는 사람들, 양자 모두를 겨냥하고 있다. 훈련 기획 도구로서 이 책은 훈련을 시작하고 있거나 자신들의 특수한 필요에 맞는 훈련 프로그램을 설계하고 선택하는 최상의 방법을 찾고 있는 사람들의 필요를 채우고 있다. 다른 경우는 훈련 프로그램이 이미 존재하지만 그것을 실행과 결과에 입각한 객관화된 기준을 가지고 평가할 필요가 있다.

어떤 독자들은 자신들이 제공하고 있는 훈련이 어떻게 하면 전인격적 필요들을 채우는 훈련이 될 수 있을까를 고민하는 기존의 훈련 프로그램을 운영하는 간사나 교수 요원(instructor)일 것이다. 그들은 기존의 프로그램이 특별한 사역을 위한 훈련으로서 효과적이라고 확신하지 않을지 모른다. 또한 어떤 기관이나 조직은 프로그램을 재편해야 하는 훈련 규정(training mandate)의 전환기와 변화를 경험하고 있을지 모른다. 어떤 이들은 비록 전체 프로그램을 바꿀 수 없지만 그들이 개인적으로 행하는 훈련이 사역 훈련을 받고 있는 학생들의 필요를 진정으로 만족시키는 훈련이 되도록 할 수 있는 기회를 가지고 있는 교수 요원들일 것이다. 혹은 사역에 있어서 탈락(attrition)과 보존(retention)에 관련된 이슈들을 의식하는 가운데 그들이 제공하는 오리엔테이션이나 훈련 프로그램들이 그 요원들의 재직기간과 효율성에 실제로 영향을 확실히 줄 수 있게 되기를 원하는 선교 단체 간사도 있을 것이다.

이 자료가 유용하다고 생각할 수 있는 다른 그룹은 훈련자들을 훈련하는 책임이 있는 교수 요원들이나 전문훈련 컨설턴트들로서 사람들로 하여금 자신들의 훈련 프로그램을 설계하도록 힘을 실어주기 위한 작동 가능한 과정을 손에 들려주어야 할 필요가 있는 사람들이다. 이러한 전문훈련 상담가들은 자주 기존의 프로그램들을 평가하고 새로운 프로그램을 기획하는 데 필요한 도움을 달라는 요청을 받는다. 전인적 선교 훈련 설계 과정을 사용하는 것은 전인적 발전과 사역에 있어서의 효율성을 겨냥한 학습에 헌신을 확실하게 해준다.

이 글을 읽고 있는 많은 사람들은 교육 프로그램을 전공하는 학생들이거나 어떻게 사역 훈련 커리큘럼을 설계하는지에 관한 워크샵에 참여하는 사람들일 것이다. 여러분은 다른 사람들을 사역을 위해 준비시켜야 하는 부담을 가지고 있고 과연 전통적인 교육 방법들이 효율적인 섬김을 실행할 수 있는 효율적인 사람들을 배출해 내는지에 대해 의심하고 있다. 여러분은 전인적 훈련 프로그램을 기획하고 개선하는 방향과 여러분이 따를 수 있는 과정을 찾고 있는 중인지 모른다. 우리는 이 코스가 여러분의 소망을 성취하도록 도와주리라고 믿으며 여러분을 동료 순례자들로 환영하는 바이다.

다양한 사역 배경과 조직들로부터 학습자들이 올 것이기 때문에 우리는 여러분이 원리들을 추출하여 여러분이 직면하고 있는 사역 훈련, 그것이 주일학교 교사 훈련, 캠프 상담자 혹은 타문화 사역자 훈련이든지 그와 같은 것들에 적용할 것을 격려한다. 이 책의 연습들은 여러분의 특수한 도전들을 겨냥하여 돕기 위해 기획되었다.

5. 우리의 헌신

이 책에 묘사된 과정은 사역에 있어 효율적(effective)이 되도록 훈련 또는 준비시키는 데 큰 헌신을 반영하고 있다. 효율적 사역은 하나님을 영화롭게 하고 조직의 목표들을 달성하는 방식으로 사역의 목표들을 완수하는 것을 의미한다. 그것은 목표가 전망 속에 분명히 들어올 때 그 목표 혹은 목적을 달성하기가 쉽다. 최종 결과가 이끄는 커리큘럼 설계는 원하고 있는 의도에 분명한 초점을 유지한다. 효율적인 사역 훈련에 대한 이 중요한 헌신은 원하는 의도(결과들)의 상당한 부분이 성격 특성과 태도, 즉 그들이 어떤 사람인가와 그들이 자기 자신과, 하나님 그리고 이웃들과 관계를 맺는 데서 나타나야 한다는 것을 인정한다.

우리는 또한 어떤 자세들은 모든 사역에 있어 중요하다고 보는데, 그 이유는 그것들이 그리스도를 닮은 성품을 발전시키기 때문이다. 이러한 자세들을 발전시키는 것은 공통적으로 명시된 목표일 것이다. 다른 태도들은 사역과 관련된 특수한 것들로서 최종 결과로 분명히 명시될 때 프로그램 속에서 의도적으로 다루어질 수 있다. 전통적인 훈련 프로그램들에 의도적으로 포함시키기 가장 어려운 종류의 최종 결과는 태도와 성품에 관한 것들이기 때문에 그것들은 자주 간과되고, 무시되거나 아니면 다른 어디에선가 또는 시행착오의 "자발적" 과정을 통해 개발이 될 것으로 가정된다. 특수한 분야에 관하여 적절한 수준에서 이해가 이루어져야 함과 동시에 사역과 연관된 특정한 기술들 역시 그것들이 과연 어떤 것들인지가 밝혀지고 개발되어야 한다. 정보는 단지 축적해 놓는 어떤 것이 되어 두뇌에 과부하를 주는 것이 아니라 원하는 최종 결과를 얻기 위한 도구로 사용되어야 한다.

6. 타문화 도전을 다룸

이 책은 선교사들의 필요를 훈련하는 것에 기반을 두고 있다. 왜냐하면 사역 준비의 도전에 있어서 한 사람이 문화를 넘어가서 사역할 수 있도록 준비시키는 것보다 더 큰 것은 없기 때문이다. 어떻게 이 과정들이 성취하기 어려운 것들에 적용되는가를 보여줌으로써, 그보다 덜 복잡한 훈련 역시 도움을 얻게 될 것이다. 주일학교 책임자들은 이 책의 원리들을 활용하여 그들의 상황에 맞도록 훈련 프로그램을 발전시킬 수 있다. 그들 역시 관련된 사람들이 모여 이상적인 주일학교 교사의 프로파일을 만들고, 학습 목표들을 작성하며, 학습 경험을 설계하고 최상의 결과를 얻기 위해 어떻게 프로그램을 발전시킬 것인가에 관해 합의를 도출해야 한다. 가정 교회 지도자들을 발전시킬 책임이 있는 목회자들도 그와 똑같은 과정을 따를 수 있다. 여름 수련회 운영자들은 상담자들이나 물놀이 스포츠 교관을 훈련하기 위해 같은 방법을 사용할 수 있다. 적용할 곳은 무궁무진하다.

이 책에 반영된 타문화 적용에 대한 이유를 마지막으로 하나 더 든다면 오늘의 사역 환경이 변화하고 있다는 것이다. 세계적인 도시화 현상, 대부분 도시의 세계주의적 성격과 전 세계에 걸친 포스트모더니즘의 영향으로 인해 우리 시대에 있어 문화교류적(intercultural) 이슈들을 다룰 필요가 없는 사역들은 상대적으로 매우 적다. 어떤 신학교, 성경학교 혹은 훈련기관들도 세계화된 사회 속에서 현대적 사역의 문화교류적 필요를 다루지 않고서는 목회자들을 훈련시킬 수 없다.

앞에서 암시하였듯이 이 책이 출간되도록 박차를 가한 것은 발전도상국들로부터 나온 것이다. 많은 현지인 선교 운동들이 그들의 사역자들을 위해 효과적인 타문화(혹은 교차문화, cross-cultural) 훈련의 필요성에 눈뜨고 있는 것을 보는 것은 흥분되는 일이다. 사역을 위해 전인을 훈련시킨다는 소망을 표현하는 가운데 많은 훈련 프로그램들이 지난 10년 동안 탄생하였다. 어떤 것들은 만족스러운 결과를 입증했지만, 많은 사람들이 우리가 겪고 있듯이 분투하고 있다. 축적된 훈련 경험은 정당한 성찰의 바탕을 제공하고 있고 이제는 변화를 모색해야 할 시간이다.

요약하면, 이 책은 새로운 프로그램을 기획하는 사람들에게 유용할 뿐 아니라 기존의 프로그램들이 새로운 차원의 효율성을 성취하도록 돕는다. 이 책에 묘사된 과정을 활용함으로써 그들은 이미 실시되고 있는 훈련을 평가하고 개선할 수 있다. 그것은 어떤 상황 속에서도 사역 훈련을 강화시킬 수 있는 도구이다.

7. 어떻게 이 매뉴얼을 사용할 것인가?

이 매뉴얼을 사용하는 사람은 이 책 속에 흩어져 있는 많은 자료들을 발견하게 될 것이다. 이 책을 잘 사용하기 위해 여백에 메모를 많이 하는 것을 두려워하지 않길 바란다.

3부 자료에 실어놓은 훈련 프로그램에 대한 묘사와 자료들만이 이 안내서에 포함되어 있는 유일한 자료들이 아니다. 이 책 전체에 걸쳐 많은 자료들이 흩어져 있기 때문에 독자들은 굳이 3부를 통하지 않고도 많은 유익을 얻게 될 것이다. 예를 들면, 6장의 마지막에서 우리는 로버트 페리스가 쓴 선교 훈련을 지도하기 위한 열 가지 성경적, 교육적 헌신의 목록을 발견한다. 이 표는 그 부분에 전략적으로 삽입되었는데 그것은 훈련관계자 그룹의 교육적 가정들에 관해 작업을 하는 동안에 활용할 수 있는 것이다.

"실천하기"들이 각 장에 포함되어 있는데 이것들은 독자들로 하여금 그 장의 내용을 성찰해보도록 하거나 특별한 기술들을 실습하고 발전시키도록 돕는다. 이것은 특별히 스티브 호크가 학습 목표들에 관하여 쓴 장에서 그러한데, 어떤 기술은 실습과 더불어 쉽게 증진된다. 이 경우에 있어 저자는 다른 예들과 실습 내용을 독자들에게 제공하고 있는데, 그것들은 복사가 가능하고 그 기술이 습득될 때까지 거듭해서 사용할 수 있도록 되어 있다.

이 매뉴얼의 사용과 관련하여 마지막으로 조언하는 것은 "계속 그것을 사용하라!"는 것이다. 훈련 사역과 관련된 사람들은 이 책으로 계속 돌아오게 될 것인데 왜냐하면 개념들을 숙지하고 과정을 익히는 데는 시간과 실습이 필요하기 때문이다. 사역 훈련의 철학과 적절하게 학습된 과정 양쪽 모두를 확실하게 하는 최선의 방법은 독자들이 세 가지 영역에 헌신하는 것이다.

첫째, 최종 결과에 근거한 커리큘럼에 헌신하는 것이다. 독자들이 이 방법을 통해 커리큘럼이 상황화되고 효율적이 되도록 보증해줄 것이라는 것을 확신하게 될 때 이 과정에 대한 헌신은 훈련에 대해 책임을 지고 있는 사람들에게 훈련이 그들이 달성하고자 하는 바를 성취할 것이라는 어느 정도의 자신감을 줄 것이다. 이것은 직관이나 검증되지 않은 가정들에 기반을 두고 프로그램을 만들지 않고, 특별한 목표를 결과로 얻기 위해 헌신하는 것에 대한 결과이다.

둘째, 헌신은 가능한 한 그 과정을 충실히 따르는 데 헌신하는 것이다. 우리 모두는 지름길을 택하고자 하는 유혹을 받지만 경험은 우리가 결국은 이 과정으로 돌아와 따르게 될 것을 명령하는데 왜냐하면 그것이 효율적이고 동시에 효과가 있음을 입증하기 때문이다.

셋째, 가장 중요하고 필요한 헌신으로서 로버트 페리스의 결과를 평가하는 것에 관한 장을 활용하여 전체 과정을 광범위하게 평가하는 것이다. 이것은 우리로 하여금 앞의 두 헌신으로 돌아가도록 만들 것이다. 왜냐하면 평가 과정에서 우리는 결함들을 발견하고 예상치 못했던 결과들을 얻게 됨으로 우리 프로그램을 바꾸고 개선해야 할 필요를 보게 될 것이기 때문이다.

8. 결론

비록 나의 여행은 지도 없이 출발하였지만 곧 내 앞에 갈 길이 전개되었던 여행이었다. 12년 전의 페리스의 책(1995)을 재편집한 이 책은 독자들에게 잘 닦여진 길을 보여줄 뿐 아니라 빛나는 부분과 어두운 부분들을 표시해주고 나아가 많은 여행객들의 이야기를 통한 격려를 제공함으로 그들을 섬기게 될 것이 틀림없다. 이 책의 1부는 기초 이론을 다루고 있는 장들로 이루어져 있는데 독자들로 하여금 이 책이 제시하는 지도에 대한 신뢰를 갖도록 격려하고 있다. 그리고 지도가 제시하고 있는 길은 하나님 말씀과 성경적 세계관에 대한 깊은 존중을 가지고 경험과 성찰한 것으로부터 나온 것임을 보여주고 있다. 2부는 독자들로 하여금 최종 결과에 기반을 둔 커리큘럼을 시작하거나 혹은 강화하기 위한 실제적이고 자세한 부분을 지도하는 과정을 다루고 있고, 3부의 추가 자료들은 탁월성을 달성하기 위한 선교 훈련을 강화하는 데 깊은 열정을 가진 우리와 같은 사람들에게 아주 유용한 자료들을 제공할 것이다.

1장_ 실천하기

자가 평가

1. 선교 훈련자(missionary trainer) 또는 코치로서 당신 자신의 "적성" (competencies)을 다음 페이지에 나와 있는 선교 훈련자 프로파일 도표에 근거하여 평가해보라. 도표는 이 안내 지침서에서 묘사한 과정을 사용하여 발전시킨 것이다. 각 항목들을 주의 깊게 살펴보고 각각의 묘사된 특징들을 생각해보라. 당신 자신을 1-10으로 평가해보라. 1은 최저점이고 10은 최고점이다.

2. 당신은 훈련자로서 섬기기에 얼마나 적합한가? 만일 이것들이 당신 자신의 훈련 프로그램을 위한 "최종 결과들"이라면 당신은 어떻게 약한 영역들을 개선해 나갈 것인가? 당신이 시급하게 개선해야 할 영역들을 하나 이상 찾아보고 당신 자신의 필요들을 채우기 위한 잠정적인 계획을 세워보라. 그것을 당신과 함께 이 코스에 참여하고 있는 누군가와 나누든지 아니면 당신 사역 팀과 나누라. 만일 당신이 이 연습을 하게 된다면 당신은 이 책이 말하고 있는 철학과 과정의 대략을 잘 이해하게 될 것이다.

선교사(타문화 멘토/훈련자/코치) 프로파일

성취해야 할 영역들	의도하는 최종 결과들(Intended Outcome)						
영적 성숙	하나님과 가까이 동행하는 삶의 증거들	지속적인 기도생활과 하나님의 뜻에 대한 민감성	지속적 성경 묵상 및 영적 훈련; 선한 청지기 역할	성령의 열매를 맺음; 도덕적 신실성	영적 전쟁의 원리들을 실천하고 성경적으로 대처함		성령의 은사들을 알고 사용하는 가운데 남용하지 않음
가정 생활	건강한 가정생활 및 가족간 의사소통	가족 안에 해결되지 않는 심각한 갈등이 없음	남편과 아내가 한 팀으로 일할 수 있음	가족 구성원들이 신체적, 감정적으로 건강함	가정과 사역 간에 균형을 유지함		가정을 손님 접대 및 교제의 장소로 활용함
인간 관계	다른 사람들을 인정하고, 독점하거나 지배하려 하지 않음	경청하려는 자세(특별히 자신이 교정 받을 필요가 있을 때)	신뢰할 만한 관계들을 구축; 영적권위에 대한 존경	이성, 이웃, 상관, 고용인과 적절한 관계; 과도하게 친밀하지 않음	공동체 생활 경험; 갈등을 폭발시키지 않고 다룸		다른 특성 및 문화적 배경을 가진 사람들과 좋은 관계 맺음
선교사 경험	타문화 사역에서 효율성을 보임	다른 동료선교사들 및 현지 지도자들로부터 인정받음	교회를 개척하고 건강하게 성장시킨 사역에 참여한 경험	현지 교회에 한 사람의 회원으로 기여함	복음을 효과적으로 전달함		선교 사역으로부터 얻은 특별한 통찰력을 훈련에 적용함
제자훈련 및 사역 기술	효과적인 제자/멘토 관계를 발전시킴	투명하고 정직한 관계를 유지할 수 있는 성숙	다양한 타문화 상황 속에서 다른 이들과 교류할 수 있음	사람 및 프로젝트를 민감성과 지혜를 가지고 다룸	다양한 사람들과 협력적인 관계를 맺음		멘토/훈련자/코치로서 격려의 은사들을 사용함
교회와의 관계	지역 교회의 활동적인 일원으로 자신의 은사를 사용하여 교회에 기여함	교회에 기반을 둔 선교 활동에 헌신됨	교회관련 다양한 사역에 있어 건실한 경험	지역 교회의 추천을 받음	지역 교회 안에서 선교를 고취시킴		목표로 하는 국가의 교회 및 지도자들을 존중함

교수 및 훈련기술	잘 듣고 효과적으로 의사소통함	학습자의 필요를 알고, 그들의 학습 형태를 파악함	실제적이고 현실과 부합되는 가르침에 초점을 맞춤	효과적으로 가르침	다양한 교육적 도구와 자료들을 사용하는 데 있어 계속 성장함	사람들을 정확하게 평가하고 효율적이 되도록 이끌어줌
촉진 기술들	서로 양육하는 학습 공동체를 만들어감	서로 배우고 참여하도록 유도함	질문과 답변을 촉진시킴	정보를 나누고 결정을 내리는 그룹 활동을 유도함	좋은 상호관계와 역동성을 살리도록 팀 분위기 조성	그룹들이 종합, 확인, 결론을 내리도록 도움
타문화 감각 및 기술들	넓은 타문화 경험; 타문화간 원리를 이해함	지속적인 문화의 학습자가 됨. "인류학적 통찰력"으로 관찰함	새로운 문화환경에 신속히 적응하고. 사람들과 쉽게 일체감 느낌	모든 민족 배경에 대한 존중과 인정; 배우려는 정신을 가짐	어떤 관습들을 받아들이고 말 것인지 분별; 기능적 대안을 찾음	현지 사람들에게 수용되고 존경 받음; 지역 종교를 대상으로 사역한 경험
학제간 (Inter-disciplinary) 지식	신학적 지식을 선교에 연결시킴	지역의 정치적 사회적 환경 및 조직들과의 친숙함	기관의 목적에 적합한 훈련과 경험	다른 선교사들과 세계 선교 현황을 파악하고 있음	지역 및 세계 교회에 대한 성경적, 역사적 통찰력	다른 이들로 하여금 말씀을 삶과 사역에 통합하고 적용하도록 효과적으로 도움
지도력 기술	배우고 섬기는 데 있어 긍정적 경험을 가짐	역할 모델에 적합; 통제하려 하지 않음	성품과 재능으로 다른 이들을 지도하고 영향을 미침	새로운 생각을 기꺼이 경청하고 우선순위를 분별할 수 있음	새로운 훈련생들을 모집, 훈련; 멘토 역할을 잘 함	좋은 행정력과 행정 기술, 위임 능력을 보임

Training for Cross-Cultural Ministries, vol 93, no.2 (August 1993),
http://www.wearesources.org/Custom/BulletinCache/asserts/93aug.pdf

2장 _ 전인적 선교 훈련의 철학

조나단 루이스(Jonathan Lewis)

　모든 건물이 그렇듯 훈련 프로그램의 통합성(integrity)을 위해서도 튼튼한 기초가 필수적이다. 하나님이 자기 백성을 향한 목적을 이해하는 것과 더불어 성경적 세계관은 그리스도인 사역 훈련 프로그램의 기초를 형성해야 한다.
　세계 도처의 그리스도인 훈련 프로그램들이 대체로 세속적이거나 혹은 인본주의적 세계관에 기반을 두고 있음을 발견할 수 있다. 그것들은 사역을 준비시키기 위해 세상의 모델들을 채택하고 있는데, 그것은 세속적인 세계관들이 강조하고 있는 가치관들을 받아들였기 때문이다. 이것은 그리스도인들이 자신들이 믿는다고 말하는 것과 선교사들 및 다른 사역자들을 훈련시키기 위해 사용하는 실제 행위들 사이에 분리 상태를 만들어낸다. 그리스도인 훈련자들로서 우리는 우리의 신념과 훈련에서 전념해야 할 것들(training commitments) 사이에 일치를 이루도록 하는 것이 필요하며 그것은 선교 훈련 프로그램을 만드는 사람들이 본질적으로 추구해야 할 사항이다. 예를 들면, 성경은 사역을 위해 가장 중요한 자질들은 하나님과의 인격적 관계와 그 사람의 성품적 특성들이라고 분명히 밝히고 있다. 하지만 많은 프로그램들이 사역자들을 선별함에 있어 그들의 학문적 수행능력을 판단 근거로 삼으며 그들의 자연적인 능력, 지성과 기술들을 기반으로 하여 평가를 한다. 본질적으로 이것은 이 세상이 움직이는 방식과 같은 것이다.

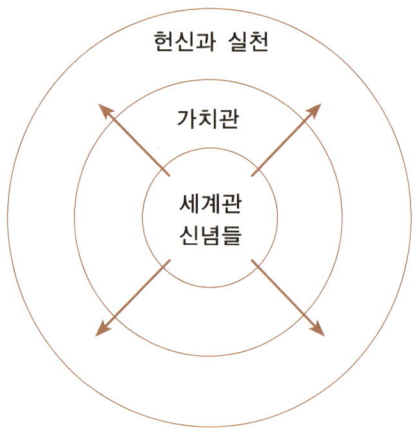

훈련 설계에 있어 영향력의 문제는 방향성과 관련되어 있는데 그것은 실천으로부터 세계관으로 움직이는 것이 아니라 세계관으로부터 실천으로 움직이는 것이다. 세계관은 대체로 잠재의식 안에 존재하지만 그것은 분석될 수 있고 또한 무엇이 실재이며, 진실이고, 중요한가에 관한 신념들로 표현된다. 신념은 "이상화된" 가치들 속에서 세계관보다는 더욱 손에 만져지는 표현들로 나타나는데 가령 재물보다 관계를 중요시하는 것, 도덕적 행동, 삶의 존엄성과 같은 것들이다. 이러한 가치들은 연이어 우리의 헌신과 실천을 형성시킨다. 이 장에서 우리는 선교 훈련 프로그램을 형성시키는 데 있어 그 과정의 중요성을 이해하기 위해 그것을 재구성하기 원한다.

1. 중간 영역(The Middle Ground)

　대체로 훈련은 "중간 영역"이라고 할 수 있는 즉, 신념과 헌신 사이에 놓여있는 역동적 지대를 생각함으로 형성된다. 가치라는 것은 단지 선언된 신념들(종종 이상으로 표현된)에 의해서만 아니라 사회적이고 문화적인 압력(종종 잠재의식적이고 실체가 확인되지 않은)에 의해 영향을 받기 때문에 훈련은 역동적이다. 문제를 더 복잡하게 만드는 것은 이러한 가치들이 "육신의 정욕과 안목의 정욕과 이생의 자랑"(요일 2:16)과 같은 문제를 가지고 있는 우리 자신의 타락한 성품에 의해서도 또한 영향을 받기 때문이다. 세상적 가치들은 기독교적 가치들과 경쟁을 벌이고 있다. 이러한 역동적 긴장 속에서 개인과 기관이 어디에, 어떻게, 시간과 돈과 그 외의 자원들을 투자할 것인가 하는 헌신들이 이루어진다.

　그것을 선교 훈련과 연관지어 말하자면, 성경적 신념이 무엇인가 이해하고 그것들을 이상적인 가치라고 수긍하는 것이 그런 신념과 가치들로 하여금 훈련에서 전념해야 할 것들에 중요하게 영향을 미치도록 하는 것보다 훨씬 쉽다는 것이다. 확신들과 훈련 프로그램 설계 사이의 어느 지점에서인가 균열이 존재한다. 성경적 확신들은 사회적 혹은 문화적 압력들과 개인의 야망들에 의해 압도당한다. 사회적 평판과 규범 그리고 세속 기관들이 정하여 놓은 기준에 맞추기 위한 노력에는 과오가 따른다. 사회적 인정과 지위를 추구하는 가운데 많은 사역 프로그램들이 명예와 인정을 얻기 위해 세속 학문 규범에 굴복한다. 이런 것은 프로그램의 통합성을 희생시키지 않고서는 이루어지지 않는다. 그리스도인 성품을 발전시키는 데 기여하지 않는 기준들과 방법들이 사용되는데 그것들이 훈련 프로그램이 원하는 최종 결과들인 양 자주 요구된다.

좋은 선교 훈련은 이러한 긴장과 씨름하게 되며 성경적 세계관으로부터 나온 핵심 신념들과 선교 훈련 프로그램 안에서 표현된 헌신들 사이에 일치를 이루어내기 위한 노력들을 하게 된다. 이러한 신념들로부터 나온 훈련 원리들은 훈련을 형성하고 있는 가치들을 규정하고 지원해야 한다. 훈련 여정은 인간의 존재 특성 및 그 목적에 관한 깊은 차원의 기독교적 확신을 표현하기 위한 의식적인 노력과 함께 시작된다. 그런 다음 훈련 프로그램의 기획과 활용에 있어 전념해야 할 것들을 인도하는 일련의 원리들과 기준들을 통하여 교육 및 훈련'의 철학이 분명하게 드러날 수 있다.

2. 성경적 원리들과 사회 과학

복음주의적 그리스도인들은 일차적으로 성경 계시로부터 자신들의 신념체계를 이끌어낸다. 이 점에서 바람직한 사회 과학이란 인간 본성과 하나님이 주신 이 땅에서의 목적에 대한 성경적 이해에 의해 지도를 받는 학문이다. 진정한 과학적 실험은 성경으로부터 나온 오래된 원리들이 진실임을 종종 입증한다. 따라서 바람직한 사회 과학은 그리스도인에게 유용하다. 그러나 사회 과학자들은 다른 극단적 입장에서 방정식을 풀어나가기 시작하는데 그들은 개인과 사회를 연구함에 있어서 자신들의 관찰에서 이론과 원리들을 이끌어낸다. 너무나도 많은 과학 연구들이 하나님의 부재(the absence of God)를 전제로 한다. 그것은 인간 또는 사회를 우주의 중심에 놓는 세속적

---

1 "형성," "훈련," 그리고 "교육" 및 학습 시스템의 "비공식적," "비형식적," "공식적" 상관관계 사이를 구별짓는 것이 가능하다. 여기서 "훈련"이란 단어는 통상적으로 공식적 교육 시스템과 현장 교육 방법을 통하여 사역을 준비시키는 것을 언급한다.

이고 인본주의적이고 때로는 무신론적 세계관들로부터 나온 이론들과 원리들로 나아간다. 왜냐하면 교육 철학들이 하나님 중심성과 그의 목적에 대한 성경적 이해가 없이 형성되었기 때문에 그것들은 선교 훈련 프로그램이 기반을 두어야 할 지도 원리들을 제공하기에는 부족할 것이 뻔하다.

예를 들면, 유명한 시카고대학의[2] 신입생 입학식 연설에서 존 머샤이머(John Mearsheimer)는 그 기관의 목적을 분명히 밝혔는데 그것은 비판적 사고를 격려하고, 지적 영역을 확장하며 자의식을 북돋우는 것이다. 그는 또한 다음과 같이 분명하게 밝혔다. "시카고대학에는 진리를 가르치는 것으로부터 손을 떼라는 강력한 규칙이 있으며 나아가 대학은 여러분에게 도덕적 지침을 제공하는 어떤 노력도 하지 않을 것이다. 우리 대학은 매우 무도덕적(amoral)인 기관이다. 이 나라(미국)의 주요한 다른 모든 단과대학들과 종합대학들도 동일하다고 말할 수 있다." 그의 연설에서 머샤이머는 그 대학의 주요한 지원자였던 록펠러(Rockefeller)가 대학 예배당 건축과 관련해서 다음과 같이 명백하게 밝히면서 의도했던 것에 대해 조롱하려는 듯이 보인다. "기독교(religion)의 정신이 대학에 스며들고 통제할 수 있도록 기독교를 대표하는 교회 건물은 대학교 중앙에 위치하여야 하며 다른 건물들을 압도해야 한다. 그렇게 함으로 (시카고) 대학이 그 이상에 있어 기독교의 정신에 지배를 받으며, 모든 학과들은 기독교적 감정에 의해 영감을 얻고, 그 모든 학문이 최고의 목적을 지향한다는 것을 선포하게 될 것이다." 분명 이와 같은 것은 대부분 서방 세계의 공식 교육 기관에 흐르고 있는 현행의 정서는 아니다.

세계관이 어떻게 훈련 실천에 영향을 미치는가를 훈련자들이 이

---

[2] John Mearsheimer, "The Aims of Education Address", The University of Chicago Record, Volume 32, Number 1 (October 23, 1997).

해하는 가운데, 기독교 사역 훈련을 표현하는 유익한 은유(metaphor)를 살펴볼 것이다. 그 전에 먼저 교육에 관한 세 가지 세속적인 은유들을 살펴보는 것이 도움이 된다.

3. 교육 및 훈련에 사용되는 은유들

교육 철학에 관한 논의는 "교육이 일차적으로 개인을 위한 것인가 아니면 사회를 위한 것인가?"라는 질문을 둘러싸고 일어나고 있는 듯하다. 교육이 학생들과 그들의 잠재력에 초점을 맞춰야 하는가 아니면 특정 국가 또는 사회 질서의 필요에 따른 생산에 맞춰야 하는가? 이것을 간략하게 연속선(continuum)으로 그려볼 수 있을 것이다. 이러한 논쟁은 종종 고전적 교육을 제공할 것인지 아니면 직업 교육을 해야 할 것인지와 관련한 국가 정책들을 형성한다.

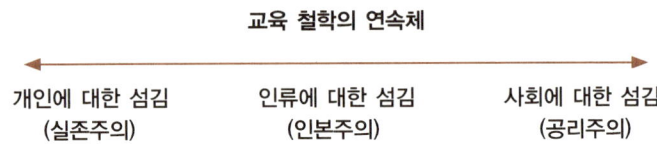

교육 철학의 연속체

| 개인에 대한 섬김 | 인류에 대한 섬김 | 사회에 대한 섬김 |
| (실존주의) | (인본주의) | (공리주의) |

이 토론에 대한 이해와 그리스도인 훈련자로서 우리가 어디로 가야 하는가에 도움을 얻기 위해서 교육가인 허버트 클리바드(Herbert M. Kliebard)[3]가 사용한 그림 언어들을 참고하는 것이 유익한 출발점이 될 것이다.

---

3 Herbert M. Kliebard, "Metaphorical Roots of Curriculum Design", Teachers College Record, 74, No.3 (February 1972), 403-404.

생산(Production)의 은유

커리큘럼이란 생산의 수단이고, 학생은 고도의 숙련된 기술자의 통제 아래 필요한 상품으로 변화되게 될 원자재이다. 최종 결과물의 생산과정은 미리 엄격하게 설계된 설명서에 의해 주의 깊게 구성되며 어떤 생산 수단들이 낭비적이라고 입증이 된다면 그것들은 더 유능한 것들로 대체되기 위해 폐기된다. 특정한 자질이나 성질을 가진 원자재가 적합한 생산 체계 안으로 투입되고 원자재가 가진 잠재적으로 유용한 특성이 하나라도 낭비되지 않도록 대단한 주의가 기울여진다.

이 특정한 은유는 실용주의적 관점을 가진 사람들에게 맞는 것인데 그들은 교육을 사회적 목적을 위한 봉사로 간주한다. 훈련은 학생이 움직여 통과해야 할 과정의 "체계"(system)로서 다양한 시간적 "투입"(input)을 하면 예상되는 방식으로 그를 형성하고 빚어내게 되는 것으로 본다. 이런 접근방식은 사람들을 "원자재"로 보는데 즉 기능적 유용성을 위해 만들어져야 할 생물학적 기계들로 간주한다. 자본주의 체계에서 교육과 훈련은 생산성과 이윤 창출을 위해 높은 능률과 가능한 한 최소 비용을 가지고 이루어져야 한다. 전체주의 정권은 자신들이 가진 목적을 이루기 위해 사람들을 훈련시킨다. 이런 접근 방식은 최악의 경우 인간을 고용주나 국가에 얼마나 유용한 존재인가로만 평가함으로 개인의 가치를 최소화시킨다.

그리스도인들이라면 의도성, 효율성 및 질에 높은 가치를 부여하는 것에 대해서는 어느 정도 인정을 할 수 있겠지만 기계론적이고 조작적인 철학에 대해서는 거부감을 느낄 것이다. 이 은유에서 우리가 건져내야 할 것은 사람들을 유용한 사역자로 준비시키는 데 있어서 훈련이 효과적이고 효율적이 되기를 원하는 갈망이다. 그럼에도 불구하고, 이것이 전횡적으로 되어서는 안 될 것이며 개인의 잠재력, 은사, 창의성과 독특성을 희생시켜서는 안 된다. 클리바드의 성장의 은유는 비교적 부드럽다.

성장(Growth)의 은유

커리큘럼이란 온실과 같은 것으로서 그 안에서 학생들은 현명하고도 인내심 많은 정원사의 돌봄 아래 성장하고 자신들의 잠재력을 최고도로 발전시킬 것이다. 온실 속에서 성장하고 있는 나무들은 매우 다양하지만 정원사는 각각의 필요에 따라 그것들을 손질하여 마침내 꽃을 피우도록 한다. 모든 나무들은 매우 세심하게 양성되지만, 각 나무는 고유의 잠재성을 변화시킴으로 원래 자신이 변형(metamorphosis)되어야 할 모습이나 발전해 나가야 할 방향으로부터 벗어나 정원사의 기분이나 의도에 맞추는 어떤 시도도 하지 않는다.

이 은유는 각 개인들이 훈련을 통하여 발전시킬 수 있는 단순히 "좋은" 잠재력들을 가지고 있다고 가정한다. 이것은 사람의 마음속에 반역적인 죄성이 깊이 뿌리를 내리고 있다고 믿는 성경적 세계관과 충돌을 일으킨다. 단지 "고유의 잠재력"에 길을 열어준다는 것은 인간의 이기적이고 자기도취적 성질을 발전시킴으로 다른 이들을 위해서는 기능적으로 유용하게 될 가능성을 희박하게 만들 위험이 있다. 그것은 또한 훈련자들이 더 높은 기준이나 소명을 가지고 훈련시키는 것이 아니라, 훈련생을 발전시키는 데 있어 자신들의 의지를 기분 내키는 대로 강요할 것이라는 전제를 가지고 있는 듯 보인다. 이런 종류의 논리는 인간 발전 그 자체를 목적으로 만듦으로써 훈련생에게는 전횡적인 행동을 유발하고 훈련자들로 하여금 일관성이 결여된 조작을 하도록 만든다. 이 철학은 인본주의로부터 힘을 끌어오는 듯이 보인다. 그것은 죄와 이기심의 문제, 나아가 인간 자체를 초월하는 다른 목적을 고려하지 않는다.

이 접근방식에서도 우리가 받아들일 만한 몇 가지가 있다. 사도 바울도 "나는 심었고 아볼로는 물을 주었으되 오직 하나님께서 그것을 자라게 하셨느니라"(고전 3:6)라고 선포할 때 "성장"이미지를 사용했다. 에베소서 4장에서도 사역의 목표로서 "그리스도의 몸으로 자란다"는 이미지를 사용했다. 이것은 심고, 김매고, 물주고, 비료를 주고, 가지치기 하는 일과 같은 부차적인 유추들과도 쉽게 연결된다.

심기-좋은 땅을 찾는 것이 중요하다
김매기-죄성이 작을 때 제거하지 않으면 통제할 수 없다
물주기-가끔씩 많이 주는 것보다 매일 조금씩 주는 것이 더 좋다
비료주기-필요할 때 충분히 준다(격려는 남아있거나 축적될 수 없다)
가지치기-아프지만 진실하고 강하게 만들며 풍성한 열매를 맺게 한다

만일 인간 발전 그 자체가 목적이 아니라는 것을 우리가 염두에 둘 수만 있다면 이 은유적 묘사는 우리에게 유익하다. 글리바드의 세 번째 은유는 관계적이고 우정적인 것을 지향한다.

여행(Travel)의 은유

커리큘럼은 학생들이 경험 있는 안내자의 지도와 동행 아래 여행하게 될 일종의 경로(route)이다. 각 여행자는 그 여행에 의해 다르게 영향을 받을 것인데 적어도 산 위에 그려져 있는 등고선의 높낮이만큼이나 여행자의 성향, 지성, 관심 및 의도의 기능에 영향을 받기 때문에 그럴 것이다. 이러한 가변성은 불가피할 뿐 아니라 또한 신기하고도 바람직한 것으로 간주된다. 그러므로 여행자에 미치는 경로 효과의 정확한 성격을 예측하기 위한 어떤 노력도 없다. 다만 그 여행이

가능한 한 풍요롭고, 매력 있으며, 기억에 남을 만한 것이 되도록 그 경로를 계획하는 데 큰 노력을 들인다.

　이 은유는 순례 여행을 하는 순례자들의 오래된 이미지를 불러일으킨다. 그것은 인생을 친구들, 멘토들(mentors), 그리고 안내자들과 동행하는 여행으로 본다. 모든 구비 구비마다 모험이 기다리고 있다. 의미는 여행 자체에 있지 목적이나 행선지에 있지 않다. 긍정적인 측면은 여행에 온전히 참여하는 것을 강조한다는 것이다. 여행 과정에서 의미가 발견된다는 것은 실존주의적 철학과 공명이 된다. 그 날을 즐겨라. 인생에는 다른 목적이 없기에 여행 자체를 최고로 살아내라고 말한다.
　그러나 그리스도인들은 여행에 행선지가 있기에 이 철학은 위험할 수 있다. 더 나아가 실제로 여행 가운데에서 일어나는 일들은 도착지에 영향을 미칠 수 있다. 우리는 그 여행이 인간의 욕망, 야망, 지위, 물질주의 그리고 인간 원초적 본능의 목소리에 의해 이끌리도록 내버려두기가 너무나 쉽다. 이것은 불가피하게 절망으로 이끈다. 만일 그 여행의 행선지가 하나님의 목적과 일치되는 것이 아니라면 우리 인생은 하나님이 의도하셨던 바와 다른 무엇이 될 것이다. 여행길은 풍요로워야 한다. 그것은 동행이 있어야 한다. 이 비유의 이러한 요소들은 유익하다. 그러나 여행길은 행선지라는 분명한 비전에 의해 안내를 받아야 한다.
　저변에 깔려있는 전제들과 철학을 검토하는 것에 실패한 훈련은 그 훈련을 통해 잘못된 태도들을 강화시키는 데로 이끌게 될 것이며 훈련생들은 불확실한 행선지로 인도될 것이다. 훈련을 "어떻게" 시킬 것인가 하는 것은 훈련이 "무엇인가" 하는 것보다 더욱 중요한데, 그것은 방법 자체 안에 "메시지"의 대부분이 있기 때문이다.

4. 훈련의 관계적 틀(Relational Framework)

훈련은 언제나 이미 존재하는 관계적 틀 위에 세워진다. 이 틀은 복잡하다. 왜냐하면 그것은 인간 자체가 복잡한 상호작용의 산물이기 때문이다. 전인적 훈련은 훈련생의 정체성, 역할들과 관계들을 고려한다. 이것들은 의미 있는 방식으로 연결되어 있다. 개인의 **정체성**(identity)은 **역할들**(roles) 속에서 표현되며 또한 **관계들**(relationships)과 **기능들**(functions)을 통하여 표출된다.

정체성은 "내가 누구인가?"라는 질문에 답변한다. 저자인 나는 중년 백인 남자이며, 대가족의 일원이고, 예수 그리스도의 제자이며, 한 아내의 남편, 네 자녀의 아빠이며, 이중국적자로서 현재는 미국의 작은 도시에 거주하고 있고, 지역 교회의 교인이며, 국제적 기독교 기관의 고용인이고, 대학 교육을 받았고 이러 이러한 사람들을 친구로 가지고 있다. 정체성이란 다양한 측면을 가졌고 다양한 역할로 표현된다.

역할들은 "내게 무엇이 기대되는가?"라는 질문에 답변한다. 역할은 사회적 기대의 매우 예측 가능한 배열로서 나와 다른 사람들로 하여금 내가 누구인지와 내가 무엇을 해야 하는지를 알게 한다. 기대 역할들은 한 사람의 관계들을 통하여 최종적으로 표현된다.

관계들은 "현재 나의 역할 속에서 어떤 방법으로 내가 다른 사람들 혹은 다른 기관들과 관계를 맺어야 하는가?"라는 질문에 답변한다. 관계들은 그 사람과 연관된 사람들 및 기관들과의 관계 속에서 효과적으로 기능하는 데 필요한 태도들과 기술들에 의해 의미있게 형성된다.

기대에 따른 태도와 기술들에 의해 관계들이 강력하게 형성되기에, 전인적 훈련은 이 두 가지와 매우 연관되어 있는 영역들 속에서 성장할 수 있는 환경을 창출하기 위해 노력한다. 그것은 바른 태도들의 형성과 인간관계 기술들의 발전을 통하여 중요한 관계들에 있어서의 성장과 성숙을 가속화시키려고 시도한다.

태도들은 **성품**(character)의 벽돌들(building blocks)로 이루어져 있고, 감정적으로, 영적으로 자라난 배경 및 다른 사람들과의 상호작용에 적절하게 응답하는가를 통하여 드러난다. 성품은 태도(올바르거나 잘못된)의 효과가 축적된 것이다. 한 사람의 성품은 그의 영적, 감정적 성장의 증거이다. 그리스도인들의 성장은 그리스도를 닮는 것과 성품적 성숙을 지향한다.

기술들은 **재능**(competence)의 벽돌들로 이루어지는데 그것은 임무를 수행하는 능력이며 기능을 효과적으로 해내는 것이다. 사람들은 어떤 역할을 하든지 신체적, 성품적 기질에 의해 특징지어지는 다양한 정도의 자연적 성향을 가지고 임하게 된다. 예를 들면, 모든 성인들은 기본적 의사소통에 있어서 어느 정도 수준의 기술을 이미 습득하고 있다. 하지만 대부분의 성인들이 공중 연설의 재능을 가지고 있지는 않으며 모두가 그것에 적합한 자연적 성향을 갖고 있는 것은 아니다. 사실 대다수는 공중 연설에 두려움을 가지고 있다. 훈련 프로그램들은 만일 공중 연설 기술이 그들로 하여금 하나 혹은 그 이상의 역할들을 수행하는 데 필요할 경우 그 기술을 발전시키도록 사람들을 도울 수 있다. 물론 모두가 위대한 공중 연설가가 될 수는 없다고 할지라도 그들은 그 분야에 재능을 가질 수 있다.

5. 관계적 모형(Matrix)

사역 훈련은 사람들로 하여금 다른 이들과 그들이 섬기는 기관들과의 관계를 강화하고 성숙시키는 것을 돕는 것과 연관된다.

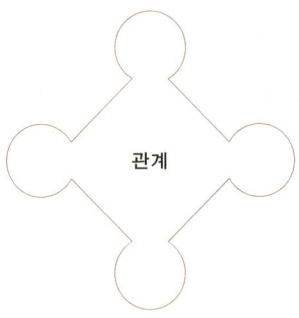

인간의 가장 심원한 갈망은 자신과 관계를 맺는 것이다. "좋은" 혹은 "건전한" 자아상을 갖는 것은 인간 성장과 행복에 있어서 중요하다. 이것은 도표에 있어 십자가의 종적 선으로 표현된다.

먼저 이런 "내부적"관계에 중요한 것은 가족이나 친한 친구관계와 같은 친밀한 관계들이다. 이러한 자원들은 우리가 누구인지를 형성하고 자라게 해준다. 이것은 도형에 있어 십자가의 왼쪽 팔로 표현된다.

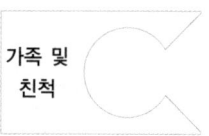

외부적 관계들은 사회 공동체, 직장, 클럽, 정부 기관들과 같은 다른 모든 것들이다. 이것은 도형에 있어 십자가의 오른 팔로 표현된다.

모든 사람은 이러한 관계의 세 영역 안에서 기능을 한다. 그러나 모든 기능은 네 번째이자 가장 중요한 관계, 즉 하나님과의 관계를 갖지 않고는 기능을 할 수 없다. 하나님과의 관계는 모든 것을 변화시킨다. 그 관계는 훈련에 있어 우리가 하는 것과 어떻게 그것을 수행하는가를 지배하고 통제한다. 그것은 우리의 목적과 기준을 설정한다. 그것은 우리의 전제들과 헌신들을 규정한다.

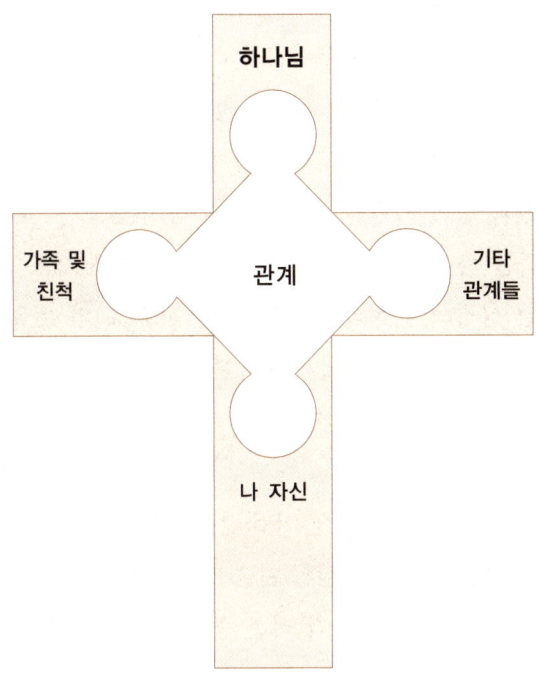

6. 기독교 훈련은 누구를 섬기기 위한 것인가?

교육 및 훈련 철학에 관한 많은 논의들이 개인들과 사회에 대한 그들의 기여 사이의 상호작용에 중심을 두고 있는 것으로 보인다. 사회주의 및 전체주의 정권들은 학교 교육을 자신들의 사회적 의제들을 위해 봉사하는 것에 이용한다. 민주주의 사회들은 개인적 발전 그 자체를 목적으로 하는 인본주의적이고 실존주의적인 철학들에 의존하는 경향이 있다.

우리의 분석은 대부분의 알려진 교육 철학들 속에 하나님과 그분의 목적에 관한 요소가 결여되어 있음을 보여주었다. 기독교 철학은 하나님과 함께 시작한다. 하나님 중심의 교육 및 훈련 철학은 하나님이 하나님의 백성 안에 이루시고자 하는 것과 백성을 통하여 이루시고자 하는 것을 의도적으로 목표로 삼는다. 아주 간략하게 표현하자면, 그것의 초점은 사람들로 하여금 하나님을 사랑하고 신뢰하며, 이웃을 자신과 같이 사랑하고, 하나님의 통치를 모든 사람 위에 확장하도록 하는 하나님의 선교에 봉사하도록 개발시키는 데 있다. 그것과 관련된 성경의 은유적 표현은 "일꾼"(servant)의 은유로부터 나온다. 일꾼들은 그들의 주인에게 봉사한다. 그들은 특별한 역할과 기능을 행함으로 그렇게 봉사한다. 성경 속에 나타난 일꾼들의 역할에 대한 은유적 표현들은 "목자", "농부", "운동선수", "청지기", "군인" 등이 있다. 이와 같은 영역들의 어떤 분야에서든지 효율적으로 기능을 하려면 특별한 성품적 자질과 기술 영역을 발전시키는 훈련이 필요하다. 각 일꾼의 역할은 각각 다른 종류의 개념적, 물질적 장비를 요구한다. 의도적 훈련은 유능성과 이 장비의 효과적 사용 능력을 증진시킨다.

그러므로 훈련에 대한 기독교적 철학은 하나님의 일꾼들을 발전시키는 것, 즉 하나님의 백성으로 하여금 "합리적인 봉사"(reasonable service, 롬 12:1, 개역개정에는 "영적예배"라고 번역되어 있다-역주)에 온전히 참여할 수 있도록 준비시키고 무장시키는 데 최상의 목적을 두고 있다. 그것을 이루는 수단은 일종의 변혁의 과정으로서 그것은 세상의 기준과 태도를 본받지 않고 저항할 것을 요청하며, 하나님의 영으로 충만해지는 것을 추구하고, 올바른 생각, 태도, 행동을 유발시킨다. 그것은 봉사에 있어 하나님 왕국을 중심으로 하고 그것을 목표로 하는 삶의 형태를 만들어낸다. 그것의 최종 결과물은 거룩하고, 하나님이 기뻐하시고 받으실 만한 "산 제물"로서의 봉사이다.

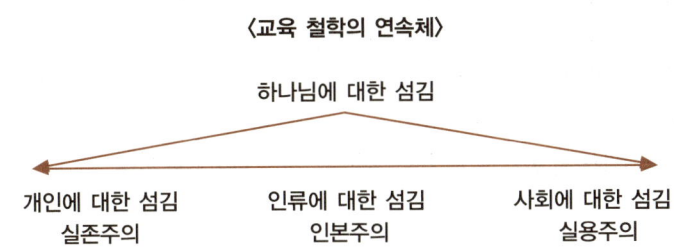

7. 사역 훈련을 위한 은유

우리는 실존주의적, 인본주의적, 공리주의적 세계관을 반영하는 교육에 관한 세 가지 은유적 표현들을 검토하였다. 아래의 은유는 클리바드의 묘사 방식을 사용하여 기독교적 세계관을 제시한 것이다.

섬김(Service)의 은유

커리큘럼은 그리스도께 충성을 맹세한 사람들이 그리스도를 섬기는 데 유용하게 되도록 만드는 과정이다. 그 과정은 동료 일꾼(servant)들을 준비시키는 것을 감독하고 또 그들이 그렇게 되도록 다양한 수단과 방법 및 상황을 활용하는 경험 있는 일꾼들을 기대한다. 이러한 멘토(mentor) 및 안내자(guide)들은 각 개인의 부르심, 개성(personality), 능력, 은사, 그리고 관심 안에 반영된 하나님의 설계(design)를 인정하며, 하나님의 일을 이루기 위하여 훈련생들이 특별한 역할과 기능을 발전시키도록 하나님의 설계를 염두에 두고 일한다. 훈련생들은 자신들의 삶을 향한 주님의 명령에 순종하는 가운데 함께 배우며 성장하게 되며, 자신들의 소명적 은사들과 능력들을 발전시키는 데 열중하게 된다. 가르침, 훈련, 동료 일꾼들과의 상호작용, 삶의 경험과 많은 실습들이 성품 성장과 섬김의 재능을 키우기 위해 사용된다. 목적은 더욱 주님을 닮아가고 주님을 잘 섬기는 데 있어 성장하는 것이다. 멘토 및 훈련자들은 그들의 훈련생들이 은혜로 더 충만해지고 성숙한 사람들이 되어 하나님의 일에 효과적이 되는 것을 통해 자신들이 하나님의 일꾼들을 발전시키는 과정을 잘 운영하고 있다는 것을 확인하게 된다.

8. 전인적 훈련의 열 가지 원리들

이 은유에는 몇 가지 중요한 개념이 깔려있는데 그것들은 성경적 세계관의 높은 기준에 의하여 검증될 수 있다. 거기에는 적어도 다음과 같은 열 가지 원리가 있다.

① 커리큘럼 과정의 목표는 신자들에게 동기를 부여하고, 그들을 도와서 그리스도를 닮아가도록 하고, 그분을 섬기는 것과 그분의 목적 안에서 영향력을 키워가는 것이다.
② 훈련 프로그램은 삶의 모든 영역에서 건강함과 성장에 기여하는 일관성있고, 의도적이며, 문화적으로 적합한 과정을 포함한다.
③ 훈련 과정은 배우는 사람들의 학습 형태와 명시된 학습 결과의 성취를 만족시키는 광범위하고 다양한 방법들, 수단과 상황들을 이해하고 활용한다.
④ 학습 결과는 삶과 사역의 유능성을 위해 필요한 특정한 기술들, 태도들, 그리고 이해(지식)를 포함한다.
⑤ 훈련자들과 훈련생들은 학습 결과에 대해 상호 책임지는 것을 가정한다.
⑥ 훈련자들은 멘토(mentor)인 동시에 동료 사역자들로서 훈련생들의 성장을 위해 개인적으로 헌신된 사람들이며, 자신들의 경

험, 도덕적 권위 그리고 재능에 기초하여 훈련 과정을 지도한다.
⑦ 하나님은 각 개인을 위한 독특한 설계(소명, 은사, 개성, 지성)를 가지고 계신데, 훈련생들, 훈련자들과 다른 이들은 그것을 인식하고 발전을 도모할 수 있다.
⑧ 학습은 공동체 속에서 일어나며, 동료 훈련생들 상호간의 교류, 학습 상황(환경, 정황, 관계 등) 및 멘토/교사/안내자들의 개념적 가르침에 의존한다.
⑨ 지식은 그 자체가 목적이 아니고, 그것이 순종 및 근면한 실천과 결합될 때 이해, 성숙, 유능성에 이르게 된다.
⑩ 훈련 프로그램과 멘토 및 훈련자들의 기술은 훈련생들이 자신들의 삶과 사역의 모든 영역에 있어 성실한 삶과 성공적인 삶을 사는가에 의해 평가된다.

9. 사역 훈련을 위한 모델

위의 내용은 건전한 성경적 세계관 개념들과 원리들에 기반을 둔 사역 모델을 발전시키기 위한 지원을 제공한다. 훈련의 목표가 효율적인 섬김을 위한 효율적인 사람들을 발전시키는 것이라 한다면 이 목표의 두 가지 측면이 분리되어서는 안 된다. 효율적인 사역은 효율적인 삶으로부터 흘러나온다. 사람의 성품, 이해, 기술의 발전에 균형 있는 강조를 두고자 시도하는 훈련이 사역을 위한 "전인적" 훈련이다.

훈련의 목적은 하나님을 향한 섬김에 있어 성장하는 것이다. 성장은 인간 존재 본연의 타고난 특성이다. 하나님은 그들이 성장하도록 설계하셨다. 그러나 훈련 프로그램들이 성장을 유발시킬 수는 없다. 그것들은 단지 성장을 위한 환경과 조건을 제공할 뿐이다. 성장은 일차적으로 각각의 성인 자신에게 책임이 있다. 비록 훈련자들이 훈련생들로 하여금 그들의 책임을 인식시키고, 학습을 지도하며, 성장을 위한 조건을 제공한다고 할지라도 성장하게 하시는 분은 하나님이시다.

비록 간접적으로 필요를 느낀다 할지라도 모든 사람은 어느 정도 수준까지 성장하도록 자극을 받는다. 예를 들면, 생물학적으로 한 아이는 "성장하고 싶다"고 느끼지 않을지 모르지만 배고픔이 그 아이로 하여금 먹도록 만들어 자연스런 성장이 일어나도록 한다. 이런 경우에, 배고픔은 성장을 위한 조건 중의 하나를 성취하도록 하는 행동을 자극한다. 감정적, 영적 성장 역시 인간에게 타고난 것이지만 성장이 언제나 자동적으로 일어나지는 않는다(사실, 영적 성장은 영적 출생 없이 불가능하다). 감정적, 영적 배고픔은 사람으로 하여금 그의 존재의 이러한 부분들을 채우도록 자극한다. 어떤 일을 잘하고자 하는 욕망과 같은 다른 종류의 자극제들이 있다. 단지 이해하는 것이 아니라, 훈련과 실습이 많은 영역들의 성장에 있어 필수적이다. 이 모든 영역들에 있어 훈련자들(부모들, 권위가 있는 사람들, 선생들, 코치들 등)과 개인들 사이에는 성장에 대한 공동의 책임이 있다.

인간 성장은 정보와 행동, 그리고 그것이 발생하는 상황 사이의 복잡한 교류를 통해 일어난다. 가속화된 성장은 적절한 정보가 올바른 때 성장을 위한 좋은 환경(온실 효과) 속에서 의미 있는 방법으로 적용될 때 일어난다. 전인적 훈련 프로그램은 이것을 균형 있는 방식으로 성취하려고 시도한다.

훈련은 일종의 과학이다. 훈련을 위해 적절한 정보가 분량과 순서를 고려하여 계획된 시간에 주어지고, 적합한 학습 기교와 방법을 사용하여 가능한 한 최상의 학습 환경에서 이루어져야 한다. 한편, 훈련은 모든 학습이 미리 계획될 수 없다는 것과 모든 학생들이 동일하지 않다는 것을 이해하는 일종의 예술이다. 좋은 훈련은 현장 경험이 있는 숙련된 훈련자들을 필요로 한다.

전인적 훈련의 골격이 되는 사역을 위한 원리들이 채택되었을 때, 그것들은 거의 모든 훈련 과정에 어느 정도 적용될 수 있다. 훈련은 전인을 다루어야 하는데 비록 그것이 특정한 기술을 발전시키는 것을 목표로 하는 것과 같은 분할된 훈련을 할 때라도 그렇다. 어떤 특정 기술 분야에 숙련된 개인이라 할지라도 그의 역할을 수행함에 있어 미숙한 성품을 가졌다든지 또는 경건한 삶을 살지 않는 사람이라면 단지 하나님의 목적에 장애를 가져올 것이며 사역 훈련의 목적을 망가뜨리게 될 것이다. 경건한 사람이지만 대인 관계, 의사소통, 적응 및 상황화의 능력과 같은 도덕적으로 "중립적"인 영역들에 있어 서투른 사람 또한 하나님을 유용하게 섬기는 데 있어 성공적이지 못할 것이다. 전인적 훈련은 개인적 경건, 성품적 성숙, 그리고 하나님을 잘 섬기는 데 필요한 기술이라는 세 가지 요소 모두를 주시한다. 일꾼들은 하나님을 섬기는 데 있어서 "거룩하고"도 "기쁘시게" 할 수 있어야 한다(롬12:1).

전인적 선교 훈련은 한 사람의 다양한 측면들을 연결시키는 방법으로 시행된다. 이것은 단순히 정보 전달이나 지적인 발전과 같은 것-그것들이 매우 귀중한 것들이기는 하지만-을 통해서가 아니라 오로지 역동적인 공동체를 통해서만 성취될 수 있다. 예수님은 배움의 공동체, 즉 제자단을 형성하여 그들의 태도를 변화시키기 위해 대화와 경험과 성찰의 방법을 활용하셨다. 예수님은 "배울 수 있는 순간들"을 능숙하게 사용하셨다. 그는 어떻게 사역하는가를 그들에게 보여주셨는데, 먼저는 그들이 개발하기를 원하는 기술들을 보여주시고 그 다음에는 그것들을 실습해보도록 내보내셨다. 그는 제자들로 하여금 자신들의 경험을 성찰하고 디브리핑(debriefing)하도록 함으로 평가해볼 수 있게 도우셨다. 그는 제자가 스승보다 클 수 없다는 사실을 아셨기에 전체 삶과 사역을 통해 모델을 보여주심으로 그의 제자들이 그가 가르치신 것들을 실행하기를 기대하셨다.

이러한 모델은 우리 훈련자들과 훈련 프로그램들에 너무 많은 것들을 요구하는 것인가? 아마 그럴지도 모른다. 삶은 현실적이 되어야 한다는 미명 아래 양보해버린 많은 것들로 이루어져있는 것처럼 보인다. 그러나 사역 훈련이 성경적 세계관에 확고하게 기초하지 않는다면, 그것은 목표했던 바를 이루는 데 실패할 것이다. 전인적 선교 훈련의 열 가지 원리들은 기독교 세계관으로부터 나온 것들이다. 그것들을 사용하는 것은 훈련자들로 하여금 자신들의 훈련 프로그램들을 변화시키거나 그것들에 전인격을 훈련시키는 측면들을 통합시키는 기회를 제공함으로 주님을 섬기는 일에 진심으로 드려질 일꾼들을 배출하게 될 것이다.

10. 결론

교육에 대한 세속적 접근방법을 검토해보면 그것들이 하나님을 고려하지 않고 있다는 것이 드러난다. 이러한 세속적 모델에 기반을 둔 사역 훈련들이 효과적인 사역을 위해 효율적으로 사람들을 발전시키지 못하고 있다는 것을 빈번히 발견하게 된다는 것은 전혀 놀랄 만한 일이 아니다. 건전한 사역 훈련 프로그램은 견고한 성경적 기초를 필요로 한다. 훈련을 발전시키기 위한 안내자로 가장 적합한 은유는 섬김의 은유이다. 섬김은 어떠한 역할이나 사역들 안에서도 나타나는 것이지만, 그것이 바로 훈련생, 훈련자, 그리고 훈련 설계를 위한 기본적 틀이다. 섬김의 은유로부터 훈련 개발을 지도하기 위한 원리들이 나올 수 있다. 이 섬김의 은유와 원리들을 채택하는 것은 훈련자들로 하여금 하나님께 영광 돌리는 예배적인 사역을 하는 경건한 성품과 유능성을 가진 사람들을 배출하도록 도울 것이다.

2장_ 실천하기
당신의 기관이 무엇에 헌신하고 있는지를 점검하라!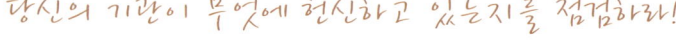

1. 만일 당신이 이 과정을 당신의 사역 팀과 함께 조직적으로 참여하고 있다면 당신의 기관의 사명과 가치가 표현되어 있는 문서들을 주의 깊게 검토하라. 이러한 문서들은 당신이 속한 기관의 목적을 명백하게 진술하고 있는 것들로서 왜 우리 기관이 존재하며, 무엇에 헌신하고 있는지가 나타나 있어야 한다. 그 후에 다음의 것들을 살펴보라.

   * 당신 기관의 훈련 프로그램을 당신 기관이 자원들을 어떻게 투자하고 있는지에 비추어 평가해보라. 어디에 우리 기관의 자원 대부분이 사용되고 있는가? 프로그램의 가치와 사명 선언문에 일치하게 프로그램의 우선순위들이 짜여있고 경비지출이 이루어지고 있는가?

   * 기관으로서 당신들의 목적이 실제적으로 달성되고 있다는 것을 어떻게 아는가? 어떻게 당신들은 "성공"을 측정하는가? 그것이 당신들의 훈련생들의 성품적인 면과 사역적인 면에서의 성공과 연관되어 있는가?

   * 당신들의 훈련 프로그램은 각 훈련생들의 소명, 은사, 능력과 관심에 따른 독특성을 허용할 만큼 충분히 융통성이 있는가? 당신들은 훈련생들이 자신들과 서로를 더 잘 이해할 수 있도록 돕기 위해 각종 검사들(심리검사/의사소통 형태/T-JTA 검사등)을 활용하며, 변화와 성장을 점검할 수 있는 진단 목록들(inventories)을 가지고 있는가?

* 당신 기관의 훈련자들은 성품적 자질들에 모범이 되며 훈련생들이 기대하는 기술들을 가지고 있는가?

* 당신들의 훈련 프로그램들은 훈련생들의 개인적 갈등과 성품 성장 이슈들을 주의 깊게 관찰하고 있는가?

2. 동료 학생들과 혹은 사역 팀 멤버들과 함께 묘사된 전인적 훈련의 열 가지 원리들을 검토하라. 당신들은 각 원리들을 이해하는가? 그것들에 동의하는가? 어떻게 그것들이 당신의 사역 훈련 상황 속에서 구체화될 수 있을 것인가?

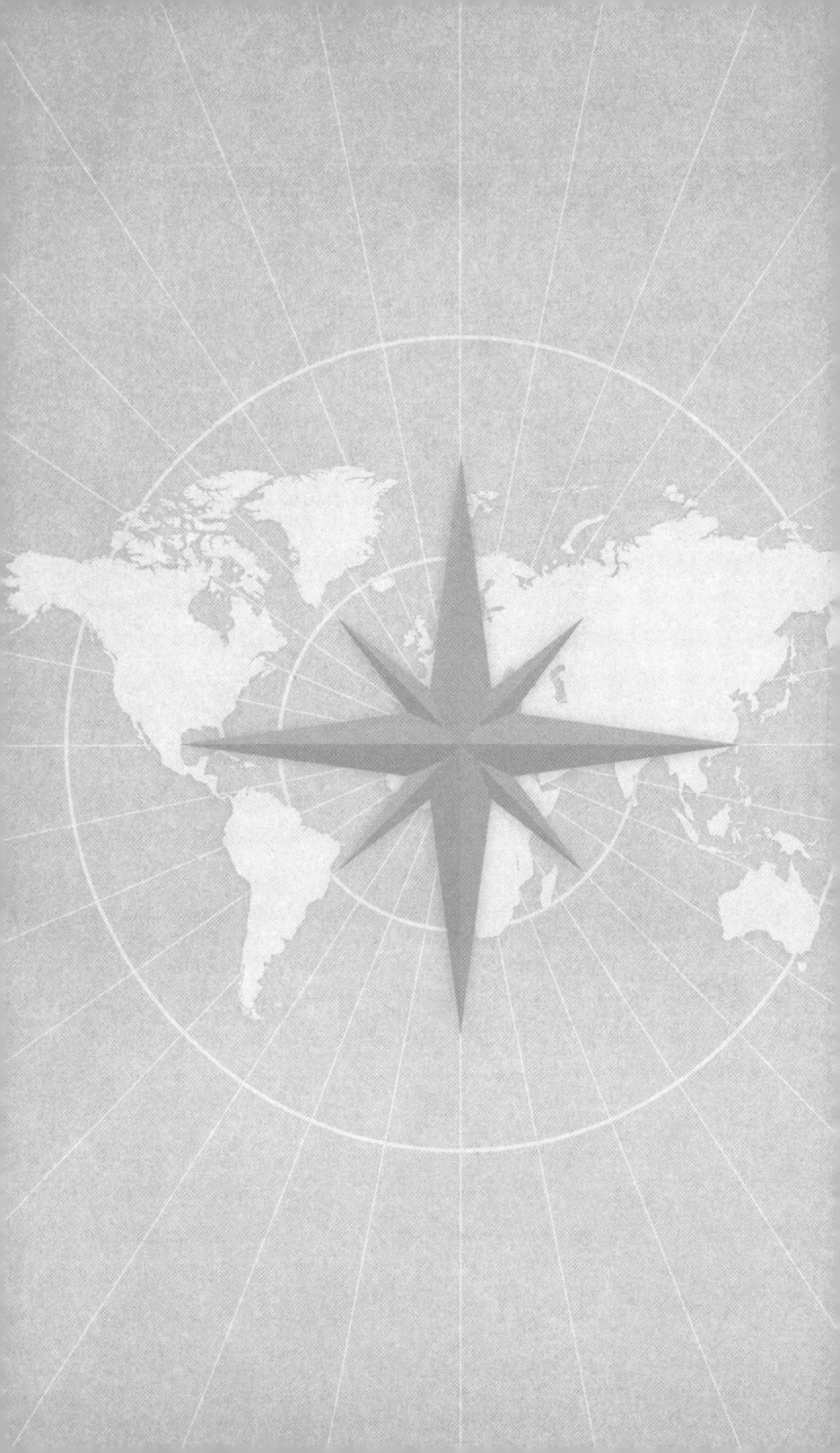

3장 _ 전인적 선교 훈련의 이해

로버트 브링좁슨(Robert Brynjolfson)

넓은 강에 놓인 오래된 다리는 늘어나는 교통량을 감당할 수 없게 되지만, 그렇다고 해서 새롭게 다리의 폭을 넓히는 것은 엄청난 경비가 들어가기 때문에 시도하기가 어렵다. 차선을 추가하는 방법이 가장 현명한 해결책으로 보인다. 하지만, 기존의 다리에 차선 하나를 추가하기 위해서는 다리의 설계를 완전히 바꾸고 모든 아치(arch)와 기둥, 그리고 대들보들을 강화시키는 것이 필요하다. 하나의 추가적 차선을 갖도록 하기 위해서 다리 전체가 바뀌어야 한다. 여기서 말하고자 하는 바는 다음과 같은 것인데 즉, 전체 다리에 추가되는 스트레스와 하중에 대한 고려 없이 단순히 차선을 추가한다는 것은 위험하다는 것이다.

기독교 사역자들, 특히 선교사들이 문화들 사이에 다리를 놓는 자신들의 역할을 발견하고 "교차문화적"(cross-cultural)¹ 요소를 자신

---

1 "cross-cultural"은 보통 "타문화(적)"라고 번역되고 있다(역주).

들의 직무 기술서(job description)에 추가하게 될 때, 전인격을 다루는 훈련을 추구하는 것이 중요하다. 교차문화적 이슈들을 사역에 추가한다는 것은 새로운 환경에 가기 전에 배워야 할 단지 또 하나의 지식의 차원을 요구하는 것이 아니다. 교차문화적 이슈들은 성품 및 기술을 실행하는 능력 및 지식을 해석하고 전달하는 것을 포함하여 선교사의 삶의 많은 영역에 스트레스를 부과한다. 그러므로 전인격을 다루지 않고 따로 사역 훈련만을 하는 것은 선교사 개인과 그 선교 사역 자체에 불필요한 위험을 초래하게 만들 것이다.

전인격을 훈련하는 것(whole person training), 혹은 전인적 훈련은 사람 전체의 필요를 다루는 것을 훈련한다. 그것은 그는 누구인가, 그는 무엇을 할 수 있어야 하는가, 그리고 그는 효과적인 인간관계와 기술 개발을 위해 무엇을 알아야 하는가에 초점을 맞추는 훈련이다. 어려운 도전이 많은 훈련 방식이지만 그것은 직업적 기독교 사역자들뿐만 아니라 기독교 사역자들의 성공에 중요한 관심을 가진 훈련 관계자들(stakeholders), 즉 이러한 사역자들의 봉사로부터 유익을 얻는 교회들과 선교기관들 및 그들의 사역을 위해 후원하는 사람들이 갈망하는 유익한 결과를 거두도록 한다.

1. 전인적 선교 훈련의 영향력

전인적 선교 훈련이 올바른 접근 방식이라는 것을 직관적으로 아는 것과 별개로, 거기에는 왜 선교 기관들과 파송 교회들이 자신들의 선교사 후보생들과 관련하여 총체적(holistic) 훈련을 요구해야 하는지에 대한 아주 실질적인 이유들이 있다. 비록 선교사가 타문화의 변화된 상황에서 겪는 스트레스의 성격은 다른 형태의 교회 사역자들에게 미치는 것과는 다르겠지만, 선교사가 성공하도록 만드는 훈련에 대한 연구는 모든 사역 훈련의 영역에 통찰력을 줄 수 있다.

전인적 훈련이 선교사들에게 오래 견딤과 효율성이라는 추가적 유익을 가져다준다는 강력한 증거가 있다. 예를 들면, 『잃어버리기에는 너무나 소중한 사람들』(*Too Valuable to Lose*)[2]에 발표된 "선교사 탈락 방지 프로젝트(Reducing Missionary Attrition Project, ReMAP I)는 총체적 원리들을 내포하고 있는 선교 훈련이 직업적인 선교사(career missionary)[3]들로 하여금 탈락(선교사들이 현지를 조기에 떠나는 것을 의미)하는 것을 방지하는 데 기여하는 세 가지 요인들 중 하나로 지목하고 있다.

ReMAP II 프로젝트는 직업적인 선교사들이 현지에 남아있기를 선택하는 이유에 초점을 맞추고 있다. 데틀레프 블뢰허(Detlef Bloecher)는 파송 전 훈련과 선교사 사역 기간 사이의 상관관계를 보여주기 위해 선교 훈련과 관련지어 현지에 선교사들이 남아있는 이유들에 대한 분석을 위해 표본조사를 하였다.[4] 이 연구는 선교사들의 체류 기간이 괄목할 만큼 늘어나는 것이 선교 훈련 기간과 대체적으로 관련되어 있다는 것을 보여주었다.

---

2 William D. Taylor, ed., *Too Valuable to Lose*, (Pasadena: William Carey Library, 1997). 『잃어버리기에는 너무나 소중한 사람들』, 백인숙, 김동화, 정민영, 이현모, 변진석 옮김, (죠이선교회 출판부, 1998).

3 직업적인 선교사란 선교 사역을 자신의 직업으로 삼는 선교사로서 단기간에 어떤 선교 사역에 참여하는 선교사와 구분되는 장기 선교사를 의미한다. 전통적인 목회자 선교사 외에 각양 전문 직종을 가진 선교사들을 지칭하는 전문인 선교사(professional missionary)라는 용어와 혼동해서는 안 된다(역주).

4 Detlef Bloecher, "Missionary Training Makes Missionaries Resilient-Lessons from ReMAP II", (http://www.wearesources.org. ReMAP I & II Articles and Files, cited 18 December, 2003), 4-5.

어떻게 전인적 선교 훈련이 선교사들이 현지에 머물도록 하는 데 기여하는가? 어떻게 전인적 훈련의 부족이 선교사들이 현지를 조기에 떠나도록 만드는 역할을 하는가? 먼저, 우리는 선교사들이 현지로부터 조기에 되돌아오도록 만드는 요소들을 이해해야 할 필요가 있다. 탈락에 관한 첫 번 연구(ReMAP I)에서 "부적절한 훈련"은 선교사역을 포기하도록 만드는 26가지 이유들 중 하나로 기록되었다. 기존 파송국가들 사이에서 이 이유는 순위가 20위였으나, 신생 파송국가들 중에서는 9위였다.[5] 그것은 신생 파송 국가들에게 적절한 훈련의 필요가 더 크다는 것을 보여준다. 하지만 빌 테일러(Bill Taylor)는 더 자세히 검토한 결과 다른 결론에 도달하였다.

아마도 훈련의 문제를 더욱 명확하게 알기 위해서는 기존 파송국가들의 경우에 있어서 "방지 가능한" 문제들 중 가장 중요한 5가지를 살펴보면 도움이 될 것이다. 이러한 5가지 문제는 대체로 성품(character)과 관계(relationship)에 관련된 이슈들이다. 그렇다면 우리는 다음과 같은 질문을 제기할 수 있다. "우리의 공식, 비공식 훈련은 이런 두 가지 성격과 관계라는 중대한 차원에 있어서 선교사들을 제대로 준비시키기 위해 어떻게 하고 있는가?"[6]

이 중대한 두 가지 차원(성품과 관계)은 쉽게 가르칠 수 없다. 성품 및 태도 특성의 형성은 공식 교육을 하는 교실의 상황 속에서는 성취하기 어려운 과제이다. 전인적 선교 훈련은 전인격의 필요를 다루는 것을 추구하기 때문에 이러한 "중대한 차원들"을 개발시키려고

---

[5] Peter Brierley, "The ReMAP Research Report," *Too Valuable to Lose*, William Taylor, ed., (Pasadena: William Carey Library, 1997), 92.

[6] William Taylor, "Examining an Iceberg Called Attrition," *Too Valuable to Lose*, William D. Taylor, ed.,(Pasadena: William Carey Library, 1997), 13.

시도한다. 이런 분위기는 선교 훈련자들 사이에서 일반적으로 공감을 얻고 있는 것으로 보인다. 2003년 캐나다에서 열렸던 국제 선교 훈련 네트워크 모임에서 전 세계로부터 온 훈련자들은 성품 개발의 필요를 다루기 위해 개선된 방법들을 찾는 데 공통된 관심을 표현하였다.

1) 인내를 위한 훈련

선교사 탈락의 어두운 측면은 선교 사업의 엄청난 경비와 관련된 것이다. 다국적 기업들은 성공적이지 못한 중간 계층 인력들이 해외 업무로부터 조기에 귀국하는 데 따르는 재정적 손실이 개인당 수십만 달러에 이르는 것으로 계산하고 있다. 이것은 훈련, 준비, 해외로 이동, 정착, 그리고 후에 전근하고 새로운 대체 인력을 다시 훈련시키는 것과 관련한 경비들을 고려한 것이다. 우리는 선교사들의 월급과 비교해볼 때 선교 사업의 비용이 회사처럼 그렇게 높지는 않을 것으로 보지만, 만일 그 절반 수준이라고 가정하더라도 선교사 탈락이 가져오는 손실은 매년 수백만 달러에 이를 것이다.

우리는 더 중요한 인력 손실에 큰 관심을 기울이게 되는데, 그것은 빌 테일러가 표현했듯이 우리를 "망연자실하게 만드는 계산 불가능한"[7] 손실이다. 방지 가능한 탈락의 문제는 그 충격을 더 크게 만든다. 탈락한 개인은 고통을 받게 되고 어쩌면 실패로 인한 낙담으로부터 결코 회복하지 못할 수도 있다. 많은 일화들이 제공하는 증거들은 돌아온 선교사들이 자신들의 삶을 재정비하여 모국에서 효율적인 사역자가 되는 것이 어렵다는 것을 뒷받침하고 있다. 교회들

---

[7] Taylor, *Too Valuable to Lose*, 14.

도 심각한 탈락 문제의 희생자가 되는데, 실패한 선교사들을 위해 상담하고 재정을 투자하여야 하기 때문이다. 최악의 충격은 유감스럽게도 주변의 다른 사람들과 모교회로 하여금 선교의 비전을 상실하게 만드는 것이다. 한 대형 교회의 선교 목사는 최근 현지로부터 조기에 돌아온 세 가정으로 인해 장기 선교사들을 파송하는 것을 꺼려하게 되었고 단기 선교에만 관심을 보이고 있다. 그는 선교사들에게 필요한 파송 전 훈련에 대해 의문을 갖고 개선 노력을 하기보다 아예 기권해버린 것이다.

2) 효율성을 위한 훈련

전인적 선교 훈련의 중요성을 고려할 때, 탈락과 체류는 방정식의 일부분이다. 전인적 선교 훈련은 비효율적인 사역자들의 체류기간을 증가시키고자 하는 것이 전혀 아니다. 전인적 선교 훈련은 현지에서의 성공을 위해 필수적인 기술과 성격 특성을 갖추도록 함으로 타문화 사역자들의 효율성을 증진시키는 것을 추구한다. 현장에서 효율성을 보이는 것은 어려운 과업이다. 어떻게 효율성을 정의해야 할 것인가? 또한 오래 체류하는 것 자체는 목적이 아니다. 함께 동역하기 가장 어려운 사람들 중 어떤 이들은 현지에서 다른 모든 동료들보다 더 오래 머물고 있는 사람들이다. 그들의 장기 체류는 다른 사람들의 탈락에 기여한다. 더 나아가 장기 체류가 적합한 적응이나 성공적인 언어 습득을 나타내는 것도 아니다. 효율성은 문화적 적응, 언어 습득, 대인 관계와 의사소통 기술, 갈등 해결, 그리고 새로운 문화적 환경 속에서의 은사와 사역 기술을 활용하는 것을 포함해야 한다.

2. 전인적 선교 훈련은 전인격을 다룬다

전인적 선교 훈련은 그는 누구인가, 그는 무엇을 할 수 있어야 하는가, 그리고 효과적인 인간관계 및 기술 개발을 위해 무엇을 알아야 하는가에 초점을 맞추는 것이라고 정의할 수 있다. 몸과 혼과 영의 중요성은 전인적 선교 훈련에 있어 매우 강조된다. 전인적 선교 훈련은 다양한 상황들과 방법론들을 사용하는 가운데 효율적인 해외 사역을 위해 필요하다고 간주되는 이해, 기술 그리고 특성 및 자질을 발전시키기 위해 의도적인 학습적 개입을 제공한다.

2003년 캐나다에서 열린 국제 선교 훈련 네트워크 회의는 세계적으로 이루어지고 있는 선교 훈련의 핵심 가치들과 현행의 필요들에 대해 토론하였다. 성품 개발의 분야가 성공적인 선교 훈련의 가장 중요한 측면으로 계속 부각되었다. 전인적 선교 훈련은 타문화 기술과 지식의 발전과 더불어 이 특별한 분야의 중요성을 인식하고 있다. 총체적 훈련은 훈련생의 삶 모든 분야에 있어 성장을 이루는 것을 목표로 하는데, 더불어 선교사들로 하여금 효율적인 현장 사역을 하지 못하도록 방해한다고 알려진 이슈들에 대해서도 특별한 관심을 기울이고 있다.

전인적 선교 훈련을 개발하는 데는 일련의 과정이 있다. 첫째, 훈련된 선교사나 사역자는 어떤 모습이어야 하는가를 결정하는 것에 의해 무엇을 훈련해야 할지가 정해진다. 즉 효율적인 선교사는 어떤 사람이며, 무엇을 해야 하고, 알아야 하는가? 그것은 시작부터 결과를 염두에 두며, 파송 교회, 선교 단체와 사역 현지 그리고 가능하다면 현지 교회를 포함한 당사자들의 합의 과정을 통하여 개발된다. 훈련 목적들의 목록은 훈련자들이 **최종 결과 프로파일**(outcomes profile)이라고 부르는 것이 된다. 이것은 이상적인 선교사의 단면을 보여주는 진단표(inventory)로써 훈련생들의 발전을 다양한 단계로 표시할 수 있도록 만든 것이다. 모든 학습 목표와 학습 활동들은 이 프로파일로부터 만들어지게 될 것이다. 어떤 특정한 학습 목표 혹은 활동은 그것이 성취하기를 의도하는 결과가 무엇인지를 지목할 수 있게 될 것이다. 원래 원했던 최종 결과에 비추어 훈련을 측정하기 위한 평가에 대한 계획된 프로그램이 전인적 선교 훈련 과정을 완성하고 다듬어 준다.

종종 최종 결과들은 역량들이라고 언급된다. 훈련자들은 훈련생들의 **기술 역량들**(skill competencies)을 확인함으로 기술 발전을 측정할 것이다. 그러나 전인적 선교 훈련은 필요한 모든 영역에서의 성장 산출을 추구한다. 선교사들은 타문화 역량들을 개발해야 하지만 **성품**(character)과 **태도**(attitude)면에서도 또한 성장할 필요가 있다.

3. 전인적 선교 훈련은 기술과 성품 형성을 강조한다

최종 결과에 기반을 둔 훈련 프로그램들은 선교사가 유능해지는 데 필요한 성품 및 태도 특성들, 기술들과 요구되는 지식을 규명한다. 이렇게 강조되는 세 영역은 훈련의 삼각추(training triad)라 불리고 종종 은유적으로는 마음, 손, 머리로 묘사된다.

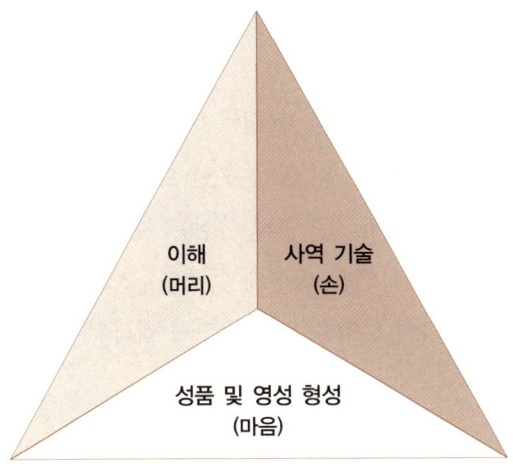

그림 3.1. 훈련의 세 가지 영역

어떻게 선교사를 총체적으로 훈련시킬 수 있는가 하는 질문은 이 세 가지 각 영역들을 다루기 위해 얼마나 헌신하는가에 달려있다. 전통적 교육 모델들에서는 지식 습득이나 이해가 강조되었다. "교육"이라는 단어는 딱딱한 의자들, 교사의 뒤죽박죽된 책상 뒤로 보이는 검거나 하얀 칠판, 겉표지에 먼지가 덮인 산더미 같이 쌓인 책들과 같은 이미지들을 연상시키고 보통의 교육 방법은 이러한 장소나 물건들과 연관되어 있다. 실제로 우리의 학문적 학습 센터들은 지식의 습득이나 이해와 같은 어떤 결과들을 생산해 내고, 비판적 분석과 연구의 기술 발전을 도모하는 것을 가속화시킨다. 전인적 선교 훈련은 학문적 노력을 반대하지 않으며 다만 지적 훈련에 대한 지나친 의존을 교정하려고 시도한다.

1) 성품 성장(Character Growth)

전인적 선교 훈련은 머리를 무시하지 않지만 마음과 손의 중요성을 인식하면서 의도적으로 더 많은 훈련 자원을 필요한 기술과 성품 성장에 할당한다. 성경적 지도력의 본질은 사역을 위한 자질로서 언제나 성품의 중요성과 영성 형성에 독특한 강조를 두고 있다. 신약성경에 나타난 교회의 사역을 위한 장로와 집사의 특성을 보라.

지도자의 자질들(장로와 집사)
(딤전 3:1-15; 딛 1:5-9)

1. 비난 받을 것이 없음(딤전 3:2; 딛 1:6)
2. 한 아내의 남편(딤전 3:2; 딛 1:6)
3. 절제함(딤전 3:2)
4. 신중함(딤전 3:2; 딛 1:8)
5. 나그네 대접(딛 1:8; 딤전 3:2)
6. 가르치기를 잘함(딤전 3:2)
7. 술을 즐기지 않음(딤전 3:3; 딛 1:7)
8. 폭력적이지 않고 관용함(딤전 3:3)
9. 다투지 않음(딤전 3:3)
10. 돈을 사랑하지 않음(딤전 3:3)
11. 자기 가정을 잘 다스려 자녀들의 순종과 존경을 받음
    (딤전 3:4; 딛 1:6)
12. 최근 입교한 자가 아님(딤전 3:6)
13. 교회 밖에 있는 사람들로부터 좋은 평판을 가짐(딤전 3:7)
14. 존경받을 만함(딤전 3:8)
15. 진실함(딤전 3:8)
16. 정직하지 않은 이윤을 추구하지 않음(딤전 3:8; 딛 1:7)

17. 믿는 자녀들을 둠(딛 1:6)
18. 미쁜 말씀의 가르침을 그대로 지킴(딛 1:9)
19. 바른 교훈으로 다른 이들을 격려하기에 능함(딛 1:9)
20. 바른 교훈을 거스르는 자들을 책망할 수 있음(딛 1:9)
21. 제 고집대로 하지 않음(딛 1:7)
22. 급히 분내지 않음(딛 1:7)
23. 선행을 좋아함(딛 1:8)
24. 올바름(딛 1:8)
25. 훈련됨(딛 1:8)

위의 목록에서 성품적 자질이나 태도와 관련 없는 네 가지 특성이 있는데 그것들은 사역 기술과 관련된 것들이다. 이러한 기술들은 발전시킬 수 있으며 그 사람이 누구인가가 아니라 그 사람이 무엇을 할 수 있는가를 묘사하고 있다. 우리는 이 목록에서 사도 바울이 언급한 네 가지 사역 기술들을 추출할 수 있다.

① 가르치기를 잘함(딤전 3:2)
② 자기 가정을 잘 다스림(딤전 3:4; 딛 1:6)
③ 바른 교훈으로 다른 이들을 격려하기에 능함(딛 1:9)
④ 바른 교훈을 거스르는 자들을 책망할 수 있음(딛 1:9)

성경적 지도력은 단순히 성경이나 신학을 이해하는 것이 아니라, 성품 형성과 영적 자질 및 사역 기술의 개발에 전폭적으로 헌신하는 것에 기반을 두고 있다. 만일 성경적 지도력이 성품의 형성과 영적 자질들에 기반을 두고 있다고 한다면 자기 자신의 문화권에서 지도력을 발휘하는 것보다 훨씬 더 도전이 많은 사역을 해야 할 선교사들에게는 그것이 얼마나 더 필요하겠는가? 선교 훈련의 필요들을 객관화시킨 선교사 프로파일은 효과적인 사역을 위한 성품 형성의 절대적 중요성을 반복적으로 인식시키고 있다.

이렇게 절대적으로 필요한 영역들을 훈련의 목표 속에서 채울 수 있는 유일한 길은 좋은 의도를 가지고 있지만 훈련 최종 결과에 덜 절실한 다른 것들을 희생시키는 것이다. 선교사로서 삶을 시작할 때 그 사람이 앞으로 계속적으로 성장하고 발전하는 것을 촉진시킬 수 있는 영적 성숙과 좋은 성품적 자질 및 태도가 무엇보다 중요하다. 좋은 그리스도인 성품, 겸손과 배우려는 태도는 선교사로서 삶을 시작하려는 사람에게 있어 세련된 신학적 입장과 철학적 이해보다도 더욱 절실히 요구되는 것이다.

2) 기술 개발(Skills Development)

마찬가지로 새로운 선교사는 다른 문화에 적응하고 언어를 습득하기 위한 기술들을 절실히 필요로 한다. 해외 사역자들에게는 빠른 적응과 장기적 효율성을 위해 기술적 도구들이 매우 중요하다. 이것들 또한 학문적, 전문적 학위들보다 더욱 절실히 요구되는 것들이다.

3) 지식과 이해(Knowledge and Understanding)

지식은 사역 기술 습득이나 성품 성장을 돕는 도구적 역할을 한다. 기술을 습득하기 위해서도 그렇고 심지어 다른 스물한 가지의 성품 및 영적 자질들을 성장시키기 위해서도 사람은 이해의 수준을 발전시킬 필요가 있다. 이해가 없이는 가르칠 수 없으며, "바른 교훈으로 다른 이들을 격려"(딛 1:9)할 수도 없을 것이다. 지도자 개발과 관련하여 이것이 함축하는 바는 적절한 이해는 매우 중요하다는 것이다. 이론적 이해가 선행되면 기술의 실습을 향상시킨다. 마찬가지로, 한 훈련생이 바람직한 특성과 태도를 모델로 본받기 시작하려면 의식의 깨어남과 그에 뒤따르는 이해가 요구된다. 겸손이라는 성품적 자질이나 배우려는 태도는 가르침을 받아야 하며, 그 후 모델을 보여주고 실습이 되어야 비로소 깨우치게 된다.

4. 교육의 세 가지 영역

교육의 세 가지 구별되는 접근방식 혹은 영역들은 공식(formal) 교육, 현장(nonformal) 교육, 일상(informal) 교육이다. 비록 우리가 공식적 교육을 그 구조들과 학교의 학년 시스템, 교실, 교사진, 커리큘럼, 그리고 학습 자료들과 같은 친숙한 아이콘들로 인해 쉽사리 인식하지만, 공식적 교육에는 다른 특성들도 있다는 것을 주목하는 것이 중요하다. 예를 들면, 공시적 교육은 수직적이거나 계층적이고, 그것은 문화적 가치와 전통들을 강화시킴으로 사회에 유익을 준다. 공식적 교육은 의도적이며, 교사들에 의해 주도되고, 재정공급과 측정(일반적으로 학위를 주는)이 있는 학습이라고 통상 정의된다.

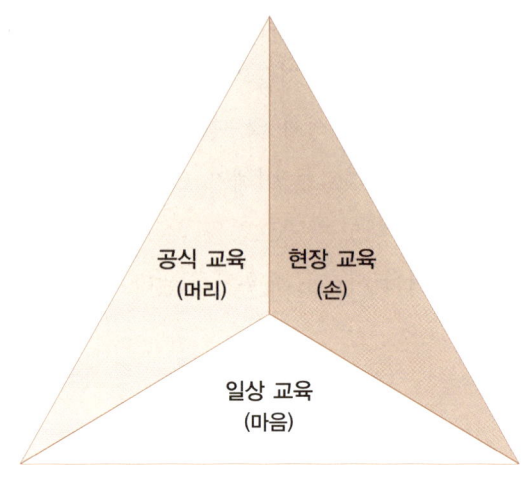

그림 3.2. 교육의 세 가지 차원

현장 교육은 구조에 덜 의존하는 경향이 있고, 이 영역에서 학습의 진전은 시험으로 측정되는 지식에 반하여 주로 유능성에 의해 규정된다. 이것 역시 의도적이며, 교사에 의해 주도되고, 재정 공급과 측정(통상적으로 수료증을 주는)이 있다. 작업현장에서 일어나는 직업적 개발의 대부분은 현장 교육에 해당한다. 이와 같은 종류의 교육은 가치나 전통들을 강화시키는 데 똑같은 능력을 보이지 않는다. 그것은 본질상 더욱 융통성이 있고 접근이 수월하다.

일상 교육은 학습이 일어나는 곳 어디에서든 이루어진다. 비록 우리가 그것을 종종 인식하지 못할지라도, 일상 교육이야말로 우리의 평생에 걸친 학습의 대부분을 책임지고 있는 방법이다. 일상 교육은 때로는 사회화(socialization)라고도 불리는데, 우리의 가족이나 친구들은 우리 생애에 가장 큰 영향을 준 스승들이다. 우리의 모국어(first language)는 이와 같은 학습을 통해 습득되었다. 우리는 일상 교육을 통해 우리 모국 문화로 양육을 받는다. 식탁에서 배운 예절들은 일상 교육을 통해 학습된다. 정의를 내리자면, 그것은 교사, 계획, 재정 혹은 의도적인 것이 없는 가운데 이루어지는 것이다. 본질상 그것은 자발적으로 일어나는 것이다. 그렇지만 다른 어떤 교육 방법도 일상 교육만큼 삶을 변화시키는 영향을 발휘하지 못한다. 그것은 문화적 가치나 전통들을 강화시키는 면에 있어서 다른 방식들을 능가한다.

전인적 선교 훈련은 이 세 가지 영역 모두를 사용하게 될 것이다. 공식적 교육은 원하는 최종 결과를 획득하기 위해 필요한 이론적 지식을 발전시키는 데 사용된다. 흔히 있는 수업과 강의는 독서 및 연구하는 시간과 더불어 전인적 선교 훈련 프로그램의 일부가 될 것이다. 현장에서 배우는(learn-on-the-job) 접근 방식인 현장 교육은 타문화 및 인간관계 기술들을 발전시키고 다듬는 데 필요하다. 이것들은 의도적이며, 계획된 학습 경험들로서 생산적인 기술들을 습득하거나 해외 생활과 사역에 있어서의 역량을 강화시키는 것들이다. 일상 교육 또한 전인적 선교 훈련 프로그램에 반드시 일부가 되어야 하는데 이유는 그것이 성품과 태도에 관련된 사항들을 다루는 데 있어 가장 큰 잠재력을 가지고 있기 때문이다. 문제는 이렇게 이것들을 성취할 것인가 하는 것이다.

총체적 훈련은 이 세 가지 교육의 모든 영역들에 강조점을 두는 한편, 학습이 일어나는 상황의 중요성을 인식한다. 그림 3.3.은 학습이 발생하는 세 가지 공통적 상황들을 보여준 것이다. 학교는 이것들 중 가장 잘 알려진 것이며 선교 훈련 프로그램들이 시작될 때 비중 있게 의존하는 것이다. 점차적으로 선교 훈련자들은 지식의 전달이나 이해를 증진시키는 것과 관련된 최종 결과를 얻는 데는 교실이라는 상황이 다른 모든 것을 능가한다는 것을 발견하였다. 그러나 이 상황은 성품적 특성들과 기술들을 발전시키는 데는 그다지 만족스럽지 못하다.

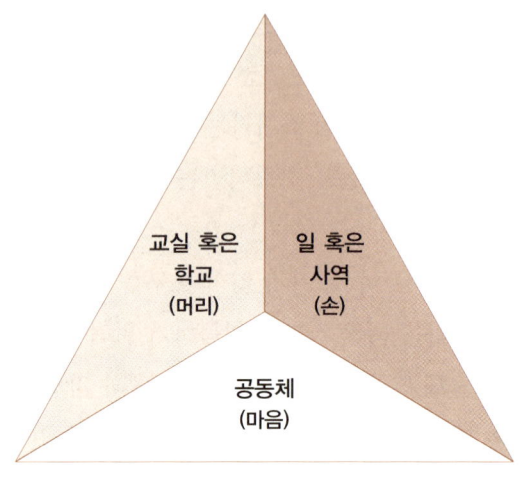

그림 3.3. 훈련의 세 가지 상황

선교 훈련을 위한 다른 상황들이 선교 훈련의 공식에 추가될 필요가 있다. 필요한 기술의 개발을 위해서는 일하는 환경이 아주 적합하다. 외과 의사들은 수술실에서 수술 기술들을 배운다. 선교사들은 해외 사역의 현장이나 타문화 환경 속에서라야 타문화 및 언어 습득 기술들을 배울 것이다. 전인적 선교 훈련은 이러한 기술들의 개발에 가치를 두고 훈련생들이 타문화 사역 상황으로 움직여 들어가는 데 필요한 시간과 자원들을 제공한다. 자원들이 제한되어 있을 때는 비용이 많이 들어가는 해외여행을 하지 않고도 타문화 사역 상황을 개발할 수 있다. 아르헨티나에 있는 한 선교 훈련센터는 훈련생들을 매우 원시적이거나 토착적인 사람들이 살고 있는 그 나라 북쪽 지역으로 재배치하는데, 거기서 훈련생들은 다른 문화에 적응하는 것을 배워야 할 뿐 아니라 이러한 기술들을 다듬고 연마하기 위해 언어 학습을 시작해야 한다. 그것은 가고자 목표로 하는 문화 속에 잠기는 경험과 똑같지는 않지만 해외로 여행하지 않고도 학습 목표들을 성취할 수 있다.

전인적 선교 훈련 센터들이 공유하고 있는 공통점들 중 하나는 공동체 속에서 훈련을 하는 것이다. 학생들이 훈련 공동체에 들어오게 될 때, 이것은 일상 교육을 위한 추가적 상황을 제공함으로 그들로 하여금 현장을 위해 필요한 성품 형성과 태도 특성들을 습득하는 것을 도울 것이다. 이러한 훈련 공동체들의 성격은 그 기관의 정서와 사용 가능한 자원들에 따라 다를 것이다. 어떤 경우들에 있어서는 훈련생들과 훈련자들이 함께 살게 될 것이다. 또는 훈련생들은 생활공간을 공유해야 할 것이다. 종종 훈련생들은 노동을 해야 하며 요리, 청소, 건물 관리와 같은 일을 통해 공동체의 필요를 채워야 한다. 공동체에서의 매일의 생활은 성품과 태도에 관한 많은 교훈들을 습득하게 한다.

교육가들은 비형식적으로 일어나는 이러한 종류의 학습을 평가하기 위해 애쓰게 되는데 왜냐하면 그것은 쉽게 계획되거나 측정될 수 없기 때문이다. 현장 교육과 공식 교육은 계획된 교훈들인 반면 일상 교육은 미리 계획된 것이 아닌 자발적인 학습이라는 것이 잘 알려진 구분이다. 학생들과 훈련자들 양측 모두가 인지적 학습이나 기술 개발에 비해 정서적 학습이 의미가 없거나 또는 중요하지 않다고 인식하는 것이 보통이다. 최종 결과를 측정하고자 하는 갈망이 비형식적 학습을 위해 투자되어야 할 시간과 자원을 흡수해버리도록 이끈다. 그러나 선교 현장에서의 성공은 정서적 영역에 매우 많이 의존하고 있다.

한편, 학습을 위한 도구로서의 공동체라는 상황은 의도적인 개입이 더 많이 사용될 때 더욱 효율적이 될 수 있다. 많은 훈련 공동체들이 이 영역에 있어서의 학습 목표들을 성취하기 위한 가능성을 증진시키려고 멘토링 프로그램이나 동료 그룹들을 발전시킨다. 비형식적 학습에 조직된 형태로 기여하는 공동체 모임, 예배와 기도 시간들은 모두 계획되거나 측정될 수 없는 것들이지만 의도된 최종 결과가 훈련생들에게 나타나도록 공동체 안에서 적절한 시간을 주고 있는지를 합리적으로 측정할 수 있다.

그러므로 전인적 선교 훈련 모델은 인지적, 정서적 그리고 정신운동성 영역들 안에서 일어나는 학습의 균형을 반영하려는 시도가 될 것이다. 그것은 비형식적, 비공식적 그리고 형식적 교육의 세 가지 방법들을 사용하며, 필요로 하는 최종 결과들을 성취하기 위한 여러 가지 상황들을 적절하게 활용한다. 시간과 자원들은 모든 영역이 동등하게 중요하다는 기치 아래 각각의 영역들에 배분된다.

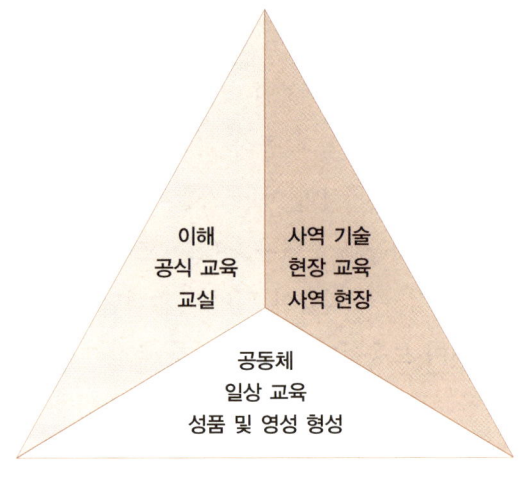

그림 3.4. 전인적 훈련의 상승작용

5. 전인적 선교 훈련은 상승작용(synergy)을 가져 온다

불행하게도 위의 모델은 비용이 들어가며 제공하기가 쉽지 않다. 전인격을 훈련시킨다는 관념은 소수의 기관들만이 제공하거나 사용할 수 있는 자원들과 기회들에 대한 접근을 요청한다. 많은 훈련 센터들은 문화적 몰입(cultural immersion)의 경험들을 얻을 수 있는 현장 학습을 개발하는 것은 차치하고서라도 단지 "교실 내에서"(in house) 훈련하는 것을 유지하는 것만으로도 벅차다.

전인적 선교 훈련은 기술들, 훈련 자원들을 배치하고 훈련이 일어나게 될 핵심적 상황들을 제공함으로써 동반자적으로 서로 결합할 때 최고의 시너지 효과를 일으킨다. "누가 훈련을 하는가?"라는 질문에 대한 대답은 "우리 모두가"라는 것이 되어야 하는데 거기에는 교회들, 선교 단체들, 선교 현장과 기관들로부터 온 목소리들이 포함된다. 훈련 동반자들이 함께 와서 각자가 기독교 사역자를 훈련하는 일에 기여할 수 있는 잠재력을 확인하게 될 때, 개인들로서는 제공하기 불가능한 풍성한 경험들과 자원들이 사용 가능하게 될 것이다. 훈련 센터들은 지역 교회에서 잘 개발된 제자훈련 프로그램을 통하여 얻을 수 있는 성품 훈련 같은 것을 제공할 수 없다. 지역 교회들은 사역 기회들을 제공할 수 있는데 거기서 사역 기술들이 개발될 수 있다. 신학교들과 고등 교육 기관들은 훈련생들의 선교학적 개념을 뒷받침하는 데 필요한 철학적이고도 분석적인 이해를 제공하게 될 것이다. 선교 단체들과 사역 현장들은 만화경과 같은 교차 문화 사역의 경험들을 제공할 수 있으며 거기에서 선교 훈련자들은 기술을 습득하고 언어 학습의 기본적 원리와 이론적 이해를 실험해 보게 된다.

6. 결론

전인적 선교 훈련의 개념은 직관적이고, 자연스럽게 취할 수 있는 방법으로 보일 수 있다. 그러나 그것을 계획하는 것은 단순해 보일지 몰라도, 실행하는 것은 복잡하다. 누군가 "모든 것을 말하고 실행했을 때, 실행한 것보다는 말한 것이 훨씬 더 많다"고 말했다. 전인적이 되려면, 훈련 프로그램이 전인격이라는 최종 결과를 놓고 의도적으로 구성되어야 한다. 그리고 그 프로그램은 탁월함에 대한 헌신이 동반되지 않는다면 효과를 거두기 어렵다. 전인적 선교 훈련 센터들은 이 책을 통해 선교 훈련 프로그램을 시작하기 위한 단순한 과정 그 이상의 훨씬 더 많은 것을 발견하게 될 것이다. 더욱 중요한 것은 훈련자들이 매년 자신들의 훈련 프로그램들을 다시 검토하고, 평가하며, 다듬고 개선하는 데 거듭해서 사용할 수 있는 자료를 발견하게 될 것이라는 점이다.

3장_ 실천하기
전인적 선교 훈련 이해

아래의 실천하기들을 통해 여러분의 프로그램이 다양한 학습 방법에 얼마나 헌신하고 있는지를 분석하라.

1. 학습 프로그램(커리큘럼)의 포괄적인 묘사를 찾아보고, 세 가지 학습 영역 중 프로그램의 진정한 우선순위를 차지하는 학습이 무엇인가를 확인해보라.
   1) 학생들의 시간과 에너지의 몇 퍼센트가 세 가지 학습의 각 영역에 투자되고 있는가?
      ㄱ) 이해(지식)
      ㄴ) 성품 및 영성 형성
      ㄷ) 사역 기술
   2) 프로그램 중 어떤 것이 성품 및 영성 형성 및 사역 기술을 목표로 한 것들인지 예를 들어보라.

2. 만일 당신이 성품 및 영성 형성과 관련된 최종 결과가 포함된 학습 프로그램을 설계하고 있다면, 이러한 학습 필요들을 만족시키기 위해 어떤 종류의 학습 경험들을 당신의 프로그램에 포함시킬 것인가? 이러한 최종 결과들이 달성되는 것을 분명히 하기 위해 어떤 방법으로 알맞게 상황을 각색하겠는가?

3. 만일 당신이 사역 기술 개발과 관련된 최종 결과가 포함된 학습 프로그램을 설계하고 있다면, 이러한 학습 필요들을 만족시키기 위해 어떤 종류의 학습 경험들을 당신의 프로그램에 포함시킬 것인가? 이러한 최종 결과들이 달성되는 것을 분명히 하기 위해 어떤 방법으로 알맞게 상황을 각색하겠는가?

4장 _ 선교 훈련 프로그램을 시작하는 방법

로이스 풀러(Lois K. Fuller)

전 세계에 있는 교회가 지상명령을 완수하기 위한 자신의 책임을 자각하면서, 과거에 선교 훈련 프로그램을 갖고 있지 않던 나라들로부터 선교 사역을 위해 자발적으로 나서는 선교사들이 생기고 있다. 그렇게 처음 나선 선교사들은 좋은 훈련을 받았더라면 피하거나 해결할 수 있는 문제들로 인해 빈번히 많은 갈등과 실패를 경험하게 된다. 마찬가지로 교회와 기관의 많은 사역자들이 어려운 상황과 영적전투를 대면할 수 있는 적절한 도구들을 갖지 못한 까닭에 "탈진"(burn-out)하고 있다. 현재 선교 훈련 프로그램들이 세계의 많은 국가들 안에서 시작되고 있다. 이 책은 선교 훈련 프로그램들을 지도하고 있는 사람들에 의해 그런 훈련 프로그램들이 고려할 점들을 제기하고 필요한 정보들을 제공하고 있다. 이 책의 앞 장들에서는 전인적 선교 훈련 프로그램 및 커리큘럼 계획과 평가에 관한 소유권을 만들어가는 것과 관련된 이슈들을 다루었다. 본 장에서는 계획과 행정에 관련된 사항을 살펴보고자 한다. 우리는 이 안내서가 새로운 선교 훈련 프로그램을 시작하는 사람들과 기존의 프로그램을 평가하고 개선하려는 사람들 모두에게 도움을 줄 수 있기를 바란다.

1. 훈련을 시작하기 전

훈련 위원회의 모든 사람은 그 선교 훈련 학교(missionary training school)가 굉장한 발상이라고 확신하였다. 그들은 이러한 학교들이 다른 지역에서는 어떻게 운영되고 있는지를 다방면으로 알아보았다. 그런 후에 그들은 자신들의 지역에서 그와 똑같이 하려고 시도하였다. 6개월 후 훈련 프로그램이 실패로 마무리 되었을 때, 아무도 그 이유를 이해할 수 없었다. 그들은 충분한 광고와 더불어 뛰어난 커리큘럼, 엄청난 자원들을 제공하였다고 확신했건만 학생들 모집에 있어서 충분히 숫자를 채우지 못했던 것이다. 어떻게 훈련 위원회는 자신들의 프로그램이 선교 지망생들의 필요를 최대한 채워줄 수 있음을 확신시키기 위해 다르게 행동할 수 있었을까?

1) 누가 훈련을 책임지는지를 결정하라

지상명령은 교회에 주어졌다. 모든 족속을 제자로 삼는 과업은 교회에 속한 것이다. 그러므로 세계 복음화 과업을 위해 훈련 사역을 하는 요원들(training personnel) 또한 교회에 속한다. 하나님이 한 개인이나 작은 집단을 선교 훈련의 비전을 가지고 다른 이들을 자극하도록 만들기 위해 사용하실 수 있지만, 성공적인 선교 훈련은 결코 사적인 프로젝트가 되어서는 안 된다는 것을 인식하는 것이 중요하다.

하나님이 선교 훈련을 위한 부담을 한 사람 혹은 몇 사람의 신자들의 마음에 주셨을 때, 무엇보다 먼저 다른 사람들이 이 비전에 관심을 갖게 하는 것이 중요하다. 교회와 지역 및 더 넓은 차원의 사역들 안에서 지도력을 행사하고 있는 사람들이 효과적인 선교 훈련의 필요성에 대해 먼저 도전받는 사람들이 되어야 한다.

성공적인 선교 훈련 프로그램이 실행되기 위해 필요한 것 두 가지가 있다. 첫째, 그 프로젝트는 끊임없는 기도의 열매여야 한다. "의인의 기도는 역사하는 힘이 큼이니라"(약 5:16)! 둘째, 다른 이들에게 선교 훈련을 위한 비전을 나눔으로 도전하는 사람들은 자신들이 수행하기를 기대하는 과업에 대해 충분히 알고 있어야 한다. 어떤 필요들이 존재하는지 분명히 확인하기 위해 몇 가지 초기 연구가 필요할 것이다. 그러나 연구에는 매우 신중함이 요구되는데, 왜냐하면 연구는 언제나 어떤 전제들이 개입되어 있고 그것이 결정들을 유도하기 때문이다. 지도자들이 이 과정에 가세하는 것이 빠르면 빠를수록, 그들의 **참여**(participation)와 **소유권**(ownership)은 더 커지게 될 것이다. 선교 훈련 프로그램이 많은 경건한 남녀들의 집단적 지혜에 의해 형성된다면, 그 프로그램의 생존력과 효율성은 향상될 것이다. 어떻게 이러한 그룹을 조직하고 활성화시킬 것인가 하는 것에 관해서는 이 책의 2부에서 다루게 될 것이다.

2) 선교 훈련 프로그램에 대한 필요를 조사하라

기업 세계에서 한 회사가 새로운 제품을 출시하고자 할 때, 그들은 사람들이 그 제품을 구매할 것인가를 예측하기 위한 시장조사를 한다. 기업은 돈을 벌기 위해 존재하기 때문에, 연구는 새로운 제품이 수익을 가져올 것인가를 알기 위해 기획된다. 한편, 선교 훈련의 목적은 많은 복음이 미치지 못한 개인들과 종족들이 복음화되고 모든 지역의 사람들이 예수 그리스도를 따르는 제자들이 되는 것을 보고자 한다. 만일 훈련생들이 선교를 위해 은사와 소명을 받지 않았다거나, 너무 적은 이들이 훈련을 받는다거나, 혹은 훈련이 사람들로 하여금 그들이 섬겨야 할 분야에 유익하도록 준비시키지 못한다면 훈련은 성공적이 될 수 없을 것이다.

만일 여러분이 살고 있는 지역에 다른 선교 훈련 프로그램들이 실시되고 있다면, 그것들에 대해 더 자세히 알아보도록 하라. 그것들의 훈련 목표들은 무엇인가? 그들은 사람들을 사역에 어떤 정도로 참여하도록 준비시키고 있는가? 그들은 어디서 학생들을 모집하는가? 어떻게 프로그램을 운영하는가? 그들은 예수 그리스도의 교회와 그 기관들을 얼마나 잘 섬기고 있는가? 값비싼 자원의 중복투자를 피하기 위해 그리고 다른 프로그램의 사역을 강화시키기 위해 여러분의 노력을 거기에 결합시킬 수는 없는가?

기독교 선교 사역에 관심을 가지고 있지만 몇 가지 이유들로 인해서 기존의 훈련을 이용할 수 없는 사람들의 집단들이 있는가? 분명 어떤 종류의 훈련은 이용이 가능하지 않을 것이다. 만일 새로운 프로그램이 필요하다면, 그것은 방치되어 있는 그룹의 훈련 필요를 채우는 것이 되어야 한다.

YWAM(Youth With a Mission: 예수전도단)의 선교 훈련은 이러한 철학을 보여주는 한 예이다. YWAM은 정규 신학 훈련을 받지 않은 사람들을 겨냥하고 있는데, 그들은 선교 사역에 관심을 갖고 있지만 대부분 서구 선교회에서 요구하는 긴 준비과정을 통과하기에는 아마도 재정이나 시간이 부족한 사람들이다. 무거운 학문적 요구 조건 없이 짧고도 단편적인 훈련을 제공함으로, YWAM은 세계 복음화를 위한 거대한 군대를 징집하고 훈련하고 있다. 만일 그들이 단지 또 다른 성경학교를 시작했더라면 결코 이러한 성공을 거두지 못했을 것이다.

선교 훈련 프로그램에 오는 사람들은 그들 자신이나 혹은 그들의 후원 단체가 훈련의 필요를 인식하였기 때문이다. 그러나 그들은 시간, 기회, 재정에 있어서의 비용이 허락되어야 올 수 있다. 훈련이 그들의 관심을 끌고 필요를 충족시키지 못한다면 훈련을 끝까지 마치지 못할 것이다. 연구는 아래 두 가지 질문에 답변하도록 설계되어야 한다.

- 누가 선교 훈련의 필요를 인식하는 사람들인가?(또는 필요를 인식해야 하고 인식할 수 있는 사람들인가?)
- 어떻게 잠재적 훈련생들이 훈련을 받을 수 있고 기꺼이 그것을 이용할 수 있는 마음이 생기도록 훈련을 제시할 수 있을 것인가?

만일 현재 진행 중인 선교 훈련 프로그램들이 교회를 잘 섬기고 있고, 요구되고 있는 훈련의 필요들을 채우고 있다는 것을 조사 결과가 보여준다면 여러분의 훈련 위원회는 어떤 새로운 것을 시작하기 위해 자원들을 모으려고 시도하기보다는 기존의 프로그램 중의 하나를 강화시키는 데 노력을 집중해야 한다.

3) 필요한 훈련의 형태를 결정하라

선교를 위한 교육에는 다양한 측면들이 있는데 거기에는 선교사 후보생 훈련 프로그램들, 해외와 지역 선교사들(local missionaries)을 위한 훈련, 도시 사역을 위한 훈련, 교회의 전도(outreach) 훈련, 멤버 케어를 위한 훈련, 상담과 제자도를 위한 훈련들이 포함된다. 아래의 질문들은 필요한 훈련 형태에 초점을 맞추는 것을 돕는다.

⑴ 누가 훈련받을 사람들인가?

그들은 이미 어느 정도의 신학적 훈련을 받은 사람들인가? 그들의 신학적 성향(예를 들면, 오순절인지 근본주의인지 등)은 무엇인가? 그들의 일반 교육적 배경은 무엇인가? 어떤 종족 그룹 혹은 그룹들로부터 온 사람들인가? 그들의 문화적 가치들은 무엇이며 경제적 수준은 어떠한가? 개인뿐만 아니라 가족들도 참여할 것인가? 남자인가? 여자인가? 그들의 연령대는 어떠한가? 그들이 이미 가지고 있는 기술들이나 직업들은 무엇인가? 훈련생들이 프로그램을 통해 얻고자 기대하는 바는 무엇인가? 그들은 훈련의 최종 결과에 대해 만족할 것인가?

훈련생들이 나타날 때까지는 우리가 이러한 모든 질문들에 대한 확실한 답변들을 할 수 없지만, 예측을 시도할 수 있다. 그러한 답변들은 우리가 만족할 만한 것이든지 아니든지 간에 교실 밖에서 일어나는 비형식적(informal) 훈련에 어떤 영향을 주게 될 것이다(예를 들면, 훈련생들은 서로에게 신학적으로 다른 영향을 주려고 시도할 수 있다). 때로는 어떤 바람직하지 않은 결과들을 최소화하기 위해 우리는 어떤 계획을 세워야 한다. 예를 들면, 전통적으로 적대적인 감정이 있는 종족 그룹들이 섞여있는 경우, 어떻게 그들 사이에 사랑을 북돋을 수 있겠는가? 훈련생들의 특성들은 또한 어떤 교수 방법들이 효과적이 될 것이며, 어떤 것들을 커리큘럼에 포함시키는 것이 필요하고 어떤 것들은 이미 이해하고 있다고 가정할 수 있을 것인지를 결정하는 데 부분적으로 영향을 미친다.

⑵ 훈련생들은 어떤 동료들과 함께 일할 것인가?

어떤 지역에서 선교사들은 국제 선교 기관들과 일하고 있는데, 거기에서 동역하는 선교사들은 다른 문화를 가지고 있고 각자의 모국어를 구사할 것이다. 이런 곳에서 일할 학생들은 국제 선교 기관 내의 교차문화적(cross-cultural) 요소들과 대응하기 위한 도움을 필요로 할 것이다. 다른 프로그램들은 자신과 같은 배경을 공유하고 있는 동료들과 일하게 될 선교사들과 사역자들을 훈련하게 될 것이다. 모든 훈련생들은 자신들의 동료들과 잘 지내기 위한 기술들을 필요로 한다.

(3) 훈련생들은 어떤 선교 영역에서 일하게 될 것인가?

특별히 시작단계에서 있어서, 우리 프로그램이 선교 사역의 모든 잠재적 가능성을 놓고 학생들을 훈련시킬 수 있을 것 같지는 않다. 어쩌면 우리가 훈련시키는 선교사들은 주로 이 세상 안에서 우리가 살고 있는 지역 속에 있는 미전도 종족을 위해 일하게 될 것이다. 예를 들면, 만일 우리가 서부아프리카에서 훈련 프로그램을 하고, 또 학생들이 아프리카의 미전도 종족들을 목표로 한다면 힌두교에 관해 가르치는 것은 필요하지 않을 것이다. 먼 시골 지역에서 사역할 사람들을 위한 훈련이라면 시골지역 선교사들에게는 실제저으로 필요한 것들을 포함시켜야 할 것이다. 그 반대의 경우도 그렇다. 추운 북극의 에스키모들에게 사역하고자 하는 사람들에게 필요한 생존 및 건강 기술은 열대 지방에서 일하고 있는 사람들이 필요로 하는 것과 무엇인가 다를 것이다. 언어습득 기교도 다양한 지역의 사정에 따라 다를 것이다. 어떤 국가들은 오직 학문적으로나 직업적으로 "검증된" 선교사들만 입국하도록 허용할 것이다. 선교 훈련이 이러한 자격을 갖도록 도와주어야 할 것인가? 만일 그래야 한다면, 어떻게 할 것인가? "자신들에게 가장 도움이 될 만한 선교사들은 이러저러한 종류의 사람들이다"라고 말하는 현지 교회의 목소리가 거기에 반영되고 있는가?

(4) 이 훈련을 통해 교회나 선교 현장이나 파송 단체들이 얻을 유익은 무엇인가?

교회, 선교 현장과 파송 단체들이 고려되어야 한다. 어떻게 그들의 행정적 구조가 훈련 프로그램과의 관계에 영향을 미치는가? 그들은 훈련 프로그램의 철학과 커리큘럼에 동의하는가? 만일 몇 개의 파송 단체들이 함께 훈련 프로그램을 활용한다면, 어떤 이들은 훈련생들이 한 단체에서 다른 단체로 소속을 바꾸는 것에 대해 염려하지는 않겠는가? 그 단체들은 훈련 직원들을 신학적으로 신뢰할 수 있겠는가? 마지막에 그 기관들은 우리의 훈련생들을 허입할 것인가? 어떻게 파송기관들의 의견이 훈련 프로그램의 결정 과정에 반영될 수 있겠는가? 어떻게 그들은 훈련 프로그램을 돕기 위해 헌신할 수 있겠는가? 훈련 과제 중 그들의 감독을 필요로 할 부분들은 있는가? 만일 훈련이 단 하나의 단체나 교단을 위한 것이라면, 그 훈련이 그 조직의 전체 전략과 조화를 이루는 것인가?

(5) 현지에 무슨 프로그램이 있어야 하는가?

프로그램이 진행될 수 있도록 하는 데 법적 또는 경제적 제약은 없는가? 어떻게 훈련 프로그램이 움직이며 또 그것을 완수한 사람에게 주어질 보상에 관한 문화적 기대들은 있는가? 만일 있다면, 그런 기대들이 훈련 프로그램이 가르치고자 하는 가치들과 갈등을 일으키지는 않는가? 이런 갈등에 대해 어떠한 조치가 취해져야 하는가?

(6) 훈련 프로그램에 활용할 수 있는 직원들은 어떤 사람들인가?

어떤 사람들이 행정가나 교수로 섬기기에 자격이 있는가? 이들 중에 프로그램을 위해 전임으로 일할 수 있는 이들이 있는가? 만일 안된다면, 그들은 시간제로는 도울 수 있는가? 활용할 수는 있지만 아직 자격이 부족한 사람은 누구인가? 이러한 잠재적 직원을 개발하기 위해 어떤 훈련을 할 수 있는가?

어떠한 훈련 프로그램일지라도 효율성을 위한 단 하나의 가장 중요한 요소는 직원 선정이다. 만일 직원 자신들이 경험있는 복음 사역자들로서 개인적 경건성과 주를 향한 열정을 뚜렷이 드러내는 삶을 사는 사람들이라면, 이러한 자질들 또한 훈련생들에게 전달될 것이다. 그러나 경험적으로 볼 때, 이러한 자질들이 부족한 직원이나 혹은 학문적 인정과 권력 및 명성을 추구하는 사람은 다른 많은 긍정적 자질들을 가졌다고 할지라도 선교 훈련의 효율성을 떨어뜨릴 것이고 프로그램이 원래 목적하던 바에서 멀어지게 하는 도구가 될 것이다.

(7) 어떤 외부의 동역자나 후원자가 프로그램에 관심을 갖게 될 것인가?

프로그램을 위해 외국의 기부자나 직원들을 사용할 수 있는가? 만일 그렇다면, 그들은 어떤 사람들이며 어떻게 그들과 접촉하고 관심을 가질 수 있도록 할 것인가? 그들이 기대하는 바는 무엇인가? 그들의 도움을 받을 때 따라오는 부대조건들 중 고려해야 할 것들은 있는가? 후원을 받게 될 때 훈련 프로그램이 다른 곳에 설정되어 있는 어떤 기준들을 준수해야 되는 것은 아닌가?

외국 재정을 끌어들일 가능성이 새로운 선교 훈련 프로그램을 시작하려고 하는 많은 사람들에게 매력을 준다는 것은 이해할 수 있으나, 그것은 위험한 함정이 될 수 있다. 세계 여러 지역들로부터 훈련 프로그램에 관한 보고들을 받아보건대 그들이 외국으로부터 재정을 지원받는다는 것이 알려지면 자기 민족 교회들로부터의 지원을 상실하게 된다는 것이다. 다른 경우는 재정 지원을 위해 외국의 도움을 구하는 훈련 프로그램 지도자들은 지역 그리스도인 형제, 자매들로부터 일종의 독립을 꾀하고자 하는 듯이 보이는데 이것은 바람직하지 않을 뿐더러 불건전한 것이다. 한편, 훈련 프로그램을 위해 교회들로부터 재정이 오게 될 때 그것은 긍정적인 것이며, 자연스럽게 책임적인 구조(accountability structure)가 생겨나게 된다. 현지 교회들의 선교 훈련 프로그램 참여는 그 교회들의 개입을 증대시킨다.

4) 기도하라!

선교 훈련의 궁극적 이유는 주님의 명령에 따라 모든 족속들로 제자를 삼아 하늘나라를 예배자들로 가득 채우는 것이다. 우리는 이것 외에 다른 목적을 가져서는 안 된다. 이것은 주님의 일이고, 우리 자신이 단지 주님께 속했기 때문에 그 일이 우리 자신의 것이 되고 있다. 우리의 모든 계획과 연구는 기도의 보조물일 뿐이다. 우리는 주님께 우리의 상황 속에서 어떻게 선교 훈련을 해야 할지에 대해 인도를 구한다. 그분은 많은 정보 자료들로 우리를 인도하시기도 하고, 우리가 연구를 통해 발견한 것들의 의미를 보여주신다. 주님은 당신의 비전을 우리에게 주심으로 선교 훈련을 통해 무엇이 이루어져야 할지와 그 길을 따라 내려야 할 모든 결정들에 필요한 지혜를 주신다. 처음부터 끝까지 그것은 초자연적인 사역이 되어야 한다.

2. 행정 계획 세우기

앞에서 살펴보았듯이 선교 훈련 프로그램을 시작하는 것은 어떤 한 개인의 프로젝트가 될 수도 없고 되어서도 안 된다. 그럼에도 불구하고, 이런 프로젝트는 적어도 비전과 추진력이 있고, 그리고 그 꿈을 현실이 될 수 있도록 하기 위한 헌신을 하는 한 사람을 필요로 한다. 이 비전을 표현하고 다른 사람들과 나누며, 선교 훈련의 기회들과 필요들을 탐구할 누군가가 없다면 아무 일도 일어나지 않을 것이다.

선교 훈련 프로그램이 성공하기 위해서 협조할 사람들은 매우 많은데 만일 그들 모두가 그 프로젝트에 "주인의식"을 갖지 않는다면, 프로그램의 진전은 장애에 부딪히게 될 것이다. 협조가 반드시 필요한 핵심 인물들은 그 프로그램의 매우 초기부터 결정하는 데 참여해야 한다. 우리는 이러한 그룹을 **훈련 위원회**(training committee)라고 언급해왔다.

일단 선교 훈련 프로그램이 필요하다는 것이 분명해지고 이러한 프로그램을 이용할 사람들이 어떤 사람들이라는 것이 파악되었다면, 결정들을 내려야 한다. 이 시점에서 **결정을 내리는 실무 그룹**(working decision-making group)을 소집하는 것이 좋다. 이 그룹은 훈련 위원회와 더불어 교회 지도자들 및 선교사 파송 단체나 섬겨야 할 사역의 대표들로 구성될 것이다. 결정 과정에 관여하는 많은 사람들이 있다는 것은 그 계획이 더 광범위한 전문적 식견들을 반영하도록 할 것이다.

프로젝트가 진행되고 행정 정책들이 세워지게 되면, 이사회(board)가 공식적으로 구성될 수 있다. 선교 훈련의 경우에는 모든 협력 파송 단체들을 포함하여, 훈련이 어떻게 운영되어야 하는지에 대해 의견을 가진 모든 당사자들이 그들의 의견을 이사회에 반영시킬 수 있는 대표를 가지고 있어야 한다. 이사회는 훈련 프로그램의 정책을 설정하고 그 일을 감독한다. 통상적으로 이사회는 재정이 적절하게 운영되며 이사회가 승인한 정책들이 수행되고 있는지를 확인하는 역할을 한다. 이러한 대표들 그룹은 점차적으로 행정 직원들도 포함시키게 될 것이다.

이사회가 결성이 되면 바로 프로그램이 실행되기 위한 정관 또는 일련의 규칙들이 만들어져야 하는데 그것은 권위 구조(authority structure)를 분명히 하기 위한 것이다. 이사회 아래, 원장과 같이 매일의 업무를 감독할 사람을 두거나 지도 위원회를 두어 운영할 수 있으며 또는 직원들이 지도력을 순차적으로 발휘하는 식으로 운영할 수 있다.

권위가 실행되는 방법과 그것을 다루는 구조는 프로그램의 분위기와 학습 경험에 영향을 미치게 될 것이다. 만일 우리가 사역자들 안에 섬김의 정신을 배양하고자 한다면, 프로그램의 지도자들이 섬기는 지도자 스타일을 모델로 보여줄 필요가 있다. 이러한 것들은 의도적으로 이루어져야 하지만, 그것은 3장에서 논의되었듯이 비형식적 커리큘럼의 일부분인 것이다(통제할 수 없고, 자발적으로 일어나야 한다는 뜻에서-역주).

이사회는 사역 훈련 프로그램이 필요로 하는 영적, 인적, 물리적, 그리고 재정적 자원들을 어떻게 조달할 것인지를 계획해야 한다. 그리고 어떻게 직원들과 학생들을 모집할 것인가에 관해 결정을 내린다. 그것은 또한 재정과 다른 물리적 자원들을 조달한다. 그리고 광고를 통해 프로그램을 홍보하고 기도 후원자들을 일으킨다. 이사회가 훈련생 허입의 기준을 설정하는 것과 재정을 조달하고 운영하는 것, 그리고 홍보를 통해 사람들을 일깨우고 기도 후원자들을 일으키는 것과 관련하여 고려해야 할 중요한 세 가지 질문들이 있다.

3. 이사회의 세 가지 중요한 기능들

1) 훈련생 선발

훈련생 선발 정책은 훈련 프로그램의 목적을 반영해야 한다. 만일 훈련 프로그램이 선교사 후보생이 되기 이전의 사람들을 위한 것이라면, 선발 기준은 너무 엄격해서는 안 될 것이다. 한편, 선교사 후보생들을 위한 프로그램은 명확하게 제시된 선발 기준이 필요하다.

선교사 후보생들과 전임사역자로 헌신한 사람들은 기독교 사역을 위해 부름을 받았다는 것을 느끼는 헌신된 그리스도인이어야 한다는 것에 대해서는 논란의 여지가 없다. 그들은 감정적으로 성숙해야 하고 또한 성품적으로도 적절한 사람이어야 한다. 이러한 것들을 단지 한 번의 개인적 면담을 통해 확인하기는 어렵다. 후보자의 교회와 다른 영적 지도자들로부터 추천서를 받는 것이 필요하다. 단일 선교사 파송 단체로부터 보내온 훈련생들을 받는 선교사 프로그램은 그 파송 단체가 후보생들을 심사하도록 허용해야 할 것이다. 그럴지라도 분명히 명시된 허입 정책들은 파송 단체의 직원들로 하여금 프로그램이 제공하는 훈련으로부터 가장 많은 효과를 얻을 수 있기 위해서 먼저 후보생들을 보내야 할지 말지를 결정하는 데 도움을 줄 것이다.

현장 경험이 있는 선교사들이나 이미 사역 중에 있는 사람들을 위한 사역 현장(in-service) 훈련 프로그램은 훈련생들이 섬기고 있는 선교 단체로부터 추천서를 받아야 한다. 허입 요구사항들은 그렇게 중요하지 않은 반면, 분명하게 명시된 프로그램 목적들과 목표들은 필수적이다.

어떤 훈련 프로그램들은 결혼한 후보생들을 고려할 때, 남편과 아내 모두가 학생으로서 자격을 충족시켜야 하고 부부로서 훈련에 참여하기를 요구한다. 이것은 비거주 훈련 프로그램이나 단기 세미나와 같은 훈련에서는 통상적이지 않다. 그러나 부부는 현지에서 한 팀으로 일할 것이기에 부부 훈련에 반드시 주의를 기울여야 한다. 남편과 아내 모두가 선교사의 삶과 사역이 무엇인지에 대해 이해할 필요가 있다.

훈련을 진행하는 언어에 대한 지원자의 실력에 대해 어떤 의문점이 있는가? 만일 그렇다면, 그것은 시험해보아야 한다. 지원자가 일정 수준의 성경 지식을 갖고 있기를 기대하는가? 그때는 이 영역의 학습 성취에 대한 어떤 증거를 요구해야 한다.

프로그램이 일정한 교육 수준을 달성한 사람들을 위해 운영이 되고 있는가? 다양한 교육적 배경을 가진 사람들은 비형식적, 비공식적 학습 환경에서는 유익하게 뒤섞일 수 있겠지만 공식적 학습 현장에서는 많은 어려움이 있을 것이다. 만일 우리 프로그램이 훈련생들에게 허입을 위해 일정 이상의 학위를 요구한다면, 어떻게 이것이 우리 졸업생들에 대한 능력 인정에 영향을 미칠 것인가? 또한 그것이 어떻게 가르치는 스타일에 영향을 줄 것인가?

2) 재정조달과 회계 관리

재정조달에 대해 아무런 염려도 없는 훈련 프로그램 지도자들은 없을 것이다. 대부분의 선교 훈련자들은 주님께 재정을 의존하고 있고 프로그램 운영 자원을 위해 기도하고 있다. 종종 이와 관련하여 잘되고 있는 프로그램들은 안정된 교단이나 상당한 지원 체제를 가진 독립적 선교 단체로부터 지원을 받는 것들이다. 하지만, 심지어 교단이 운영하는 훈련 센터도 그 교단의 교회들이 그 사역 비전에 대해 관심이 없을 때 문제에 직면할 수 있다. 선교 훈련 프로그램의 사명 중 하나는 인식을 확산하고 관련된 사람들에게 비전을 심어주는 것이다. 사람들은 그들의 관심과 열정을 자극하지 않는 프로그램이나 프로젝트에는 헌금하지 않을 것이다. 이사회로부터 훈련생들에 이르기까지 프로그램 전체는 재정조달을 지속적인 기도의 제목으로 삼아야 할 필요가 있다.

여러 선교사 파송 단체들이 연합하여 운영하는 프로그램들은 더욱 많은 문제들을 경험한다. 모든 동반자들이 프로그램에 대해 주인의식을 가지고 헌신하며 지원하지 않는다면, 모든 사람의 일은 누구의 일도 되지 않을 것이다. 파송 단체들은 만일 훈련 프로그램이 독자적으로 움직이고 그것이 자신들의 훈련생들과 본부 및 현장 직원들과의 결속을 더 강화하도록 만들지 않는다면 의문을 가지게 될 것이다. 파송 단체들은 온전히 자신들의 것도 아닌 프로그램을 위해 빠듯한 자원으로부터 돈과 인력을 짜내는 것이 어렵게 된다. 그들은 "다른 동반자들이 자신들의 몫을 투자하지 않는데 왜 우리만 그렇게 해야 하는가?"라고 느낄지 모른다. 그들은 프로그램이 자신들 조직의 필요를 적절하게 채우지 못한다는 것을 알아차리게 되면 깊이 간여하지 않고 물러서게 된다. 이것은 프로그램 직원들로 하여금 다른 동역 기관들로부터 더 많은 헌신을 얻어내도록 하여 프로그램을 재편성하거나, 아니면 선교 훈련 센터의 문을 닫도록 만드는 상황으로 이끌게 될지도 모른다.

그러나 연합 프로그램은 개인적으로 할 수 없는 것을 기관들이 함께할 때 가능하다는 것을 통해 자원에 대한 청지기 역할을 한다는 면에서 좋은 것이 될 수 있다. 훈련생들은 다른 기관들을 알게 되므로 유익을 얻고, 공동으로 활용할 수 있는 훈련자들은 더 많아진다. 만일 연합으로 일할 것을 고려하고 있다면 처음부터 동역자들의 매우 확고한 헌신을 이끌어내는 것이 중요하다. 이것은 프로그램의 목적과 정책에 관한 진심어린 동의를 요구한다.

작고 역사가 짧은 기관들의 훈련 프로그램들은 대부분 재정적으로 어려움을 겪는 듯이 보인다. 훈련은 선교 사역이나 기독교 봉사 중에서 후원자들의 주목을 끌 만한 매력을 갖지 못하는 사역이다. 훈련 프로그램이 어떤 정부나 공식 기관으로부터 인준을 받지 못할 수 있는데, 그 때문에 훈련생들은 많은 수강료를 기꺼이 지불하려 하지 않는다. 이러한 프로그램들은 특정 선교 파송 단체들과 제휴하거나 어떤 종류의 교제권을 형성하면, 기부자들의 주목과 프로그램의 발전을 위한 투자를 받게 될 수도 있다. 선교 훈련 프로그램을 위한 재정 조달에 있어 두 가지 중요한 자원이 있다. 첫째, 훈련생들이나 그들을 후원하는 기관들이 내는 수강료. 둘째, 국내와 외국의 헌금을 포함하여 기독교 공동체로부터의 헌금들이 있다. 수강료는 프로그램을 운영하는 경비를 채울 만큼 책정될 필요가 있는데, 훈련생들이 그들의 주어진 재정적 배경에서 합리적으로 지불할 수 있는 정도여야 한다. 어떤 경우들에 있어서는 이것으로 경비가 모두 충당될 수 있겠지만, 그것은 부유한 국가들에서조차 매우 드물다. 지역으로부터 헌금을 끌어내기 위해서는 훈련 프로그램에 대해 인식시키는 일과 홍보가 또한 필요하다. 사람들로 하여금 훈련 프로그램을 방문하도록 격려하거나 현장에 있는 선교사들을 방문하도록 하라. 교회들과 모임들에 가서 훈련 사역을 소개하는 시간을 가지라.

국외 기부자들은 대체적으로 지속적으로 들어가는 경비들(월급이나 사무실 운영비 같은)보다는 단번에 들어가는 경비들(기구나 시설을 구입하는 것과 같은)을 위해 헌금하는 것에 가장 관심을 갖는다. 그들은 또한 통상적으로 많은 보고서들과 사진들을 원한다. 그들은 기부한 돈의 용도를 특별히 지정할 수도 있다. 가끔씩 이러한 제한들은 기부자들이 속한 국가의 자선 헌금에 대한 정부 법규들 때문이다. 여러분이 그들의 태도를 좋아하든 않든, 만일 이러한 기부금을 원한다면 여러분은 그들이 기부금을 주었을 때 요구하는 조건을 존중해야 한다. 기부금을 받는 2/3세계의 많은 사람들이 서구 기부자들에게서 가부장적인 태도를 감지하고 씁쓸해 한다. 그러나 여러분이 기부자로부터 거액을 받을 때는 누가 기부자가 되었든지 상관없이 기부자라는 통제 요소가 작동한다. 만일 이러한 상황이 싫다면, 이러한 기부금을 피하라. 어쨌든 여러분 자신의 우선순위에 맞는 프로젝트를 위해서만 기부금을 받도록 하라.

위에서 보았듯이, 외국으로부터의 거액의 기부금은 또한 지역 기부자들로 하여금 선교 훈련 프로그램을 지원하는 것을 느슨하게 만들 수 있다. 거기에는 어떻게 그 돈이 사용되어야 하는지에 대한 논란이 일어날 수 있다. 직원들과 학생들도 자신들이 재정적으로 더 혜택을 받을 것에 대한 상승된 기대를 가질 수 있다. 경험을 통해 알 수 있는 것은 이러한 이유들 때문에 지역에서의 모금이 더 안전하고 현명하다는 것이다. 만일 외국의 기부금을 받는다면, 어떻게 외부의 도움을 사용할 것인가를 계획하는 데 더 많은 사람들이 참여하는 것이 좋다. 전체 상황이 많은 기도 가운데 이루어질 필요가 있다.

마치 많은 선교사들이 그렇듯이 개인후원을 통해 재정을 채울 수도 있다. 어떤 경우에 직원들은 협력기관이 대신 재정을 지원해서 보낸 사람들이 될 수도 있다. 그들은 자신의 필요를 위해 주님을 의지하는 모델을 앞으로 똑같은 길을 걸어야 될 학생들에게 보여준다. 그러나 중요한 것은 훈련 프로그램 후원자들이 직원들에 대한 지원을 일부러 적게 하지 않도록 하는 것이다. 이렇게 함으로써 후원자들은 선교 훈련의 가치를 인정하고 있다는 것을 자신들의 태도를 통해 효과적으로 전달하게 되는 것이다!

어떤 선교 훈련 프로그램들은 학생들에 의해 이루어지는 실제적인 프로젝트들을 통하여 수입을 증가시키기도 한다. 그들은 우유를 생산하여 판매하는 낙농 프로젝트나 학생들의 먹을 것을 경작하는 농업 프로젝트를 진행하는 것이다. 만일 재정이 정기적으로 감사를 받을 수 있다면, 이것은 헌금하기를 원하는 사람들의 신뢰를 증가시킬 것이며 훈련생들에게는 재정에 대한 정직성과 책임성에 대한 좋은 모델을 제공하게 될 것이다.

3) 광고와 기도 지원

선교 훈련 프로그램은 현장의 선교사들과 사역자들만큼이나 기도의 지원이 필요하다. 훈련생들의 삶 속에서 성취되어야 할 그 많은 변화들은 결국 성령이 하실 수 있다. 그러므로 우리 자신들을 위한 중보기도를 일으키기 위해 무엇인가를 하는 것을 게을리 할 수 없다. 대부분의 프로그램들은 소식지나 프로그램에 관한 정보를 알리기 위해 선교 관련 잡지에 광고를 내보내고 있다. 이것은 재정을 조달하고 학생들을 모집하는 한 가지 방법이 될 수 있다. 프로그램을 위한 특별한 기도제목들이 주어져야 하며, 기도에 대한 응답의 소식들도 함께 실려야 한다.

인쇄된 홍보물을 사용하는 것 이외에, 선교 훈련 프로그램은 훈련생들이 그들이 받고 있는 훈련에 대해 소개할 수 있도록 훈련해야 하며, 학생들이 교회와 모임들에서 그렇게 할 수 있는 기회들을 제공해야 한다. 그에 더하여, 훈련 프로그램이 자체 운영되는 것에 그치지 않고 선교사 파송 단체들과 교회들이 단기선교 프로그램이나 외부 사역(outreach)을 촉진시키는 데 있어 그 프로그램이 사용될 수 있다면 주목과 인정을 받게 될 것이다. 이것은 사역 지도자들이 자신들의 훈련 프로그램을 가지고 다른 이들을 도울 준비가 되어 있어야 하고, 특별히 책자들과 강사들을 통해서 그렇게 할 수 있어야 한다는 의미이다.

훈련 프로그램은 또한 기도 세미나를 조직할 수 있고 프로그램을 위해서 기도하고 도울 수 있는 지원 그룹들을 조직하도록 격려할 수 있다.

4. 신학교 산하 기관 안에서 선교 훈련 프로그램을 시작하는 것

설립된 기관은 행정, 커리큘럼, 그리고 쉽게 바꿀 수 없는 정서의 전통을 가지고 있다. 만일 선교가 그 프로그램의 주목할 만한 부분이 되어본 적이 없었다면, 선교를 도입하려는 노력은 그 기관이 가지고 있는 커다란 관성을 극복해야 할 것이다.

첫 걸음은 대개 커리큘럼을 만드는 사람들에게 선교 관련 과목이 중요하다는 것을 확신시키는 것이다. 개인적 대화, 소개, 정탐 여행, 학생들의 요구, 로잔 운동과 같은 커다란 운동들로부터의 자극, 그리고 선교 문서들을 통한 선교를 일깨우고자 하는 노력을 전략적으로 목표로 삼아야 할 사람들이 이들이다. 만일 기관의 지도자들이 선교 훈련을 추진할 준비가 된다면 많은 것은 짧은 시간 내에 이루어질 수 있다.

그러나 만일 선교 훈련을 위한 지원이 약하다면, 신학교 안에 선교를 집어넣고자 하는 사람들은 서서히 일이 진행되는 것에 만족할 수 있어야 할 것이다. 세계 복음화를 향한 자신들의 열정적 헌신, 자기 지역과 먼 곳에 선교를 나가는 것에 대한 지속적 참여를 통한 감염력은 그들의 가장 강력한 전략이 될 것이다. 동시에 그들은 선교의 핵심 과목들을 하나씩 기존의 커리큘럼 안에 소개할 수 있다. 그들은 이미 가르쳐지고 있는 코스들 중에 선교 커리큘럼의 일부가 될 수 있는 것들(예를 들면, 세계 종교나 교회 개척)을 찾아내어 이러한 코스들의 교수들에게 자료들을 전달함으로 더 많은 선교학적 내용을 제공하도록 만들 수 있다. 시간이 감에 따라 요구들이 증대되면, 그들은 선교학 부전공을 개설하도록 요청할 수 있고 마침내 그 학교 안에 선교학 전공이 개설되도록 제안할 수 있다. 어떤 학교들은 학과를 개설하곤 하는데, 선교 관련 학과 개설도 제안할 수 있다. 다른 학교들은 학과들을 설정하지 않는데, 그럴 경우 선교 코스들을 어느 곳에 위치시켜야 할지 확정하는 것이 더 어렵게 될 것이다. 그러나 이것은 선교를 한 학과 안에 고립시키기보다 커리큘럼 전체에 주입하는 기회가 될 수도 있다.

선교를 가르치는 일에 관심 있는 사람들은 선교학적 전망을 제공하는 자료들을 찾아내는 것을 지속할 필요가 있는데 그렇게 함으로 그들은 성경신학, 조직신학, 기독교 교육과 같은 다른 학과의 교수들에게 그것들을 제공할 수 있다.

바바라 번즈(Barbara Burns)는 『선교 훈련의 국제화』(Internationalizing Missionary Training)¹에 실린 "선교 훈련 센터들과 신학교 산하 기관들 간의 관계"라는 글에서 신학교 안에 있는 선교 훈련의 유익한 점들과 불리한 점들에 대해 쓰고 있다. 신학교 학생들이 선교학을 공부하는 상황은 더욱 광범위한 기독교 학문들에 노출된 환경에서 이루어진다. 또한 그들은 더 깊은 성경 지식을 발전시킬 수 있고, 그들이 배우고 있는 것을 소화시킬 수 있는 시간이 있다. 한편, 학교로서는

---

1 William D. Taylor, "Missionary Training Centers and Their Relationship to Theological Education Institutions," *Inernationalizing Missionary Training*, (Exeter, UK: Paternoster Press, 1991), 251-264.

다른 학문 분야들이 선교적 통찰력을 추가적으로 가짐으로 균형을 잡도록 만드는 유익을 누리게 된다. 지상 명령은 기독교 신앙의 핵심에 서 있는데, 이상하게 보일런지 모르지만, 성경적, 신학적 연구들을 선교와 분리시킨 학교들은 학문적 정통주의와 무력한 신앙의 길로 이끌리게 될 수밖에 없다. 교수들이 선교적 통찰력을 다른 학문 분야와 어떻게 통합시킬 것인가를 갈망하고 방법을 이해하기까지는 시간이 걸리겠지만 그들이 선교의 비전을 갖게 된다면 좋은 선교사들을 준비하는 데 있어 훌륭한 동맹자들이 될 것이다.

어떤 신학교들은 다른 학교들보다 학교생활의 일상 교육 경험으로부터 오는 삶의 스타일을 훈련하는 것을 더 잘하고 있다. 보통 많은 학생들을 등록시키려다보면(주로 경제적 이유에서), 학교의 공동체적 삶과 경건한 분위기는 더 유지하기 어려워진다. 오로지 선교학 교수들만이 의식적으로 선교사적 열정과 삶의 형태의 모델을 보여주게 된다면, 어떤 선교 지망 학생들은 다른 야망에 휩쓸리게 될지 모른다. 담당해야 할 학생 숫자가 많아진다면 선교학 교수들 역시 학생 개개인에게 영향을 덜 미치게 될 것이다. 학교 프로그램이 길어지는 것 역시 선교사가 되고자 하는 열망을 감퇴시킨다.

어떤 학교들은 인턴십과 현장 학습을 잘하고 있는데, 이것에 대한 강조는 선교 인턴십을 위한 기회를 제공할 수 있다. 다른 학교들은 교실에서의 수업에 집중하는데, 선교를 지망하는 학생들을 위해서는 의미있는 조정이 이루어질 필요가 있다. 선교 인턴십을 위해서는 자주 경비가 소요되는 여행이 있게 마련인데, 그러한 필요를 채우기 위해 특별한 기금 마련을 위한 노력들이 있어야 할 것이다.

일단 신학교가 선교 학과나 선교 전공을 개설하면, 앞에서 제시한 절차들을 사용하여 선교 훈련 프로그램을 발전시키는 것으로 초점을 옮길 수 있다.

5. 결론

예수님의 지상 명령이 실현되기 위해서는 이 세상 안에 선교와 주님을 섬기는 데 헌신한 사람들이 있어야 한다. 이것은 아마도 더 많은 선교 훈련 프로그램이 필요하다는 것을 의미할 것이다. 그러나 우리가 가진 가장 심각한 문제는 자격을 갖춘 훈련자들(trainers)을 얻기가 쉽지 않다는 것이다. 그렇다고 낙심할 필요는 없다. 왜냐하면 이상에 못 미치는 훈련이라도 실시하는 것이 훈련을 전혀 하지 않는 것보다는 낫기 때문이다. 주님께서 제자들에게 추수할 일꾼들을 위해 기도하라고 말씀하셨을 때, 분명히 그분은 거기에 다른 사람들을 훈련시킬 일꾼들도 포함시키셨을 것이다. 우리는 전 세계의 선교 훈련이 직면하고 있는 도전들 앞에서, 하나님의 계획이 이 땅에서 성취되는 것을 볼 수 있게 해달라고 기도하는 일에 헌신하도록 하자.

4장_ 실천하기
필요한 훈련의 형태를 결정하라

아래의 근본적인 질문들은 선교 훈련 프로그램을 시작할 때 답변되어야 할 뿐 아니라 기존의 프로그램들에 의해서도 정기적으로 검토되어야 한다. 만일 당신이 훈련 프로그램을 운영하고 있거나 시작하는 사람이라면, 가능한 한도 내에서 최선을 다해 답변해보라.

1. 누가 훈련받을 사람들인가?

2. 훈련생들은 어떤 동료들과 함께 일할 것인가?

3. 훈련생들은 어떤 선교 영역에서 일하게 될 것인가?

4. 이 훈련을 통해 교회들, 선교 현장이나 파송 단체들이 얻을 유익은 무엇인가?

5. 현지에 무슨 프로그램이 있어야 하는가?

6. 훈련 프로그램에 활용할 수 있는 직원들은 어떤 사람들인가?

7. 어떤 외부의 동역자나 후원자가 프로그램에 관심을 갖게 될 것인가?

5장 _ 성인들을 위한 훈련 계획

이블린 힙버트(Evelyn Hibbert)

이 책을 읽는 모든 사람은 아마도 기본 학교 교육을 끝내고 대학 수준 정도의 교육을 받고 있는 사람들일 것이다. 아마도 대부분의 이 책 독자들은 적어도 성장기에 10년 이상 교육을 받았고, 성인 학생을 위한 교육 기관에서 대략 3년 정도 공부하였다는 것을 의미할 것이다. 만일 여러분의 경험이 나와 비슷하다면, 대학에서의 교육 형태도 초등 및 중등 교육의 형태와 거의 차이가 없었다는 것이다. 이것은 교육에 대한 우리의 관점이 아동 교육에 초점이 맞춰진 모델에 매우 기울어져 있을 가능성이 높다는 것이다. 그러나 성인들은 아동들과는 다른 필요들과 특성들 및 기대들을 가지고 있다. 이 장에서는 이러한 차이점들과 성인 학습을 촉진하기 위해 훈련자들이 적응해야 할 필요가 있는 접근방식을 탐구하고자 한다.

성인들은 아동들과 다르다. 그들은 능력이 있고 책임을 질 수 있다. 이것은 이 세상에서 생존하기 위하여, 그리고 다음 세대를 양육하기 위해 필요하다. 성인들은 존중받아 마땅하다. 성인들은 세상이 어떤 곳인지 알고 있으며, 자신들이 어떤 종류의 문제들에 부딪히고 있는지에 대해 어느 정도의 이해를 가지고 있고, 그것을 다루기 위한 도움이 필요하다. 만일 그들이 선교 훈련에 들어온다면, 그들은 하나님과 그의 백성을 섬기기 위해 세상이 가치를 두고 있는 다른 일들을 포기하는 결정을 하였을 것이다. 그들은 기독교 사역이 무엇인지에 대한 생각을 가지고 있고, 효율적으로 준비되기 위해 배우기를 원한다. 성인들을 훈련하는 사람들로서 우리의 책임은 훈련생들로부터 듣고, 그들을 이해하며 그들이 이 땅 위에 하나님 나라를 확장하기 위해 하나님 및 그의 백성과 함께 일할 수 있도록 도와주는 지식과 태도 그리고 기술이 성장하도록 돕는 것이다.

1. 성인 교육에 있어서 타문화에 대한 고려

1) 학습은 탈상황화된(Decontextiualized) 지식을 얻는 것 그 이상이다

지식 그 자체가 목적이라는 두드러진 관점은 신학 교육을 포함한 서구 문화와 교육에 지대한 영향을 미쳐왔다. 불행하게도 서구 사회는 교육에 관한 이 균형 잡히지 않은 관점을 온 세상에 수출하는 역할을 훌륭하게 해내었다. 이 관점에서 지식은 그 자체가 하나의 충분한 독립적 존재라고 인식되어 왔다. 이것은 지식의 **탈상황화**(decontextualization)라고 일컬어지는데 그것은 삶으로부터 고립된 지식을 의미한다. 이것이 선교 훈련 안에서 일으키는 문제는 진리가 **예수님의 인격**(person) 속에 구체화되었다는 것을 망각한 채, 진리가 오로지 바른 교리의 관점에서만 정의되도록 만든다는 것이다. 이런 관점은 세상과는 단절된 기관들 안에서 지식을 학습하는 것이 발달하도록 하였다. 분명히 이것은 정상적인 삶에서 매일 부딪히는 문제들과 관련을 맺으며, 교류하여야 하는 것에 매우 깊이 개입해야 하는 기독교 사역자들을 훈련하는 것에 심각한 영향을 미치고 있다. 성인 교육 훈련이 효율적으로 되기 위해서는 인간 경험의 다른 차원들을 재발견하는 것과 연관되어야 한다. 그리고 학습자, 그룹, 권위의 다른 근원들(전통을 포함해서) 및 상황의 다른 측면들이 학습에 중요한 부분들로서 역할을 해야 한다.

진리란 무엇인가? 지식이란 무엇인가? 그것들은 어떻게 연관이 되는가? 훈련생들이 지식과 진리를 매일의 삶 및 사역 경험과 통합시키는 것을 돕기 위해 무엇을 할 수 있을지에 대해 생각해보라.

2) 학습은 단지 기록된 언어에 의존하는 것이 아니다

많은 교육적 접근들은 기록된 언어를 최고로 중시하는 것으로 특징지어진다. 읽고 쓰는 능력(literacy)은 재능, 기술, 그리고 지력의 척도로 간주된다. 서구적 사고방식에 있어서 읽고 쓰는 능력은 매우 지배적이었지만, 이제 어떤 이들은 삶의 텍스트(text)에 관하여 말하고 있다. 읽고 쓰는 능력이 중요하지만, 기록된 텍스트가 아니더라도 별도로 학습할 수 있는 다른 방법들이 있다. 이것이 신학 교육이 서서히 발견하고 있는 영역이다.

당신은 읽고 쓰는 것 외에 어떤 종류의 학습에 대하여 알고 있는가? 당신의 문화에서는 어떤 학습 방법들이 존중받고 있는가? 당신의 문화 속에서 발견되는 어떤 다른 형태의 학습 방법을 실험해볼 것을 고려해보았는가? 당신의 의견에 어떤 한 가지 학습 방법이 다른 것들보다 더 중요하다고 생각하는가?

3) 다른 이들의 관점들에 가치를 부여하는 것을 배우라

한 그룹의 사람들이 다른 이들을 지배하는 상황에서 교육가들은 자기 자신의 전제들을 검토하는 데 특별히 주의를 기울여야 한다. 지배력이 없는 그룹의 멤버들이 소외되거나 무가치하게 여겨지는 것을 피하도록 하면서 모든 참석자들이 진정으로 동일한 목소리를 갖도록 해야 한다. 지배란 반드시 숫자의 다수를 차지하는 것에 의해 결정되는 것은 아니다. 만일 한 사람의 교사가 문화적 지배력을 가지고 있는 어떤 한 그룹을 대표하게 될 때 그 학습 그룹 속에 있는 다른 그룹의 문화들과 관련하여 그것은 동일하게 일어날 수 있다. 교육가들이 특별히 기억해야 할 중요한 사항은 참여가 동등성을 보장하지 않는다는 것이다. 단순히 학습 그룹 안에 포함되었다는 것이 지배적이지 않은 그룹에 속한 한 사람으로 하여금 그룹 토의에서 동일한 목소리를 갖도록 하는 것을 보증하지 않는다.

교차문화(cross-cultural)와 다중문화(multicultural) 학습 상황들 속에서, 이러한 것들은 엄청나게 중요한 이슈들이다. 우리 모두는 지식과 교육에 대해 자문화중심적(ethnocentric) 견해를 채택하기가 너무나 쉽다. 종종 우리는 교실 밖 의사소통에 있어서는 아주 합리적인 수준의 교차문화적 감각을 채택하면서도 특별히 신학적 영역에 있어서는 우리의 문화적 유산(혹은 우리가 학습한 것과 그것을 학습한 방법을 포함하여)이 진리의 해석에 있어 독점적 위치를 차지한다고 계속 가정한다. 이것의 고전적 예는 서구의 "중간지대가 배제된" 세계관에 대한 히버트 박사[1]의 인류학적 관찰을 들 수 있는데 서구 기독교와 그 교사 및 훈련자들은 영의 세계 및 비물질적 실재와 관련한 질문들에

---

[1] Paul G. Hiebert, "The Flaw of the Excluded Middle," Missiology: An International Review, 10(1),(1982), 35-37.

적절한 대답을 주고 그런 것을 다루기 위한 기술을 훈련하는 데 어려움을 가지고 있다.

다중문화적 혹은 타문화 학습 환경에서 오로지 하나의 문화적 관점만이 표현될 때, 다른 문화들에서 온 사람들은 무시와 평가절하 당한다는 느낌을 가진다. 이것은 무의식중에 어떤 역사, 언어 또는 문화가 거절되거나 무시되기 때문에 일어날 수 있다. 문화적 유산과 실재를 거부하는 것은 정체성을 무시하는 것이다.

여러분은 훈련 상황 속에 있는 모든 다른 문화들에 대하여 의식하고 있는가? 훈련 언어가 모국어가 아닌 사람들이 자신들을 자유롭게 표현할 수 있는가? 여러분은 어떻게 여러분이 가르치고 있는 방법과 내용이 옳다고 확신하는가? 여러분이 하는 훈련을 독립적인 관찰자에게 요청하여 각 사람이나 그룹이 얼마만큼이나 동등한 목소리를 내고 있으며, 어쩌면 여러분이 의식하지 못하고 있는 문화적 가정들에 대해 여러분에게 어려운 질문들을 제기하게 하여 평가받을 것을 고려해보라.

4) 건강한 다중문화적 학습 상황을 만들라

교차문화적 이슈들은 해결하기가 어려운데 부분적으로는 그것들이 진리에 대한 의식하지 못하는 가정들에 깊이 뿌리를 내리고 있기 때문이다. 우리가 가진 무의식적인 가정들이 도전에 직면하기 전에는 우리는 그것들을 깨닫지 못한다. 왜냐하면 그것들은 아주 깊이 자리 잡고 있기 때문에, 도전이 올 때 자연스럽게 방어적으로 행동하게 된다. 학습이 일어나려면, 훈련자들에게 익숙해져 있는 것과 다른 생각이나 행동 양식에 대해 방어적인 자세를 극복하고 솔직한 의사소통을 하는 것이 결정적으로 중요하다.

다른 문화권으로부터 온 어른들을 포함하는 학습 상황에서 훈련자가 학습 그룹의 **모든** 멤버들을 적극적으로 인정해주고 모두가 말할 수 있는 동등한 기회를 가지고 있음을 확인해주는 것이 중요하다. 말하는 데 있어 동등한 기회의 부족은 학습에 참여하는 사람들 중에 학습 언어에 있어 완전히 능통하지 못한 사람들이 있을 때 종종 더 심화된다. 만일 이것이 적절히 고려되지 않는다면, 원어민들은 덜 유창하게 말하는 사람들을 덜 성숙한 사람인 양 무의식적으로 행동하기가 쉽다. 모든 멤버들이 각자 다른 이들을 성숙한 어른들로 보고 모든 이들의 학습에 똑같이 귀중한 기여를 하고 있음을 확신시켜주는 것은 교사의 책임이다.

훈련생들이 아니라 훈련자들이 다른 문화에서 온 경우에도, 훈련자들 역시 자신들의 교육과 교육 과정에 관한 무의식적 가정들을 검토해보기 위한 추가적 노력을 할 필요가 있다. 커리큘럼은 학생들의 문화와 세계에 대한 총체적 관점에 의거하여 주의 깊게 검토될 필요가 있다. 학습 내용과 가정들에 대해서는 학생들과 같은 문화권에서 온 지도자들로부터 조언을 받아야 하며, 심지어는 외국인 훈련자들에게 매우 명확해 보이는 이슈들에 관해서도 그렇게 해야 한다.

이러한 이슈들에 대해 내가 지나치게 강조하고 있는 듯이 보일지 모른다. 나는 너무도 자주 훈련자들이 문화가 다른 훈련생들을 미처 아무것도 모르는 어린이처럼 대하는 것을 보았다(심지어 훈련자보다 훈련생이 나이도 많고 경험도 많은 경우에도!). 나는 또한 개인적으로 다른 문화들로부터 온 사람들에 의해 가르침을 받는 많은 성숙한 성인 그리스도인들의 삶 속에서 그들의 문화, 역사 및 진리에 관한 관점이 평가절하 당함으로 나타난 파괴적인 결과들을 보아왔다. 그 결과들은 정체성의 혼란과 침체이다. 이러한 것은 중단되어야 마땅하다! 성인 교육은 다른 것을 존중하는 것과 관련된 것이다. 성인 교육에 있어서 인간 다름의 측면을 가진 문화라는 것이 너무 자주 무시되어 왔다.

아래 상자 안에는 타문화 상황 속에서 효과적인 성인 학습을 위해 중요한 몇 가지 원리들과 가치들의 대략이 기록되어 있다.

> **성인을 위한 훈련 프로그램을 만드는 사람들을 위한 지침들**
>
> 1. 여러분의 커리큘럼과 접근 방법들이 단지 지성을 개발하는 것이 아니라 전인격 개발에 초점이 있다는 것을 분명히 하라.
> 2. 지식을 실제 삶과 인간 경험으로부터 고립시키려는 어떠한 경향에 대해서도 적극적으로 대항하라.
> 3. 모든 문화들과 유산들은 존중되고 인정되어야 함을 분명히 하라. 훈련자들은 자신들의 방식이 최선 또는 유일한 방법이 아니라는 것을 분명히 하라.
> 4. 학습의 다른 패러다임들을 탐구하고 여러분이 배운 것을 실천에 옮기라.

2. 좋은 성인 교육가들은 어떻게 하는가?

1) 학습자에게 초점을 맞춘다

선교 훈련을 포함하여, 어떤 상황에서든지 효과적인 성인 교육자가 되는 열쇠는 정보를 전수하는 데 초점을 맞추기보다는 **학습자에 초점을 맞추는**(learner-focused) 사람이 되는 것이다. 학생들의 필요보다는 우리가 준비한 내용을 남김없이 전달하고 우리에게 편안한 학습 경험들을 제공하는 것을 포함하여 우리 자신들의 필요와 갈망들을 우선시하고자 하는 것은 커다란 유혹이다.

많은 선교 훈련자들을 포함하여, 어떤 사람들은 학습자에 초점을 맞추는 것을 두려워한다. 아마도 그들은 통제력을 잃어버리게 되고 결과적으로 혼란이 일어나지 않을까 염려한다. 만일 자신에 대해 어떤 의혹을 가진 사람들이라면, 그들은 훈련생들이 더 자유를 갖도록 하는 것은 훈련자의 지식이나 능력의 부족이 드러나 체면이나 지위를 잃어버리게 하는 위험을 증가시킬 수 있다고 생각하여 염려한다. 이런 것들은 타당한 두려움들이다. 그러나 성인 학생들은 어린이 학생들이 하는 것처럼 교사들에게 종속되지 않는다. 교사 및 훈련자들은 모든 것을 아는 사람들이 아니다. 때때로 훈련생들이 우리가 하는 것보다 더 좋은 생각들을 가질 수 있으며 심지어 우리가 생각하고 일을 처리하는 방식에 도전을 줄 수 있는 새로운 통찰력들을 내놓을 수 있다. 이런 것을 긍정적으로 보아야 한다. 성인들을 위한 효과적인 교사가 되기 위한 출발점은 우리 모두가 함께 배운다는 사실을 인정하는 것이다.

훈련생들을 향한 여러분의 태도를 점검해보라. 여러분은 그들을 성인으로 보는가 아니면 미숙한 사람이나 어린이로 보는가? 솔직히 여러분과 비교해서 그들은 얼마나 많이 알고 있다고 간주하는가? 그들이 여러분을 가르칠 수 있는 어떤 것을 가졌다고 생각하는가? 여러분은 훈련생들을 어떤 방식으로든 두려워하는가? 이유는 무엇인가? 그러한 두려움들을 극복하기 위해 여러분이 할 수 있는 것은 무엇인가?

2) 힘을 실어준다

가르친다는 것은 모든 인간의 사회적 활동처럼 복잡한 과제이다.

때때로 학습 경험 속에 있는 역동성을 규명해내기는 매우 어렵지만, 가장 중요한 것 중 하나는 그 과정에 있는 교사의 숨겨진 의도(hidden agenda)이다. 이것은 암묵적인 것으로 종종 교사의 가르치는 방식을 지배하는 표현되지 않은 철학이다. 숨겨진 의도는 긍정적이거나 부정적인 것이 될 수 있고 혹은 두 가지 특성이 혼합된 것일 수 있다.

사람들이 가르치는 데에는 다양한 이유들이 있다. 사람들의 지식, 기술 혹은 성품이 자라도록 돕고자 하는 갈망, 사람들을 도와서 새로운 도전들에 직면하도록 하는 것, 또는 개인들이 문제를 해결하도록 돕는 것 등이다. 그러나 교사들 역시 의미, 지위, 권력 및 통제력의 필요를 채우기 위해 가르칠 수 있다. 성인 교육에 있어, 교사 자신이 중요하다는 느낌을 갖고자 할 때 학습에 있어 중대한 장애를 초래할 수 있다. 성인들은 사회의 책임 있는 구성원들로서 자신들과 관련된 문제들에 대해 조언을 얻기 원하며 **자신들의 목표들을 성취하는 것을 도와주는** 교육을 기대한다.

당신의 숨겨진 의도를 규명할 수 있는가? 그것은 무엇인가? 당신이 봉사하는 의도는 누구의 필요를 채우기 위해서인가? (당신 자신, 훈련생, 교단 지도자들, 다른 사람들?) 당신의 훈련 상황 안에서의 힘의 균형은 어디에 있는가? 이것을 보여줄 수 있는 그림을 그려보거나 모델을 세워보라. 그것이 당신이 하고 있는 일에 주는 의미들을 생각해보라. 바꿔야 할 필요가 있는 어떤 것은 없는가?

3) 긍정적인 학습 상황을 개발한다

학습은 일종의 사회적 과정(social process)이다. 때로 그것은 교사들이 생각하듯이 전달되는 지식을 수동적으로 획득하는 것을 통해 일어날 것처럼 보인다. 학습은 사회적 상황(social context) 속에서 일어난다. 인간의 상호작용은 비록 그것이 단지 최소한의 관계성을 가진 것이라고 하더라도 항상 사회적 그리고 감정적 차원들에 의해 영향을 받는다. 사회적 환경에는 많은 다양한 행동자들과 차원들이 존재하는데 그것들은 학습자, 다른 학습자들, 교사, 교사와 학습자들의 조직적인 상황, 확대 가족 및 교사와 학습자 양자 모두에 영향을 주는 다른 영향력들과 같은 것이다. 이러한 모든 관계들은 학습자와 교사들이 서로 관계를 맺는 것과 그들 상호간에 의사소통을 해석하는 방법에도 영향을 준다. 종종 이 영향력은 근원을 알 수 없는 생각들과 태도들에 근거하고 있기에 무의식적으로 나타난다.

3. 성인 학습자들의 특성

1) 성인들은 스스로 결정하는 능력이 있는 인간 존재들이다

성인들을 훈련하는 사람들이 가장 어렵게 받아들이는 것은 그들의 학생들이 성인들이라는 사실이다. 이것은 성경학교와 기타 기독교 사역 훈련 프로그램들의 **모든** 학생들에게도 적용된다. 훈련 중에 있는 그리스도인들을 마치 미성숙한 어린아이처럼 보는 것은 공통적인 실수이다. 성인들은 스스로 결정하는 능력이 있는 인간 존재들이다. 그들은 결혼하고, 자녀들을 낳고, 가정을 꾸려나가고, 직장과 다른 책임들을 가지고 있는데 후견인이 필요한 존재가 되는 것을 기뻐하지 않는다. 성인들은 이미 자신들의 운명들을 형성하고 있고 그것을 성취하는 것에 대한 도움을 추구한다. 그들은 모든 것을 다 아는 교사가 그들을 채워주기를 기다리는 빈 그릇과 같은 사람들이 아니다. 이러한 교육에 대한 관점은 브라질 교육가인 파울루 프레이리(Paulo Freire)²에 의해 매우 잘 드러났고 비판받았는데, 그는 그것을 "교육의 은행 적립식 개념"(banking concept of education)이라고 불렀다. 프레이리는 교사가 모든 것을 알고 지식의 선물을 아무 것도 모르는 사람에게 주는 개념을 떠나 학생들과 교사 **양측 모두**가 동시적으로 배우며 가르치는 개념을 가져야 할 필요성에 대해 말하고 있다.

성인 학습 이론의 "아버지"로 널리 알려져 있는 말콤 노울스(Malcolm Knowles)는 성인 학습자들의 네 가지 특성들을 다음과 같이 묘사하였다.³

(1) 성인들은 무엇인가를 배우는 노력을 하기 전에 왜 그들이 그것을 배워야 하는지 알 필요가 있다.

당신은 몇 가지 방법들을 사용하여 이것을 할 수 있다.
- 훈련생들로 하여금 자신들의 필요들을 규명하게 하고 학습 경험이 어떻게 그들로 하여금 이것들을 성취하도록 도울 수 있는지를 보여주라.

훈련생들에게 할 필요가 있는 것과 현재 그들이 할 수 있는 것 사이의 역량의 차이를 보여주라.
- 훈련생들이 극복해야 하는 부적절한 태도와 감정적 반응들을 일깨우는 역할극을 하라.
- 훈련생들이 배우게 될 것들이 왜 자신들과 다른 이들에게 도움이 될 것인지를 이해하도록 하는 사례 연구들이나 이야기들을 사용하라.

---

2 Paulo Freire, *Pedagogy of the Oppressed*, (New York: Continuum, 1994), 53.
3 Malcolm Knowles, *The Adult Learner: A Neglected Species*, (Houston, TX: Gulf Publishing, 1990), 57-63.

(2) 성인들은 스스로 방향을 결정하며 이것에 대해 존중받아야 하는 깊은 심리적 필요를 가지고 있다.

이 영역을 다루는 데 있어 주요한 원리는 성인 학습자들에게 동일한 최종 결과를 낼 수 있는 여러 경로들 중 하나를 선택할 수 있는 통제권을 누리게 해야 한다는 점이다. 다만 성인 학습자에게 필요한 것이지만 그대로 두면 그가 선택하지 않을 수 있는 경우, 훈련자는 강요하기보다는 합리적인 근거를 제공함으로 훈련생이 참여함으로 얻는 유익들에 대해 확신하도록 만들어 주어야 한다. 선택을 제공하는 방법들은 다음과 같다.

- 여러 가지의 학습 목표들을 위해서, 훈련생들이 할 수 있는 몇 가지 대안적 활동들을 제공하고 그들로 하여금 자신들에게 맞는 최상의 활동을 선택하도록 허용하라.
- 학습 계약서들(learning contracts)을 이용하라. 이것들은 전체 과정에 더욱 잘 적용될 것이지만, 프로젝트나 숙제들에 사용될 수 있다. 이 방법을 통해 훈련생과 훈련자는 어떻게 학습 목표들이 방향성을 가지고 움직이게 될 것인지, 어떻게 훈련생들이 학습 목표들을 성취할 것인지, 훈련생들이 학습 목표들을 달성하기 위한 시간 일정과 훈련자들이 훈련생들에게 책임을 물을 수 있는 방법 등을 타협한다.
- 특정한 학습 활동이 어떤 학습 목표들을 성취하기 위하여 사용되고 있는지를 분명하게 전달하라. 그러나 훈련생들의 견해에 귀 기울일 수 있을 만큼 충분히 유연성을 가지고 만일 훈련생들이 더 좋은 접근 방식을 제안한다면 조정하고 바꿀 준비를 하라.

(3) 성인들은 삶의 경험을 학습 경험에 가지고 들어온다. 이것은 앞으로의 학습과 관련하여 긍정적이거나 부정적인 영향을 미칠 수 있다.

- 내가 사용하는 원리 중 하나는 그룹 중에 누가 이미 알고 있는 어떤 것을 가르치려고 시도하지 않는 것이다. 특히 그 사람이 그 영역에 있어 나보다 훨씬 자격이 있는 사람이라면 그렇다! 여러 가지 영역들에 대한 경험이 있어서 더 잘 가르칠 수 있는 훈련생이 있다면 그에게 가르칠 기회를 넘겨주라.
- 훈련생들의 삶의 경험을 학습을 위한 예시적 출발점으로 사용하라. 이것은 질문들에 의해 부각될 수 있고 혹은 이야기들이나 지금 검토되고 있는 것들과 관련된 사례 연구들을 통해 자극될 수 있다. 이러한 것들을 추상적인 사례들 그 자체로서보다는 훈련생들의 경험을 토론으로 이끌어내기 위한 발판으로 사용해야 함을 기억하라.
- 가끔씩, 특별히 그것이 학습 기술들이나 태도들에 관련하여 작업하는 것이라면, 훈련생들로 하여금 그들이 학습하고 있는 것들과 연관짓는 것을 돕기 위해 실제 삶, 혹은 가상적(simulated) 삶의 경험을 만들어내는 것이 필요하다.
- 제일 다루기 어려운 것들은 종종 부정적 삶의 경험들로서 그것들은 학습 상황 속에서 훈련생의 반응에 해롭게 영향을 미친다. 이런 경우 토론, 역할극 또는 모의실험을 통해 훈련생으로 하여금 부정적 경험을 해체할 수 있도록 하는 것이 좋다.

(4) 성인들은 현재 삶의 경험을 직면하는 데 필요한 것들을 배울 준비가 되어 있다.

이것이 아마도 기관에 기초를 둔 훈련(institution-based training) 프로그램들에게 가장 어려운 영역일 것이다. 훈련이 학습자들의 상황 속에서 이루어진다면 훈련을 실제 삶의 문제들과 연관시키는 데 훨씬 더 쉬울 것이다. 기관에서의 훈련이 이러한 필요를 채우기 위해 적용할 수 있는 다음과 같은 방법들이 있다.

- 실제 사역에 있어 이슈가 되는 것을 다루기 위한 특별한 방식의 훈련(modularized training)을 제공하고, 이미 만들어진 순서나 시간표에 의해서 훈련하기보다 훈련생들이 그것을 할 필요가 있을 때 할 수 있도록 허용하라.
- 만일 위의 방식으로 훈련을 재조직할 수 없다면, 기관에서의 훈련 환경 안에서 실제 경험을 가상적으로나마 체험하게 하거나 아니면 학생들을 밖으로 내보내어 실제 경험을 하도록 하라. 이것은 훈련생들로 하여금 무엇이든 요구되는 것을 배워야 한다는 필요를 느끼도록 자극할 것이다.
- 어떤 경우들에 있어서는 훈련생의 선발을 신중하게 하는 것이 그들로 하여금 꼭 필요로 하는 경험을 갖도록 하고, 훈련에서 제공되는 것들이 그들에게 실제로 필요하다고 느끼도록 하는 것을 보장하여 줄 것이다.

4. 성인들은 어떻게 학습하는가?

1) 성인들은 다양한 학습의 형태를 가지고 있다

성인들은 여러 가지 방법으로 배우기 때문에 성인 교육가들은 그룹안의 **모든** 성인들의 필요들에 맞출 수 있도록 자신들의 교수 형태를 조정할 필요가 있다. 세 가지의 주요한 학습 형태들-청각적, 시각적,

그리고 신체감각적⁴-이 규명되었지만 이것만이 전부라거나 또 각각의 형태가 상호배타적이라고 볼 근거는 없다(각각의 성인은 그 형태들을 결합시킬 수도 있고 무엇을 공부하는가에 따라 선호하는 형태를 바꿀 수도 있다).

(1) 청각 선호(auditory) 학습자들

청각 선호 학습자들은 듣기를 통해 배우는 것을 좋아한다. 그들은 듣는 것을 좋아하고, 소리에 이끌리며 소음에 민감하여 주의력을 상실한다. 그들은 읽기보다 듣는 것을 선호한다. 그들은 질문과 대답, 강연, 이야기, 짝으로 하거나 그룹으로 하는 토의 그리고 음악을 포함하여 다른 청각적 접근을 사용할 때 가장 잘 배운다.

(2) 시각 선호(Visual) 학습자들

시각 선호 학습자들은 읽기, 텔레비전 시청과 사진 보기, 도면들이나 만화들을 보기를 좋아한다. 그들은 보다, 응시하다, 나타나다, 그리다, 명백하게 하다, 개관과 같은 단어들에 매력을 느낀다. 그들은 엄청난 어휘력들과 자문 기술들을 가지고 있을 수 있다 반면에 말을 많이 하지 않고, 오래 듣는 것을 좋아하지 않으며, 지저분한 것이나 동작에 의해 쉽게 주의력을 상실한다. 시각 선호 학습자들은 포스터나 도표, 시각적 전시물, 소책자, 팜플렛과 인쇄물, 그리고 다양한 색깔과 형상을 통해 배운다.

(3) 신체감각 선호적(Kinesthetic) 학습자들

신체감각적 혹은 촉각적 학습자들은 **행함**(doing)을 통해 배우기를 좋아한다. 그들은 주변을 많이 움직이고, 연필들을 두드리며, 의자에

---

4 Rita Dunn and Kenneth Dunn, *Teaching Students Through Their Individual Learning Styles: A practical approach*, (Englewood Cliffs, NJ: Prentice Hall, 1978).

앉는 자세를 전환시키고, 쉬는 시간을 자주 가지기 원하고, 게임들을 즐기는 한편, 읽는 것을 좋아하지 않는다. 팀 활동이나, 즉각적 경험, 역할극, 모의상황연출, 노트 필기하기, 그리고 감정적 토론을 통해 그들을 가장 효과적으로 훈련시킬 수 있다.

모든 성인들은 다양성을 좋아한다. 현실적으로 모든 사람의 개인적 선호들을 항상 만족시킬 수는 없지만 각 수업시간마다 여러 가지 교수 방법들을 활용하여 동일한 핵심들을 강조한다면 학습자들 각자가 자신들에게 잘 맞는 어떤 것을 경험하게 될 것이고, 또한 참여하는 모든 이들에게 흥미롭고 신선한 자극을 주는 학습 경험을 제공하게 될 것이다. 이것은 훈련자들이 더 많은 준비를 해야 하며 다양한 교육적 도구들, 상황들, 접근 방식들과 방법들을 사용해야 한다는 것을 의미한다.

2) 성인들은 자신들의 학습에 대해 통제력을 갖기를 좋아한다

성인들은 자신들이 좋아하지 않거나 동의하지 않는 일들을 하도록 강요받는 것에 저항할 것이다. 이것은 성인 학습자들이 학습 목표들을 완수하기 위해 대안적 방안들을 선택할 수 있게 하거나, 아니면 그들이 좋아하지 않는 방법들이 사용되는 곳에서도 그들이 학습에 참여하는 것을 선택하도록 하는 교수 방법에 있어서의 전략을 요구한다. 학습자들은 종종 훈련자들이 학습의 목적을 명백하게 설명할 때 자신들이 좋아하지 않는 학습 과제들의 가치를 크게 깨닫게 될 수 있다. 역할극은 이것에 대한 좋은 예가 되는 교육적 테크닉이다. 역할극은 태도와 느낌을 학습하기 위해 특별히 중요한데 그것은 훈련생으로 하여금 다른 사람의 전망을 경험하도록 돕는다. 대부분의 사람들은 자신들만의 안전지대 밖으로 움직여 나가기를 즐기지 않지만, 역할극은 아주 실제적인 좌절의 느낌과 분노, 불편함을 실제로 느끼도록 해줄 수 있다.

> 나는 역할극 하는 것을 싫어한다. 나는 그것을 할 때 바보처럼 느껴지고 자연스럽지 않다.

> 많은 사람들이 역할극 하기를 싫어하는데 그것이 그들로 하여금 불편한 느낌을 갖도록 하기 때문이다. 그러나 우리가 이해하고자 하는 것은 사람들이 교실에서 편견에 부딪혔을 때 어떻게 느끼는가 하는 것이다. 이것은 느낌에 관한 것이지 인지적 활동이 아니다. 만일 우리가 역할극에서 불쾌한 느낌을 경험했다면, 우리는 훈련 상황에서 사람들이 그것을 경험하게 될 것에 대해 더욱 민감해질 수 있을 것이고 따라서 그것을 방지하고자 할 것이다. 우리가 할 수 있는 또 다른 것은 고의적으로 우리 자신을 힘없는 소수의 입장에 놓아보는 것이다.

> 이것은 조금 위험스러울 수도 있다고 보는데 어떻게 생각하는가? 만일 그들이 내가 적이라고 결정을 내리고 나를 본보기로 삼기 원한다면 어떻게 할 것인가?

> 좋다. 바로 그것이 아주 가능한 것이고, 그것이야말로 종종 소수 그룹 배경으로부터 온 사람들이 우리 교실 안에서 어떻게 느끼고 있는지를 보여주는 것이다. 그것이 우리가 역할극들을 사용하는 이유 중 하나인데 그것은 현실에 비해 조금 더 통제하기가 쉽고 따라서 참여자들에게 더 안전하다. 우리 또한 그룹 상황에서 무시당하고 불편하게 느꼈던 때에 관해 토론할 수 있지만 그것은 감정을 경험하고 그것을 직접 다루는 작업을 하는 것만큼 강력할 수는 없다.

> 좋다, 나는 기꺼이 역할극을 하겠다. 그 후에 만일 내가 정말로 용기를 갖게 되면 아마도 지역 슬럼가에 우리가 함께 갈 수도 있을 것이다.

3) 성인들은 실제 삶의 문제들을 해결함으로 배운다

노울스[5]는 성인들이 삶의 경험을 가지고 학습에 들어온다는 것을 우리에게 상기시키고 있다. 그들은 질문들과 의견들을 가지고 온다. 성인들은 문제들을 해결하기를 좋아한다. 현실 삶 속의 문제들로부터 시작한다면, 성인들은 학습 경험에 질문들을 끌어들이고

---

[5] Knowles, 1990.

학습 과정을 통하여 그러한 질문들에 대한 해답을 찾기를 기대한다. 이론 공부는 통찰력을 주고 질문들과 문제들에 대한 해답을 제시한다. 이러한 해답들은 실제 현실의 삶 속에서 실험될 필요가 있다. 이 학습의 개념은 종종 "상위 철로(top rail)-하위 철로(bottom rail)"로 언급되는데, 기차 철로를 은유로 사용한 것이다⁶. 상위 철로는 이론을, 하위 철로는 실제 삶 속의 실천을 나타내며 두 철로 사이의 침목들은 둘 사이를 오가는 성찰(reflection)을 나타낸다. 성찰은 실천에 비추어 이론을 평가하고, 이론에 비추어 실천을 평가하는 과정이다. 성찰이 없이는 이론이나 실천은 변하지 않는다. 아래 도형은 이 과정을 묘사하고 있다.

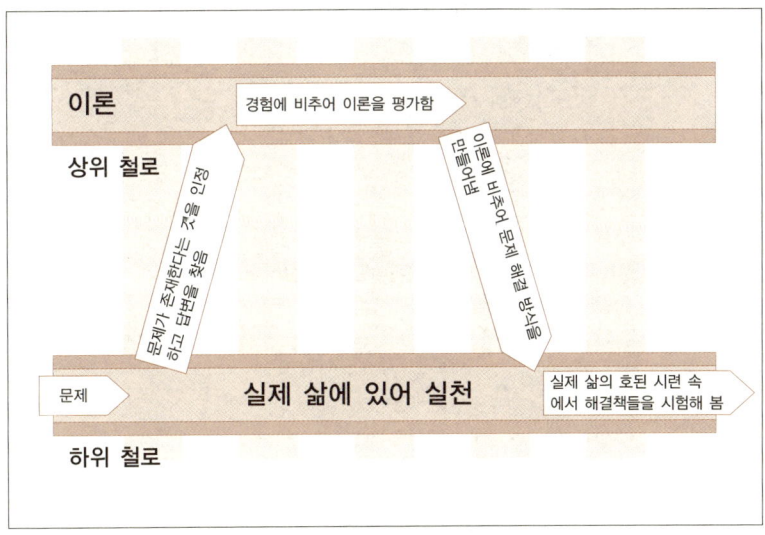

그림 5.1. 상위 철로-하위 철로 학습 방법
(출처: 프루드만의 상위 철로-하위 철로 개념을 각색함)

---

6 James Plueddemann, "The Real Disease of Sunday Schools," Evangelical Missions Quarterly 9(2), (1972), 88-92.

많은 사람들은 이 그림에 또 다른 단계를 추가하기도 하고 그것을 계속되는 사이클이나 나선형(spiral)으로 만들기도 한다. 콜브(Kolb)[7]가 아마도 이러한 모델의 최초 형태를 제안했을 것이다. 켐미스(Kemmis)[8]가 개작한 행동 연구 사이클 모델이 뒤이어 나왔다.

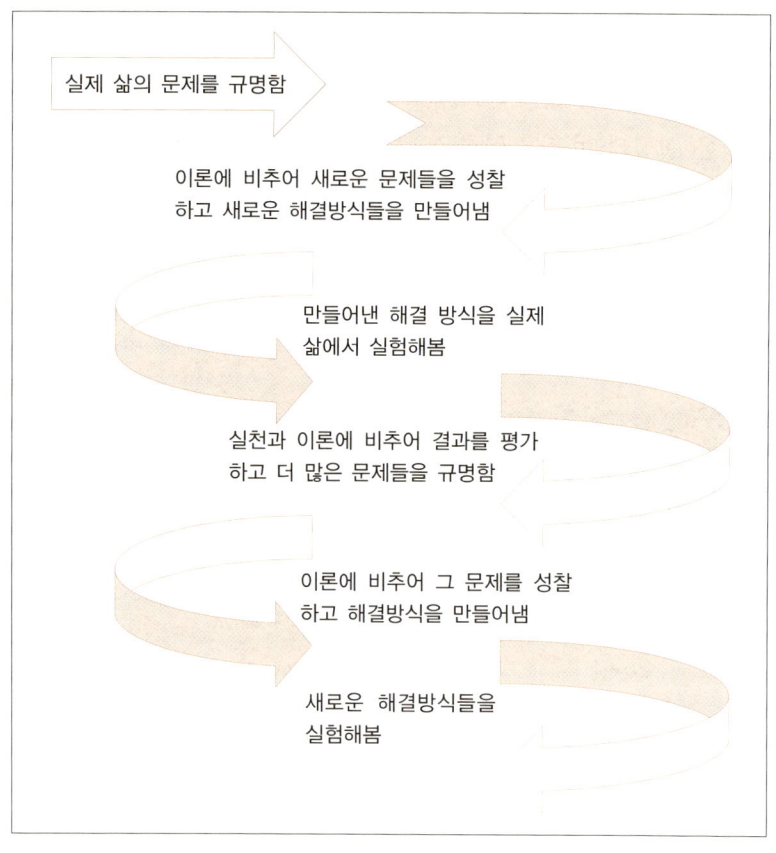

그림 5.2. 성찰하는 학습의 나선형 모델
(출처: 콜브의 학습 사이클과 켐미스의 행동 연구의 나선형 모델에서 각색함)

---

[7] David A. Kolb, Experiential Learning: Experience as the source of learning and development, (Englewood Cliffs, NJ: Prentice-Hall, 1984).

[8] Stephen Kemmis and Robin McTaggert, The Action Research Planner, (Geelong, Victoria: Deakin University Press, 1988).

많은 사람들에게 있어서 모든 교육의 목적은 위의 사이클의 자연스러운 연장인데 그것은 학습이 **성찰하는 실천가**(reflective practitioner)에 의해 수행되는 평생 과정으로 간주된다. 숀(Schon)[9]은 어떻게 전문적 기술의 발전이 훈련자와 학습자들 사이에 공동체적, 상호작용적, 성찰적 과정을 요구하는지를 설명한다. 그는 학습 과정 속에서 무엇이 전달되고 있는지 정확하게 규명하는 것의 어려움과 더불어 자기 자신들의 실천에 대해서 성찰하기를 원하지 않거나 자신의 안전지대 밖에 있는 접근방식들과 생각들을 탐구하기 원하지 않는 훈련생들이 얼마나 배우기 어려운지를 연구하였다.

달로스(Daloz)[10]는 성인 학습자들이 인간으로서 그리고 자신들의 학습 영역에서 성장하고 발전하는 것을 돕기 위하여 개인과 그룹 멘토링 양자 모두의 중요성을 강조하고 있다. 삶을 성찰하고 학습하고 있는 것을 학습자 개인의 상황과 사회적 상황에 적용하도록 하는 것이 멘토링의 주요한 부분이다.

> 학습 = 경험을 성찰하고, 변화하여
> 그 변화를 실천에 옮기는 것이다.

---

[9] Donald A. Schon, *Educating the Reflective Practitioner*, (San Francisco, CA: Jossey-Bass, 1987).
[10] Laurent A. Daloz, *Effective Taeching and Mentoring*, (San Francisco, CA: Jossey-Bass, 1986).

4) 성인들은 새로운 개념들이 그들이 이미 세계를 보는 방법과 조화를 이룰 때 배운다

아이들과 달리, 성인들은 세상이 어떻게 움직이고 있는지에 관해 이미 확립된 생각들을 가지고 있다. 메지로우(Mezirow)[11]는 이것을 그들의 내부적 구조들(internal structures) 혹은 의미의 전망들(perspectives of meaning)과 연관하여 설명했다. 이것들은 흔히 **의미 테두리들**(meaning frames)이라고 일컬어진다. 새로운 경험이나 정보가 내부 구조로 인해 쉽게 받아들여지지 않을 때, 그것은 자기 내부 구조와 비슷하게 만들어지던지 아니면 완전히 거부되든지 둘 중 하나다. 이것은 교육적 상황에서 새로운 개념들과 일을 실행하는 방법들을 기존에 수립된, 이해될 수 있는 패턴과 어울리도록 시도하는 것이 중요하다는 것을 의미한다. 만일, 그 개념이 완전히 새로운 것이라면, 의미의 가교들(bridges of meaning)을 세우는 것이 필요할 것이다.

5) 성인들은 다양한 동기들을 가지고 있다

아이들과 달리, 성인들은 학습 경험에 참여할 것인지 말 것인지를 선택할 수 있다. 이것은 학습에 있어 성인들의 동기를 이해하는 것이 매우 중요하다는 것을 의미한다. 동기는 복잡한 영역이다. 성취 지향적 학습자들에게는 도전들을 주는 것이 필요한 반면, 실패를 두려워하는 사람들에게는 훈련자가 격려와 지지하는 학습 환경을 제공하는 것이 필요하다. 어떤 학습자들은 그룹 안에서의 인격적인 상호작용을 통해 일차적으로 동기부여를 받는다. 이해해야 할 주요한

---

[11] Mezirow, "How Critical Reflection Triggers Transformative Learning," *Fostering Critical Reflection in Adulthood*, (San Francisco, CA: Jossey-Bass, 1991), 1-20.

사항은 각기 다른 훈련생들은 학습 형태의 경우와 같이 각기 다른 것들에 의해 동기 유발을 받게 될 것이기 때문에 다양한 학습 활동을 제공하는 것이 좋다.

6) 성인들은 다양한 교수 방법들을 높이 평가한다

공식적 학교 교육이 성인들이 가지고 있는 유일하게 인정하는 학습 경험이라면, 어떤 성인들에게는 덜 공식적이고, 상호작용적이며 더 창의적인 방식이 혼란을 줄 것이다. 따라서 훈련자는 동료들 간의 대화를 통해 학습 경험의 강도를 조절하는 한편, 다양한 교수 방법들을 사용하는 이유에 대해 설명할 필요가 있다. 이전의 학습 경험들이 성인들로 하여금 특정한 학습 형태를 기대하게 만든다는 이유만으로 그들이 학습의 다른 방법들에 마음을 열지 않거나 높이 평가하지 않을 것이라고 생각해서는 안 된다.

성인들을 위한 훈련 프로그램을 설정하고자 하는 사람들을 위한 지침들

1. 가능한 많은 다양한 훈련 방법들을 사용하되, 시각적, 청각적 그리고 신체감각적 학습 형태들에 동등한 강조를 두도록 하라. 가능하다면 각 형태와 조화를 이루는 대안적 학습 활동을 허용하고 훈련생들에게 자신에게 최선의 학습 방법을 선택할 수 있는 기회를 주라.
2. 훈련을 실제 삶의 상황들과 연결시키라. 삶의 경험으로부터 시작하여, 이론을 설명하고 그 후에 실제 삶의 적용으로 나아가도록 하라.

3. 지속적인 성찰, 평가, 실험과 개선을 격려하는 방법을 사용하라.
4. 최선의 성찰은 동일한 상황에 관해 대안적 전망들을 제공할 수 있는 다른 사람들과 함께할 때 자주 일어난다.
5. 훈련생들의 의미 테두리들을 이해하는 데 최선을 다하고 그들의 테두리로부터 새로운 개념들을 향하여 가교들을 세우라.
6. 의미의 감정적, 신체적 그리고 영적 차원들을 무시하지 말라.
7. 훈련생들이 학습에 더 개방적이 되도록 돕기 위해 신체적, 감정적 불편함을 부드럽게 활용하라.

5. 학습자와 훈련자의 의도가 균형을 이룰 수 있겠는가?

앞선 검토를 통해 명확해졌듯이, 성인들을 위한 학습 상황은 단일한 교수 방식에 의한 정적이거나 단조로운 한 가지 색채를 가진 것이 되어서는 안 된다. 성인들을 훈련하는 사람은 학습자들의 **모든** 필요들을 충족시켜야 한다. 이것을 효과적으로 하기 위해서는 전통적인 교사 중심의 과중한 가르침을 전달하는 것보다 매우 다양한 방법이 요구된다. 성인 교육은 다소 정리되어 있지 않은 상호작용적인 접근방식을 요청하기 때문에 학습 목표들은 분명하지만 그것들을 성취하는 경로들은 타협할 수 있어야 한다.

지금까지 본 장은 성인들이 자기 자신들의 학습을 통제하는 것과 학습자들이 느끼는 필요들을 채우는 코스를 분명히 하는 것의 중요성을 강조하였다. 하지만 이것만으로 충분하지 않을 것이다. 만일 훈련자들이 단지 학생들이 원하는 것만을 제공한다면, 그들은 학생들이 필요로 하는 어떤 본질적인 것들을 놓치게 만들 것이다. 커리큘럼 설계자들의 더 넓은 경험과 훈련 관련자들의 요구들은 훈련생들이 그 과정에서 필요하다고 느끼거나 또는 배우기를 원하는 것을 넘어선 요소들을 필연적으로 가지도록 할 것이다. 이것이 훈련자에게는 의미있는 도전을 제공한다.

학습자들의 필요들과 커리큘럼의 요구들의 균형은 단지 서로의 의사소통과 타협을 통해 성취될 수 있다. 이것은 학습 목표들이 명확할수록 그리고 훈련자가 특정한 훈련 방식들에 대한 이유를 더 명확히 설명할 수 있는 만큼 더 쉽게 이루어질 것이다. 분명한 학습 목표들은 훈련생들로 하여금 그들의 지식, 존재 또는 행동의 현재 상태와 졸업에 합당한 기대되는 상태 사이의 간격을 이해하도록 돕는다. 만일 훈련생들이 "합당한" 수준이라고 묘사된 것에 동의하지 않는다면, 훈련은 매우 어렵게 된다. 훈련생들이 느끼는 필요들로부터 시작하여 훈련의 목표들과 일치하는 더 진전된 성취를 향해 그들이 갈망을 갖도록 자극하는 것은 가능할 것이다.

이것을 바라보는 또 다른 방식은 훈련자들이 훈련생들이 느끼는 필요로부터 그들이 도달하여야 할 장소를 향해 가도록 가교들을 세우는 것이 필요하다고 보는 것이다. 이것은 훈련자가 훈련생들을 잘 이해하기 위해 노력을 기울여야 한다는 의미이다. 성인 교육에서 만일 이것이 이루어질 수 없다면 억지로 그들이 하고 싶지 않은 것을 하도록 만든다는 것은 불가능하다. 이것을 시도하는 것은 학생과 교사 양자 모두에게 해를 입히게 될 것이고, 최악의 경우 그것은 감정적, 영적 혹사가 될 수 있다.

성인들을 훈련하는 사람은 유연해져야 한다. 그것은 한 성인 훈련생이 교사가 원하는 방법이 아닌 다른 방식으로 학습 목표들을 성취할 수도 있다는 것에서 잘 드러날 것이다. 이 경우에 있어 왜 교사의 방법이 사용되어야 하는가 생각해볼 필요가 있다. 교사들과 성인 학생들 사이에 힘겨루기 이슈들에 대해 의식하는 것은 매우 중요하다. 교사가 일을 함에 있어 어떤 특정한 방법으로 할 것을 주장하는 것은 종종 단지 책임자가 되고자 하는 것이거나 학생들을 통제하고자 하는 것이다. 성인 학생들을 지도하는 교사들은 자기 인식과 더불어 겸손하여 그들의 학생들로부터 배울 준비가 되어 있어야 한다.

6. 결론

나이 30세에 알렉산더 대왕은 당시 알려진 세상을 정복하는 일을 마쳤다. 세상의 많은 나라들에서는 젊은 십대들이 결혼하고, 자녀를 낳으며, 가정을 세운다. 지난 2세기 동안 십대 및 이십대 초반의 사람들이 다른 나라들에 파송되어 기독교에 관한 경험과 지식이 전혀 없는 사람들 사이에서 교회들을 개척하였다. 세계의 기독교 사역 훈련에 참여하는 훈련생들은 그들의 훈련자들과 나이가 같거나 더 연장자들이다. 그들은 성인이며 위대한 일들을 할 능력이 있는 사람들이다. 한 성인 훈련자가 저지를 수 있는 가장 큰 실수는 그의 훈련생들이 성인이라는 사실을 잊어버리는 것이다. 만일 성인 훈련자 그의 훈련생들을 성숙한 개인들로 존중한다면, 그는 교육 과정에 대한 배타적인 통제를 내려놓아야 한다. 학습 목표들을 학습의 지도적 기반으로 사용하면서, 훈련자와 훈련생들은 목표의 성취를 향하여 일종의 상호작용하는 여행에 들어간다. 훈련자가 목표들의 성격을 이해하고, 훈련생들이 그것들을 성취하도록 도울 수 있는 다양한 훈련 테크닉들을 알고 있다면, 훈련생들은 자기 자신들을 알고 있는 사람들이며, 어떻게 최상으로 배우고 학습하고 있는 것이 자신들의 상황들에 어떻게 적용될 수 있을지 알고 있다.

어떤 훈련자들에게 성인 교육 이론은 혼돈으로 갑작스럽게 밀어 넣는 것으로 보인다. 또 어떤 사람들은 커리큘럼이 요구하는 바를 성취하지 못하게 될 것을 염려하거나 그들이 가지고 있고 나누고자 하는 많은 정보가 제대로 전달되지 않을까봐 걱정한다. 성인 학습의 초점은 학습자에게 있다. 우리는 훈련생들이 훈련의 목적을 성취하기 위해 우리와 함께 일하기를 원할 것이라고 믿을 만큼 그들을 충분히 신뢰하고 존중하는가?

인간 경험에는 많은 차원들이 있다. 이것들은 사회적 상호작용들과 상황, 개인적 역사, 감정, 영성, 개성, 문화적 배경과 경험, 학습 형태와 동기 등을 포함한다. 이 모든 것들은 어떻게 한 개인이 학습 경험과 상호작용하며, 어떻게 그 속에서 그들이 잘 배울 수 있을 것인가에 영향을 미친다. 어떤 훈련자도 그의 훈련생들의 모든 필요들과 성향들을 만족시킬 수는 없을 것인데, 심지어 일대일로 훈련시킨다고 해도 그렇다. 그러나 모든 훈련자들은 학습자들의 대부분의 필요들을 채워줄 잠재력을 가진 다양한 학습 상황을 최대한 제공해주어야 한다.

만일 여러분이 성인 교육가가 되기를 원한다면, 여러분은 힘들지만 동시에 매우 보상이 많은 임무를 선택하고 있는 것이다. 성인 학습자들과 상호작용하며, 그들을 이해하고 그들의 필요를 채우기 위한 노력에는, 여러분이 말하고 인도하는 데 시간을 사용하는 것만큼 그들과 함께 시간을 보내며, 그들로부터 들어야 할 것이다. 가끔씩 여러분은 무력하다고 느낄 것이고, 때때로 일들이 당신의 통제권을 완전히 벗어났다고 보이겠지만, 여러분은 또한 사람들이 밖으로 뻗을 힘을 얻고(empowered) 그들의 마음에 있는 것을 성취하는 것을 보게 되는 놀라운 특권을 갖게 될 것이다.

요약

1. 성인들은 자기 자신들의 학습에 통제력을 갖기 원한다.
   1) 그들은 자신들이 무엇을 배우기 원하는지를 안다.
   2) 그들은 어떻게 배울지를 결정할 수 있기를 원한다.
   3) 그들은 배우는 것을 지금 사용하기 원한다.
   4) 그들은 훈련자들이 그들이 말하는 바를 듣는 가운데 그들과 함께해줄 수 있기를 원한다.

2. 각각의 성인들은 각각 다른 방법들로 학습하며 모든 성인들은 다양성을 좋아한다.

3. 가르치는 것은 실제 삶의 문제들로부터 시작하여, 그것들을 이론에 비추어 성찰하고 이끌어 낸 해결책들을 실제 삶에서 시험해보는 것의 과정을 따라 설계되어야 한다.

4. 새로운 생각들은 만일 그것들이 이미 존재하는 의미의 구조와 연관될 수 있을 때보다 쉽게 채택될 것이다.

5. 성인들은 사회적이고 물리적인 상황 속에서 살고 있다. 학습과 가르침은 이러한 상황들과 적극적으로 상호작용할 필요가 있다.

5장_ 실천하기
여러분 프로그램 속에 있는 성인 학습 요소들 분석하기

여러분 프로그램을 생각하는 가운데 다음 질문들에 답변해보시오.

1. 학습을 통제하는 사람은 누구인가? 이유는?

2. 여러분은 다른 것에 대해 얼마나 가치를 부여하는가? 어떤 차원의 다름이 여러분의 프로그램에 존재하는가? 여러분은 다른 것에 가치를 부여하고 있음을 어떻게 정확히 표현하고 있는가?

3. 그림 5.1.과 5.2.에 기초하여 여러분의 프로그램이나 코스들을 구성해보라. 그림에 있는 "문제"는 학습자들이 학습 전, 혹은 학습 중에 경험한 문제라는 것을 유의하라.

4. 여러분은 사회적 상황의 어떤 차원들과 상호작용하고 있는가? 특별히 정서적, 권력, 타문화 및 다중문화 차원들을 고려하라.

5. 여러분의 물리적 환경은 어떤 메시지를 전달하고 있는가?

2부

전인적
선교 훈련
설계 과정

6장 _ 훈련관계자가 가져야 할 전제와 합의점 만들기

조나단 루이스(Jonathan Lewis)

 훌륭하게 짜여진 균형 잡힌 선교 훈련 프로그램을 갖고 있지만, 정작 핵심적인 역할을 담당해야 할 관련 지도자들의 전적인 지원을 받지 못해 그 훈련 프로그램이 제대로 실행하지 못하는 경우가 많이 있다. 만약 관련 지도자들이 훈련 프로그램을 기획하고, 준비하는 과정에 참여하지 않는다면, 그 훈련 프로그램을 제대로 이해하지 못하거나 그 훈련 사역 자체에 의미를 부여하지 못할 가능성이 높은데, 이러한 현상은 그 훈련 프로그램이 전통적인 방식이 아닌 혁신적이고, 전인적 훈련을 지향할 때 더 뚜렷하게 나타난다. 지도자들이 충분한 동기부여를 받지 못했을 때는 아무리 잘 만들어진 훈련 프로그램을 갖고 있고, 또 주변 사람들이 그 훈련의 필요와 유익에 대해 추천을 해준다 하더라도 예비 사역자들에게 그 훈련을 받도록 보내지 않을 수 있다.

 예비 사역자를 발굴하고, 지원하며, 배치하는 데 관련된 핵심 지도자들의 그룹을 "훈련관계자들"(stakeholders)이라고 부른다. 선교 훈련의 차원에서는 이 그룹에 파송 교회, 파송단체, 그리고 선교 현지의 팀과 교회 등이 포함될 수 있다. 선교 훈련은 바로 그들을 섬기는 역할을 담당하고 있기 때문이 그들이 바로 "고객들"(clients)이다. 다른 사역 훈련의 차원에서는 교회, 교단 지도자, 선교 단체 지도자, 그리고 사역 훈련자들이 "훈련관계자"가 될 수 있다. 사역 훈련자들은 훈련생들이 훈련을 받을지의 여부를 결정하는 사람들이기 때문에 그들의 고객을 "훈련생"이라고 생각하기 쉽다. 그러나 "훈련" 그 자체를 교회 혹은 단체에 속한 인적 자원 개발의 차원에서 이해한다면, 훈련관계자는 "개인"이기보다는 사람들을 통해서 사역의 목표를 실행하고 있는 "기관"이 되어야 할 것이다. 파송 교회와 선교사를 받는 현지 교회, 사역 단체 혹은 선교 단체, 사역 현장의 팀 등이 이 인적 자원의 직접적인 수혜자들이다. 그럼에도 불구하고 많은 경우(일반적으로 신학 훈련 혹은 성경 연구에 목표를 둔 기관들)에 예비 훈련생들이 직접 다양한 교육 기관들 가운데서 선택하고 있는 실정인데, 이 기관들은 대부분 사역에 필요한 특정한 분야의 역량을 개발하는 데 그 목표가 있는 것이 아니다. 이러한 현상이 바로 예비 훈련생이 훈련 프로그램의 "고객"이라고 생각하게 만들고, 훈련 기관의 모집 혹은 동원을 위한 노력의 중심에도 바로 "기관"이 아닌 "개인"이 자리 잡게 하는 요인이 되고 있는 것이다.

훈련 프로그램이 성공하려면, 당연히 훈련생이 필요하다. 만약 사역 훈련의 직접적인 수혜자인 "고객"이 사역 훈련을 예비 훈련생들의 선택 사항으로 간주해버린다면, 훈련생들은 자연히 가장 쉽고, 적은 대가를 지불하는 간편한 훈련 프로그램을 선택할 여지가 많을 것이다. 만약 이런 일이 선교 훈련에서 발생한다면, 타문화와 언어의 장벽을 극복하지 못하고, 효율적으로 선교 사역을 감당할 수 있는 적절한 지식과 기술을 습득하지도 못할 뿐 아니라, 더 나아가 선교사로서 갖추어야 할 기본적인 성품과 영성을 충분히 함양하지 못한 채 교회 혹은 선교 단체의 요구 조건 가운데 하나를 형식적으로 충족하는 차원에서 훈련이 끝나버릴 가능성이 많다. 선교사의 중도 탈락과 관련된 주요 연구 자료들을 살펴보면 선교사가 지속적으로 선교 활동을 할 수 있기 위해서는 명목상이 아니라 실제적인 효과가 있는 전문적인 타문화 선교 훈련이 얼마나 중요한가를 잘 보여주고 있다.[1]

이 장은 당신의 "훈련관계자"(stakeholder)가 누구인지를 발견하게 하고, 그들로 하여금 "프로파일링 과정"(profiling process)을 도출할 수 있도록 격려하는 데 그 목표가 있다. 아울러 훈련관계자들로 하여금 공감대 형성 중심의 활동과 훈련 프로그램의 진정한 소유권을 갖도록 하는 데 있어서의 당신의 역할을 배우게 될 것이다.

1. 공식적 성경학교 훈련의 역할

훈련관계자가 누구인지를 규명하기 전에 시역 훈련에 있어서 성경학교를 포함한 공식적인 신학 훈련의 역할을 이해할 필요가 있다. 20세기에는 대부분 2년에서 4년 정도 기간의 전통적인 성경학교 훈련 프로그램이 보편화되었다. 이러한 성경학교 제도는 파송 교회, 선교 단체 혹은 교단 선교부, 그리고 훈련 단체들 사이의 공생관계를

---

[1] 세계복음주의연맹 선교위원회는 1994년부터 1997년까지 14개국을 대상으로 선교사 탈락실태를 조사한 바 있다(『잃어버리기에는 너무 소중한 사람들』, 윌리암 D. 테일러 편집, 서울: 죠이출판부, 1998). 이 조사를 통해 선교지에 가기 전에 받는 훈련이 매우 중요하다는 사실을 알게 되었다. 두 번째 선교사 중도탈락에 관한 연구가 2002년부터 2004년까지 진행되었다. 이 연구에서도 선교사의 중도탈락을 방지하는 데 있어서 집중적인 선교 훈련이 얼마나 중요한가에 대해 다시 확인할 수 있었다 (D. Bloecher., *Missioanry Training Makes Missionary Resilient-Lessons from ReMAP II*. e-article, www.wearesources.org, 2003).

만들어냈다. 전통적인 성경학교들은 훈련관계자들의 적극적인 지원에 힘입어 성장을 거듭할 수 있었다. 예비 지원자들도 이러한 성경학교 전통을 인정하고 받아들였다. 많은 젊은 청년들이 고등학교를 졸업한 후 곧 바로 성경학교에 입학했다. 복음의 사역자들은 단지 성경과 신학에 대한 지식만 필요한 것이 아니라, 책임있는 성인이 되고, 성숙한 사람이 되기까지의 시간이 필요하다. 성경학교들은 성숙한 그리스도인의 태도와 성품을 개발하는 데 있어서 중요한 역할을 담당해왔다. 이 제도는 매우 성공적이었고, 이러한 교육 과정을 통해 배출된 선교사들도 그들이 가는 곳마다 성경학교를 세웠다.

20세기에 괄목할 만한 성장을 경험했던 전통적인 성경학교 모델은 급격한 도시화를 비롯한 사회적 변동 과정에서 상당 부분 침체를 경험할 수밖에 없었다. 북미의 경우 고학력 사회에 접어들면서 교회의 사역자들에게도 일반대학과 신학대학원 정도의 학력을 선호하는 추세가 두드러졌다. 많은 성경학교들도 이와 같은 시대적인 요청에 부응하여 점차적으로 기초적인 직업교육 차원에서의 성경학교에서 공식적인 교육 기관으로 발전해왔다.

성경학교를 졸업한 젊은 사역자들은 교회와 사역지에서 지도자로 인정받지 못했을 뿐 아니라 재정적 지원도 받기 어려웠다. 이와 같이 많은 경우에 신학 훈련이 직업적 궁지로 몰리는 상태를 초래하기도 했다. 어떤 경우에는 성경학교가 단순히 더 나은 고용의 기회를 얻기 위한 값싼 교육의 발판으로 사용되고 있는 것도 간과할 수 없는 현실이었다. 많은 성경학교들이 운영비용을 확보하기 위해 기숙사 운영을 포기하고, 야간 교과 과정과 단기 집중 과정 등을 개설하기도 했다.

지역 교회가 직접 지원하고, 관리하는 소위 "인하우스"(in-house) 훈련이 확산되면서 전통적인 성경학교 제도는 더욱 위축되기 시작했다. 훈련이 효과적으로 이루어지기 위해서는 핵심적인 요소들이 제공되어야 하지만, 지역 교회와 영세한 단체들이 감당하기에는 역부족이었다. 효과적인 훈련 프로그램이 되기 위해서는 선교사, 목사, 훈련 전문가 등 인적 자원이 필요하고, 공동체 환경 가운데서 모본과 실천, 그리고 높은 책임감을 통해 성경적 인격과 성품을 체득하고 성숙할 수 있는 훈련 환경이 조성되어야 한다. 더 나아가 선교 훈련에 있어서는 핵심적인 타문화 사역의 원리와 기술을 터득하기 위한 전문가 혹은 실무자의 관리 하에서 이루어지는 수습 기간을 포함해야 한다. 이러한 요소들은 기숙사 제도를 폐지하고, 학문적 성취를 우선적으로 추구하는 성경학교와 지역 교회의 한계를 넘어서는 것이다.

이러한 제약에도 불구하고, 성경학교 모델은 여전히 사역 훈련 프로그램에 있어서 중요한 위치를 차지하고 있다. 그러나 만약 성경학교나 교회가 그들의 훈련 프로그램에 있어서 위에서 언급한 핵심적인 요소들(훈련 전문 인력의 확충과 전문가의 책임있는 관리가 전제된 수습 기간 등)을 도입할 수 없다면, 이러한 훈련 체계를 갖춘 전문 기관과의 협력을 매우 진지하게 고려해야 한다. 전인적 선교 훈련 체계를 갖춘 전문 기관들은 전 세계적으로 볼 때 점차적으로 증가하고 있는 추세이다. 성숙한 협력을 통해 시너지효과와 효율성을 극대화할 수 있을 것이다.

2. 훈련은 언제나 협력 사역이다

잘 준비된 사역자를 개발하기 위해 훈련 프로그램을 기획하고, 적용하는 전 과정에 훈련관계자들이 적극적으로 참여할 때 최상의 협력이 이루어질 수 있다. 이러한 협력이 이루어질 때 비로소 책임 분담이 가능하고, 교회, 훈련사역자, 단체 등이 세부적인 역할의 분담할 수 있다. 또한 협력을 통해 훈련의 효율성을 극대화할 수 있는 최상의 헌신도 이끌어낼 수 있다.

협력에 있어서 어려움 가운데 하나는 어떤 종류의 훈련이 효과적인가에 대한 이해가 부족한 경우이다. 훈련관계자들이 훈련의 필요성에 대해 공감하더라도, 시간과 비용 등 실제적인 문제들이 관련되어 있기 때문에 가장 최소한의 헌신만으로도 훈련을 이수할 수 있는 프로그램을 요구할 수도 있다. 훈련관계자들이 갖고 있는 훈련에 대한 추측, 편견, 선입견 등은 훈련 프로그램에 대한 올바른 헌신을 가로막는 커다란 장벽이 될 수 있다. 따라서 훈련사역자는 훈련관계자들에게 총체적 훈련의 필요에 대한 이해를 고쳐시키고, 효과적인 훈련의 표준에 도달하기 위한 공감대 형성과 제반 헌신을 이끌어내는 책임을 갖고 있다. 훈련의 필요성을 인식하게 하고 동역자들을 발굴하는 가장 좋은 방법은 잠재적인 훈련관계자들을 훈련 프로그램을 개발하는 전 과정에 대해 함께 논의하도록 독려하는 것이다. 이 논의에는 훈련에 필요한 실제적인 내용뿐만 아니라 훈련의 결과로 배출되는 선교사의 프로파일을 결정하고 이 결과를 도출할 수 있는 교과과정을 개발하는 것도 포함되어야 한다.

훈련을 마친 선교사가 사역에 필요한 최상의 질직 수준과 기술을 갖추고 배출될 수 있도록 하기 위해 훈련관계자들이 훈련 프로그램을 기획하고, 개발하는 전 과정에 참여하도록 독려해야 한다.[2] 선교훈련자와 훈련관계자들이 적극적으로 협력하여 훈련 프로그램을 개발하는 것은 훈련의 복잡성이나 범위를 확인하게 할 뿐만 아니라 새

---

[2] 프로파일을 어떻게 작성하는가에 대해서는 제7장 "훈련 프로파일 작성 과정"에서 설명할 것이다.

로운 프로그램 개발이나 기존의 훈련 프로그램을 더 효과적인 것으로 수정 보완하는 경우에도 매우 유용하다.

3. 잠재적 훈련관계자 확정과 소집

로이스 풀러가 이 책의 4장 "선교 훈련 프로그램을 시작하는 방법"에서 제안한 바와 같이 첫 번째 단계는 개인에 대해 실시하는 필요와 상황에 대한 조사이다. 이 조사 과정에서 훈련의 필요성을 인식하고 있고, 훈련 프로그램 개발에 크게 기여할 수 있는 핵심적인 훈련관계자들을 파악할 수 있을 것이다.

만약 선교 단체나 교회 혹은 교단이 자체적으로 훈련 프로그램을 개발할 때는 초교파적인 훈련 프로그램과는 훈련관계자의 명단이 다를 수 있다. 자체 훈련일 경우 훈련관계자의 명단에는 산하 단체장, 기관장들, 혹은 일선 목회자들, 그리고 예비 사역자들과 훈련 직원 등이 포함될 것이다. 초교파 훈련 기관을 설립할 경우에는 교단을 초월하여 영향력이 있는 목회자들과 교단 지도자들, 선교사 파송 단체 지도자들, 기독교 기관 사역자들, 예비 훈련생들, 그리고 훈련 직원 등이 훈련관계자의 명단에 오를 수 있다.

이 명단을 면밀히 검토한 후 십여 명 정도의 핵심 인물을 선별하여 심도있는 훈련 프로그램의 기획 모임을 갖는 것이 좋다. 기획 단계에서부터 적극적으로 참여하도록 독려하고, 그들의 참여가 갖는 의미와 중요성을 높이 평가한다.

4. 교육적 가치와 전제들에 대한 검증

훈련관계자들이 한자리에 모이면, 훈련의 본질과 목표에 대한 가치와 전제들에 대해 심도있게 토의해야 한다. 대부분의 훈련자들은 훈련생들의 효과적인 사역을 위한 실제적인 것들을 제공하는 데 큰 관심을 갖고 있다. 그러나 훈련관계자들 가운데 많은 사람들이 창의력을 발휘하여 사역의 효율성을 높이는 실제적인 교육 시스템이 아니라 창의성이 결여된 전통적인 교육을 받아왔다는 사실을 잊어서는 안 된다. 이 훈련관계자들은 그들이 경험한 이 전통적인 교육 체계를 유일한 "훈련 기준"(norm)으로 간주할 수 있다. 예를 들면, 많은 지도자들이 전인적 선교 훈련 차원과는 거리가 먼 전통적인 신학 훈련의 산물인 것이다. 그들은 자신이 받은 훈련(성경 신학, 교리, 설교학, 혹은 성경 교육학 등)이 선교사에게 필요한 훈련의 모든 것이라는 선입견을 갖고 있을 가능성이 있다. 전인적이고, 효과적인 훈련 프로그램에는 타문화 이해와 적응 기술, 태도와 성품의 형성 등이 포함되어야 한다는 사실을 설득할 때 훈련관계자들이 호의적인 태도를 보이지 않을 수도 있다.

교육적 체계는 훈련의 초점을 "효율성"에 두는 것이 아니라 관례적인 의제나 전통에 그 목표를 두고 있는 경우가 많다. 우리 모두는 문화적 혹은 국가적 의제를 염두에 두고 만들어진 교육적 체계의 산물이다. "교양이 있는" 혹은 특정 학교의 학위를 받은 것이 바로 그의 사회적 지위를 대변하기도 한다. 훈련관계자들과의 진솔한 대화를 통해 이런 문제를 최소화하고 사역 훈련이 지향해야 할 가치와 방향에 가깝게 나아가도록 노력해야 한다. 이러한 현실적인 어려움이 존재한다는 사실을 간과하거나 신중하게 다루지 않으면 전인적 선교 훈련 프로그램을 개발하기 위해 도움을 얻으려는 노력이 오히려 방해와 좌절이라는 결과를 초래하기도 한다.

　실용주의적 접근도 교육 체계와 형식을 전통으로 내모는 데 한몫을 하고 있다. 북미의 경우를 예로 들면, 여름에 집중되는 농장의 일손을 돕도록 하기 위해 긴 여름 방학이 있는 학사 일정을 만들었다. 그러나 지금은 대다수의 학생이 농장의 환경 가운데서 살지 않으며 농장의 일도 대부분 기계화되어 있어 많은 인력을 필요로 하지 않지만 이 학사 일정은 아직까지도 변함없이 유지되고 있다. 교육자들도 이 문제에 대해 인식하고 있지만 한번 만들어진 전통은 좀처럼 바꾸기가 어렵다는 것이 문제이다. 사역 훈련을 계획함에 있어서 기존의 방식을 탈피할 필요가 있고 훈련관계자들은 이러한 결정과정에 참여하여 훈련 프로그램을 기획하는 단계에서 도움을 줄 수 있어야 한다.

　전 세계의 많은 국가에서 교육 비용은 교육의 질과 접근 가능성을 결정짓는 핵심 요소 가운데 하나이다. 어떤 지역에서는 비용 문제 때문에 훈련의 기회를 갖지 못하거나 질적으로 내실이 없는 훈련에 그칠 수도 있다. 적은 비용으로 양질의 훈련을 받을 수 있는 훈련 프로그램을 만드는 것은 결코 쉬운 일이 아니다. 대다수의 훈련책임자들은 이미 훈련 비용 문제의 중요성을 알고 있지만 훈련관계자들도 함께 이 문제에 대해 깊이 인식해야 한다.

　훈련관계자들이 훈련의 전제와 가치를 발견하고 공유하기 위해서 다음과 같은 질문들에 대한 해답을 찾기 위해 진지하게 토론할 필요가 있다.

- 선교사 혹은 사역자 훈련이 추구해야 할 구체적인 목적은 무엇인가?
- 이 목적을 성취하게 위해 어떤 방법론을 채택해야 하는가?
- 이 훈련의 목적과 방법이 실현되기 위해 어떤 훈련 환경이 조성되어야 하는가?

- 이 훈련을 위해 지역 교회와 선교사 파송 단체, 혹은 교단 등의 기존 조직과 어떤 관계를 유지해야 하는가?
- 가장 적합한 훈련 대상은 누구인가? 그들은 어떤 자질을 갖추어야 하는가?
- 누가 훈련비용을 지불할 것인가?

이러한 질문들에 대해 논의하는 것은 훈련 프로그램 개발자들이 그들의 사역을 도울 수 있는 잠재적인 훈련관계자들의 가치관을 이해하고 그들의 필요와 기대를 채우기 위해 무엇이 필요한지에 대해 파악하는 데에도 도움이 된다.

5. 회의진행자(facilitator)의 역할 규정

훈련관계자 모임이 형성되면 훈련 프로그램 개발자의 사명은 그들이 사역 훈련의 범위를 파악하게 하고, 무엇이 필요한지에 대해 이해하게 하고, 이 훈련을 위한 헌신을 이끌어내는 것이다. 이 프로그램은 반드시 현실적인 필요들을 채울 수 있어야 하기 때문에 훈련관계자들의 견해가 훈련 프로그램의 기획 단계에서부터 매우 중요한 역할을 담당하게 된다. 훈련 프로그램 개발자는 훈련관계자들이 훈련의 매우 중요한 부분에도 참여하여 함께 만들어갈 수 있도록 도울 준비를 하고 있어야 한다.

회의진행자[3]는 이 과정이 분명한 결론에 이를 수 있도록 관리하

---

[3] 이상적으로는 훈련관계자가 아닌 훈련전문가가 회의를 진행하는 것이 바람직하다. 이 사람은 선교 훈련과 관련된 다양한 문제들과 프로파일 작성과정, 그리고 이 모임의 목적을 명확하게 알고 있는 사람이어야 한다. 훈련책임자가 이 자료를 사용하여 훈련을 실시해야 하기 때문에 그가 훈련 프로그램을 개발하는 과정에도 참여해야 한다.

는 사람이다. 이 과정에서 모든 참여자들이 자신의 생각과 견해를 자유롭게 표현할 수 있도록 격려해야 한다. 이 견해들은 서로 다를 수 있지만, 회의진행자는 이 토론이 합의에 도달할 수 있도록 지혜롭게 잘 조정하고 통합하는 역할을 담당해야 한다. 여기서 "합의"란 모든 사람이 어떤 결정에 100퍼센트 동의하는 것을 의미하지 않는다. 합의는 지도력의 폭넓은 범위로부터 나오는 지혜를 존중하고 서로 다른 관점의 유용성을 인정하는 관용 정신을 뜻하는 것이다. 합의 혹은 공감대 형성은 모든 사람에게 언제나 완벽한 결론은 아닐 수 있지만 노력할 만한 충분한 가치가 있는 의사 결정의 성경적 모델이다.

6. 공감대 형성을 통한 의사 결정

공감대 형성은 한 집단이 공동체적 협약으로 나아오도록 돕는 예술이다. 공감대가 효과적으로 형성되었다면 모든 참여자들이 이 의사 결정을 공유하고, 지지하는 데 동의할 수 있게 된다. 공감대가 이루어진 사항에 대해서는 완전하게 동의가 되지 않는 부분이 있다고 하더라도 그 의사 결정이 나와는 상관없는 것이라고 말할 수 있는 것은 아니다. 성령의 인도하심과 서로 의견을 주고받는 과정을 통해 얻은 통찰력과 지혜, 그리고 가치의 공유를 바탕으로 최상의 결론에 도달하는 것이 공감대 형성의 핵심 원리이다. 새로운 훈련 프로그램을 기획하거나 기존의 프로그램을 수정, 보완할 때 모든 훈련관계자들에게 영향을 끼치는 의사 결정을 하게 된다. 공감대 형성은 지도자들이 그룹 혹은 공동체 차원에서 의사 결정을 할 수 있도록 도와주는 매우 중요한 요소이다.

의사 결정은 종종 전형적인 문화적 행동 양식을 따르게 된다. 민주주의 사회에서는 의사 결정이 민주적 방식으로 이루어질 가능성이 크다. 전제 군주사회에서는 독재적인 의사 결정이 익숙할 것이다. 어느 사회의 문화적 양식에 지배를 받고 있든지 상관없이 우리는 성경적 의사 결정 방식이나 유형들을 고려해야 한다. 제비뽑기(행 1:26; 삼상 14:41)나 우림과 둠밈으로 하나님의 뜻을 분별하는 방식(민 27:21; 레 33:8) 등에 대해서는 비판의 여지가 있지만, 그리스도인들은 결정이 필요한 중요한 사안들을 하나님께 의뢰할 때 모든 의사 결정 과정에 개입하셔서 주관하시는 하나님의 인도하심에 대한 확신을 가져야 한다. 또한 지난 수세기에 걸쳐 지도자들의 지혜가 담긴 조언과 각종 위원회의 결정도 하나님의 역사에 있어서 소중한 도구로 사용되어 왔다.

그리스도는 교회의 머리이다. 지도자들이 모여서 그리스도의 마음을 품으려고 노력할 때 그분은 우리가 올바른 결정과 선택(마 18:18-20)을 할 수 있도록 통찰력과 지혜를 공급해주신다. 그러나 이런 일은 오직 서로에 대한 성숙한 신뢰와 믿음의 분위기가 조성되었을 때에라야 가능한 것이다. 이런 분위기와 환경은 참여자 개개인의 은사와 경험이 존중될 때 조성될 수 있다.

공감대 형성을 통해 우리는 서로의 도움을 받아 몸을 건강하게 자라게 하며 세울 수 있다(엡 4:15-16). 어느 그룹이 진정으로 그리스도의 마음을 가슴에 품기를 원한다면 성령이 그 결정을 인도할 수 있고, 그가 지혜를 부어 주실 수 있다(약 1:5; 3:13-18). 공감대 형성의 정신은 다른 사람들을 존중하는 겸손으로부터 나오는 것이다. 그들의 경험이 우리 모두의 견해를 더욱더 빛나게 할 수 있다. 토론을 시작하기 전 경건의 시간을 통해 성경의 핵심적 진리를 전하는 것도 훈련의 가치와 전제를 공유하는 데 도움이 될 것이다.

7. 공감대 형성의 단계

1) 주요 쟁점(해답이 아닌) 제시

당신은 훈련 프로그램을 위해 무엇이 필요한지에 대해 이미 잘 알고 있을 것이다. 그러나 훈련관계자들과 공감대를 형성하기 위한 회의에서 곧 바로 정답을 제시하거나 당신의 마음속에 있는 해결책을 제시하는 것은 바람직하지 않다. 공감대 형성은 창의적이고, 모두에게 열려져 있는 과정이어야 한다. 한번 결론에 도달하면 토론을 계속 진행하기가 어려워진다. 공감대 형성을 위해서는 모든 사람이 열린 마음으로 참여해야 하는데 프로그램을 개발하는 사람도 예외는 아니다. 토론에 참석하는 사람 모두가 전심으로 기도하는 가운데 주님의 마음을 추구해야 한다.

> 훈련책임자들이 공통의 쟁점과 문제들을 해결하기 위해 소집되었다. 이틀이 지났을 때 참석자들이 서로에 대해 마음을 열기 시작했고 여러 가지 문제들에 대한 해결책이 나오기 시작했다. 전체 회의가 끝나갈 무렵에는 앞으로의 방향성에 대한 공동의 제안서까지 도출할 수 있었다. 그런데 모든 참석자들을 깜짝 놀라게 하는 일이 발생했다. 이 회의를 소집하고 진행하던 책임자가 지금까지 논의한 모든 주제들에 대해 이미 작성해 놓은 해결책을 화려한 색상의 도표로 제시한 것이다. 그 도표의 중심에는 자신이 주장하는 결론이 자리잡고 있었다. 참석자들은 강한 배신감을 느꼈고 그가 제시한 결론에 대해서도 신뢰하는 마음이 사라져 버렸다.

2) 주요 쟁점에 대한 결정

토론의 과정에서 다루어야 할 중요한 쟁점들에 참석자들은 자신이 갖고 있는 선입견, 성향, 그리고 편견 등을 보일 수 있다. 이럴 경우에는 이 부분을 가볍게 다루어주고 논의의 핵심을 벗어나지 않도록 주의해야 한다. 참석자들이 문제의 본질보다는 자신의 선입견과 개인적인 성향이나 편견 등에 초점을 맞추고 있다면 전체의 공감대를 이끌어내기가 어렵기 때문에 이 부분이 매우 중요하다.

훈련관계자들의 모임 중, 신학교 학장이 지금 현재 논의되고 있는 훈련 프로그램을 자신의 학교 시설에서 운영하자고 주장했다. 이 제안이 많은 문제를 갖고 있었지만 일부 참석자들은 그 학장의 강한 성격 때문에 반론을 제기하지 못하고 머뭇거리고 있었다. 회의가 그 학장의 주장에서 더 이상 창의적인 진전을 보이지 못한 채 겉돌고 있었다. 그때 이 회의를 주관하는 훈련책임자가 그 학장의 "관대한 제안"에 대해 감사를 표하고, 이 회의가 어떤 장소를 사용할 것인가를 결정하는 것보다는 훈련의 목표에 도달하기 위해 어떤 훈련 방법론과 환경이 조성되어야 하는지에 대해 논의하는 데 이 회의의 목표가 있다는 것을 정중하게 상기시켜 주었다. 그 학장이 제시한 "장소"가 여기에서 말하는 "환경" 가운데 하나가 될 수 있지만, 그 문제에 대해서는 다음에 논의하기로 하였다.

3) 경청

합의에 도달하는 것은 서로 경청하는 것과 주님의 음성을 함께 경청하는 것을 말한다. 경청은 존경의 마음을 나타내는 가장 좋은 방법이고 서로 이해하고 감사하는 마음의 표현이다. 경청은 신뢰와 협력의 분위기를 조성하는 데 있어서 핵심적인 역할을 담당한다. 서로 다른 관점과 견해가 도출될수록 그렇지 않을 때보다 더 훌륭한 합의에 도달할 가능성이 더 높다. 회의를 진행하는 책임자는 참석자들의 기여와 공헌을 존중하는 하나의 표현으로 그들의 견해에 대해 다시 한 번 요약해서 정리하는 등 경청의 기술을 발휘해야 한다.

> 어떤 자문가가 전인 훈련 프로그램을 기획하고 있는 모임과 계약을 맺었다. 모임이 진행되는 과정에서 그 자문가는 참석자들에게 각자 자유롭게 자신의 의사 표현을 하도록 요청했다. 그런데 그 자문가는 참석자들이 자신의 견해를 말할 때마다 그 말을 자신의 의도대로 이끌어가고 있었다. 모임이 계속 진행되는 동안 참석자들은 자문가가 그들의 견해를 무시하거나 주의 깊게 듣고 있지 않다는 느낌을 받았다. 참석자들은 회의 과정에 거의 기여하지 않는 소극적인 태도를 보여주는 등 처음 의도와는 전혀 다른 결과를 초래하게 되어 훈련책임자의 좌절이 극에 달하게 되었다.

4) 의견 수렴

사람들이 자신의 생각이나 견해를 제시하도록 돕기 위해 "브레인 스토밍"(brain-storming)이나 "순서대로 말하기"(go arounds)⁴ 등 다양한 방법을 사용할 수 있다. 이 과정이 진행되는 동안 서로의 의견에 대

---

4 "브레인 스토밍"(brain-stoming)은 특정한 주제에 대한 참석자들의 견해를 이끌어내는 방법이다. "돌아가며 말하기"(go around)는 각자의 생각을 순서대로 돌아가며 말하게 하는 것이다. 이 두 가지 방법 모두 모든 제안이 다 나올 때 까지 그들의 견해에 대해 평가하거나 토론하지 않아야 한다. 각 사람이 말을 할 때 인도자는 그 말을 요약해서 그에게 다시 그 견해를 제세한 사람에게 들려주고, 회의 기록을 담당하는 사람이 각자의 견해를 종합해서 작은 카드에 기록해서 커다란 벽이나 적당한 공간에 에 붙여 한눈에 볼 수 있게 해야 한다.

한 옳고 그름을 판단하지 않고 기록만 한다. 이 과정은 신중하게 검토해볼 만한 유용한 의견이 많이 나올 수 있도록 아이디어를 모으는 데 그 목표가 있다.

> 훈련 프로그램 책임자가 자신의 프로그램을 수정·보완하기 위해 훈련관계자들을 소집했다. 토의의 첫 번째 주제인 훈련 목표에 대한 이야기가 나왔을 때 참석자 가운데 한 사람이 훈련 프로그램에 실용성이 결여되어 있고, 목표에는 반드시 선교사의 복음 전도에 대한 기술 습득이 포함되어야 한다고 지적했다. 다른 참석자는 즉각적으로 모든 선교사가 다 복음 전도자가 되는 것은 아니기 때문에 문제될 것이 없다는 반론을 제기했다. 훈련 프로그램 책임자는 정중하게 두 사람의 견해에 대해 존중을 표한 다음 전체 참석자들에게 이번 토의에서는 여러 가지 견해들을 수집하는 것에 목표가 있다는 사실을 상기해주었다. 첫 번째 제안도 기록으로 남겼고 계속해서 많은 의견이 제시되었다.

5) 의견 처리 과정

공감대 형성 과정은 폭넓은 의견 수렴과 집중적 사고를 통해 의견을 좁혀 나가는 과정을 포함하고 있다. 브레인스토밍 과정을 통해 얻어진 아이디어나 견해들을 일목요연하게 정리하여 체계적으로 검토해야 한다. 다양한 견해들을 주제별로 분류하여 검토하는 것도 하나의 방법이 될 수 있다. 각각의 견해들 마다 장점과 단점을 평가하여 목록을 만들어야 한다. 이 과정은 많은 견해들의 범위를 좁혀 나가고 각각의 견해들이 실제적인 필요에 대해 얼마나 효율적인 대안이 될 수 있는가를 평가하는 데 그 목적이 있다.

훈련 환경에 대해 토의한 결과 많은 제안들이 나왔지만 기존의 성경학교 프로그램을 사용하는 것과 경험있는 멘토의 자문을 받는 현지 실습 프로그램, 그리고 현장 사역 참여 기회를 활용한 훈련 등 크게 세 가지로 분류할 수 있었다. 이 세 가지 훈련 환경에 대한 장점과 단점을 토의하고 그 목록을 만들었다. 토론이 진행되는 동안 훈련의 목적을 성취하기 위해서는 이 세 가지 모두 다 훈련에 필요하다는 결론에 도달했다. 이 세 가지 요소를 포함한 훈련의 효율성이 높은 프로그램이 등장하게 되었다.

6) 공감대에 도달하기

서로 다른 견해들의 좋은 요소들을 창조적으로 조합할 때 강력한 대안이 나오는 경우가 많다. 더 이상 해결책이나 반대의 의견도 나오지 않아서 토의 과정이 원활하게 진행되지 못할 때는 토의 인도자가 이 토의를 소위원회에 위임하도록 제안하는 것도 하나의 방법이다. 만약 필요하다면, 좀 더 연구를 하고, 문제를 검토한 후 다음에 다시 모여 논의하는 것도 유익할 것이다.

예정했던 토의 시간이 끝나가자 회의 인도자는 참석자들이 헤어지기 전에 어떤 결론에 도달하지 못한 것에 대해 마음이 초조해졌다. 문제의 복잡성과 피곤함으로 인해 중요한 결정에 도달하기가 어려워진 상태였다. 어떤 훈련관계자가 이 문제를 내일 아침에 다시 다루었으면 좋겠지만, 시간이 많이 걸릴 것으로 예상된다고 말했다. 그러자 다른 사람이 소위원회를 구성하여 계속 논의한 후 내일 아침 모임에서 대안을 제시하는 것이 좋겠다는 의견을 제시했다. 참석자들은 이 제안에 동의했고, 다음 날 아침에 소위원회는 모두가 동의할 만한 좋은 대안을 제시했다. 이 대안은 마지막 시간을 위한 좋은 발판이 되었다.

8. 공감대 검증

회의의 일부 참석자들 가운데 본인은 원하지 않았지만 전체의 분위기나 무언의 압력을 받아 어쩔 수 없이 동의했을 가능성도 배제할 수 없기 때문에 공감대가 적절하게 이루어졌는지를 다시 확인하는 것은 매우 중요한 일이다. 이런 일은 주로 전체적인 흐름에 편성해서 소극적으로 따라가려고 하거나 토론이 진행되는 과정의 어느 부분에서부터 뒤로 물러나 숨어버리는 현상으로 나타나게 된다. 공감대를 검증하는 좋은 방법 가운데 하나는 종이에 간단한 몇 가지 질문에 대한 대답을 써 보도록 하는 것이다. 회의의 내용을 기록하는 사람이 모든 내용을 기록하고 회의를 진행하는 책임자가 종이들을 회수하여 모든 사람이 다 볼 수 있도록 하는 것이 좋다. 이렇게 할 때 결과물을 평가하는 데 있어서 더욱더 진실을 말할 수 있는 기회를 부여할 수 있는 것이다. 다음과 같은 질문들도 참고해보라.

1) 지금 제시된 제안서의 내용이나 결정에 동의할 수 있습니까?
2) 제안서의 어떤 부분이 가장 중요하다고 생각합니까?
3) 이 제안서나 결정을 완전히 받아들이기 위해서 어떤 부분의 수정이 필요하다고 생각합니까?

새로운 선교 개척지역에 대해 논의하기 위해 다양한 배경을 가진 훈련관계자들이 모인 3일간의 일정 회의가 끝나가고 있었다. 신임선교사를 위한 적합한 훈련 모델이 만들어졌고, 모두가 좋은 훈련 프로그램의 필요와 중요성을 확신하게 되었다. 이 과정에서 그 지역 선교를 위해 좋은 훈련 프로그램을 개발하기 위한 네 가지 제안들이 나왔다. 더욱더 훌륭한 결론에 도달하기 위해 회의진행자가 그 네 가지 제안들을 칠판에 옮겨 적은 후 참석자들에게 가장 중요한 것부터 시작해서 우선순위를 부여해보도록 요청했다. 75퍼센트의 참석자들이 특정 지역을 위한 선교 훈련 프로그램에 있어서 "동역"의 중요성에 대해 공감을 표시하였고, 이는 곧 다양한 동역자들이 함께 참여하는 새로운 훈련 프로그램을 시작하는 데 있어서 중요한 기초가 되었다.

9. 결론

이렇게 복잡한 상황 가운데서 우리는 단지 훈련 프로그램 개발자만 만속할 뿐 아니라 많은 훈린관계자들이 훈련의 가치와 전제를 올바로 이해하고 공감하는 프로그램을 개발하는 것이 얼마나 어려운 것인가를 이해해야 한다. 같은 성격의 조직이나 단체, 혹은 같은 역사적인 배경을 가지고 있거나 동일한 신학적 배경을 가지고 있는 사람들과 함께 일하는 것이 다소 쉬울 것이다. 많은 교회들과 선교 단체들, 그리고 다양한 현지들이 관련되어 있을 때 좀 더 어려울 수 있지만 결코 불가능한 것은 아니다. 두 경우 모두 공감대 형성 과정은 중요한 문제들을 다루고 임무와 책임을 명확하게 규정하고 새로운 헌신자들이 나오도록 돕는 데 있어서 중요한 역할을 담당한다.

핵심 의제에 대한 명확한 의사 결정과 그에 따른 후속 토론들은 훈련 프로그램을 개발하는 자들이 사람들의 다양한 관심과 많은 선택의 여지가 있다는 것을 알게 되는 중요한 예비적 단계이다. 이 장에서 다룬 훈련관계자들과의 토의 진행 과정이 기대했던 것보다 미진한 수준의 결론에 도달할 수도 있지만 다음 장 "훈련 프로파일 작성 과정"에서는 명확하게 초점을 맞출 수 있을 것이다. 프로파일이 완성되면 참여자들은 한 단계 물러서서 그들이 함께 만들었던 프로파일을 위해 어떻게, 그리고 어느 정도 헌신해야 할지에 대해 고민하게 될 것이다. 프로파일은 전제나 선호도에 따라 만들어지는 것이 아니라 "무엇이 필요한가"에 대한 그림을 함께 그려가는 것이다. 이러한 과정은 훈련 전문가들이 프로그램을 개발함에 있어서 기대하는 결과를 성취하는 데 필요한 자유를 제공해주는 역할을 담당하는 단계라고 할 수 있다.

6장_ 실천하기
훈련관계자들, 헌신과 의사 결정

1. 누가 당신의 훈련 프로그램을 위한 실제적인 훈련관계자들인가? 훈련 프로그램을 개발하거나 평가하기 위해 훈련관계자 그룹을 형성하려면 당신은 많은 잠정적인 관계자들 가운데서 영향력이 있는 사람들을 초청해야 한다. 누가 훈련관계자들이 될지를 파악하고 예비 명단을 만들어보라.

2. 로버트 페리스(Robert Ferris)가 만든 아래의 표를 참조하여 훈련 프로그램의 교육적 기준을 평가해보라. 아래의 개념들에 대해 동의하는지의 여부와 기존의 훈련 프로그램 혹은 현재 기획하고 있는 새로운 훈련 프로그램에 어느 정도 반영해야 할지에 대한 당신의 견해를 서술해보라.

선교사 훈련에 대한 성경적-교육적 헌신

1) 훈련 목표는 효과적인 사역을 위한 이해, 기술, 그리고 태도에 의해 결정되어야 한다.
2) 훈련은 교회와 관련이 되어 있다. 공동체 환경 가운데서 최상의 배움이 일어난다.
3) 훈련 체계와 방식은 훈련 목적과 일관성이 있어야 한다.
4) 훈련 전략은 학습자의 사고방식과 배움의 방식을 고려하여 수립해야 한다.
5) 훈련 전략은 학습자의 경험을 고려하고 그 바탕 위에 세워져야 한다.
6) 이론은 성경과 일반 계시에 의해 입증되어야 한다.
7) 정보는 적절하고 충실해야 한다.
8) 기술 학습은 설명, 시범, 그리고 실습 등의 과정이 포함되어야 한다.

9) 오직 모범과 성찰을 통한 가르침이 있을 때만 성품과 가치관의 변화를 가져 올 수 있다.

10) 훈련은 효과적인 사역과 지속적인 성장을 돕는 것이다.

출처: Robert Ferris, ed. *Establishing Ministry Training*, (Pasadena: William Carey Library, 1995), 145.

3. 당신 혹은 당신의 소속 단체가 어떤 의사 결정 방식을 사용하고 있는가? 6장의 내용을 고려했을 때 당신의 소속 단체와 사회적 구조에 가장 적합한 방식은 무엇인가? 공감대 형성에 기초한 의사 결정 방식이 좋은 대안이 될 수 있겠는가?

7장 _ 훈련 프로파일 작성 과정

조나단 루이스(Jonathan Lewis)

훈련 프로파일 작성 과정은 통합성(integrity)을 요구한다. 이 과정은 참여자들의 사역 효율성을 위해 진정으로 필요한 것이 무엇인지를 설명하는 것이다. 이 과정은 기본적으로 효과적인 사역은 그 사람의 삶의 모든 영역에서 훌륭한 열매를 맺는 사람에 의해 이루어질 가능성이 높다는 것을 전제로 하고 있다. 또한 성품의 성숙과 사역기술이 훈련을 통해 얻게 될 많은 지식과 정보보다 더 중요하다는 것을 전제로 한다. 이와 같이 프로파일은 단순히 지식적 차원의 내용뿐만 아니라 한 개인이 훈련을 마쳤을 때 어떤 질적 수준과 사역적 전문성을 갖출 수 있는가 하는 것이 가장 중요한 과제가 되어야 한다.

교과 과정에는 일반적으로 훈련 대상, 훈련 활동, 교육 계획, 그리고 과제 등을 포함하는 일련의 과정이 포함될 것이다. 그러나 교과 과정 가운데서 습득하는 지식은 지식 그 자체로 끝나지 않고, 오히려 훈련의 전 과정을 발전시켜가는 동력원의 역할을 할 수 있어야 한다. 의도한 훈련 목표가 효과적으로 성취되기 위해서는 지식과 정보의 내면화와 적용에 대한 강한 의지와 헌신을 필요로 한다. 결과적으로 훈련의 효율성은 훈련생들이 "무엇을 알았는가?"가 아니라 그가 "얼마나 성숙해가고 있는가?" 그리고 자신이 하고 있는 일이나 앞으로 해야 할 일에 대해 "더 효과적으로 일할 수 있는 준비가 어느 정도 되었는가?"에 의해 평가되어야 할 것이다. 지식의 보유 정도는 사실상 훈련 결과를 평가하는 데 있어서 훌륭한 측정 기준이 되기가 어려운 것이 사실이다.

훈련 프로파일은 훈련의 최종 결과물을 객관화하는 데 유용하고, 새로운 훈련 프로그램을 기획하거나 기존 프로그램을 평가하는 데 있어서 가장 중요한 도구가 될 수 있다. 프로파일은 일반적으로 이상적인 목표를 추구해야 하지만, 과장될 필요는 없다. 오히려 매우 실제적이어야 한다. 훈련을 통해 개발하는 모든 "능력"은 사역의 효율성이라고 하는 중요한 검증 과정을 통과해야 한다. 단지 "괜찮을 것 같다" 혹은 "필요할 것 같다" 정도는 훈련 프로파일에 포함될 여지가 없다. 훈련 프로그램을 기획하는 데 있어서 "효율성"은 매우 중요한 가치가 되어야 한다. 이와 같이 포괄적인 훈련 프로파일은 훈련에 있어서 무엇을 해야 하고, 하지 말아야 하는지가 명확하게 구분된 훈련 프로그램을 만드는 데 도움을 준다.

훈련 프로파일은 일종의 "언어에 의한 묘사"(verbal picture)라고 할 수 있다. 훈련 프로파일은 훈련을 통해 개발해야 할 성품이나 태도, 그리고 기술이나 능력 등의 행동을 표현하는 동사를 사용하여 간단명료한 언어로 묘사하는 것이다. 지식은 훈련을 통해 습득해야 할 핵심적인 부분이지만 이미 언급한 바와 같이 그것 자체가 목적이 되어 버리면 안 된다. 그럼에도 불구하고 자신의 전문 분야에 합당한 "지식을 갖춘" 사람이 되는 것은 직업적 효율성에 있어서 매우 중요한 요소이다. 예를 들면, 기독교 사역을 추구하는 사람에게 있어서 성경과 신학에 대한 지식을 갖추는 것은 당연한 일이다. 이러한 지식은 자신의 사역을 위한 이론적 골격을 형성하는 데 도움을 줄 수 있다.

성경과 신학에 대한 지식보다 더 중요한 것은 "그가 어떤 사람이며, 어떤 삶을 살고 있고, 어떻게 열매 맺는 사역을 하고 있는가?" 등 그 지식의 열매에 관한 것이다. 그렇기 때문에 성경 지식과 신학적 지식도 목록에 포함될 수 있지만, "성경 제목을 외울 수 있는가?"와 같은 단순한 지식 위주의 질문보다 "성경을 올바로 해석하는 능력" 등과 같은 용어 혹은 "성경 묵상에 대한 헌신이 되어 있는가?" 등과 같은 태도에 관한 질문이 더 중요한 훈련 프로파일 목록이 되어야 하는 것이다.

1. 훈련 프로파일 작성 계획

이 부분의 목적은 당신 자신의 기관적 훈련 상황에 적합한 훈련 프로파일을 작성할 수 있도록 돕는 것이다. 이 과정은 계획을 수립하는 것과 절차에 대한 원칙을 확립하는 단계이다. 다음의 기초적인 질문에 대답해보라.

1) 훈련 프로파일을 작성하는 과정에 걸리는 시간은 어느 정도인가?

만약 8명에서 12명[1] 정도의 동질 그룹으로 형성된 잘 조직된 훈

---

[1] 만약 다양한 배경을 가진 많은 사람들이 참여한다면 이 과정은 더 많은 시간을 필요로 할 것이다. 참석자 자격을 가장 영향력이 있고 대표성과 선교 훈련 프로그램을 설계하고 적용하거나 변화를 필요로 하는 사람들로 제한할 필요가 있다.

련관계자 모임이라면 경험상으로 볼 때 이틀에서 사흘 정도의 기간이면 중요한 주제들을 충분히 토의할 수 있을 것이다. 좀 더 많은 시간을 사용할 수 있다면 더욱더 만족스러운 결과물을 도출할 수 있다. 만약 3일 이상의 시간을 확보할 수 있다면 한층 더 심도있는 워크샵을 진행할 수 있고, 참여자들로부터 그들이 함께 논의하여 작성한 훈련 프로파일에 대한 더 구체적인 헌신을 이끌어낼 수 있을 것이다. 어떤 경우에는 하루 동안 많은 사람들이 참여하여 초기 형태의 훈련 프로파일을 만들고 그 다음부터는 좀 더 전문화된 소그룹 모임을 통해 전제와 가정들을 다듬고, 훈련 프로파일을 작성하고, 교과 과정을 개발하는 등 더 심층적이고 세밀하게 다듬는 작업을 하여 완성할 수도 있다. 이 토론과 협의 과정은 명확한 목표와 생산적인 결과물을 도출할 수 있는 환경이 조성된 가운데서 실시해야 한다.

2) 누가 참여해야 하는가?

훈련 프로파일 작성은 전문 실천가가 어떤 정보를 제시하는가에 달려 있다. 선교 훈련의 경우 선교 현장에서 갖추어야 할 자질과 기술이 무엇인지에 대한 정보를 제공할 수 있는 가장 적합한 사람은 바로 경험과 열매가 입증된 선교사들이다. 그러나 선교사가 아닌 일반 훈련관계자들도 참여해야 한다. 선교 단체 지도자, 파송 교회 목회자, 선교사 후보생, 그리고 가능하다면 선교현지 지도자 등도 여기에 해당될 수 있다. 이 훈련 프로그램을 기획하고 있는 책임자와 훈련 프로그램을 직접 실행하는 실무자들도 포함이 되어야 한다.

훈련 프로파일을 작성하는 워크샵에는 각 관련 기관들의 대표성을 갖고 있고, 지혜롭고, 존경받는 사람들이 참여해야 한다. 이 그룹은 훈련에 필요한 지식, 기술, 성품, 자질 등 훈련 프로그램이 추구해야 할 구체적인 내용을 확인해야 한다. 이러한 공감대를 바탕으로 하는 접근이 훈련 프로그램을 실행하거나 기존의 프로그램에 변화를 주는 데 있어서 포괄적인 헌신을 유도하는 데 매우 중요한 역할을 담당한다. 이러한 헌신이 없다면 훈련 프로그램은 지원의 부족으로 인해 갈등과 어려움을 겪을 수 있다.

3) 어느 정도 크기의 모임이 적당한가?

훈련 프로파일을 작성하기 위한 이상적인 훈련관계자 모임의 수는 8명에서부터 12명 정도의 소그룹이 적당하다. 소그룹 환경일 때 더 좋은 상호 작용을 이끌어낼 수 있다. 그러나 너무 적은 수의 사람이 모였다면 대표성이 약화되거나 다양하고 창의적인 의견 교환이나 제안이 나오기가 어려울 가능성도 있다. 참여자 수가 너무 많으면 관리하기가 복잡해질 수 있을 것이다.

라틴아메리카와 아시아에서 개최된 어떤 훈련 프로파일 작성 워크샵들은 많은 교단과 초교파 지도자들과 훈련 프로그램 책임자들을 포함한 70여 명의 국제 대표들이 참여한 경우도 있었다. 이 경우에는 더욱 전문화된 소그룹으로 나누어 활발한 상호 작용이 일어나도록 해야 한다. 각 소그룹을 위해 미리 인도자를 선정하고 필요한 오리엔테이션을 실시해야 한다. 각각의 소그룹인도자는 그룹 토의 결과를 소그룹인도자 전체 모임에서 발표하고, 각 발표 내용을 통합하는 과정을 거쳐야 한다. 훈련 프로파일을 작성하기 위해 훈련관계자들의 워크샵이 필요하지만 대규모의 그룹을 통해 실시하기보다는 경험있는 소수의 실무자 그룹이 더 적합하다.

4) 누가 이 과정의 회의진행자로 적합한가?

회의진행자(facilitator)가 프로파일 작성 과정을 인도해야 한다. 회의진행자가 반드시 훈련 전문가일 필요는 없다. 그러나 훈련 프로파일의 작성 과정을 명확하게 이해하고 있고, 이 과정을 마쳤을 때 완성된 훈련 프로파일이 나올 수 있다는 확신을 갖고 있는 사람이어야 한다. 회의진행자는 회의 시간과 주제를 잘 다루고 모든 참여자들로부터 적극적으로 의견을 이끌어낼 수 있어야 한다.

회의진행자는 결코 거만하거나 권위주의자여서는 안 된다. 원칙적으로 훈련관계자 대표는 이 과정의 결과물을 도출하는 데 있어서 개인적으로나 공식적으로 어떠한 영향력으로부터도 자유로워야 하기 때문에 회의진행자로 적합하지 않다. 가급적이면 젊은 사람이 이 일을 담당하는 게 좋은데 여기에는 많은 이유가 있다. 젊은 사람들이 상대적으로 소그룹의 필요와 핵심 논지를 더 빨리 파악하고, 덜 권위적이며, 그룹의 참여자들에게 맡겨진 과업에 충실한 논의가 이루어지도록 돕는 데 있어서 더 뛰어난 정신적 민첩성을 보이는 것을 발견할 수 있다.

실무 간사(secretary)가 회의진행자를 돕는 역할을 담당한다. 실무 간사의 주된 임무는 참석자들이 훈련 프로파일을 작성하기 위해 토의하는 과정에서 제시되는 의견, 비평, 제안 등을 노트 혹은 적절한 컴퓨터 파일에 기록하는 것이다. 실무 간사는 다른 사람의 말을 매우 신중하게 경청하고, 모든 논의 사항을 공정하게 기록해야 한다. 또한 실무 간사는 워크샵을 진행하는 과정 전체에서 회의진행자의 제반 업무가 효과적으로 진행될 수 있도록 도와야 한다.

5) 프로파일 워크샵을 위한 적합한 장소는 어디인가?

훈련 프로파일 작성을 위한 워크샵을 개최하기에 가장 적합한 장소는 일반적으로 강의실 혹은 회의실이다. 회의 장소에는 반드시 다양한 의견들을 기록한 메모지들을 주제별로 분류하여 붙일 수 있는 최소한 한 개 이상의 벽을 비워 두어야 한다. 좌석 배치는 원형이 좋고, 적절한 조명과 음향, 그리고 실내 온도와 환기 시설을 점검해야 한다.

6) 이 회의를 진행하기 위해 무엇이 필요한가?

훈련 프로파일 작성을 위한 워크샵을 위해 몇 가지의 간단한 물품들을 준비해야 한다.
- 150-200장 정도의 메모 카드 혹은 종이(스티커 메모지 혹은 A4 용지의 절반 크기 정도)
- 메모지를 붙일 수 있는 벽이나 칠판 혹은 게시판(메모지를 붙일 수 있는 테이프 혹은 압정 등)
- 분필 혹은 마커 펜
- 주요 용어의 정의들과 소그룹의 중요한 논의 사항들을 작은 메모지에 적어 벽이나 화판에 붙일 수 있는 이동용 이젤과 화판 (칠판이나 파워포인트 등)

2. 프로파일 워크샵 실행

당신의 프로파일 워크샵을 원활하게 실행할 수 있도록 돕기 위해서 단계적인 실천 방안들을 제시하였다. 만약 처음으로 이 과정을 실행하는 훈련책임자라면 사전 예행연습을 통해 각 단계와 과정에 대해 명확하게 이해하는 것이 좋다. 예행연습을 통해 소요되는 시간을 예측해볼 수 있고, 그 외에도 각 단계들을 성공적으로 진행하기 위한 필수적인 사항들을 점검할 수 있다. 당신은 특정한 사역이나 선교 훈련 프로파일을 개발하는 단계를 충분히 숙지하지 못했거나 혼란을 초래해서 참석한 훈련관계자들이 실망하는 모습을 보기를 원하지 않을 것이다.

훈련책임자는 다음의 다섯 단계를 통해 워크샵을 인도한다.
- 1단계: 추구하는 사역의 본질과 목표를 규정하고, 사역 내용을 파악한 다음, 어떤 사람들이 이 사역을 실행하는 데 있어서 적합한지에 대한 구체적인 목록을 작성한다.
- 2단계: 1단계에서 작성한 업무 내용과 목록을 바탕으로 사역을 효과적으로 실행하는 데 있어서 필요한 일반적인 훈련의 영역들을 예측한다. 이 훈련 영역에는 상호 관계적 요소, 개발적 요소, 그리고 일련의 기술 혹은 지식의 요소 등이 포함될 수 있다.
- 3단계: 일반적인 훈련의 각 영역에 요구되는 자질, 능력, 태도, 그리고 지식 등을 동작동사(active verbs)를 사용하여 진술한다.
- 4단계: 위의 내용을 중요도에 따른 우선순위별 혹은 순서별로 프로파일 도표를 만들어 배열한다.
- 5단계: 참여자 전체가 프로파일 도표를 재점검하고 최종 승인한다.

만약 워크샵 그룹이 규모가 작은 소그룹이라면 각 단계를 참여자 전체가 함께 진행한다. 만약 12명 이상의 큰 그룹이고, 주어진 시간

이 충분하지 않다면 소그룹으로 나누어 진행하는 것이 효과적이다.²

3. 프로파일 작성 워크숍 오리엔테이션

회의진행자(facilitator): 회의진행자는 프로파일 과정에 대한 충분한 이해가 있어야 한다. 프로파일 워크샵에 참석하는 사람들은 자신이 왜 참여해야 하는지, 그리고 어떤 결과물을 도출해야 하는지에 대해 올바른 동기 부여가 필요하다. 워크샵의 일정과 세부적인 행정적 사항들도 자세히 설명해야 한다. 실제로 워크샵이 진행되기 전에 회의진행자는 참석자들의 질문들에 대해서도 성실하게 대답을 해주어야 한다.

참석자 소개: 회의진행자는 워크샵 참석자들이 공동의 목표를 위해 서로 협력하는 동역자 의식을 갖도록 도와야 한다. 참석자들이 서로 잘 모르고 있다면 자신을 소개할 수 있는 기회를 주어야 한다. 워크샵에 앞서 서로 친숙해 지고 긴장을 푸는 시간을 갖는 것도 유용하다. 다양한 방법으로 이런 시간을 가질 수 있을 것이다.

---

2 큰 그룹은 다음과 같은 기준을 가지고 나눌 필요가 있다.
- **모임 전** - 몇 개의 소그룹이 필요한지를 예측해보라. 각 그룹의 인도자를 모집하고 훈련하라. 각 그룹의 인도자는 그 그룹에서 2, 4, 5단계를 인도한다.
- **오리엔테이션** - 회의진행자(facilitator)는 큰 그룹을 인도한다. 소그룹인도자(coordinator)는 각각 자신이 맡은 소그룹을 인도한다.
- **1단계** - 회의진행자가 큰 그룹을 인도하면서 전체가 필요에 따라 조정하거나 동의가 필요한 사항들에 대해 토의하도록 제안한다.
- **2단계** - 회의진행자가 큰 모임을 인도한다.
- **3단계** - 소그룹인도자가 각각의 소그룹을 인도한다. 소그룹인도자는 자신의 그룹에서 나온 견해들을 작은 종이 카드에 기록해서 칠판이나 벽에 붙인다. 회의진행자는 각 그룹에서 나온 종합하여 전체 참석자들에게 보여준다.
- **4단계** - 회의진행자가 소그룹을 인도한다.
- **5단계** - 회의진행자가 큰 그룹을 인도한다.

그룹 과제: 참석자들에게 별명이 무엇인지, 그리고 그 별명을 어떻게 갖게 되었는지를 물어보라. 별명이나 이름을 기록한 카드를 각 참석자들 앞에 놓아 두어 다른 사람들이 그 별명이나 이름을 사용하도록 한다. 서로 소개하는 시간을 가질 때 회의진행자는 각 사람이 어떤 역할과 기여를 하게 될 것인지에 대해 설명하면서 모든 참석자들을 격려해준다. 워크샵 그룹이 클 경우 소개와 친숙해지기 위한 활동을 소그룹으로 진행할 수 있다. 참석자들이 워크샵의 목적을 잘 이해하고, 편안함을 느낄 때 프로파일 작성 과정을 시작한다.

훈련책임자: 다음 단계를 시작하기 전에 참석자들에게 모든 단계들의 특징과 각 단계별로 예상되는 결과물의 형태에 대해 설명해준다.

4. 1단계: 사역의 종류와 실무적 역할을 기술하라

기독교 사역의 세계는 복합적이다. 어떤 영역은 모든 종류의 사역에 있어서 공통적으로 요구되는 능력이나 특성이 있다. 어떤 훈련 프로파일은 이와 같은 매우 광범위하고 포괄적인 능력이나 특성만을 다루기도 한다. 그러나 효과적인 훈련을 위해서는 일반적인 공통적 요소를 넘어서 특수한 사역에 적합한 전문적인 능력을 다룰 수 있어야 한다.

훈련 프로파일 작성을 시작할 때 가장 먼저 해야 할 일은 사역자 혹은 선교사의 실무적 역할, 예상 사역, 그리고 관계적 측면 등에 대한 공감대를 이끌어내는 회의를 진행하는 것이다. 이러한 역할과 예상은 사역의 잠재적 기간, 문화적 차이(선교사 사역의 경우), 그리고 지원 체제 등의 변수에 영향을 받게 된다. 이 토의는 훈련 프로파일 작성을 위한 지침을 마련하는 데 그 목적이 있다. 왜냐하면 기독교 사역들은 서로 다른 역할을 실행할 수 있는 사람을 요청하고 있기 때문에 잠재적으로 여러 가지의 서로 다른 역할을 프로파일 작성에 반영하는 데 동의해야 할 필요가 있다.

그룹 과제: 다음의 질문들을 사용하여 토의를 진행하라.
1) 어떤 일이 일어나야 하는가? 다른 종류의 사역들과 어떤 공통점이 있는가? 어떤 전문성이 있는가? 관리책임자(supervisor)와 사역자 혹은 선교사들이 기본적으로 어떤 관계를 유지해야 하는가? 이 과업을 성취하기 위해 어떤 종류의 역할이 요구되는가?
2) 이러한 역할을 담당할 사역자 혹은 선교사들을 어떻게 지원해야 하는가(자원 봉사, 유급 직원, 개인 모금 등)? 이러한 지원을 받기 위해 갖추어야 할 특별한 자격 요건이 있는가?
3) 얼마나 오랫동안 이 사역 혹은 선교 활동을 계속할 것을 예상하는가?
4) 이 사역을 수행하기 위해 타문화 적응 혹은 상호 작용이 필요한가? 각각의 사역자 혹은 선교사들에게 어느 정도의 타문화 적응과 사역 기술이 필요한가?

토의 과정에서 선교사 혹은 사역자의 역할(타문화 선교사, 본부 행정 사역자, 행정 지도자 등 포함)에 대한 서로 다른 견해나 주장이 너무 많이 제기되었을 때는 각각의 주장에 대한 서로 다른 프로파일을 작성할 필요가 있다. 서로 다른 주장에 대한 토의가 충분히 이루어졌을 때 각각의 역할에 대한 기술적 정의나 절충 혹은 조정된 내용, 그리고 독특한 주장을 그대로 칠판이나 종이, 혹은 컴퓨터에 기록한다.

선교사나 사역자의 종류와 주요 업무들을 세부적으로 구분하여 프로파일을 만들어야 프로파일 작성 과정에서 혼선을 줄이고, 범위를 좁혀갈 수 있다. 만약 이 과정이 명확해졌다면 큰 규모의 워크샵에서도 비교적 빠르게 공감대를 형성할 수 있게 된다. 프로파일은 포괄적일 수도 있고, 세부적일 수도 있다. 다양한 종류의 선교사가 필요하다면 각 종류별로 서로 다른 프로파일을 작성해야 한다. 불필요한 중복을 피하기 위해서 어떤 모든 선교사에게 적용되어야 하는 핵심적인 가치를 먼저 규정하는 것도 도움이 될 것이다. 그 다음에 이 공통적인 핵심 가치를 바탕으로 하여 서로 다른 유형의 선교사나 사역자 형태(교회 개척자, 본부 행정 사역자, 연구원 등)에 맞는 세부적인 역할들을 프로파일에 반영할 필요가 있다.

5. 2단계: 공통적으로 추구해야 할 일반적 사역 영역을 규정하라

이 단계에서는 효과적인 선교와 사역을 위해 필요한 일반적인 영역들을 열거해야 한다. 선교사 혹은 사역자의 일반적인 역할을 프로파일로 작성하기 위해 연역적 추리(deductive reasoning)의 방법론을 사용할 필요가 있다. 표 7.1.에서 보는 바와 같이 타문화 교회 개척의 과업을 달성하기 위해 선교사의 언어 습득, 타문화 이해 (토의 가운데서 나온 다른 자질들을 포함하여) 능력 혹은 기술 등을 갖추어야 한다는 사실을 추론할 수 있다. 이러한 추론을 통해 회의 참여자들은 적어도 "언어 습득"과 "타문화 이해"라고 하는 두 개의 일반적인 훈련 영역이 필요하다는 결론을 내릴 수 있을 것이다. 회의 참여자들은 선교사가 교회 개척 사역을 해야 하기 때문에 목표로 하는 현지와 동일하거나 유사한 환경 가운데서 교회를 개척하는 능력을 개발해야 한다고 결론을 내릴 수도 있을 것이다. 따라서 "교회 개척"이라는 주제도 공통적으로 추구해야 할 일반적 영역에 포함시킬 수 있다.

타문화 교회 개척 선교사
(교단 소속, 경력 선교사)

타문화 교회 개척 선교사들은 교회로부터 기독교인이 적거나 없는 곳으로 보냄을 받은 사역자들이다. 그들은 그리스도의 증인으로서 모범적인 삶을 살며, 현지의 사람들이 예수 그리스도의 복음을 잘 이해할 수 있는 의사소통을 하는 사람들이다. 그들의 목표는 사람들이 예수 그리스도를 믿고 따르도록 돕는 것이다. 그들은 이 목표를 성취하기 위해 복음을 선포하여 회개와 믿음을 갖고 세례 혹은 침례를 받도록 인도하는 것이다. 그들은 신자들이 예수 그리스도의 모든 명령과 계명을 지키도록 가르치는 사명을 갖고 있다. 선교사들의 최종적인 사역 목적은 현지의 사람들이 열정을 갖고 그들의 이웃과 타문화 상황 가운데서 복음을 전파하고, 제자 삼는 사역에 순종하는 그리스도의 제자들을 배가하는 것이다.

표 7.1. 선교사의 사역 목표의 예

가장 효과적으로 선교사의 사역 목록을 작성하는 방법 가운데 하나는 브레인스토밍(brain-storming)을 실시하는 것이다. 회의 참여자들로부터 나오는 제안들을 회의 기록자가 칠판이나 카드 혹은 컴퓨터 프레젠테이션 등의 방식으로 기록한다. 회의진행자가 참석자들로부터 다양한 견해들을 이끌어내는 동안 회의 기록자는 이 견해들을 관련된 항목의 목록에 추가하는 일을 해야 한다. 회의진행자는 회의를 통해 나온 다양한 견해들이 정확하게 무엇을 의미하는지를 파악하고, 회의 기록자는 모든 사람이 그것을 한눈에 볼 수 있도록 목록을 만들어야 한다.

회의진행자는 회의참석자들로부터 나올 수 있는 모든 잠재적인 아이디어나 견해들이 충분히 나올 있도록 계속해서 "선교사의 사역 목표와 내용"을 상기시켜 주어야 한다. 목록이 만들어지면 회의진행자는 이 목록에서 유사한 항목들을 요약하고, 필요에 따라 확대 혹은 세분화 하는 등 전체의 목록을 정리할 필요가 있다. 일반적인 항목이 15개 이상이 되지 않도록 하는 것이 좋다. 다루어야 할 항목이 적고 나중에 커리큘럼을 개발하는 과정에 많은 어려움을 겪게 된다. 항목이 적을 때 회의참석자들이 감당할 수 있는 범위 내에서 작업할 때 창의적인 제안들이 더 많이 나올 수 있다.

선교사의 일반적인 사역 영역의 예

- 언어 습득
- 타문화 이해
- 교회 개척
- 본국 교회와의 관계
- 순수하고 검소한 삶
- 건강한 가족 관계
- 전도
- 타문화 의사 소통
- 영적 훈련
- 제자도
- 지도력 개발

표 7.2. 선교사의 사역 목표로부터 도출된 일반적인 사역 영역의 예

목록이 완성되었을 때는 회의참석자 전체가 만족할 수 있는지 다시 한 번 검토해보아야 한다. 회의진행자는 각각의 회의참석자들로부터 이 목록에 대한 지지 의사를 받아야 한다. 공감대 형성은 모든 부분에 대한 승낙을 전제로 하는 것이다. 자신의 의견이 무시되었다고 생각해서 기권하거나 포기하는 사람이 없이 모든 회의참석자들로부터 공감과 지지를 얻는 것이 회의진행자의 매우 중요한 과제이다. 이 단계에서는 모든 회의참석자들로부터 충분한 공감대를 이끌어내기 위해 다양한 의견들을 조율해야 한다.

6. 3단계: 사역을 위해 갖추어야 할 세부적인 기술과 태도 규정하기

이 단계가 핵심 과정이다. 일반적 영역의 각 항목에 적합한 품성, 기술, 그리고 개인적 능력 등을 규정하고, 이를 정확하고, 간결한 문장으로 기록해야 한다.

궁극적으로는 이 내용이 프로파일 도표에 포함되는 것이다. 참고로 일반적인 항목은 왼쪽에 세로로 표시하고, 각 항목의 세부적인 품성, 기술 등의 목록은 가로로 기입한다.[3] 이 단계에서는 네 가지 과정을 거치게 된다.

1) 일반적 영역 가운데 하나를 선택한다

일반적 영역을 취급할 때 반드시 따라야 할 순서는 없다. 그러나 비교적 간단하고 쉽게 다룰 수 있는 영역을 먼저 하는 것이 좋다. 하나의 영역을 다루는 데 보통 한 시간 정도 소요되지만 때로는 그 이상이 소요될 수도 있다.[4]

---

[3] 작은 종이에 인쇄된 도표를 읽기가 어렵기 때문에 이 책 전체에서 이와 같은 방식으로 변화를 주었다. 이 장의 마지막 부분에 있는 전체의 도표 그림을 참조하라.
[4] 어떤 문화적 상황 가운데서는 모든 영역들에 대해 자유롭게 토론할 수 있게 하는 것이

2) 세부 계획을 세운다

회의진행자는 선택한 영역에 도달하기 위해 선교사가 갖추어야 할 품성과 기술 등의 세부적인 목록[5]을 만드는 데 있어서 모든 참석자들이 적극적으로 자신의 견해를 제시할 수 있도록 격려해야 한다. 이 과정은 일반적 영역을 만들 때와 비슷한 과정이지만, 그 영역이 추구하는 목표에 적합한 태도, 품성, 기술 그리고 지식 등을 포함한 구체적인 목록을 만드는 과정이라는 데 그 차이가 있다. 표 7.3.은 "언어 습득"이라는 일반적 영역에 대한 구체적인 기술이나 태도 등을 열거한 것이다.

일반적 영역	세부적인 태도와 기술
언어 습득	• 다른 언어의 단어들과 구문을 배우기 위한 기술을 습득한다. • 목표 언어를 배우는 데 도움이 되는 음성학의 원리들을 이해한다. • 기회가 있을 때마다 그 언어를 사용해서 숙달되도록 노력한다.

표 7.3. 일반적 영역에 필요한 세부적인 기술이나 태도 규정하기의 예

이 작업은 브레인스토밍을 통해 진행하되 세부적인 항목 하나 하나에 필요한 지식이나 기술을 다루기보다는 전체적인 영역을 먼저 다루는 것이 좋다. 이 단계에서는 구체적으로 어떤 학문적 내용을 배워야 하는지에 대한 목록을 만드는 것이 아니다. 나중에 학습 목

더 적절한 방법일 수도 있다. 모든 영역의 태도나 자질에 대한 견해들을 해당 공간에 정리하여 배치한다.
5 성품의 특성 등은 측정하기가 어렵다. 성품의 특성을 성품이 반영된 태도로 세분화할 때보다 쉽게 드러날 수 있고, 관찰할 수 있다. 예를 들면, "성실함"은 선교사가 꼭 갖추어야 할 성품 특성인데 "지속성"의 태도로 나타날 수 있다. 혹은 "사랑"의 성품은 "친절"과 같은 행동으로 나타날 수 있다. 지속성과 친절 등은 쉽게 관찰할 수 있고, 훈계, 설명, 혹은 모범 등으로 가르칠 수 있다.

표와 과정에 대해 논의할 때 이 부분을 다루게 될 것이다. 회의진행자는 참석자들에게서 더 이상의 제안이 나오지 않을 때까지 계속해서 적극적으로 참여하도록 격려해야 한다. 각각의 일반적 영역에 약 20-25개의 세부적인 항목들이 나올 수도 있다.

3) 목록에 기록된 태도와 기술에 대해 토의한다

모든 항목에 대한 세부적인 태도와 기술의 목록이 작성되었을 때 이 목록이 각각의 일반적 영역에 대해 적절한지를 평가해보아야 한다. 많은 경우에 서로 유사한 항목들을 하나로 묶을 수 있을 것이다.

모든 항목은 측정이 가능하거나 관찰이 가능한 행동으로 결과가 나타나도록 명확하게 표현되어야 한다. 동작동사를 사용해서 문장을 만들 필요가 있다. 동사를 사용할 때 관찰이 가능하거나 측정이 가능하지만, 동사를 사용하지 않으면 이와 같은 문장을 만들기가 어렵다. 각각의 항목을 검토할 때 이런 질문이 생길 수 있다. 가시적으로 실현 가능한 일인가? 만약 그렇다면 어떤 방법으로 가능한가? 이런 질문들은 각 항목들을 실현하기 위해 질적 수준의 향상과 지식 등을 발전시키기 위한 실제적인 훈련 커리큘럼을 개발하기 위해 세부적인 기술과 태도의 항목들을 더 정교하게 다듬는 데 도움이 된다. 표 7.4.는 이 원리를 보여주고 있다.

"본국 교회와의 관계" 항목의 자질을 다음과 같이 정의할 수 있을 것이다.

교회에 선교사의 과업이 무엇인지를 어떻게 가르칠 수 있는지 그 방법과 내용을 이해한다.

이 "능력"을 다음과 같이 좀 더 강하게 표현할 수 있다.

교회에 선교사의 과업을 성공적으로 가르친다.

이렇게 문장을 재구성함으로 수동적인 자세로부터 능동적으로 기술을 발전시킬 수 있도록 명료하게 표현할 수 있다.

표 7.4. 측정 가능하거나 관찰 가능한 행동으로 표현하기

성품이나 자질, 혹은 태도 등을 명확하고 직접적으로 관찰이 가능한 용어를 표현하는 것은 매우 어려운 일이라는 것을 이해해야 한다. 그러나 실제적인 행동을 잘 관찰할 때 어렵지 않게 태도나 성품의 변화를 감지할 수 있는 것 또한 사실이다. "이러므로 그들의 열매로 그들을 알리라"(마 7:20). "그리스도를 닮은 성품"을 관찰하기란 쉽지 않지만 "다른 사람을 배려함" 혹은 "다른 사람들 기꺼이 섬기고자 함" 등은 더욱더 구체적이고 관찰이 가능한 태도이며 그리스도를 닮은 성품을 반영하고 있는 것이다.

잘 준비된 회의진행자나 코디네이터(coordinator)는 회의참석자들이 각각의 항목에 대해 적절한 동사와 문장을 사용하도록 도울 수 있을 것이다.

효과적인 사역을 위해 선교사와 사역자가 갖추어야 할 실제적인 자질들을 관찰과 측정이 가능한 실제적인 태도와 기술의 변화를 나타내는 명료한 문장으로 만들어 일반적 자질의 영역들 가운데 해당 항목을 찾아 목록을 만들어야 한다. 각 영역들 마다 최대 8-10개 정도의 명료한 문장들이 포함될 수 있다. 너무 많아지면 지나치게 광범위해질 수 있는 반면 신중한 검토를 통해 각 영역들의 범위를 명확하게 규정할 수 있을 것이다.

4) 능력과 자질 개발 목록을 검토한다

구체적인 자질과 능력 혹은 성품의 목록이 작성되면 적절성과 타당성에 대해 신중한 검토를 해야 한다. 중복을 피하고 일부 모호한 표현은 다시 더욱더 구체적인 문장으로 재구성해야 한다. 또한 꼭 목록에 포함되어야 하는 필요한 자질이나 능력을 간과해버린 것이 있다면 이때 포함해야 한다.

7. 4단계: 프로파일 도표 작성

각 영역에 요구되는 자질과 능력이 확정되었다면 우선순위와 순서를 정해야 한다. 기술 능력의 분야는 발전의 순차적인 순서에 따라 배열해야 한다. 성품의 자질에 해당하는 항목은 그 개념 혹은 성취 과정의 복잡성에 따라 순서를 정하는 것이 좋다. 가르침과 배움의 순차적 과정을 생각해보는 것도 도움이 된다. 이 과정은 검토 과정을 더 용이하게 하고, 논리적 순서를 따라 프로파일 도표를 작성할 수 있도록 하는 데 유용하게 사용될 수 있다.

일반적 영역:	
현장 사역을 시작하기 위한 최소한의 자질 ↓	
사역을 시작하기 전 훈련의 결과	사역 현장에서의 훈련 결과
1.	4.
2.	5.
3.	6.
	7.

표 7.5. 능력과 자질의 연속성

표 7.5.에서 보는 바와 같이 가로선과 가운데의 세로 표시(화살표)가 이 과정을 도와줄 수 있다. 세로 표시가 현장 사역을 시작하기 위한 최소한의 자질을 나타낸다고 가정하자. 화살표를 중심으로 왼쪽에는 사역을 시작하기 전 훈련 목표를, 오른쪽에는 사역 현장에서 필요한 전문적인 발전의 목표를 기록한다. 이 간단한 도표가 필요한 자질을 갖추도록 하기 위한 적절한 훈련 절차를 명료하게 표현하는 데 도움이 될 수 있다. 예를 들면, "언어 습득"이라고 하는 일반적 영역에서 "단어와 문장 학습을 위한 기술을 나타낸다"라는 항목을 왼쪽의 사역을 시작하기 전 훈련의 결과 목록에 추가하고, "목표 언어를 유창하게 구사한다" 혹은 "현지 지역 신문을 읽고 이해한다" 등과 같은 실제적 능력 등을 화살표 오른쪽의 "현장"에서의 연속성에 기록한다. 연속성은 학습의 표준을 정하고, 기대하는 결과의 순서를 파악한 다음 포괄적이고 혁신적인 훈련 계획을 수립하는 데 있어서 매우 유용할 것이다.

그 다음에는 자질이나 능력을 복잡성의 우선순위에 따라 배열한다. 가장 기본적인 자질이나 능력을 왼쪽의 첫 번째 칸에 기록하고, 가장 최종적이거나 가장 높은 수준의 가시적인 증거를 가장 오른쪽에 배열한다.

이렇게 함으로써 프로파일 도표를 작성할 수 있다. 일반적인 영역을 벽이나 칠판, 혹은 컴퓨터 문서의 왼쪽의 수직선상에 배열한다. 각각의 영역에 따른 세부적인 발전 과정을 순차적으로 해당되는 일반적인 영역의 오른쪽에 배치한다.

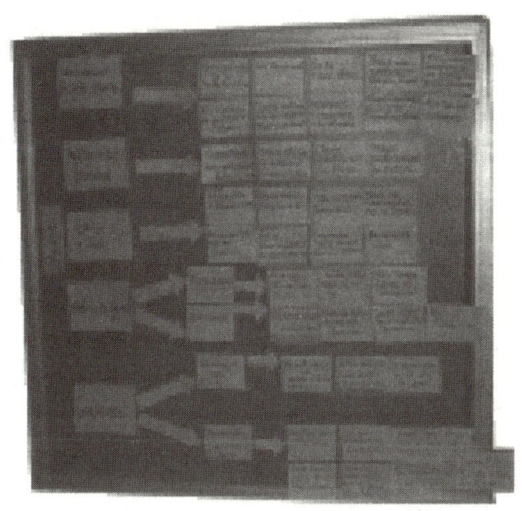

그림 7.6. 훈련 결과 프로파일의 예

8. 5단계: 프로파일 도표 검토와 승인

모든 회의참석자들이 프로파일 도표를 검토해야 한다. 참석자 전체가 모두 만족할 수 있는 좋은 제안을 수용하여 절충하는 과정이 필요하다. 참석자 전원이 구두 혹은 거수로 이 프로파일 도표의 내용에 동의하는지의 여부를 표하도록 요청해야 한다.

프로파일 도표가 승인을 받으면 프로파일 작성 과정을 모두 마치게 된다. 모든 참석자들에게 최종 승인된 프로파일 도표의 복사본을 나누어 주어서 그들의 교회나 단체 등에 소개하도록 격려할 필요가 있다. 어떤 경우에는 프로파일 결과물에 근거하여 어떤 사람이 각각의 영역에 대한 훈련자로서 적합할지에 대해 참석자들과 토의하는 것도 필요할 것이다.

9. 사역 프로파일의 활용

이러한 최종 결과 중심의 프로파일(outcomes-based profile)은 다양하게 활용될 수 있다. 이 프로파일을 기존의 사역 훈련 프로그램을 평가하는 내부적 자료로 활용할 수 있다. 과거의 프로파일과 비교해 봄으로써 그들이 목표를 성취하기 위하여 올바로 훈련을 진행하고 있는지에 대해 적절한 판단을 할 수 있는 도구가 될 수 있다.

이 프로파일은 선교사 후보생, 목회자, 선교 행정가, 그리고 훈련자들이 선교사 후보자의 발전 과정과 단계들을 평가함으로써 그가 얼마나 적절하게 준비를 하고 있는지를 평가할 수 있는 자료가 될 수 있다. 각 항목들을 측정할 수 있도록 등급을 부여하고, 이 목표가 성취되었을 때 무엇을 기대할 수 있는지에 대한 표준을 명확하게 규정해야 한다.

각각의 훈련생을 위한 맞춤형 훈련 커리큘럼을 개발할 때도 회의참석자들은 각 항목에 대해 훈련생이 도달해야 할 최소한의 목표치를 설정해야 한다. 어떤 목표는 훈련자가 일정 기간 훈련생 개인의 삶과 사역을 주의 깊게 관찰하여 그의 개인적 특성에 적합한 감정적, 영적, 혹은 다른 목표를 설정해줄 수 있다. 훈련생 개인을 위한 맞춤형 훈련은 구체적인 장점과 단점을 고려하여 적용되어야 한다.

마지막으로, 사역 프로파일은 새로운 훈련 프로그램을 개발하는 데 있어서 중요한 기초를 제공해줄 수 있다. 이것이 바로 이 책이 추구하는 목표이다. 훈련 프로파일 도표에서 제시한 목표를 체계화하고, 적용하여 새로운 사역 훈련 프로그램을 개발할 수 있을 것이다. 자질과 능력을 커리큘럼에 반영하는 것은 적절한 학습 목표의 수립과 "교수-학습"(teaching-learning) 전략을 개발하는 것과 관련이 있다.

10. 결론

　사역 훈련 프로그램 개발에 참여하는 모든 사람은 훈련 프로파일을 작성하는 과정이 눈에 보이는 결과보다 훨씬 더 복잡하다는 사실을 이해해야 한다. 전통적으로 강조되어 온 교실 중심의 교육 경험은 필요하지만 이는 훈련의 작은 부분에 불과하다. 사역이 성공적으로 제 기능을 발휘하기 위해서는 성품과 태도, 관계적 기술, 그리고 사역을 위한 전문직 능력 등이 매우 중요한 역할을 히게 된다.
　훈련 프로파일은 사역 훈련 과업의 범위를 이해하는 데 도움이 된다. 이 프로파일은 또한 커리큘럼을 개발하는 데 있어서 그 출발을 어디서부터 어떻게 시작해야 하는지, 그리고 훈련의 책임과 역할은 무엇인지를 이해하도록 돕는 안내자의 역할을 담당한다. 우리의 과업이 무엇인지를 이해하는 것은 우리가 훈련의 목표에 적중하는 사역에 있어서 강한 확신을 갖게 한다.

그림 7.7. 나이지리아의 선교사 프로파일 만들기 예

7장_ 실천하기
사역 프로파일 작성

1. 지금까지 제안한 과정을 참조하여 사역 프로파일을 작성해보라. 몇 시간 정도에 완성할 수 있는 범위 내에서 작성하되 이 과정을 함께 공부하고 있는 사람들이나 당신의 사역과 관련된 사람들과 함께 작성해보라. 단기선교사, 교회학교 교사, 혹은 소그룹 지도자를 위한 훈련 프로파일을 작성해보는 것도 좋을 것이다. 가능하다면 제6장에서 제시한 기준을 사용하여 기존의 훈련 프로그램을 평가하거나 새로운 훈련 프로그램을 개발하는 데 유용한 프로파일을 개발해보라.

2. 당신의 토의 그룹 혹은 사역 동역자들과 함께 타문화 교회 개척자 훈련을 위한 프로파일을 작성해보라. 각각의 일반적인 영역을 검토하되 1부터 5까지의 범위를 정한 후 1은 가장 낮은 가치, 그리고 5는 가장 높은 가치를 부여해서 타문화 교회 개척자 훈련 프로그램을 평가해보라. 심각한 모순이나 오류를 발견했을 때는 그 항목을 재검토하여 더 명료하게 진술해야 한다. 불필요한 항목을 삭제하거나 새로운 항목을 목록에 추가하는 것이 없는지 관찰해보라.

타문화 교회 개척자 훈련 프로파일

성취해야 할 영역들	의도하는 최종 결과들(Intended outcome)					
영적 성숙	하나님을 사랑하고 성령의 열매를 맺는다.	하나님을 예배하는 가운데 개인과 공동체의 성숙을 추구한다.	하나님의 인도하심에 민감하게 반응하고, 인내심을 발휘한다.	하나님의 주 되심을 인정하고, 말씀에 순종하는 삶을 산다.	세계복음화에 헌신하고, 명확한 소명의식을 가진다.	영적 은사를 발휘하고, 말씀과 기도를 중심으로 하는 제자도를 통해 성장한다.
성숙한 가정	부부가 서로 성숙한 헌신과 사랑의 섬김을 실천한다.	자신의 느낌과 감정을 자유롭게 나눌 수 있고, 다른 사람을 중요하게 여긴다.	자녀들을 사랑으로 가르치고 양육한다.	가족을 위해 계획된 여가 시간들을 지킨다.	영적으로나 사역적으로 성숙할 수 있도록 가족 구성원들을 격려한다.	확대된 선교 가족 혹은 공동체와 건강한 관계를 발전시킨다.
종의 도	하나님의 사랑과 용서를 경험하고, 은혜 가운데서 성장한다.	믿음과 순종으로 예수님의 주되심에 헌신한다.	나 자신보다 다른 사람들을 낮게 여기고, 그들의 필요를 돕는다.	다른 사람을 열심과 충성스러움, 그리고 기쁨으로 섬긴다.	가난한 사람들을 돕는 일에 책임감을 갖는다.	그리스도의 본을 따르는 데 있어 모델이 된다.
적응성	하나님의 주권을 인정한다.	어려운 환경에 처해도 즐거움을 유지하면서 수용한다.	새로운 상황에 대해 유연하게 적응하고, 탄력성을 가진다.	다양한 종류의 성품과 인격, 그리고 지도력의 형태를 존중한다.	다양한 상황 가운데서도 만족할 줄 안다.	"나쁜 것"과 "다른 것"의 차이를 분별할 수 있다.
문화적 민감성	현지 문화를 존중하고, 가치있게 여긴다.	현지 문화의 기대에 민감하게 반응한다.	현지 문화의 배우고 지도하는 방식을 배운다.	사역 차원에서 언어 습득의 중요성을 인정한다.	평생 언어 습득에 대한 책임감을 갖는다.	적절한 기술을 긍정적으로 활용한다.

교회에 대한 헌신	지역 교회의 활동에 적극적으로 참여한다.	교회를 위한 그리스도의 사랑을 보여 준다.	현지 교회를 섬기고 그들과 동역한다.	재생산이 가능한 교회를 개척하기 위한 관계와 활동에 있어서 청지기적 사명을 감당한다.	현지인들과 현지 교회, 그리고 그들의 과거로부터 교훈을 얻고 가치와 의미를 부여한다.	
언어 습득	현지 언어 습득의 중요성을 인정한다.	적극적으로 경청하고, 현지 언어의 소리와 패턴을 식별한다.	관계의 결속력을 강화시키는 것이 일상적인 실천이 되도록 자신을 훈련한다.	평생 언어 습득에 대한 책임감을 갖는다.	작은 실수들을 수용하고, 웃음으로 용납하는 법을 배운다.	생활과 사역 가운데서 현지 언어를 활용한다.
문화적 적응과 상황화	현지 문화를 존중하고 가치있게 여긴다.	문화적 차이를 극복하고, 성육신적인 삶을 산다.	도시와 문화 그리고 공동체를 해석한다.	현지의 필요와 관심에 대해 잘 이해하고 있다.	유용한 정보를 수집하고, 정확하게 분석하고 판단할 수 있다.	현지인들의 행동을 수용하고, 적절하게 상황화한다.
전도와 제자도	문화적으로 적절한 방식을 사용하여 그리스도를 전한다.	사람들을 주님께로 인도한다. 적극적으로 지역 교회에 참여한다.	말씀과 기도, 전도와 교제를 통해 새신자들을 양육한다.	신자들이 재생산을 하고, 지역 사회의 불신자들을 긍휼히 여기는 마음을 갖는다.	현지인 신자들이 자신의 은사를 활용하도록 격려하고, 영적 전투에 참여한다.	지역 교회에 적극적으로 참여하는 신자의 모델을 보여준다.
교회 개척과 개발 사역	전략적으로 기도한다.	사회적 상황을 분석한다.	관계를 형성하고, 새신자 공동체 셀그룹을 성장하게 한다.	효과적인 전도 전략을 개발한다.	다른 사람들을 지도할 수 있는 소그룹 지도자들을 훈련한다.	신자 공동체를 재생산하고, 그들에게 전도와 제자 훈련을 위임한다.

지도력 개발 I	잠재적 지도자들을 발굴하고 양육과 훈련을 실시한다.	신자들이 그들의 문화적 상황 가운데서 말씀을 해석하고 적용할 수 있게 한다.	신자들이 적절한 성경공부 방법을 사용할 수 있도록 돕는다.	신자들이 적절한 책임감을 갖도록 격려하고 준비시킨다.	현지인 지도자들과의 협력 관계 전환을 계획하고, 준비한다.		성경적 지도력의 원리가 현지의 상황에 적합하도록 상황화된 교회를 개척한다.
지도력 개발 II	새로운 사역을 예견하고, 그 비전에 다른 사람들이 협력하도록 동기를 부여한다.	역사적 통찰을 사용하여 교회를 가르친다.	다른 사람들의 헌신에 대해 인정하고, 격려하며 동기를 부여한다.	특정한 상황을 고려하여 적절한 성경적 지도력을 발휘한다.	팀 사역을 섬기는 종의 지도력을 발휘한다.		삼위일체 하나님의 말씀과 역사와 권능을 가지고 사역한다.

8장 _ 학습 목표 작성

스티븐 호크(Stephen Hoke)

서부아프리카에서 12년간 선교사로 사역한 경험이 있는 오웬더(Owandere) 목사는 자신의 본국에서 다음 세대의 젊은 선교사들을 훈련하도록 돕기 위해 초청을 받았을 때 흥분하지 않을 수 없었다. 그러나 그가 가르치게 된 "선교학 개론"(Introduction to Mission) 과목을 준비하는 과정에서 걱정거리가 생겼다. 하고 싶은 말은 많은데 할당된 시간이 너무 부족한 것이 문제였다. 그는 많은 경험을 갖고 있지만 자신의 경험을 어떻게 하면 청중들이 가장 잘 이해할 수 있는 형태로 전달할 수 있을까 하는 문제로 고민하게 된 것이다. 그는 젊은 선교사 후보생들에게 자신의 열정과 마음을 나누고 싶지만, 자신이 배우고 경험한 모든 것을 알기 쉽게 "학습 계획"에 담아내기가 어려웠다.

지구의 반 바퀴나 멀리 떨어진 마닐라에 살고 있는 로사 마카바(Rosa Macagba)는 새로 설립한 선교 훈련센터에서 훈련 계획을 세우면서 같은 좌절감을 경험했다. 동남아시아에서 약 10년 정도의 선교 활동 경험이 있는 로사는 선교사 후보생들을 가르치고, 멘토가 되어 줄 것을 요청받았다. 그녀는 선교사가 갖추어야 할 이상적인 자질에 대해 많은 아이디어와 그동안 틈틈이 적어 놓은 많은 노트를 갖고 있었지만, 정작 첫 수업을 어떻게 해야 할지에 대해 막연하기만 했다. 그녀가 전달하고자 하는 내용이 선교사 후보생들로 하여금 그녀가 희망하는 학습 목표에 도달할 수 있도록 도움을 줄 수 있는지, 그렇지 않는지에 대해 어떻게 확신을 할 수 있겠는가? 어떻게 그녀가 자신의 생각을 교육적으로 효과가 있는 방식으로 전달할 수 있겠는가?

이 두 훈련자는 전형적인 문제에 직면해 있다. 어떠한 방식으로 그들의 헌신과 목표를 훈련 계획과 커리큘럼으로 전환할 수 있겠는가 하는 문제이다. 이 장에서 우리는 훈련자들이 그들의 아이디어를 학습 목표로 전환하는 단계별 과정을 다루게 될 것이다(다음 장에서 이 학습 목표를 의미있는 학습 경험으로 발전시키는 작업을 하게 된다). 당신이 지금 거시적인 차원에서 훈련을 계획하고 있든지, 아니면 긴 훈련 과정의 작은 한 부분에 해당하는 세부적인 학습 계획을 수립하고 있든지 적용해야 할 기본적인 원리는 동일한 것이다.

1. 학습 목표 확정과 사역 훈련에 있어서의 역할

1) 커리큘럼의 정의

커리큘럼이라는 단어가 이 책에서 무엇을 의미하는지를 규정하고 시작하는 것이 도움이 될 것이다. 커리큘럼을 글자 그대로 번역하면 "경주자가 달리도록 정해 놓은 길" 혹은 "경주로"(racecourse)의 의미를 갖고 있다. 전통적인 개념으로 볼 때, 커리큘럼은 학생들이 다음 단계로 나아가기 전에 배워야 하는 "내용"으로 간주되어 왔다. 최근에는 이 용어가 다양한 경험을 통해서 내용, 기술, 태도 등을 배우는 학생들의 활동으로 인식되고 있다.[1] 우리는 여기서 더욱더 넓은 의미로 이 용어를 사용할 것이다.

커리큘럼 개발에 대해서 그동안 다양한 정의와 접근들이 시도되었다. 몇 가지를 살펴보면 다음과 같다.

① 커리큘럼은 학생들에게 유용하도록 구성된 내용이다.
② 커리큘럼은 학생들을 위해 사전에 계획되었고, 안내가 있는 학습 경험이다.
③ 커리큘럼은 학생 혹은 참여자의 실제적인 경험이다.
④ 일반적으로 커리큘럼은 자료들과 학습을 위한 경험을 포함하는 것이다. 특히 커리큘럼은 기독교 교육을 목적으로 한 학습을 위한 기록물이다.
⑤ 커리큘럼은 행동의 변화를 목적으로 하는 교사의 지도 아래 이루어지는 학습 활동의 조직이다.
⑥ 커리큘럼은 의도(intentions)와 방법(operations), 즉 교육적 활동의 이유(why)와 방법(how) 사이의 조화이다.
⑦ 커리큘럼은 학습자의 필요를 파악하고, 그 필요를 채우는 데 사용되는 과정의 전체적인 집합체이다.[2]

---

1 Lois E. LeBar and James E. Plueddemann, *Education That Is Christian*, (Wheaton, IL: Victor Books, 1989), 254.
2 1번에서 5번까지의 정의는 Robert W. Pasmino, "Curriculum Foundations," *Christian Education Journal*, Vol. 8 no. 1 (Autumn, 1987), 31에서 인용하였고, 6번의 정의는 Ted Ward의 교육 대학 박사과정(East Lansing, MI: Michigan State University)에서 사용된 미출판 자료 1에서 인용했다. 7번 정의는 Rodney McKean의 교육 대학 박사과정(East Lansing MI: Michigan State University, 1977), 1 에서 사용된 미출판 자료에서 인용했다.

우리는 커리큘럼을 "의도적인 배움이 발생하는 전체적인 학습 환경"이라고 하는 더 넓은 의미로 사용할 것이다. 사람들이 어떤 사람이 되어야 하는지 혹은 무엇을 해야 하는지를 알고 실천하도록 하기 위해서 우리는 커리큘럼을 계획한다. 커리큘럼의 예를 들어보면 다음과 같다.

- 어느 선교사와 22세의 제자가 함께 점심 식사를 하고 있다. 그들은 일과 가족, 그리고 일상의 과중한 스트레스에 대해 대화를 나누고 있다. 그들은 성경을 읽고 기도한다. 선교사는 다시 사역지로 돌아가기 위한 버스를 타기 위해 서둘러 자리에서 일어나면서 그 제자를 안아 준다.
- 그 후 그 선교사의 부인은 잠자리에서 두 자녀에게 성경 이야기를 들려 준다. 그들은 예수님께서 폭풍우를 잠잠하게 하신 이야기를 나누고 있다. 엄마는 아이가 나쁜 꿈을 꿀 때 느끼는 두려움에 대해 듣고 사람들이 잠든 한밤중에도 예수님께서 돌보아 주실 것에 대해 이야기해주었다.

이 이야기들도 22세의 제자와 선교사의 자녀가 그리스도 안에서 성장해가도록 돕기 위한 계획된 활동들이다. 커리큘럼에는 건물 안에서든, 밖에서든, 집에서든 직장에서든 환경을 초월하여 적용할 수 있는 학생들을 위해 만든 내용 그리고 훈련자, 멘토, 혹은 조력자에 의해 지도를 받는 실제적 학습 활동 등이 반드시 포함되어야 한다.

2) 책임의 공유

커리큘럼에 대한 이와 같은 정의는 학습의 전 과정에서 훈련자

(trainer)와 훈련생(trainee) 모두가 책임을 공유하고 있다는 사실을 내포하고 있다. 훈련자는 커리큘럼을 개발하고, 그에 상응하는 내용과 경험을 체계화하여 전달할 책임이 있고, 훈련생들은 학습 과정에 적극적이고 의도적으로 참여하는 책임을 갖고 있다.[3]

커리큘럼을 이해하는 또 다른 방법 가운데 하나는 커리큘럼을 "실제적 가르침의 경험으로 이끄는 교육적 계획"[4]으로 이해하는 것이다. 본질적으로 커리큘럼은 교육적 계획이다. 커리큘럼은 우리가 어디로 가야 할지, 무엇이 우리를 그곳으로 인도할지, 어떻게 그 목적지에 도달할 수 있을지를 알려주는 지도와 같을 역할을 한다. 프루드만(Plueddemann)은 커리큘럼 계획에 다음 세 가지의 주요 요소들을 포함해야 한다고 강조한 바 있다. 가르침과 배움의 상황, 학생의 삶 전체를 통해 나타나야 하는 의도된 결과(우리는 이것을 "프로파일"이라고 정의한다), 의도된 교육적 활동 등이 그것이다. 따라서 사역 훈련의 효율성을 판단하기 위해서 학습 결과만 평가하는 것으로는 충분하지 않다. 우리는 가르침과 배움의 상황 가운데서 의도한 결과와 학습 활동의 적절성에 대해서도 평가할 수 있어야 한다(이것을 적용하는 실제적 절차를 제시한 제10장을 참고하라).

3) 과학과 예술로서의 훈련

훈련은 과학이고 예술이며, 은사이다. 효과적인 훈련은 학생들이 어떻게 배우고, 기술을 익히고 적용하는지에 대해 조사하고 연구한 결과로 나타난 원리를 기초로 하고 있기 때문에 과학이라고 할 수

---

[3] LeBar and Plueddemann, 1989, 280.
[4] James Plueddemann, "Curriculum Improvement Through Evaluation", *Christian Education Journal*, Vol. 8 No. 1 (Autumn, 1987), 56-57.

있다. 교육자들은 이 부분을 강조하는데, 이는 훈련의 "과학"은 가르쳐질 수 있는 것이기 때문이다.

훈련은 관계적 민감성, 직관성, 불확실함에 대한 유연성, 그리고 시기의 적절성 등을 요구하기 때문에 예술이라고 할 수 있다. 이러한 예술적 사람이나 기술은 기본적으로는 타고난 자연적 재능도 있지만, 훈련과 연습을 통해서 개발될 수도 있다. 도널드 숀(Donald Schon)[5]은 유능한 교사와 예술가의 기술은 자신이 알고 있는 것을 날마다 끊임없이 연마한 결과로 얻어지는 것이라고 강조했다. 이 예술은 "내가 무엇을 하고 있는가?"에 대한 의식적인 성찰을 통해 더욱 승화된다. "유능한 교사는 생각을 행동으로 옮기고, 그 행동 가운데 암시적으로 내포된 배움이 일어나게 하는 사람이다." 가르침과 배움의 과정에서 교사-훈련자가 학습 내용이 이해가 되도록 노력을 기울이는 것처럼 그는 "자신이 겉으로 드러나게 표면화하고, 비평하고, 재구성한 이해와 그의 행동 속에 내면화된 이해도 역시 반영해야 한다." 숀은 "훈련은 불확실성, 불안정성, 편향성, 그리고 가치의 충돌 등과 같은 문제들을 잘 다루는 예술가들에 의한 "예술"의 핵심인 행동에 반영하는 전체 과정이다"라고 결론을 내렸다.

사도 바울은 가르침을 영적 은사의 하나로 보았다(엡 4:11-12; 롬 12:7; 고전 12:28). 가르침은 성령께서 부여해주신 특별한 영적 능력이나 자격, 예수 그리스도 안에서의 성숙을 추구하는 그리스도인의 연마, 혹은 사역의 효율성을 위한 훈련 등과 연관이 있다. 과학은 가르쳐질 수 있고, 예술은 개발될 수 있지만 은사는 오직 활용되는 것이다.

---

5 Donald A. Schon, *The Reflective Practioner*, (New York: Basic Books, Inc, 1983).

4) 커리큘럼 계획의 흐름

계단식 폭포가 커리큘럼 계획 과정을 시각화하는 데 유용하게 사용될 수 있다(표 8.1.). 물론 모든 교육적인 계획들이 이와 같은 방법으로 만들어지는 것은 아니지만, 이 과정에 필요한 구성 요소들을 도식화함으로써 커리큘럼 계획 과정을 유추하는 데 도움을 줄 수 있다.

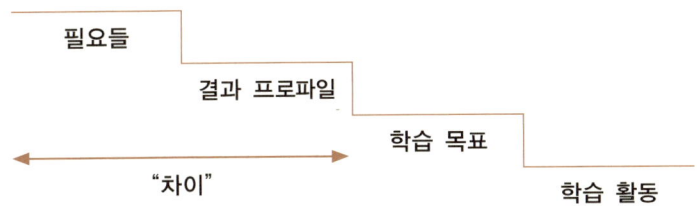

표 8.1. 폭포의 하향 계단

학습이란 훈련생이 있는 곳에서 시작되기 때문에 훈련 과정과 학습 계획은 반드시 훈련생들의 필요에서부터 시작되어야 한다. 그들이 이미 알고 있는 것은 무엇인가? 그들이 어떤 기술을 발전시키고 있는가? 어떤 기술과 자질을 갖고 있는가? 이것이 바로 학습 과정의 출발점이 되는 것이다. 그들이 이미 소유하고 있는 지식과 기술, 태도, 그리고 자질 등에 대한 이해가 바로 훈련의 출발을 어떤 단계 혹은 수준에서부터 시작해야 할지를 결정하게 한다. 이것은 훈련생으로 허입할 때 그들이 갖추어야 할 기본적인 자격 요건이나 요구 사항을 설정함으로써, 허입된 훈련생들의 자질과 수준을 평가하거나 그들의 필요를 수용함으로써, 혹은 그 두 가지 모두를 수용하여 절충함으로써 이루어질 수 있다. 훈련생 허입 기준이 설정되었다면, 이 자격 요건을 갖춘 훈련생들은 훈련으로 들어갈 때 큰 어려움을 겪지 않아도 된다. 만약 자격 요건을 만족시키지 못한 훈련생이 있다면 별도의 개인 지도를 통해 훈련을 받기 전에 부족한 기초적인 이해와 기술을 습득할 수 있게 해야 한다. 브라이언 메시(Brian Massey)는 또 다른 창의적 방법 가운데 하나로 훈련의 목적에 비추어 예비 훈련생을 평가하는 방법을 제시하고 있다(표 8.2.).

점진적인 커리큘럼 계획의 다음 단계는 훈련생들의 첫 시작 단계에서의 자질과 최종 결과 프로파일(7장)을 비교해보는 것이다. 당신이 예비 훈련생들의 자질과 최종 결과 프로파일을 비교해보았을 때 그들의 지금 현재 상태와 훈련을 마쳤을 때 그들이 도달해야 할 목표 사이에 존재하는 "차이"(gap)를 발견할 수 있을 것이다. 그 차이와 대한 학습 목표를 명확하게 진술하는 것이 그 다음 단계이다. 학습 목표는 크고 포괄적인 학습 목적을 실제로 도달할 수 있도록 세부적 단계들로 나누는 도구이다. 학습 목표는 훈련 프로파일로부터 도출되고, 그 목표는 훈련생들이 성장해야 할 방향을 가리키고 있어야 한다.

마지막으로, 적절한 학습 활동은 "차이를 메꾸는 것"에 초점을 두어야 한다. 학습 활동은 훈련생들의 현재 상태와 도달해야 할 목표 사이에 다리를 놓는 것이다. 학습 활동은 교육적 목표를 성취하기 위한 전술이라고 할 수 있다. 학습 활동은 당신이 파악한 훈련생들의 필요와 최종 결과 프로파일, 그리고 학습 목표 등에서 나와야 한다. 훈련자는 "훈련생이 어떤 사람들이 되어야 하고, 어떤 일을 해야 하고, 어떤 일을 할 수 있어야 하는지의 목표를 위해 어떤 경험들을 제공해주어야 하는가?"에 대한 질문에 대답을 할 수 있어야 한다.

오스트레일리아와 뉴질랜드에서의 실험

1994년에 오스트레일리아와 뉴질랜드의 여덟 개 선교 단체로부터 아홉 명의 선교 훈련 지도자들이 출국 전 오리엔테이션 프로그램을 개발하기 위해 모였다. 그들은 지난 번 파사데나(Pasadena) 세미나에서의 프로파일 작성 과정에서는 언급되지 않았던 "기존의 훈련 과정을 시작하는 훈련생들을 어떻게 적절하게 평가할 수 있는가?"라는 새로운 문제가 대두되었다. 그들은 모두 훈련이 시작될 때의 훈련생의 상태와 훈련이 끝났을 때 훈련자가 의도하는 상태의 "차이"가 훈련에서 다루어야 할 부분인 것에 대해서는 동의하지만, 어떻게 시작과 끝을 결정해야 하는가에 대한 문제에 대해서는 어려움을 겪고 있었다.

그들은 어느 앞서가는 기업체의 훈련 부서에서 사용하는 "능력 점검표"(Competency Continuum)의 아이디어를 도입했다. 이 점검표는 노동자들이 각각의 업무 영역별로 도달해야 할 목표를 제시하기 위해 만들어진 것이었다. 점검표에는 낮음, 중간, 높음 등 세 단계의 구분이 있는데, 각자가 자신의 현재 능력을 평가하여 적절한 단계에 표시하도록 되어 있다. 예비 훈련생들은 각 항목의 평가선 위에 자신의 능력에 대해 스스로의 평가를 표시할 수 있다. 이 작업은 훈련생들이 자신에게 적합한 훈련 프로파일을 스스로 결정할 수 있도록 안내해주는 역할을 한다. 훈련생들과 훈련자 혹은 훈련 코디네이터와 함께 협력하여 학습 목표를 설정하는 데 이 자기 평가표를 사용할 수 있다. 이 내용을 학습 계획서와 같은 형식으로 기록해 두어야 한다. 하나의 과목 혹은 항목에 대한 교육이 끝났을 때 그 항목에 대한 진전 상태를 스스로 재평가하여 능력 점검표에 다시 표시해야 한다. 그 결과가 바로 훈련생이 도달한 최종 프로파일인 것이다. 다음의 세 가지 예가 출국전 예비 오리엔테이션 프로그램의 자기 점검표를 도식화한 것이다.

| 적응: | 낮음 | 중간 | 높음 |

| 정체성: | 낮음 | 중간 | 높음 |

| 의사소통: | 낮음 | 중간 | 높음 |

몇 가지 주의해야 할 점들이 있다. 첫째, 자기 점검의 척도를 사용할 때 특히 가장 높은 단계는, 단순히 특정한 훈련 과목을 이수하는 것만으로 성취되는 것이 아니다. 상당수의 항목들은 타문화 생활과 사역 경험을 통해 연마되고 발전될 수 있기 때문에 이 점검표는 선교사의 개인적 자기 점검을 위한 보조 도구 정도의 역할을 할 수 있을 것이다.

둘째, 훈련생들이 훈련 초기에 자기 점검표를 작성할 때 자신의 능력과 자질에 대해 너무 높은 점수를 부여해서 훈련 마지막에 개선과 발전의 정도를 측정하기가 어려울 수도 있다. 그것은 아무런 문제가 되지 않는다. 오히려 그들 스스로 지금 자신이 어디에까지 와 있는지를 현실적으로 보여주는 것이기 때문에 도움이 될 수도 있다. 다른 모든 과목들과 함께 특정한 과목이 그들의 특정한 영역의 기술을 발전시킬 수 있도록 주어질 것이다.

셋째, 이 개념은 훈련생 중심의 교육이고, 배움에 대한 책임도 갖고 있는 성인 교육과 역량 개발 중심의 교육의 원리에 확고한 기초를 두고 있다. 따라서 커리큘럼의 요소들을 훈련자가 일방적으로 정하기보다는 그들 스스로 자신의 학습 목표를 설정하도록 하는 것이 좋다.

표 8.2. 훈련의 목적을 염두에 둔 예비 훈련자 평가

출처: Brian Massey, Personal letter to William D. Taylor, August 8, 1994.

계단식 폭포 그림은 한 과정의 일반적인 내용으로부터 시작해서 특별한 교육을 위한 특별한 내용에 이르기까지의 흐름을 잘 보여준다(표 8.3.). 예를 들면, "선교사의 삶"이라고 하는 하나의 과정(혹은 주제)에는 성경 공부, 그리스도인의 성품, 문화 적응, 그리고 타문화 의사소통 등의 단위들이 포함될 수 있다. 이 과정은 여러 개의 작은 과목들-거룩한 습관 개발하기, 성령 충만한 삶, 문화 충격을 극복하는 방법, 예수님의 의사소통 모델 이해 등-로 나누어질 수 있을 것이다. 하나의 특정 과목(lesson)이 하나 혹은 여러 개의 학문적 단위 혹은 주제(unit)의 계단으로부터 나오고, 그 단위는 하나의 과정(course)으로부터 도출된 것이라는 사실에 주의하라. 이 흐름은 억지로 끼워 맞추거나 서로 무관해서는 안 되며, 반드시 논리성과 당위성, 그리고 상호 연관성을 갖추어야 한다.

표 8.3. 내용의 논리적 통합

5) 균형잡힌 학습

지식(이해), 존재(성품, 자질), 행동(사역 기술) 등이 포함된 균형잡힌 배움이 일어나도록 하는 데 목표를 두어야 한다. 물론 어떤 특정한 행동이나 경험에 대한 배움은 한두 가지의 차원만을 다루기도 하지만, 목표를 설정할 때 그 목표는 반드시 이 세 가지 차원이 함께 성장하는 것을 염두에 두어야 한다.

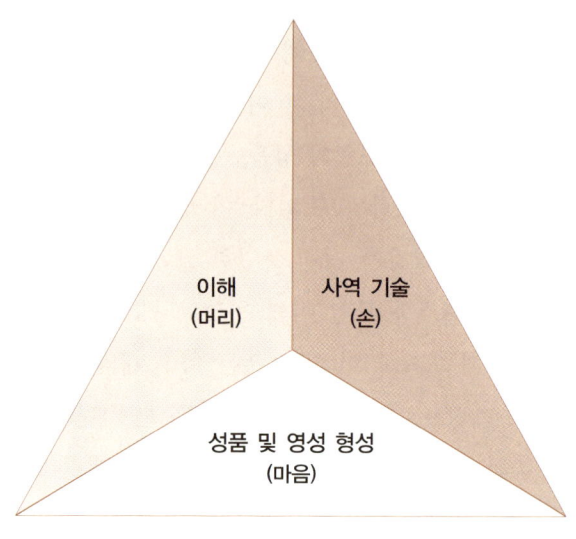

표 8.4. 균형잡힌 학습의 세 가지 차원

　첫 번째는 "이해"의 차원인데 일반적으로 진리에 대한 설명 혹은 묘사 등을 통해 증명된다. 두 번째로 사역 기술의 차원은 설교, 전도, 건축, 혹은 계획 수립 등의 행동을 통해 나타나기도 한다. 그러나 세 번째의 성품 및 영성 형성의 차원은 행동이나 가시적인 실천을 통해 잘 나타나지 않을 수 있다. 내면적 자질은 포착하기가 어렵고, 드러나는 실체가 없기 때문에 계량화하거나 검증하기가 어려운 것이 사실이다. "가치"와 "느낌"도 역시 보여주거나 측정하기가 쉽지 않다. 그렇다고 해서 품성과 영적 성숙의 차원의 발전을 평가할 수 없는 것은 아니지만 신중하고 올바른 분별력을 가지고 이 부분의 사역 차원을 발전시킬 수 있는 목표를 정해야 한다.
　학습의 균형잡힌 관점은 커리큘럼을 개발하는 사람과 훈련자들이 태도와 사역 기술의 영역을 소홀히 다루면서 지나치게 학문적인 차원에서의 지식이나 정보의 전달에만 중점을 두는 현상을 피할 수 있게 해준다. 성경적인 성숙과 발전을 올바로 이해하고 있다면 지식적 이해와 순종이 결코 분리될 수 없다는 사실을 잊지 않아야 할 것이다.

6) 교수-학습 목표 설정

목표 설정은 사역 훈련 커리큘럼을 개발하는 데 필요한 단계이다. "만약 당신이 아무것도 겨냥하지 않는다면 아무것도 맞출 수 없다"는 것은 자명한 진리다. 유감스럽게도 훈련생들이 목표를 설정하는 과정을 종종 생략해버리는 것을 볼 수 있다. 당신이 훈련생들의 우선적인 필요를 파악한 것을 토대로 그들의 필요를 고려한 구체적인 목표를 개발하기 시작해야 한다. 어떤 필요와 학습 과제들은 그 필요를 적절하게 채우기 위해 하나 이상의 목표를 설정해야 할 수도 있다. 반대로, 하나의 목표가 여러 가지의 필요를 채워줄 수도 있다.

목표를 기술한다는 것은 구체적인 학습 단계를 파악하여 이미 성취된 것과 아직 성취되지 않은 것 사이의 "차이"에 가교를 놓는 것이다. 목표는 다음과 같은 질문에 대한 대답을 제시할 수 있어야 한다. 훈련생이 무엇을 이해(지식)해야 하고, 어떤 자질(태도)을 갖추어야 하며, 무엇을 해야(행동 혹은 사역 기술) 하는가? 어떻게 훈련생들이 자신의 학습 목표를 성취했는지를 보여줄 수 있겠는가? 목표는 훈련생들이 도달해야 할 단계 혹은 상태에 대해 기술하는 것이다.

의미있게 잘 진술된 목표는 훈련생들에게 훈련자의 의도를 성공적으로 의사소통하는 것을 의미한다. 이것은 훈련생들이 학습 과정에서 훈련자와 책임을 공유하고 있다는 것을 의미하는 것이다. 만약 훈련자가 자신이 가르치는 과목의 목표를 명확하게 진술하는 것만으로 충분하다고 생각한다면 성공적인 학습이란 단지 훈련자가 갖고 있는 기술을 성공적으로 배우기만 하면 되는 것으로 간주될 위험이 있다. 훈련생들은 훈련자가 기술한 의도에 능동적으로 반응하고, 목표가 현실이 될 수 있도록 하기 위해 학습 활동에 적극적으로 참여해야 한다.

목표를 진술하기 위한 구체적인 방법에 대해 논의하기 전에 한 가지 주의 사항을 먼저 다룰 필요가 있다. 목표를 진술할 때 추구하는 목표를 행동적 변화에만 초점을 맞출 때는 만족스럽지 못한 결과를 초래할 수도 있다. 오직 관찰이 가능한 행동이나 행동을 통해 증명된 태도의 변화만이 목표가 될 수 있다고 생각하는 것은 위험한 발상이다. 예를 들면, 마태복음 22:37의 "예수께서 이르시되 네 마음을 다하고 목숨을 다하고 뜻을 다하여 주 너의 하나님을 사랑하라 하셨으니"라는 계명은 행동적인 것이 아니다. 예수님이 제자들에게 "너희가 나를 사랑하면 나의 계명을 지키리라"(요 14:15)라는 말씀은 행동적 변화와 관련된 것 같아 보이지만, 계명을 지키는 것이 언제나 진정한 사랑을 나타내는 것은 아니다(바리새인들을 보라).

기대하는 행동적 변화를 구체적으로 진술하는 것이 목표 설정에 도움이 된다고 가정하는 것도 또 다른 실수가 될 수 있다. 종종 "수단과 목적"이 바뀌어 버릴 때 절대적으로 비생산적인 결과를 초래할 수 있다. 훈련자가 "선교사의 기도 생활"이라는 주제를 통해 훈련생들의 삶에 있어서의 기도의 역할을 가르치고자 한다고 예를 들어보자. 이 주제는 매우 귀중한 목표이다. 그럼에도 불구하고 만약 이것을 구체적으로 관찰 가능한 행동 변화를 요구하여 "이 과정의 네 번째 주부터 훈련생들은 하루에 60분씩 기도한다"고 목표를 세웠을 때 무슨 일이 일어나겠는지에 대해 주목해보라. 하나님과의 깊은 교제를 위해 하루에 60분씩 기도한다는 목표는 그것 자체로 목적이 되어 버릴 가능성이 매우 높다. 훈련생들에게 기도하는 "시간"이 목적이 될 수 있다. 하나님을 믿는 사람은 드러나는 행동보다는 마음이 더 중요한 것이기 때문에 주객이 전도된 결과를 초래할 수 있다.

테드 워드(Ted Ward)는 학습 목표가 낮은 단계의 인지학습(인식, 기억 이해)에는 도움이 되지만 더 고등한 단계의 사고(평가, 적용, 종합)에는 무용지물일 수 있다고 주장한다.[6] 훈련생들이 개발하기를 원하는 모든 가치와 행동 혹은 태도에 대해 구체적인 목표를 설정하는 것이 불가능하다는 것을 이해해야 한다.[7]

학습 목표를 기술하는 것이 훈련생이 개발해야 할 이해, 기술, 혹은 태도 등을 구체화하는 데 도움을 줄 수 있다는 점에서 학습 목표가 당신의 훈련 과목 계획을 이끌어가게 해야 한다. 그러나 쉽게 측정하거나 관찰하여 계량화하기 어려운 기술들이 있고, 가시적 행동으로 표현될 수 없는 태도의 변화도 존재한다는 사실을 기억해야 한다. 이런 문제를 직면하게 되었을 때는 행동적 목표보다 "믿음의 목표"[8]를 진술하는 것이 바람직하다.

마지막으로, 목표를 설정하는 것은 역동적이고, 발전적인 활동이나. 목표 설정은 훈련과 사역의 상황 가운데서의 변화와 함께 훈련자와 훈련생의 상호 작용을 통한 변화, 보완, 순화 등을 요구한다. 나는 내가 설정한 학습 목표에 대해 자부심을 갖고 있었지만, 과목을 가르

---

6 Ted Ward, Personal conversation with S. Hoke, July 18, 1994.

7 Jarrold E. Kemp, *Instructional Design: A Plan for Unit and Course Development*, (Belmont, C.A.: David S. Lake Publishers, 1977), 34-38. 이 책은 태도, 가치, 그리고 공감 등의 정서적 영역들에 대한 세부적인 목표들을 관찰하고 측정할 수 있는 용어로 표현하기가 어렵다는 사실을 강조하고 있다. 현실적으로도 측정이 가능한 형태의 목표로 축소하기 어려운 훈련의 목적들도 많이 있다. Elliot Eisner는 "행동의 목표에 관한 비평"에서 행동적인 용어로 진술할 수 없는 구체적인 결과물에 대해 "표현 목표들(expressive objectives)"이라는 용어를 제안한 바 있다. "Instruction to the Teaching Ministry of the Church," (San Clemente, C.A.: Chrysalis Ministries, 1969), 13-18

8 James E. Plueddemann, "Behavioral Objectives, No! Faith Goals, Yes!" Intercom, no. 144 (August-October, 1994), 8.

치기 시작한 지 두주가 지나지 않아 내 목표가 잘못된 동사를 사용했거나 학생들이 내가 의도한 것과는 다른 태도 혹은 기술을 습득하는 데 많은 시간을 보내고 있는 등 불완전한 것이라는 사실을 깨닫게 되었다. 이러한 현상이 나로 하여금 목표를 재설정하게 했고, 내가 놓치고 있었던 것을 반영하는 완전히 새로운 목표를 설정하게 했다.

2. 명확한 의사 전달이 가능한 목표 설정

가장 유용한 교수-학습 목표는 구체적인 기준에 충실해야 한다.[9]

- 훈련생의 관점에서 볼 때 조금도 불확실한 부분이 없어야 한다.
- 행동(실천)은 훈련자나 다른 사람을 위한 것이 아니라 훈련생의 과업이다.
- 목표의 실행은 모호하지 않고 명확해야 한다. 훈련생이 목표를 실행했을 때 훈련자나 훈련생이 목표를 성취했는지의 여부에 대해 명료하게 말할 수 있어야 한다.
- (가능하고 적절하다면) 명확하고, 정확한 동작동사를 사용해야 한다.

목표를 명확하게 설정하는 데는 세 가지의 핵심 요소가 필요하다. 첫째, 당신이 훈련생들이 할 수 있게 되기를 바라는 행동이다. 둘째, 그 행동을 실현할 수 있는 상황이다. 셋째, 행동의 기준이다. 각 요소를 단계별로 살펴보자.

---

9 Tom W. Goad, *Delivering Effective Training*, (San Diego: University Associates, 19820, 65; df. Warren S. Benson, "Setting and Achieving Objectives for Adult Learning," in *The Christian Educator's Handbook on Adult Education*, ed. K. O. Gangel and J. C. Wilhoit, (Wheaton, IL: Victor Books/SP Publications, 1993), 175-192.

1) 1단계: 요구해야 할 행동 결정하기

학습 목표 설정의 1단계는 구체적인 동작동사로 최종적인 행동 반응을 결정하는 것이다. 불행하게도 많은 일반 동사들이 사람에 따라 다르게 해석할 수 있는 폭넓은 의미를 지니고 있다. 이런 의미에서 다음과 같은 동사들을 비교해보라.[10]

다양한 해석이 가능한 단어들	다양한 해석의 여지가 적은 단어들
알다(know)	기술하다(write)
이해하다(understand)	암송하다(recite)
진정으로 이해하다(really understand)	증명하다(identity)
인식하다(appreciate)	식별하다(differentiate)
전적으로 인식하다(fully appreciate)	해결하다(solve)
즐기다 혹은 누리다(enjoy)	나열하다(list)
믿다(believe)	비교하다(compare)
~에 대한 믿음을 갖게 되다(have faith in)	대조하다(contrast)

왜 왼쪽에 있는 단어들이 해석과 적용에 있어서 토론과 논쟁을 유발하는가? 그것은 이 단어들이 단순한 관찰이 아닌 판단을 요구하기 때문이다. 행동적 목표 설정이 가능할 때 우리는 다음과 같은 질문을 고려해야 한다. "나는 훈련생들이 습득해야 할 지식, 연마해야 할 기술, 혹은 태도를 나타내기 위하여 무엇을 해야 하는지(동작동사)를 명확하게 묘사하였는가?" 이와 같이 적어도 잘못된 해석을 배제할 수 있는 명확한 의사 전달이 가능한 단어를 사용하여 목표를 진술하여 의도된 학습을 통해 기대하는 행동이 나타날 수 있도록 해야 한다.

---

[10] Robert F. Mager, *Preparing Instructional Objectives*, 2nd ed., (Belmont, C.A.: Pearon Publishers, 1975), 20.

다음 목표들의 예들을 평가해보라. 어떤 것이 더 훈련생들이 언어 습득의 중요성에 대해 실제적으로 가치를 부여할 수 있겠는가?

언어 습득에 대한 목표

A. 언어 습득의 중요성에 대한 이해를 촉진한다.
B. 훈련생들이 언어 습득 과목을 이수했을 때 효과적인 선교 사역을 위해 왜 언어를 습득해야 하는지에 대한 세 가지 이유를 진술할 수 있다.

표 8.5. 목표의 예(1)

"이해"라는 단어는 많은 뜻을 가지고 있고, 측정하기 어려울 뿐 아니라 훈련생들이 언어 습득 과목을 공부한 후 훈련자가 기대하는 어떤 결과를 보여주어야 하는지를 명확하게 제시하기가 쉽지 않다. 만약 두 번째 목표(B)가 선교사에게 있어서 언어 습득이 왜 중요한지에 대해 설명할 수 있다면, 그 목표는 성취되는 것이다. 어떤 하나의 개념을 설명하는 능력을 갖고 있다는 것은 훈련생이 학습의 핵심내용을 잘 파악했다는 것뿐만 아니라 언어 습득이 중요한 이유를 진술할 수 있는 능력을 가지고 있다는 것을 보여주는 것이다. 이와 같이 "진술하다"라는 단어가 훈련생들이 무엇을 해야 하는지에 대해 더 분명하게 보여주기 때문에 더 유용한 동사가 될 수 있다.

목표가 명확하게 성취되었을 때 무엇을 기대할 수 있는지에 대해서는 의심할 여지가 없어야 한다. 핵심은 바로 측정이 가능하거나 관찰이 가능한 동작동사를 사용하는 것이다. "이해하다"라는 단어는 측정하기가 매우 어렵다. 반면에, "진술하다," "제시하다," 그리고 "해결하다" 등의 단어가 더 정확하고, 측정이 가능하다.

최종 결과를 분별하는 목표 설정

A. 훈련생들이 이 과목에서 언급한 성경 구절들을 배운다.
B. 훈련생들이 이 과목에서 언급한 성경 구절들을 암송한다.
C. 훈련생들이 이 과목에서 언급한 성경 구절들을 사랑한다.

표 8.6. 목표의 예(2)

"배운다"는 "암송한다"는 뜻인지, "진술한다"는 뜻인지, 아니면 "순종한다"는 뜻인지가 명확하지 않은 모호한 단어이다. 하나님의 말씀을 "사랑한다"는 것은 가장 높은 목적이고, 분명하지만 많은 다른 방법으로 해석이 가능하고, 사랑하는지에 대해 주관적인 판단이 필요한 단어이다. 그렇기 때문에 가장 구체적인 목표는 "암송하는 것"이다.

몇 개의 목표들을 만들어보라. 훈련생들이 다음과 같은 태도를 보여 주기 위해 어떤 목표를 설정해야 하겠는가?

태도	가능한 목표
수용	
인내	
용서	
기쁨	
평화	

2) 2단계: 행동을 위한 환경 제시하기

학습 목표의 2단계는 행동을 위한 환경을 진술하는 것이다. 목표하는 행동이 결정되었다면 그 행동을 실현할 수 있는 중요한 환경 혹은 여건에 대해 묘사해보라. 학습 결과로 나타나야 하는 행동이 동료 훈련생들도 관찰하거나 인식할 수 있도록 가능한 한 자세하게 기술해야 한다. 환경은 시간, 장소, 관련자, 혹은 다른 예상 가능한 상황이 될 수도 있다. 앞에서 언급한 표 8.5.의 B.문장을 참조하라.

환경: 훈련생들이 언어 습득 과목을 이수했을 때…
행동: …효과적인 선교 사역을 위해 왜 언어를 습득해야 하는지에 대한 세 가지 이유를 진술할 수 있다.

다음의 목표를 평가해보라. 의도한 행동 혹은 결과가 발생하는 환경에 대해 어떤 문장이 더 적절하게 묘사하고 있는가?

대인 관계의 갈등에 대한 목표

A. 훈련생은 현지에서 대인 관계의 갈등을 해결할 수 있다.
B. 현지에서 발생할 수 있는 전형적인 대인 관계 갈등 상황 가운데서 훈련생은 문화적으로 적절한 방법으로 적어도 두 가지의 갈등 해소 방안을 제시할 수 있다.

표 8.7. 목표의 예(3)

훈련생들에게 대인 관계의 갈등를 해소할 수 있는 특정한 상황을 제시해줌으로써 대인 관계의 갈등 해소라고 하는 넓은 영역을 그들이 감당할 수 있을 만한 과제로 범위를 좁히는 것이 두 번째 단계(B)이다.

> 행동: …훈련생은 문화적으로 적절한 방법으로 적어도 두 가지의 갈등 해소 방안을 제시할 수 있다.
> 환경: 현지에서 발생할 수 있는 전형적인 대인 관계 갈등 상황 가운데서…

다음 세 가지의 목표들 가운데 중요한 환경을 가장 구체적으로 묘사한 문장이 어떤 것인지를 찾아보라.

행동 환경을 묘사한 목표

A. 케냐 서북부에서 포콧(Pokot) 종족의 비기독교인 여성을 만났을 때 훈련생은 강력하게 기도할 수 있다.
B. 염려가 있을 때 훈련생은 강력하게 기도할 수 있다.
C. 직접적인 영적 공격을 당했을 때 훈련생은 강력하게 기도할 수 있다.

표 8.8. 목표의 예(4)

3) 3단계: 기준 설정하기

학습 목표를 명확하게 진술하기 위한 3단계는 수용할 만한 행동의 기준을 설정하는 것이다. 이것은 수용할 만한 행동을 훈련생이 얼마나 잘 성취하는지를 묘사하는 것이다. 다음은 어떻게 기준을 설정해야 하는지를 보여주는 예들이다.

- 80퍼센트의 정확성
- 제시된 계획에 따름
- 각 항목마다 다섯 가지의 태도 목록 작성
- 문화적으로 적절한 방법 사용
- 성경적 원리를 지킴

다음의 어떤 문장이 기대하는 행동이 일어나는 환경과 기준을 가장 적절하게 묘사한 것인가?

언어 습득과 관련한 목표

A. 훈련생은 일본어를 유창하게 구사한다.
B. 9개월간의 언어 습득 과정을 마친 후 훈련생은 가정과 공동체 생활이라는 주제로 일본의 원어민과 중간 단계의 일본어 실력으로 대화를 나눌 수 있다.

표 8.9. 목표의 예(5)

학습 결과를 보여 주기 위해 여러 개의 구체적인 환경의 필요성도 알 수 있지만, 명확하게 제시된 기준이 가져다주는 유용성도 볼 수 있다.

행동: 훈련생은 … 대화를 나눌 수 있다.
환경: 9개월간의 언어 습득 과정을 마친 후…
  (대화할 수 있다) 일본의 원어민과
  (대화할 수 있다) 가정과 공동체 생활이라는 주제로
기준: (대화할 수 있다) 중간 단계의 일본어 실력으로

모든 학습 목표마다 기준을 제시해야 할 필요는 없다. 기준이 필요할 때는 언제든지 제시할 수 있지만 구체적으로 어떤 종류의 행동 결과가 나타나야 하는지에 따라 선별적으로 의미있는 기준을 제시할 수 있다.

아래의 목표들 가운데 어떤 것이 가장 구체적으로 기준 혹은 척도를 제시하고 있는지를 찾아보라.

행동의 기준을 구체적으로 제시한 목표

A. 이 과목을 이수한 후 훈련생은 기도에 의지하는 삶을 효과적으로 경험할 수 있다.
B. 이 과목을 이수한 후 훈련자에 의해 검증된 깊은 기도의 삶을 살 수 있다.
C. 이 과목을 이수한 후 훈련자는 하나님을 향한 사랑이 성숙해진 증거로 더 깊어진 기도에 대한 열정과, 더 역동적인 중보기도 기도의 삶을 경험할 수 있다.

표 8.10. 목표의 예(6)

위의 표에서 행동의 기준이 포함된 세 개의 목표를 관찰해보면, A는 "효과적으로"는 훈련생이 목표를 성취하였는지의 여부를 잘 보여 주지 못한다는 것을 알 수 있다. B는 훈련자가 훈련생의 진전을 평가하는 권한과 책임을 갖고 있다는 것을 보여준다. 어떤 경우에는 훈련자의 평가가 적절하거나 또 필요할 수도 있지만 훈련생에게 큰 도움은 되지 않는다.

C는 훈련자와 훈련생 모두에게 도움이 되는 구체적인 기준이 포함되어 있다.

3. 결론

이 장의 모든 내용은 명확한 목표를 설정하기 위해 필요한 요소들을 살펴본 것이다. 여기서 언급되지 않았지만 가장 중요한 한 가지 요소는 바로 모든 과정 가운데서 당신의 생각을 변화시키는 성령의 인도하심이다. 이 성령의 요소를 인식한다면, 우리는 반드시 기도 가운데서 평가와 생각, 그리고 계획을 진행해야 할 것이다. 우리의 목표 설정을 위한 의사 결정을 위하여 하나님께 올바른 분별력과 인도하심을 구해야 한다. 하나님이 우리의 생각을 주관하실 때 비로소 진정으로 성령이 주도하시는 목표들을 설정할 수 있다. 더 나아가 다음의 세 가지 사항을 주목해보라.

첫째, 당신의 목표 설정에 책임의 영역을 추가하라. 목표가 성취되었는지를 누가 그리고 어떻게 검증할 것인가? 목표가 성취되었는지의 여부를 검증하는 책임이 누구에게 있는가? 구두 진술로 충분한가? 평가를 위해 역할극이나 사례 연구가 신뢰할 만한 방법인가? 훈련생의 행동의 변화를 실제 사역 가운데서 관찰해야 하는가?

둘째, 목표를 개발하고 승인받기 위해 가능한 한 많은 사람들이 참여하는 것이 좋다. 단순히 한명의 훈련자가 아닌 여러 명의 훈련자, 훈련원 졸업생, 심지어 현재 훈련생과 미래의 예비 훈련생들이 포함되어도 좋다.

셋째, 당신의 훈련생들과 학습 목표에 대해 계속해서 토론을 하는 것이 중요하다. 이렇게 할 때 훈련생들이 목표에 집중하게 된다. 각 과목의 학습 목표를 설정하고, 모든 학습 과정에 있어서 그 목표를 견지하라. 그리고 해당 과목의 결론에 도달할 때 목표를 다시 재검토하라. 목표에 대한 지속적인 논의가 없다면 훈련생이 자신이 무엇을 하고 있는지에 대한 동기와 목적을 상실하기 쉽다.

8장_ 실천하기
학습 목표 작성하기

1. 당신 자신의 학습 목표를 작성해보라.
제7장에 제시한 타문화 교회 개척의 프로파일의 일반적인 영역들을 사용하여 세 가지 결과(outcome)를 나열하고, 각 결과마다 두 가지의 학습 목표를 설정해보라.
예:

> 일반적 영역:
>   1) 영적 성숙
>   결과1: 하나님을 알고 사랑하며 성령의 열매를 맺는다.
>   목표A: 이 프로그램의 공동체 생활의 마지막 단계에 이르렀을 때 훈련생은 성장이 어떻게 이루어졌는지에 대한 구체적인 실례들을 그리스도인의 영적 훈련의 균형잡힌 활용과 그가 맺은 성령의 열매들에 대한 기록이 포함된 자신을 성찰하는 한두 쪽의 글을 통해 하나님에 대한 자신의 사랑을 나타낸다.

일반적 영역:
  1) 영적 성숙
    결과1:
      목표A:
      목표B:

    결과2:
      목표A:
      목표B:

결과3:
    목표A:
    목표B:

2) 성숙한 가정
    결과1:
        목표A:
        목표B:

    결과2:
        목표A:
        목표B:

    결과3:
        목표A:
        목표B:

3) 문화적 적응과 상황화
    결과1:
        목표A:
        목표B:

    결과2:
        목표A:
        목표B:

    결과3:
        목표A:
        목표B:

2. 학습 목표를 평가해보라.

학습 목표가 다음과 같은 학습의 차원들을 명확하게 표현하고 있는가?
- 지식(이해)
- 행동(기술)
- 태도(성품)

학습 목표가 다음의 내용을 구체적으로 표현하고 있는가?
- 동사(verb)가 나타내어야 할 행동을 적절하게 표현하고 있는가?
- 학습 조건(condition)이 시간 계획과 학습 환경을 구체적으로 고려하고 있는가?
- 학습 목표가 측정할 수 있는 명확한 기준을 제시하고 있는가?

학습 목표가 명확하고, 구체적이며, 균형있고, 완벽하게 되도록 수정, 보완해보라.

3. 당신의 학생들 혹은 사역 동료들과 함께 다음 페이지에 소개되어 있는 랄프 타일러(Ralph Tyler)의 "커리큘럼 계획의 원리"에 따라 당신이 알고 있는 커리큘럼을 평가해보라.

커리큘럼 계획의 원리

다음 세 가지 기본 원칙들은 당신이 커리큘럼을 계획하고 학습 경험을 체계화하는 데 도움이 될 것이다.

연속성(Continuity)
연속성은 주요 커리큘럼의 요소들을 반복하거나 거듭 강조하는 것이다. 훈련자는 다른 학습 주제들을 연결하고 그동안 배운 내용이 각 과목 그 자체로 중단되지 않고, 서로 긴밀한 연관성을 갖고 계속 발전할 수 있도록 해야 한다.
- 한 젊은 회심자가 성찬식에 대한 가르침을 받고, 후일에 성경학교나 신학교에서 같은 주제에 대해 더 깊은 내용을 배우게 될 것이다.
- 현지에 가기 전에 배운 타문화 적응의 원리는 반드시 선임 선교사의 지도를 받는 현장 실습을 통해 보완되어야 한다.

훈련자들은 훈련생들이 배운 내용을 계속해서 반복하고 지속적으로 발전할 수 있도록 기회를 제공할 필요성에 대해 인식하고 있어야 한다.

순차적 발전(Sequence)
순차적 발전은 의미있는 배움이 장기적으로 계속해서 일어나도록 교육적으로 체계화하는 것을 말한다. 계속해서 성장하는 경험을 할 수 있도록 더 발전되고 심화된 교육 환경을 제공해서 배움의 넓이와 깊이를 더해 갈 수 있게 해야 한다.
- 설교를 준비하며 지속적으로 연습을 하는 것은 훈련자에게는 더 넓은 사안들을 볼 수 있게 하며 더욱더 깊은 성경 연구를 할 수 있게 한다. 동일한 수준의 과제를 단순 반복하는 것은 태도, 이해, 기술 등에 거의 도움이 되지 않는다.
- 타문화에 대한 배움의 기술과 관찰의 발전은 더욱더 복합적인 사회적 상황, 인간의 행동에 대한 폭넓은 가정이나 전제의 형성, 그리고 더 심화된 분석 등에 초점을 두어야 한다.

같은 방법으로 2년차 선교사는 단순히 첫 1년의 경험을 반복하는 것이 아니라 주의의 문화적 환경에 대해 더 폭넓고 심층적인 통찰력을 가질 수 있어야 한다.

통합(Integration)
통합은 교육적 내용의 상호 작용을 체계화하여 다양한 과목에서 다루는 주제들과 원리들이 "서로 어울리도록" 하는 것이다. 학습 경험의 조직화는 반드시 훈련생으로 하여금 서로 다른 배움의 조각들을 서로 연결하고 맞추는 방법을 발견함으로써 통합적인 관점을 갖도록 돕는 데 그 목적을 두어야 한다.

학습 활동의 통합은 삶과 사역의 양식이나 관계(예: 교회 역사와 선교 전략의 관계, 문화와 전도 방법의 관계 등) 등을 포함한다. 통합은 "전도와 제자훈련," "목회"와 "가르침"의 기술, 한 사람의 "자질"과 사역의 "효율성" 사이의 연결 고리를 찾아내는 과정이라고 할 수 있다.

출처: Ralph Tyler, *Basic Principles of Curriculum and Instruction*, (Chicago: University of Chicago Press, 1949), 84-86.

9장 _ 학습 경험 설계하기

스티븐 호크(Stephen Hoke)

크웨쿠(Kweku)는 신이 나면서도 한편으로는 다소 염려하고 있었다. 첫 번째 선교사 후보생 그룹이 서부아프리카 선교 훈련원에서 3주 동안의 현지 파송 전 훈련에 참석하도록 계획되어 있었다. 크웨쿠는 이 프로그램을 기획하고 진행하는 일을 담당하고 있었다.

젊은 선교사들을 훈련하는 것은 크웨쿠가 처음으로 경험하는 훈련 사역의 기회였고, 그는 모든 참여자들의 활발한 상호 작용을 통해 훈련생들로 하여금 자기 인식과 기술에 있어서 탁월한 진보를 보이도록 하려는 열정으로 가득 차 있었다. 그는 훈련 팀 동료들과 함께 작성한 목표가 매일의 훈련 일정에 반영되기를 원했다. 그는 독서, 글쓰기, 토론, 탐구, 기도와 예배, 팀 과제, 그리고 학습 프로젝트 등 모든 학습 활동이 서로 잘 조화를 이루어서 의미있는 배움이 일어나 자신이 희망하는 결과가 나올 수 있기를 소망하고 있었다. 크웨쿠는 그 훈련원에서 이미 실행하고 있는 기존의 프로그램도 사용하고, 새로운 학습 경험을 더 추가하고자 했다. 그는 도서실 의자에 앉아서 주님께 이 모든 것을 위해 필요한 지혜와 통찰력을 간구하는 기도를 드렸다.

크웨쿠처럼 많은 사역 훈련자들이 이처럼 훌륭하고 흥분되는 과업을 앞두고 있다. 전 세계에는 예비 선교사들의 필요에 대해 높은 책임감을 갖고 현지의 필요와 자원들에 대해 융통성 있게 대처할 뿐 아니라 훈련이 이루어지는 환경에 적절하게 상황화 된 사역 훈련의 기회들이 존재하고 있다. 우리는 과거를 되돌아보고 배워야 할 필요가 있고 마찬가지로 미래를 내다보면서 다음 세대의 타문화 선교사들과 교회 사역자들을 위한 새로운 훈련 모델과 학습 경험을 계획해야 한다.

이 장은 두 가지 단계의 경험을 가진 두 종류의 그룹에 초점을 두고 있다. 첫 번째 그룹은 과거에 훈련 사역이나 가르침의 경험이 없는 사람들로 구성된 그룹인데, 이들은 사역 훈련 프로그램을 개발하는 것이 전적으로 새롭고, 큰 도전의 경험이 되는 사람들이다. 이 장에서는 이런 그룹의 훈련 프로그램을 기획하는 사람들을 위해 가능한 한 명확하고, 간단하게 단계별로 제시했다. 여기서 제시한 단계별 접근법을 사용해보라. 효과가 있을 것이다. 교육적 프로그램을 설계하는 기본적인 역학관계를 배움으로써 적합한 훈련 프로그램을 만드는 데 있어서 가졌던 기본적인 원칙으로부터 많은 가지가 뻗어 나가게 하는 응용력이 생길 것이다.

두 번째 그룹은 훈련 사역에 대해 어느 정도 혹은 많은 경험을 갖고 있는 사람들로 구성되어 있다. 이 그룹의 사람들은 이 장을 대강 살펴보고 자신이 이미 진행하고 있는 프로그램을 개선하고 발전시키며 지금 현 시점에서 더 깊이 나아가기 위한 새로운 아이디어들을 찾아보기를 바란다.

개관

이 시점까지 당신이 계획한 모든 것은 당신의 교육적 계획을 위한 방법론을 선택하고 교수-학습 활동을 개발하도록 준비하는 것이었다. 사역 훈련을 위한 부르심과 당신의 책임을 명확하게 확인한 이후에 훈련의 목적을 확립하고, 훈련생들의 필요를 파악하고, 명확한 학습 목표를 설정할 때 비로소 적절한 훈련 전략과 방법론을 선택하여 효과적인 훈련 프로그램을 개발할 수 있을 것이다. 이제 당신은 훈련생들의 필요가 충족될 수 있는 학습 목표를 어떻게 세울지를 결정해야 한다.

1. 학습과 발전의 원리

"학습 경험"이라는 용어는 훈련생과 그들이 책임을 다해야 하는 학습 환경의 외부적 조건 사이에서 일어나는 다양한 상호 작용을 의미한다. 학습 경험은 교실에서, 예배당에서, 캠퍼스에서, 현장 실습을 통해서, 혼자서, 혹은 다른 훈련생들과의 소그룹 활동을 통해서 이루어질 수 있다.

1) 교육 계획은 창조적 과정이다

만약 교육자-훈련자의 역할이 과학과 예술, 그리고 은사의 혼합이라고 한다면(8장에서 제안한 바와 같이), 훈련 프로그램 개발자의 교수-학습 전략에 포함되어 있는 항목들이 우리 가운데 존재하는 과학자와 예술가의 성향 모두를 만족시키는 것이 매우 중요하다. 이 과정에는 단순히 아이디어를 머리에 집어 넣거나 종이에 옮겨 적게 하는 것보다 효과적인 방법으로 관계 형성과 공동체 형성 전략 등을 세우는 것이 포함되어야 한다.

훈련 프로그램을 개발하고 준비하는 것은 특정한 양식을 따르면서도 훈련자와 훈련생 모두가 예기치 못한 놀라운 일들이 지속적으로 일어나는 창조적 과정이다. 짐과 캐롤 프루드만(Jim & Carol Plueddemann)은 학습 과정에서 너무나 경직되어 있거나 사전에 모든 것이 다 예정된 대로의 배움만이 일어나는 것에 반대하면서 훈련생을 "순례자"의 모습에 비유하였다.

명확한 목표들은 도로상에서 예기치 않는 위험을 자주 만나는 순례자들에게는 낯선 것이다. 순례자의 여정에는 내 뜻과는 상관없는 일이 너무나도 자주 일어난다. 순례자는 자신의 목적지와 방향에 대한 명확한 인식을 갖고 있어야 하지만 지금 걷는 이 길이 당장에 자신을 어디로 인도할지에 대해서는 확신하기가 어렵다. 예측 가능한 길과 단기 목표들의 수렁에 빠져버린 지도자는 하늘 나라의 도성으로 가는 인적미답의 길을 놓쳐 버릴 수 있다. 우리는 순례자의 내적 자질의 개발에 관심을 갖고 있다. 우리는 인간의 영혼을 위해 싸우고 있다. 인간의 삶과 영원한 삶에 있어서 가장 중요한 것은 대부분 쉽게 측정할 수 없는 것들이다. "우리가 주목하는 것은 보이는 것이 아니요 보이지 않는 것이니 보이는 것은 잠깐이요 보이지 않는 것은 영원함이라"(고후 4:18).[1]

프루드만의 지적은 우리가 균형을 잡을 수 있도록 도와준다.

---

[1] James E. Plueddemann and Carol Plueddemann, *Pilgrims in Progress: Growing Through Groups*, (Wheaton, IL: Harold Shaw Publishers, 1990), 73-74.

하나님의 영광을 위해 사람들이 변화와 성숙의 길을 갈 수 있도록 돕는 순례자 교육자들은 돌에 걸려 넘어지는 것을 두려워하지 않는다. 돌에 걸려 넘어지는 것은 우연히 일어나는 일이나 불합리한 것이 아니라 목적이 있다는 사실을 알아야 한다. 우리는 상식을 이용하여 계획을 세우고 분명한 비전을 가지고 있어야 한다. 그러나 하나님은 우리의 삶을 전혀 기대하지 않았던 길로 이끌어가기도 하신다. 교육 행정가나 관리 전문가는 결과를 통제하기를 원한다. 그러나 하나님은 우리에게 중요한 과업을 맡기셨지만, 우리가 우리 인생을 통제하거나 다른 사람의 인생을 통제하는 것을 허락하지 않으신다. 그리고 우리의 걸림돌은 목표나 방향 상실의 문제가 아니다. 우리는 놀라운 기쁨을 주시기를 원하시는 사랑의 하나님 아버지께서 보이지 않는 손을 내밀어 인도하시는 것을 발견해야 한다.[2]

2) 학습은 공동체에서 가장 잘 이루어진다

학습은 원래 개인적인 노력의 산물이 아니다. 학습은 소그룹 경험이다. 함께 사는 것과 배우는 것이 지속성이 있고, 개인적인 상호작용이 일어나는 환경을 제공한다. 학습은 "치고 달리기"식 접근이 아니다. 오히려 학습은 친근하고 비위협적인 환경에서의 삶과 삶의 만남이라고 할 수 있다. 사역 훈련원이 배움의 공동체로서 가족과 같은 환경을 조성할수록 훈련생들에게 더욱더 강력한 교수-학습의 영향이 커지는 것을 볼 수 있다. 배움의 공동체는 사랑 가운데서 서로 용납하고, 신뢰하며, 발전과 성장의 과정에 필요한 자양분을 공급할 뿐 아니라 공동체 구성원들의 필요를 채워주고 그들의 경험과 발견한 진리에 대해 서로 배우며 무엇이 그들 스스로에게 적용하기 어

---

2 James E. Plueddemann, "Purposeful Stumbling About in Search of Surprises," *Bridge: Wheaton Graduate School Alumni Newsletter*, (Fall, 1991), 3.

렵고, 변화되기 어려운지에 대해서도 인정하고 연약한 부분도 존재하고 있다는 것을 이해하는 환경을 제공해주어야 한다.

3) 행동은 학습의 핵심이다

최근에 훈련 전문가들이 경험과 활동, 그리고 발견에 의한 학습과 관련된 전략을 사용하는 것을 지지하고 있다. 이것은 훈련생이 역할극, 토론, 실습 등의 활동에 적극적으로 참여하는 가운데 사역을 효과적으로 하기 위해 필요한 지식과 기술을 배우는 것을 말한다. 반면에 강의 중심 교육은 훈련생들이 무엇을 해야 하는지에 대해 말해주거나 보여주는 것을 가리킨다. 학습은 훈련자의 활동보다는 훈련생의 활발한 참여를 통해 이루어진다(표 9.1.). 이것은 훈련자의 역할이 중요하지 않다는 것이 아니다. 훈련자의 가장 근본적인 영향은 학습을 격려하고 자극하는 환경을 조성해주는 것이다.

교육 방법	3시간 후의 기억	3일 후의 기억
듣기에만 의존	70퍼센트	10퍼센트
보기에만 의존	72퍼센트	20퍼센트
듣기와 보기 모두 사용	85퍼센트	65퍼센트

표 9.1. 세 가지 교육 방법의 기억 비율

출처: John Detonni, "Introduction to the Teaching Ministry of the Church," (San Clemente, CA: Chryslis Ministries, 1993), 110.

효과적인 교육의 핵심은 훈련생의 활발한 참여에 있다. 학습 활동에 훈련생들이 적극적으로 참여하는 학습 전략은 듣기, 보기, 그리고 실천하기 등의 다양한 감각 기관을 활용하고 논리적 혹은 분석적, 그리고 감각적 혹은 예술적 측면의 뇌 활동을 모두 사용하는 교육적 활동은 더욱더 "전인적인" 학습 경험에 기여할 수 있다.

4) 성찰은 학습을 발전적으로 이끌어갈 수 있다

효과적인 사역 훈련은 사랑, 용납, 그리고 신뢰가 바탕이 된 배움의 공동체 환경 가운데서 가장 잘 이루어진다. 이 환경은 성경적 진리와 지상 명령의 빛 가운데서 도출된 사역 방법과 현실에 대한 대화와 성찰을 특징으로 한다.[3] 성인 교육에 있어서 필수적인 요소인 비판적 자기 성찰은 세 가지 기술을 필요로 한다.

첫째, 현재를 평가하는 비판적 이성(겉으로 드러나는 표현 아래에 잠재되어 있는 원인과 의미에 대한 관찰). 둘째, 과거로부터 삶의 양식과 원리에 대한 통찰력을 얻어 현재에 대한 새로운 이해를 추구하는 비판적 회상. 셋째, 장래의 모든 사람을 향한 하나님의 요구가 무엇인지를 예견하는 비판적 상상력.[4]

이와 같이 성인 훈련은 원칙에 의거한 교육과 자기 성찰, 모본과 자기 성찰, 사례 연구와 자기 성찰, 현장 실습과 자기 성찰, 사역 연습과 자기 성찰, 일지 쓰기와 대화를 통한 자기 성찰 등을 강조해야 한다.

---

[3] Thomas Groom, *Christian Religious Education*, (New York: Harper and Row, 1980), 184-195.
[4] Groom, 185-187.

2. 교육 계획의 순환도[5]

교육 계획을 수립하는 것은 어떤 사람에게는 매우 쉽고 간단한 일이고, 어떤 사람들에게는 느리고 힘든 일이다. 우리는 가르치는 것이 과학이고, 예술이며, 또한 은사라는 것을 배웠다. 교육 계획을 수립하는 것이 어떤 사람들에게는 자연스러운 예술 감각의 발로이고, 다른 사람들에게는 "과학"과 같은 교육의 잘 훈련된 업무일 수 있다. 이 장에서 언급한 바와 같이 학습 계획을 수립하는 것은 단순히 여러 조각들을 연결해서 하나가 되게 하는 과학이 아니라 공동체 형성과 관계의 예술의 측면이 더 크다는 것을 알 수 있다. 과학적인 영역이 존재하지만, 사실상 예술적 측면이 더 강하다.

교육 계획을 수립하는 모든 사람이 순환도의 형식을 사용하는 것은 아니지만, 학습 활동이 처음부터 끝까지 어떤 흐름을 갖고 진행되어야 하는지에 대한 간단한 그림을 그려보는 것이 도움이 된다. 표 9.2.에서 주요 단계들은 두꺼운 화살표를 통해 순차적으로 연결되어 있고, 얇은 화살표는 창의적인 배움의 과정이 일어나게 하는 서로 다른 단계들 사이의 상호작용을 표시하는 것이다.

---

[5] 이 교육 계획 순환도는 개별적 학습 계획 혹은 훈련 시간에 초점이 맞추어져 있다. 훈련 커리큘럼 계획이 학습 경험 계획보다 우선되어야 한다. 커리큘럼 계획은 반드시 지속성, 순차성, 그리고 통합성의 원리를 갖추어야 한다. 이 원리들에 대한 설명은 제8장의 "커리큘럼 계획의 원리"를 참조하라.

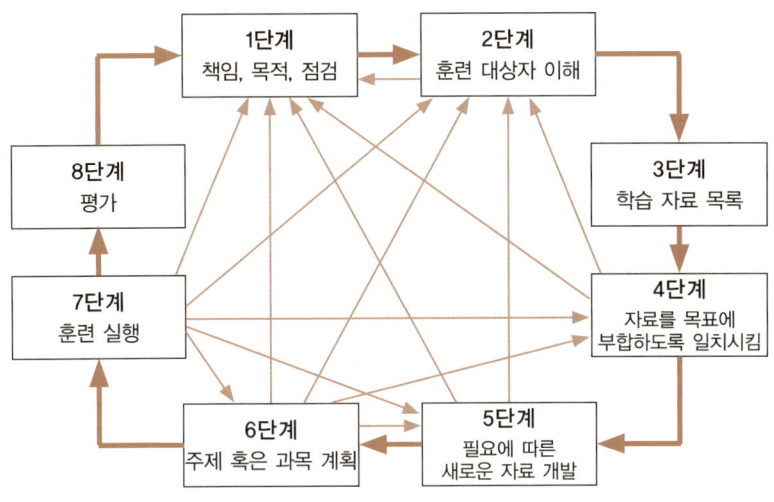

표 9.2. 교육 계획 순환도

1) 1단계: 책임, 목적, 그리고 목표 점검

학습 계획을 수립함에 있어서 당신의 책임과 목적, 그리고 목표를 가장 먼저 점검하는 것이 지혜로운 방법이다. 선교사와 사역자 프로파일을 점검하는 것은 "큰 그림"의 관점을 유지하는 것과 동일한 중요성을 지니고 있다. 교육 계획을 수립할 때 우리는 너무나도 쉽게 "나무는 보면서 숲을 보지 못하는" 결과를 초래할 수 있다.

큰 그림이 중요하기 때문에 학습 목표가 명확하게 설정되어 있지 않는 한, 구체적인 학습 경험을 설계하는 것에 대한 큰 진전을 보기는 어려울 것이다. 목표를 점검하는 것은 과목을 계획하는 작업에 들어가기 전에 이루어지는 마지막 단계이다. 아래에 제시된 당신의 목표를 점검하는 실제적인 방법을 고려해보라.

(1) 점검과 집중

당신의 책임과 훈련 목적에 대한 진술을 다시 읽어보고, 기도하는 시간을 가지라. 혼자서 혹은 팀 사역자들이 함께 기도 시간을 갖는 것도 좋다. 다음과 같은 질문을 해보라.

- 우리의 훈련에 대한 책임이 이 목표에 대한 우리의 이해에 어떻게 반영되어 있는가?
- 우리의 훈련 목적이 이 목표에 대한 우리의 이해에 어떻게 반영되어 있는가?
- 이 목표를 실행하기에 가장 적합한 교육 환경은 어떤 것인가?
- 우리의 책임과 훈련 목적에 대한 이해에서 나온 이 목표를 실행하기에 가장 적합한 구체적인 학습 활동들은 무엇인가?

(2) 점검과 토론

이러한 점검을 소그룹 환경 가운데서 진행할 때 구성원들이 질문을 통해 서로의 생각을 더 다듬어갈 수 있다. 이와 같은 우호적인 분위기 가운데서 다음과 같은 질문에 대해 토의해보라.

- 이 과목에서 우리가 집중해야 할 부분이 무엇인지에 대해 우리가 명확하게 이해하고 있고, 동의하고 있는가?
- 계획된 학습 활동들이 우리의 목적과 목표, 그리고 책임에 부합하는지에 대해 동의하고 있는가?
- 우리의 목표를 성취하는 데 있어서 우리가 계획한 것보다 나은 다른 방법은 없는가?

2) 2단계: 훈련 대상자 이해

변혁을 추구하는 훈련은 훈련 프로그램에 들어오는 훈련생들의 필요와 그들의 교육, 기술, 그리고 성숙의 정도를 고려한 맞춤식 교육에 초점을 맞추어야 한다. 이때 필요한 평가는 훈련 지원서와 그들의 경험, 성적, 인터뷰, 그리고 간증 등을 통해 훈련에 처음 들어올 때 어느 정도 파악할 수 있다. 더 나아가서 훈련이 진행되는 과정 중에서 훈련생의 진전 정도를 관찰하면서 평가할 수 있다. 훈련자와 훈련생이 "배움의 공동체"의 일부라는 인식이 있을 때 가장 자연스럽고 쉽게 알 수 있다.

훈련 대상자에 대한 이해가 훈련의 핵심적인 역할을 하는 두 가지와 서로 밀접하게 연관된 이유가 있다. 첫째, 모든 훈련생들은 독특하다. 둘째, 학습은 관계적인 기초에 근거를 두고 있다. 우리 동네의 공립 초등학교 5학년 학생 30명을 가르치는 내 아내는 초등학교 학생들의 다양한 배경과 관심, 그리고 각자가 가진 전문성이 얼마나 다양한지에 대해 나에게 자주 말하곤 했다. 여덟 개의 인종 그룹과 가난한 부모와 부유한 부모, 세계를 여행해본 적이 있는 학생들 등 모든 학생들이 자신의 삶의 경험을 나눌 때 이것은 정말로 흥미로운 것이라고 말했다. 사역 훈련자들이 훈련생들을 훌륭한 가르침의 자원이고 동시에 가르침을 받는 사람으로 인식하는 것은 얼마나 더 중요하겠는가?

3) 3단계: 학습 자료 목록

과학자들과 예술가들은 사용 가능한 매체의 여부에 의해 활동이 제한될 수 있다. 훈련자는 그가 속한 공동체 가운데서 유용한 자원

(개인, 행사, 역사적, 문화적, 종교적 장소 등)이 얼마나 풍부한가에 따라서 그들의 "비전의 폭"을 넓힐 수 있다. 지역 사회의 인적 자원과 특별한 관계를 맺고 있는 선교 단체들도 훈련 자료의 목록에 포함하라.

이 단계에서 예수님의 모델을 검토해볼 필요가 있다. 예수님이 만나셨던 사람들(여성, 어린이, 서기관, 바리새인, 선지자, 구걸하는 자, 앉은뱅이 등)이 어떻게 예수님의 가르침에 활용되었는지를 살펴보라. 예수님께서 활용하셨던 교육의 환경들(결혼식, 장례식, 저녁 만찬, 농사, 식사, 거래, 안식일 준수, 기도, 헌금, 시장)을 어떻게 교육적 자료로 활용하였는지를 생각해보라. 예수님이 가르치셨던 장소들(성전 마당, 개인 집, 시장, 야외, 고기잡는 배, 그늘이 있는 산 중턱, 회당, 산꼭대기 등)을 연상해보라. 같은 방법으로 지역 사회에 무엇이 유용한 자원이 될 수 있는지를 파악하고 적절하게 사용할 때 훈련생들에게 더 풍성한 교육 환경을 제공해줄 수 있다.

4) 4단계: 자료를 목표에 부합하도록 맞춤

이 단계에 접어들면 당신이 설정한 학습 목표에 가장 적합한 훈련 활동이 무엇인지를 결정할 준비가 된 상태이다. 기존의 훈련 프로그램을 계속 사용할 수 있고, 널리 알려진 학습 경험을 도입하거나 여러 개의 서로 다른 학습 활동을 하나의 통합된 과목으로 묶어서 사용할 수도 있다. 중요한 것은 다양한 학습 경험들과 방법들을 당신이 성취하고자 하는 학습 목표에 부합하도록 서로 연결시키는 것이다.

모든 학습 활동은 구체적인 훈련과 발전의 목표를 성취하는 것에 초점을 두고 계획해야 한다. 당신이 서술한 목표가 적절한 방법과 활동들에 대한 실마리를 제공해줄 것이다. 당신이 목표에 도달하기 위한 가장 강력한 방법에 초점을 맞춤으로 시간을 절약하는 것은 청지기 직분과 교육의 효율성과도 관련이 있다. 어떤 활동들이 당신의 목표를 성취하게 할 것인가?

(1) 일반적인 것에서부터 시작하여 구체적인 것으로 나아가라

우선적으로 당신의 목표를 성취하기 위한 여러 가지의 대안들을 생각해보라. 당신의 인근 지역에서 이미 활용되고 있는 학습의 자원의 목록(3단계)을 검토해보라. 각각의 활동들이 당신의 상황에 얼마나 적절하게 조화를 이룰 수 있는지를 보라.

예를 들면, 어떤 학습 목표가 훈련생이 현지의 문화를 분석하는 것이라면, 관찰 보고서 작성, 타문화 이웃 현장 답사, 타인종 혹은 타문화 사례 연구, 특정 문화 연구와 보고서 작성 등이 포함되어야 할 것이다.

(2) 분리하고 연관시켜 보라

하나의 커다란 주제에 대한 당신의 광범위한 목적과 목표를 점검한 후 훈련생들이 매일이나 시간별로 감당할 수 있는 작은 단위로 학습 활동을 나누어보라.

(3) 당신의 목표와 경험에 대한 도표를 만들어보라

도표는 특정한 학습 목표에 대한 서로 다른 학습 경험들을 시각적으로 연결시켜주는 데 도움이 된다. 표 9.3.의 도표를 사용하여 당신이 가르치고자 하는 주제나 과목을 왼쪽 칸에 기입해보라. 두 번째 칸에는 당신이 이 주제에 대해 무엇을 가르칠 것인지, 어떻게 가르칠 것인지에 대해 영향을 줄 수 있는 훈련생들의 필요와 자질에 대해 기록해보라. 세 번째 칸에는 각각의 목표를 성취하기 위한 방

법과 전략들에 대해서 어떤 자원이 사용 가능한지와 어떤 자원이 개발될 필요가 있는지에 대해서도 고려하여 가능한 한 많이 적어보라. 당신이 목표를 성취하기 위해 실제로 사용하고자 하는 학습 경험들을 선택하여 목록을 만들어보라.

학습 목표	훈련생의 필요들	사용 가능한 학습 자료들	선택한 학습 경험들
1.			
2.			
3.			

표 9.3. 목표와 훈련생의 필요에 자원과 전략을 일치시키는 작업을 위한 도표

이와 같은 방법으로 도표를 완성하였다면 오른쪽에 있는 학습 자원들과 왼쪽에 있는 특정한 활동들을 당신이 생각하기에 가장 적합한 것과 맞추어보라. 이렇게 시각화해볼 때 당신이 가장 자주 사용하는 학습 경험과 거의 사용하지 않는 활동들이 무엇인지를 한눈에 볼 수 있게 하는 데 도움을 줄 수 있다.

학습 활동을 학습 목표와 일치시키기 위해 다음의 네 가지 진단 질문이 학습 계획을 수립하는 과정에 주어질 것이다. 표 9.4.와 같은 간단한 점검표가 이 진단 질문을 적용하는 데 유익하게 사용될 수 있다.

학습 활동 선택을 위한 점검표

1. 이 활동이 적절한가?
   - 훈련 목적에 적절한가?
   - 훈련생의 발전 단계에 적절한가?
   - 훈련생의 기술 습득에 적절한가?
   - 훈련생 그룹의 규모에 적절한가?
   - 훈련 환경에 적절한가?
2. 학습의 초점이 맞추어져 있는가?
3. 신선한가?
4. 훈련에 대한 책임과 목적을 지지하는가?

표 9.4. 학습 활동 선택을 위한 점검표

1. 이 활동이 적절한가?

훈련 목표의 본질, 지식, 기술, 태도, 훈련생의 언어 사용 능력, 훈련자의 역량, 그룹의 규모, 훈련원의 지역 환경, 학습 환경의 준비 등이 모든 것이 학습의 방법과 활동의 선택에 영향을 준다.

- 예수님은 열두 제자들을 데리고 자주 현장 실습을 나가셨고, 작은 강의들로 변화를 주셨으며, 시범을 보이셨고, 토론을 디브리핑하셨다. 어떤 때는 산 중턱의 자연 환경 가운데서 수천 명의 청중들을 가르치셨다. 때로는 식사 시간까지 기다렸다가 문을 닫아놓고 좀 더 친밀한 대화를 나누기도 하셨다. 그의 교수법은 언제나 그의 학습 목표와 일치했고, 자연 환경과 그룹의 규모와 성격에 부합하는 창의적인 방법을 선택하셨다. 학습 경험은 훈련생들에게 너무 쉽거나 어려워도 안 된다. 훈련자는 훈련생이

어디에 도달해야 하는가에 대한 자신의 생각에서부터 출발하는 것이 아니라 훈련생의 현재 상태에서부터 시작해야 한다. 훈련생의 역량의 범위를 벗어날 정도로 끌어올릴 수는 없으며, 현재의 능력을 넘어설 만큼 강제로 이끌어가는 것도 불가능하다. 훈련자는 훈련생이 자신에게 맡겨진 과업을 얼마나 잘 수행할 수 있을지에 대한 준비의 정도를 잘 파악해야 한다.

- LAMP(Learning Acquisition Made Practical)[6]에서 언어 습득을 시도할 때 "조금 배우고, 많이 사용하라"고 촉구한다. 이것은 언어 습득을 시작하는 훈련생이 다양한 학습 경험 가운데로 들어가는 현재의 발전 단계를 고려한 적합한 원리가 될 수 있다.

2. 학습의 초점이 맞추어져 있는가?

학습을 돕는 학습 경험을 계획함에 있어서 가르치는 자의 가르침보다 배우는 자의 습득능력에 초점을 맞추어야 한다. 훈련생에게 초점을 맞추는 간단한 방법 가운데 하나는 구체적인 방법을 서술할 때 "현재 분사"를 사용하는 것이다(한글 번역에서는 적용하기 어려운 수사법으로, 구체적으로 여러 활동들을 "~하고" 등으로 나열하는 것이라고 볼 수 있다-역주). 학습 경험에 대한 당신의 묘사는 다음과 같아야 한다.

- 이 주제에서 훈련생은 사례들을 분석하고, 마을 생활을 관찰하고, 공동체의 구성원들을 인터뷰하고, 일지를 쓰고, 토론을 인도하고, 설교를 하고, 강의를 하고, 보고서를 작성하고, 지역 개발 프로젝트를 계획할 수 있다.

---

[6] Tom Brewster and Elizabeth S. Brewster, *Language Acquisition Made Practical (LAMP): Field methods for language learners*. (Colorado Springs: Lingua House, 1976) 383.

훈련생에게 초점을 맞춘다는 것은 그 주제의 학습 목표가 암시하고 있는 과업을 달성했을 때 훈련생이 만족을 얻을 수 있어야 한다는 것도 의미한다. 만약 선택한 학습 활동을 완료해도 만족을 느끼지 못하거나 실망한다면 학습은 거의 일어나기가 어렵게 된다.

- 신임 선교사가 새로운 언어를 배우면 새로운 친구도 사귀고, 그 친구들을 전도할 수 있다는 사실을 보게 될 때 언어 습득의 타당성을 이해하게 된다.

일반적으로 사역 훈련을 삶의 일상적인 경험으로부터 시작하는 것이 가장 효과적이다. 이 원리가 바로 예수님이 가장 많이 사용하셨던 방법이다. 예수님은 사람들이 알지 못한다는 가정에서 시작하셨다. 예수님은 사람들의 질문에서부터 시작하셨고, 그 질문을 사용하여 성장을 촉구하기도 하셨다. 예수님은 니고데모에게 처음부터 하나님의 나라에 어떻게 들어갈 수 있는지를 설명하지 않으셨다. 그는 니고데모의 호기심을 자극했고, 이 질문을 하도록 유도하셨다. 예수님은 우물가의 여인이 물리적인 물과 생명수, 그리고 진정한 예배에 대해 적극적으로 생각하기 전까지는 그가 메시아라는 사실을 말하지 않으셨다.[7]

3. 신선한가?

타문화 사역을 위한 훈련에서 훈련자는 가장 일반적인 조합, 즉 관찰과 토의, 사례 연구와 토의, 발견과 토의, 작은 강의와 적용을 위한 토의 등을 교육 방법으로 사용하는 경우가 많다. 토의는 가장 일

---

[7] James E. Plueddemann, "Behavioral Objectives, No! Faith Goals, Yes!" *Intercom*, no. 144 (August-October, 1994), 56-57.

반적인 학습 활동이다. 그러나 이 활동을 다양한 방법의 "입력" 혹은 발견 활동 등과 새로운 조합으로 사용할 필요가 있다.

전통적으로 강의는 상대적으로 짧은 시간에 새로운 정보를 제시하는 가장 일반적인 방법이었다. 강의 자료는 언제나 기억하기 좋은 것은 아니지만, 강의는 영상, 역할극, 그리고 사례 연구 등과 조합하여 사용할 때보다 더 "사용자 친화적인" 방법으로 새로운 정보를 전달할 수 있다.

4. 훈련에 대한 책임과 목적을 지지하는가?

학습 경험을 계획할 때마다 우리는 세 가지의 차원-이해, 사역 기술, 성품 및 영성 형성-의 균형을 이루어야 한다. 특정한 활동이나 경험이 한 가지 혹은 두 가지 차원만을 만족시킬 수 있기도 하지만, 이 세 가지 차원이 통합된 활동을 포함해야 한다는 사실을 잊지 않아야 한다.

훈련자의 진정한 성품과 태도의 변화를 촉진하기 위해 하나님으로부터 직접 하나님에 대해 배우고 하나님을 경험해야 한다. 이것은 훈련자가 진리를 느끼고, 순종하고, 이해할 때 비로소 사람이 변화될 수 있다는 것을 인정할 때에라야 가능해진다.

- 월드 비전(World Vision)의 창시자이자 열정적인 복음 전도자였던 밥 피어스(Bob Pierce)는 한국 전쟁의 고아들의 절박한 상태를 보면서 큰 사명감을 느꼈다. 그는 "하나님의 마음을 아프게 하는 일에 제 마음도 아프게 하옵소서"라고 기도했다.

모든 학습 활동은 훈련 프로그램과 프로그램의 목적에 일치해야 한다. 어떤 전략도 훈련 프로그램이 제시하는 원리와 충돌한다면 특정한 훈련 목표를 성취하는 데 있어서 그 전략이 효율적이라 하더라도 잘못된 것이다.

5) 5단계: 필요에 따른 새로운 자료 개발

훈련 전략에도 범위가 존재한다. 페리스(Ferris)는 "우리 자신의 경험은 우리의 상상력과 실천을 제한할 수 있는 우리의 개인적인 레퍼토리의 빈곤의 결과에 대해 증언이다"[8]라고 말한 바 있다. 사역 훈련이 더욱더 효과적으로 실행될 수 있도록 하기 위해 젊은 세대의 훈련자는 그 이전 세대보다 더 창의적이고 다양한 학습 방법을 개발해야 한다.

우리의 목표를 성취하는 학습 경험을 훈련생들이 쉽게 따라올 수 있는 단계별 과정으로 개발하는 것이 좋다. 불행하게도 창의성은 규칙으로 축소될 수 없다. 아마도 창의성을 자극하는 가장 좋은 방법은 훈련자와 훈련 프로그램 개발자가 사용 가능한 훈련의 선택 사항의 한계를 올바로 인식하는 것이다.

사역 훈련 전략은 다음 두 가지 범주로 분류할 수 있다.[9]

교실 중심 전략	현장 중심 전략
강의	현장 관찰과 성찰
대화	훈련자의 모범과 성찰
사례 연구	현장 과제 지도와 성찰
역할극	현장 사역과 성찰
구조화된 모의 훈련	
연구와 성찰	

표 9.5. 사역 훈련 전략의 범주

---

8 Robert W. Ferris, *Renewal in Theological Education: Strategies for Change*, (Wheaton, IL: Billy Graham Center, 1990), 6.

9 Ferris, 1990, 6.

전통적으로 교실 중심 교육은 강의, 질의 응답, 칠판 사용, 그리고 시청각 자료 사용 등에 의존해왔다. 훈련생들은 개인적으로 책을 읽고, 문제를 풀고, 보고서를 작성하고, 도서실과 각종 인쇄물들을 활용하고, 영화, 비디오, 혹은 녹음기 등을 사용하여 학습 활동을 할 수 있다. 훈련자와 훈련생, 훈련생들 사이의 상호 작용을 통해 토론과 소그룹 활동, 훈련생 프로젝트, 그리고 보고 등이 교실에서 일어날 수 있다.[10]

성인을 위한 교실 중심의 학습 경험은 역할극, 사례 연구, 드라마, 토의 사항 기록, 게임, 모의 훈련, 프로젝트, 퀴즈, 프리젠테이션, 소그룹 활동, 이야기, 인터뷰, 그리고 촌극 등을 통해 이루어질 수 있을 것이다. 교실 중심 학습 방법의 목록을 만든다면 아마도 끝이 없을 것이다. 학습 방법을 만들고, 선택하는 것은 예술성과 신중한 평가가 동반되어야 한다. 훈련자에게 가장 중요한 관심은 자신이 선택한 학습 방법들이 "학습 목표에 부합하는가?"이다.

훈련생들의 영적 성숙의 측면에서 볼 때 교실 중심의 교육은 "거룩함"이 무엇인지에 대해서 배울 수는 있지만, 경험하는 것은 어렵다. 제자를 훈련하는 방법과 모본과 성찰의 방법은 삶과 사역의 현장에서, 선교 현장에서, 그리고 훈련원의 주변 환경 가운데서 이루어지는 것이 바람직하다.

제자 훈련과 같은 현장 중심 전략은 성숙한 신자의 지도를 통해 가능해진다. 제자 훈련에는 성경 공부, 기도와 자기 성찰, 성품과 인격 성숙의 목표 등이 포함되는데 이와 같은 영역들은 성숙한 그리스도인의 모본을 통해 실현될 수 있다. 이 전략은 스승과 제자, 혹

---

10 J. C. Galvin and D. R. Veerman, "Curriculum for Adult Education," in *The Christian Educator's Handbook on Adult Education*, ed. K.O. Gangel and J. C. Wihoit, 178-189, (Wheaton, IL: Victor Books/ SP Publication, 1993), 184.

은 훈련자와 훈련생의 실제 삶의 현장을 보여주어야 한다. 훈련생의 영적 성숙을 위해 제자 훈련이 이루지고 있는 두 개의 프로그램을 소개하면, 홍콩에 위치한 중국신학대학원(China Graduate School of Theology)의 JIFU 프로그램과 영국의 ANCC(All Nations Christian College) 등이 있고, 그 외에도 전 세계적으로 많은 모델들이 존재하고 있다.[11]

교실 중심의 교육도 제자 훈련에 많은 도움을 줄 수 있다. 선교사의 생활과 사역, 선교사 전기, 그리스도의 생애, 그리고 사도행전에 나타난 선교사의 사역 등은 교실에서 다룰 수 있는 많은 과목들 가운데 일부이지만, 그리스도인의 삶과 거룩함에 대한 역사적 모델, 그리고 영적 능력 등을 통해 제자의 삶의 원리들을 배울 수 있다. 그러나 태도의 변화를 위한 학습 활동과 성품 개발의 목표에 초점을 맞추어야 한다.

타문화 의사 전달 기술을 개발하기 위해서는 교실과 현장이 동시에 효과적으로 사용할 수 있다. 교실 교육은 사례 연구, 역할극, 그리고 문화적 모의 훈련, 그리고 여기에 의사 전달 기술 개발을 위한 강의와 토의 등을 포함할 수 있다. 훈련자는 자신이 가르치는 기술에 대한 숙달된 모델과 중요한 원리들을 실례를 통해 제시해줄 수 있어야 하기 때문에 타문화 의사 소통과 관련하여 많은 경험을 갖고 있어야 한다. 현장 중심 교육은 주변 환경 속으로 직접 들어가 언어를 습득하고, "문화적 탐정"으로 이웃 문화를 주의 깊게 살펴보고, 그 문화권에서 효과적으로 의사 소통을 잘 하는 사람들을 관찰하며, 인사와 몸 동작, 경청 등과 같은 비언어적 기술들을 연습한다.

현장 관찰과 현장 사역 기회도 주요 원리들을 토론할 때 교실 교

---

11 Cf. Ferris, 1990.

육과 병행할 수 있다. 마을과 도시 공동체로 자주 현장 실습을 나가고, 한 번 혹은 그 이상으로 하나의 사회-문화적 환경에 대한 심층적인 적응을 해보고, 훈련생들이 관찰하고 느낀 바를 효과적으로 표현할 때 커리큘럼의 다양한 영역에 도움이 된다.

6) 6단계: 주제 혹은 과목 계획

당신은 이제 훈련 계획을 수립할 준비가 되어 있다. 각 과목별 학습 활동을 계획할 때 "학습 계획서"(9장 "실천하기"에 있는)를 보조 자료로 사용할 수 있다. 만약 당신이 처음 가르치는 경험을 한다면 이 계획서는 별로 도움이 되지 않는다고 생각할 수도 있다. 그러나 이 과정이 계속될수록 훈련생들의 필요를 고려하고, 학습 목표를 성취할 수 있는 교과 과정을 만들고 다듬는 데 있어서 한층 더 발전된 기술을 사용할 수 있게 될 것이다.

한 단계에서 그 다음 단계로 자연스럽게 넘어가도록 도와주는 순차적 학습 활동을 위해 다음의 세 가지 단계를 사용하는 것이 유용할 것이다.[12]

(1) 자기 성찰

하나의 학습 경험(예: 교실, 현장, 혹은 토의)을 통해 배운 바를 짧은 시간을 통해 나누는 것으로부터 시작해보라. 훈련생들이 주제에 대해 생각하고, 이미 배웠던 연관성이 있는 내용을 상기하고, 주제와 관련된 자신의 과거 경험도 떠올려 볼 수 있도록 간단한 활동을 제공해주라.

---

12 Ted Ward, Unpublished notes, *College of Education Doctoral Seminary* (East Lansing, MI: Michigan State University, 1975).

- 질문: 훈련생들에게 도발적인 질문에 대한 그들의 생각과 대답을 기록하게 하라.
- 인용: 훈련생들에게 충격적인 인용문의 의미에 대해 생각해보게 하라.
- 통계: 훈련생들에게 주제와 관련된 통계를 제시하고 그들의 반응을 2분 동안 기록하게 해보라.
- 한 쪽 질문지: 질문과 사례들, 혹은 토의를 위한 성경 구절 등을 기록한 한 쪽 분량의 질문지를 사용하라.
- 가치관 비교: 훈련생들이 자신의 문화적 가치관에 대해 중요도의 등급을 부여하고 상위 열 개의 가치관과 하나님의 왕국의 가치관 열 가지를 선정하여 비교해본다.
- 3"x 5"카드 질문: 훈련생들에게 3"x 5" 크기의 카드를 나누어주고 특정한 문제, 주제, 혹은 진퇴양난의 난제 등을 제시하고 자신의 생각을 기록하게 한다.
- 일지 기록: 훈련생들에게 최근에 하나님으로부터 배운 교훈에 대해 5분 동안 기록하게 한다.

이와 같은 활동들은 "생각하는 연습"으로, 훈련생들로 하여금 그들이 얼마나 알고 있는지를 깨닫게 하고, 주어진 주제에 대해 집중적으로 생각할 수 있도록 도와준다.

(2) 탐구

학습 경험의 두 번째 단계에서 훈련자는 훈련생이 새로운 기술과 성품적 특성을 발전시키는 것과 함께 새로운 정보, 이론, 그리고 그들 자신에 대한 의미 등을 발견할 수 있도록 도와주어야 한다. 이 단계는 훈련생들이 새롭고 의미있는 방법으로 새로운 정보를 배우고,

정보들을 분석, 통합하는 역량을 개발하는 데 초점을 둔다.

다양한 형태의 서로 다른 활동들은 개인과 그룹을 자극하는 데 사용할 수 있다. "입력" 방법의 범위는 전통적인 강의로부터 토의, 게임, 모의 실험, 포럼, 패널토의, 질의 응답, 미디어, 현장 실습, 인터뷰, 관찰, 자기 학습 등에 이르기까지 넓고 다양하다.

(3) 프로젝트

세 번째 단계에서 훈련자는 훈련생들이 습득한 일반적인 교훈을 그들의 삶 가운데 구체적으로 적용하도록 도와주는 단계이다. 훈련생들은 스스로 "배운 것을 어떻게 적용해야 하는가?", "어떤 변화가 필요한가?", "어떤 활동이 필요한가?" 등과 같은 질문을 해야 할 것이다. 또한 이론적 원리들에 대한 지침이나 개인적 적용점들을 기록하는 것도 필요하다.

"프로젝트" 활동은 열띤 토론 분위기의 그룹, 브레인스토밍, 질의 응답, 개방형 난상 토론, 활동 계획 작성 등을 통해 훈련생들이 적극적으로 자신의 생각을 나눌 수 있는 환경을 조성하고, 적극적으로 토론에 참여하도록 격려해야 한다.

효과적인 커리큘럼 작성의 목적은 단순히 개인적인 사역 목표를 성취하는 것보다 훨씬 더 큰 의미를 지니고 있다. 가장 큰 목적은 전 교회(whole church)로부터 전 인간(whole people)을 육성하여 전 복음(whole gospel)을 전 세계(whole world)에 전하는 것이다. 이 목적을 효과적으로 성취하기 위하여 훈련생 자신들이 배운 바를 성경적 사고와 삶으로 통합을 이룰 수 있도록 도와야 한다. 훈련자는 훈련생들의 훈련을 통해 얻은 경험의 조각들을 "재결합"하고, 통합하여 큰 그림을 완성해가도록 도와줄 필요가 있다.

7) 7단계: 훈련 실행

당신은 그동안 많은 노력을 기울여 사역 훈련을 위해 계획을 수립했기 때문에 이 계획을 실행에 옮기고자 하는 열망이 가득할 것이다. 당신은 곧 계획과 교육 사이의 연계가 얼마나 중요한지에 대해 깨닫게 될 것이다. 단계적인 계획 수립 방법이 교수-학습 과정을 간단하고 수월하게 해줄 것이다. 현실적으로 훌륭한 가르침과 효과적인 배움은 극히 복잡하고 어려운 일이다. 배움의 복잡성(배움의 관계적 본질로 인해)과 미래의 상호 작용을 염려하는 우리의 연약함으로 인해 만약 우리가 융통성 없이 적용한다면 아무리 좋은 교육 계획도 필연적으로 실패로 돌아가는 원인이 될 수 있다.

가르침은 적극적인 사명이다. 그리고 전문적인 훈련자는 훈련생들의 활발한 상호 작용과 자기 성찰을 유도한다. 우리는 가르칠 때 끊임없이 교실을 "읽어야" 한다. 우리는 누가 학습 내용을 잘 이해하지 못하고 있는지, 누가 감정적으로 낙심해 있는지, 누가 우리가 예상하지 못했던 말을 하고자 하는지 살펴야 한다. 우리는 예기치 못했던 의외의 일들에 대해 대비해야 한다. 우리는 전혀 예상치 못했던 학습 기회를 놓치지 않기 위해 이미 계획된 학습 활동을 절충하거나 포기해야 할 수도 있다. 우리는 훈련생들의 뜻하지 않는 질문으로 인해 강의를 중단하기도 한다. 우리는 계획된 학습 내용보다 훈련 목적에 더 적합하고 직접적인 연관성이 있는 훈련생들의 최근 경험을 나누는 것을 허용해야 한다. 우리는 말하고, 듣고, 슬퍼하고, 웃고, 기도하고, 예배하기도 하는데 대부분의 경우에 이런 것들은 학습 계획에 전혀 포함되어 있지 않다. 이 접근이 프루드만[13]이 강조한 "목적이 있는 비틀거림"이라고 할 수 있다.

---

[13] Plueddemann, 1991, 3.

그럼에도 불구하고 계획은 유용한 출발점이 될 수 있다. 오랜 경험을 가진 은사가 있는 훈련자는 교실에 들어가서 성경과 그들의 삶이라고 하는 교과서를 가지고 가르칠 수 있다. 그러나 대다수의 훈련자는 그 수업에서 배울 교훈에 대해 그리고 어떻게 그 주제에 접근해야 하는지에 대한 잘 짜여진 학습 계획이 무엇이 중요한가에 초점을 맞출 수 있도록 도와준다. 학습 계획은 훈련자로 하여금 교육 내용에 조점을 맞추게 하고, 훈련자의 학습 경험과 훈련 목표가 서로 일치하게 하는 데 있어서 큰 유익을 가져다 준다.

8) 8단계: 평가

각각의 학습 경험의 효율성을 어떻게 평가할 것인가 그리고 성공적으로 배움이 일어났는지에 대해 무엇으로 평가할 것인가? 적절한 평가와 수용은 어떠한 훈련 계획과 훈련 경험의 구성 요소들의 효율성도 발전시킬 수 있다. 어떻게 각각의 학습 경험 요소의 효율성을 평가할 것인지에 대해 사전에 계획을 세우라.

- 학습 활동이 성공적으로 이루어졌을 때 어떤 결과를 기대하는가?
- 누구에게 평가의 책임이 있는가?
- 언제 평가가 이루어져야 하는가?
- 관찰자 혹은 평가자는 누구에게 보고해야 하는가?

마지막 단계인 평가를 어떻게 개선해야 할지를 발견하는 과정으로 보라. 평가를 훈련생의 자질에 대한 성적 보고서를 작성하는 것이나, 합격 혹은 불합격으로 판정하는 것으로 생각하는 고정 관념에서 벗어나야 한다. 당신은 훈련 목표를 어떻게 효과적으로 성취할 것인가에 대한 해답을 찾기를 원하고 있다. 당신은 어떤 학습 활동이 이 목표에 도달하는 데 있어서 가장 효과적인지, 그리고 어떤 학습 경험이 목표를 성취하는 데 도움이 되지 않는지에 대해 올바른 선택과 결정을 해야 한다. 다음 장은 당신의 학습 계획과 훈련을 평가하기 위한 구체적인 방안을 제시하고 있다.

3. 결론: 훈련자의 역할과 역량을 키우라

가르침의 전문적인 능력은 상담자, 동기 부여자, 교육적 관리자, 커리큘럼 설계자, 학문적 강의자, 평가자, 그리고 멘토 등 다양한 역할을 담당하기 위해 개발된 능력이다. 교육의 효율성의 상당 부분은 이러한 역할에 적합한 다양한 교수 방법을 숙달하는 것으로 구성되어 있다.[14] 조이스(Joyce)는 사람의 "훈련 능력은 자신이 사용 가능한 교육 전략의 범위를 확대하는 것과 이러한 전략들을 다루는 기술을 발진시키는 두 가지 방법을 통해 발전시킬 수 있다"고 했다.[15]

불행하게도 학습 활동을 학습 목표와 일치시키는 공식은 존재하지 않는다. 어떤 교실에서 어떤 종류의 훈련생을 대상으로 어떤 훈련자가 사용하는 "적합한 방법"은 다른 상황과 환경에는 그렇지 않을 수 있다. 다양한 자료와 커리큘럼과 학습 방법들이 갖고 있는 장점과 단점을 알고 있어야 한다. 이러한 분별력은 실험과 실천을 통해 개발할 수 있다. 그 후에 훈련생들의 성품과 필요에 관하여 당신이 설정해 놓은 목표에 가장 최선의 선택을 할 수 있을 것이다.

---

[14] Marlene D. LeFever, *Creative Teaching Methods: Be an Effective Trainer*, (Elgin, IL: David C. Cook Publishing, 1990); Detoni, 1993, 113-119.

[15] Bruce R. Joyce, *Selecting Learning Experiences: Linking Theory and Practice*, (Washington DC: Association for Supervision and Curriculum Development, 1978), 3.

9장_ 실천하기
학습 경험을 결정하고 계획하기

1. 당신의 훈련원이나 훈련 프로그램에서 현재 사용하고 있는 학습 활동 유형의 목록을 만들어보라.

2. 가장 많이 사용하고 있는 학습 활동들을 선택하여 당신의 훈련 목적과 목표에 대한 효율성을 평가해보라.
    a.
    b.
    c.
    d.

3. 제8장의 "실천하기"에서 당신이 기록한 학습 목표를 성취하는 데 도움이 될 수 있는 최소한 세 가지 학습 활동을 추가해보라.
    a.
    b.
    c.

4. 위의 2.와 3.의 항목에 기록한 학습 활동의 목록 가운데서 당신의 문화적 상황을 고려할 때 부정적인 요소가 가장 적은 것과 가장 긍정적인 결과를 도출할 수 있는 다섯 가지 학습 경험을 선택해보라. 그리고 당신의 동료들에게 설명할 준비를 하라.
    a.
    b.
    c.
    d.
    e.

5. 다음의 "학습 계획서"를 사용하여 조만간에 가르쳐야 할 하나의 수업을 위한 학습 활동을 계획해보라.

학습 계획서

주제: _____

목적: _____

과목의 제목: _____

주요 본문: _____

배경 본문: _____

과목의 목적: _____

학습 목표: 이 목표를 성취하기 위해서 훈련생이 해야 할 일:

1. _____
   _____

2. _____
   _____

필요한 학습 자료들:

_____
_____
_____

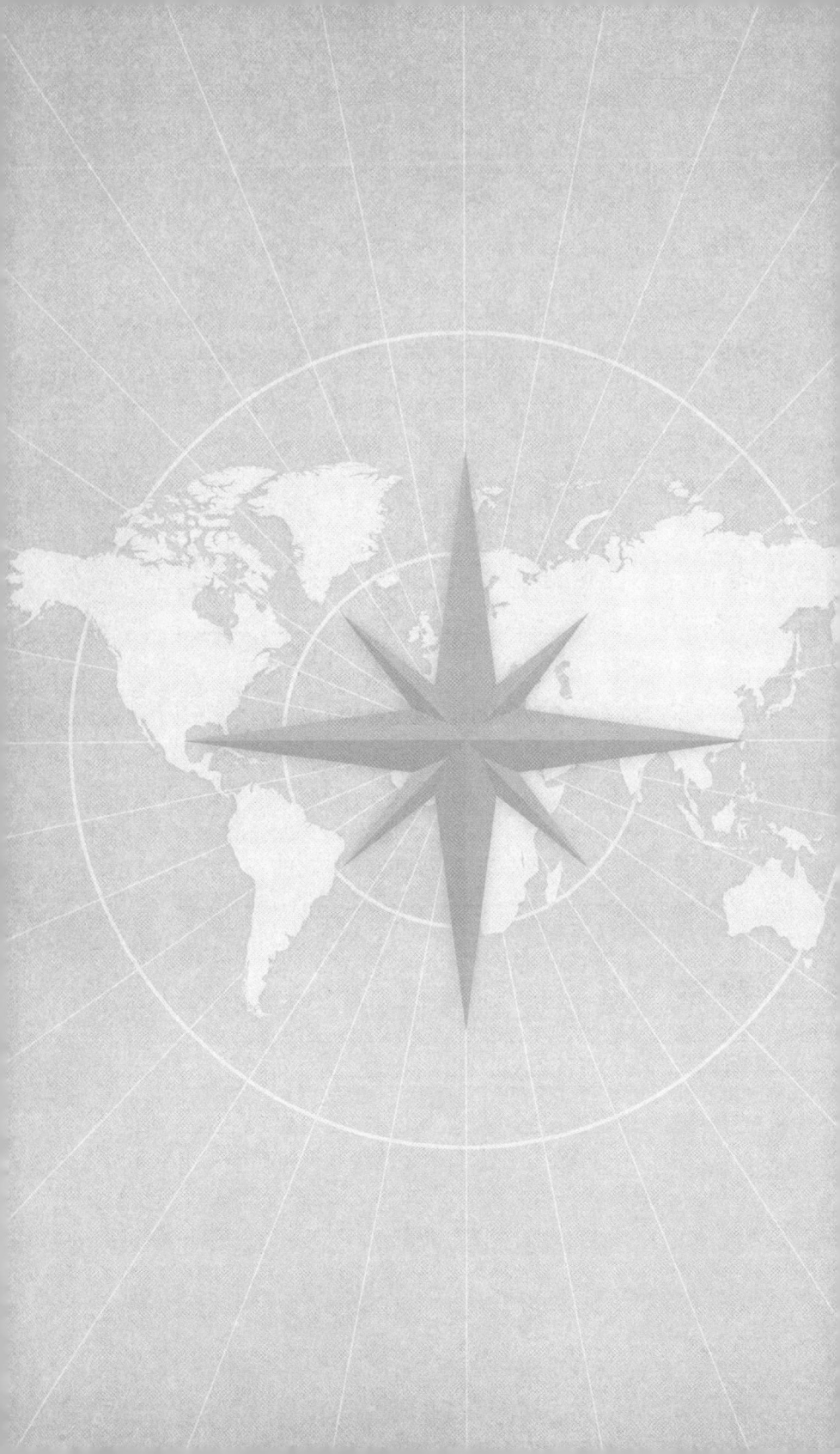

10장 _ 선교 훈련 프로그램 평가

로버트 페리스(Robert W. Ferris)

　비교육자들은 프로그램 개발을 새로운 훈련 프로그램을 착수할 때 한번 부딪치기는 해야 하는 초기 활동 정도로 인식하는 경우가 많다. 그러나 훈련과 관련된 사람이라면 누구라도 프로그램을 개발하는 것은 계속 진행되는 과정이라는 사실을 이해해야 한다. 활력이 넘치고, 타당성이 있고, 효율적인 훈련이 되도록 하기 위해 계속해서 프로그램은 발전되어야 한다.

　평가는 훈련 프로그램 개발의 마무리 단계이다. 이 책에서 진술한 바와 같이 프로그램의 개발은 훈련에 대한 책임을 재점검하고, 훈련의 목표를 설정하는 프로파일 과정을 진행한다. 훈련 프로그램이 실제로 실현되기 위해서는 훈련 목적을 구체적인 목표에 잘 반영해야 하고, 계획되고, 조직화된 학습 활동을 통해 적용해야 한다. 그러나 여기서 멈추지 않는다. 우리는 훈련의 효과를 관찰해야 하고, 개선해야 할 영역이 없는지 살펴야 한다. 이 과정이 바로 평가 작업이다. 훈련 결과를 평가하고, 다음의 훈련을 위해 적용해야 할 원리나 방법을 확정함으로써 훈련 프로그램의 개발이 완료된다. 훈련 경험과 결과에 대한 조직화된 검토는 훈련에 대한 책임과 훈련 목적, 훈련 목표, 그리고 훈련 전략을 재점검하는 데 도움을 준다.

1. 평가의 세 가지 측면

평가는 훈련 프로그램의 세 가지 측면-훈련 과정, 훈련 결과, 그리고 훈련 자원의 청지기 정신-을 고려해야 한다.

훈련 과정은 훈련생의 이해, 기술, 그리고 태도의 변화를 추구하는 모든 의도적 활동과 관계를 포함한다. 여기에는 훈련생의 선택에 의한 훈련, 교실 훈련, 생활 훈련(생존, 위생, 건강, 정원 가꾸기, 건물 유지와 보수, 가정생활 환경 가꾸기, 기계적 기술 등), 현장 훈련(공동체 훈련, 전도, 교회 개척 등), 훈련자의 시범과 모본, 제자도 혹은 멘토링, 문화 적응, 현장 실습, 그룹 예배와 기도, 여가 활동, 공동체 생활, 개인적 상담, 그리고 사역과 경력 지도 등을 포함한다. 이 목록은 철저하게 계획된 학습 활동이라기보다는 훈련 과정에 암시적으로 스며들어 있어야 하는 것을 의도하고 있는데, 프로그램에 대한 평가가 이루어진 훈련 과정에는 이러한 훈련 내용이 포함되어야 한다.

훈련 과정이 확정되었다면 각각의 과정은 훈련 프로그램에 대한 책임과 목적, 그리고 훈련 프로그램의 자원에 대한 청지기 정신과 일관성을 유지해야 한다. 관찰 내용과 조사 결과를 기록하는 충분한 공간을 제공해주는 표 10.1.의 간단한 도표가 이 작업을 용이하게 해줄 수 있다. 이 도표를 사용해서 첫 번째 칸에는 훈련 과정의 목록을 기록하고, 각각의 훈련 과정의 요소들의 적절성에 대한 설명을 두 번째 칸에, 그리고 결론과 제안들을 세 번째 칸에 기입해보라.

훈련 과정	책임, 목적, 그리고 청지기 정신에 대한 설명	만족도와 개선을 위한 제안
훈련자의 선택		
교실 교육		
기타		

표 10.1. 평가 결과 기록 과정에 대한 간단한 도표

훈련 결과에는 두 가지 종류가 있는데 각각은 서로 다른 평가 방법을 필요로 한다. 의도한 결과는 반드시 훈련 목적과 목표에 의해 평가를 받아야 한다. 만약 훈련에 대한 동의와 진술이 완료되었고(제6장), 훈련 목적이 확립되었고(제7장), 학습 목표가 설정되었다면(제8장) 이것은 간단한 작업이 될 것이다. 훈련 과정을 평가할 때 다음의 표가 이 작업을 도와줄 수 있다.

훈련에 대한 책임 (제6장의 연습 참조)	성취의 증거 (긍정적, 부정적)	만족도와 개선을 위해 제안한 내용
훈련의 목표는 효과적인 섬김에 대한 이해, 기술, 그리고 요구 조건 등에 의해 결정되어야 한다.		
훈련은 교회와 밀접한 관계를 갖고 있다. 학습은 공동체의 상황 가운데서 가장 잘 일어난다.		
기타		

표 10.2. 책임에 대한 평가 기록을 위한 견본 도표

다음의 도표를 위와 같이 사용해보라. 훈련의 목적(혹은 학습 목표)을 첫 번째 칸에, 성취의 증거를 두 번째 칸에, 그리고 모든 목적에 대해 동일한 결과를 얻을 수는 없기 때문에 세 번째 칸에는 훈련 프로그램의 개선을 위한 관찰과 제안을 기입해보라.

훈련 목적과 목표	성취의 증거 (긍정적, 부정적)	만족도와 개선을 위한 제안
훈련생은 교회가 선교사의 사역에 대해 이해할 수 있도록 어떻게 가르치는지를 알고 있다.		
훈련생은 모든 기회를 사용하여 언어를 배우고자 하는 열정이 있다.		
기타		

표 10.3. 훈련 결과에 대한 평가 기록을 위한 견본 도표

의도하지 않은 결과는 의도한 결과와는 차이가 있다. 경험이 없는 평가자는 개인이나 그룹이 학습 활동, 특히 가르침과 배움만큼이나 복합적인 활동을 통해 의도하지 않은 효과가 나타났을 때 이를 간과하는 경우가 많다. 사실상 의도하지 않은 결과는 의도한 목표의 전부 혹은 대부분을 달성하는 훈련 프로그램의 효과를 더욱더 풍성하게 확대할 수도 있고, 그 반대의 결과를 초래할 수도 있다.

"빈민가 생활" 경험은 훈련생들로 하여금 도시 사역 상황 가운데서 생존에 필요한 기술을 습득하도록 계획된 것이다. 그런데 매년마다 훈련 직원들은 몇 주간 동안의 빈민가 생활을 통해서 훈련생들 사이에 훈련 프로그램과 그들의 선교사로서의 삶에 지속적으로 도움을 주는 강력한 우정 관계가 형성되는 것을 관찰할 수 있었다.

훈련을 위한 구체적인 목표를 설정할 때 경험할 수 있는 위험은 좁은 시각으로 사물을 보는 현상(tunnel vision)이 발생할 수 있다는 것이다. 마치 우리가 시야의 범위 바깥쪽에 있는 것을 볼 수 없는 것과 같이 우리는 눈에 보이는 것만 볼 수 있다. 마찬가지로 커다란 위험성 혹은 축복이 이 좁은 시야의 바깥에 존재하고 있을 수 있다. 이 문제를 해결하기 위해 우리는 의도적으로 초점의 영역을 확대해가야 한다. 의도한 목표를 달성하는 것만 바라보고 있는 대신 우리는 다음과 같이 질문 해야 한다. "우리의 훈련 가운데 어떤 의도하지 않은 긍정적 혹은 부정적 효과는 무엇이 있겠는가?"

단순히 이 질문을 하는 것이 의도하지 않은 결과를 평가하는 첫 단계라고 할 수 있다. 이 질문 그 자체가 중요한 의미를 지니고 있다. 우리가 훈련을 통해 의도하지 않은 결과를 가져올 수 있다는 것을 인정할 때만 부정적인 결과를 최소화하거나 제거할 수 있고, 긍정적인 결과를 극대화하도록 훈련 프로그램을 조정할 수 있다.

의도하지 않는 결과를 평가하는 절차는 프로그램 과정을 평가하는 것과 같다. 첫째, 의도하지 않는 긍정적, 부정적 결과를 나열해야 한다. 이것은 훈련 직원, 훈련생, 졸업생, 그리고 관련 교회의 지도자들이 협의체를 구성하여 브레인스토밍을 진행함으로 이루어질 수 있다. 이 과정을 통해 결과가 도출되면 이 내용을 훈련 프로그램의 목적과 목표에 비추어 검토해야 한다(표 10.1.과 같은 도표가 매우 유용하다. 그러나 첫 번째 칸에 훈련 과정을 나열하는 대신 토의를 통해 도출된 의도하지 않은 결과를 기록해야 한다). 종종 의도하지 않은 결과에 대한 평가가 즉각적인 프로그램의 개선에 있어서 최상의 의미 있는 통찰력을 제공해주기도 한다.

둘째, 평가자는 훈련 프로그램 자원에 대한 청지기 정신을 가져야 한다. 그리스도인으로서 우리는 아무것도 소유하고 있지 않다. 우리가 가진 모든 것은 하나님에 대한 믿음뿐이다. 우리는 청지기이다. 우리는 하나님이 우리에게 맡겨 주신 소중한 자원들을 관리할 책임을 갖고 있다. 우리는 생각의 폭을 넓혀야 한다. 자원에는 물질적 자원과 물리적 자원(토지, 건물, 그리고 장비 등)뿐만 아니라 인적 자원과 환경적 자원도 포함된다. 잠시만 시간을 내어 훈련을 강화시켜줄 수 있는 사역 훈련원 주변에 존재하는 개인과 기관, 그리고 문화적 혹은 종교적 자원들을 생각해 봐도 훌륭한 목록을 만들 수 있을 것이다.

2. 평가 절차

우리의 책임, 훈련 목적, 그리고 자원에 대한 청지기 정신과 관련하여 훈련을 잘 이해하는 데 도움이 된다면 어떤 절차도 "프로그램 평가"로서 가치가 있다. 평가를 위해 투자하는 시간이나 노력이 다양하지만, 프로그램 평가자들(훈련 직원 혹은 외부의 개인이나 팀이든지)이 활용할 수 있는 다양한 방법들을 고려해보아야 한다.

1) 시험

훈련생의 지식과 기술을 분석해보는 것은 훈련 목적과 목표의 성취와 훈련의 효율성을 평가하는 데 있어서 가장 일반적으로 사용하는 방법이다. 분석할 때는 평가자가 언제나 훈련생의 지식과 기술이 계획된 학습 목표와 일관성있게 부합하는지에 대해 확인해야 한다. 훈련자나 평가자는 훈련원에서 훈련생들의 사역 준비 상태를 분석할 때 이는 간접적이고 중간 단계에서의 측정에 불과하다는 사실을 인정해야 한다. 지식과 기술 연마의 궁극적 목적은 그리스도인으로서 성품의 성숙과 효과적인 사역을 위해 평생 동안 성장해가는 것이다.

2) 증거물

훈련생의 기술을 증명하는 포트폴리오 등과 같은 증거물은 사역 훈련 프로그램의 효율성을 평가하는 또 다른 요소이다. 뒤뜰의 채소 밭은 훈련생이 수확의 원리를 이해했는지를 보여주는 설득력 있는 증거라고 할 수 있다. 옷을 만드는 기술을 통해 훈련생의 "자립" 사역을 위한 준비 상태를 보여줄 수 있다. 훈련생의 설교나 성경 공부 인도 과정을 녹음한 파일은 그의 설교와 가르침의 기술을 입증하는 좋은 도구가 될 수 있다. 훈련생이 믿고 따르는 교리의 진술서를 통해 자신이 그리스도인으로서 기본적인 진리를 잘 이해하고 있는지를 보여줄 수 있다. 여러 명의 훈련생들이 비슷한 결과물을 보여준다면 평가자나 훈련자는 훈련 프로그램의 효율성에 대해 의미있는 관찰을 할 수 있을 것이다.

3) 직접적인 질문 방식

이것은 인터뷰와 진단 질문지를 포함한다. 일반적으로 훈련생들이 지리적으로 광범위하게 분산되어 있거나 훈련생의 숫자가 너무 많은 경우를 제외하면 인터뷰가 더 적절한 방법이다. 종종 직접적 진단 질문을 통해 훈련생 자신에 대한 이해나 그의 생각에 대한 정보를 입수하는 것은 가장 유용한 방법이라고 할 수 있다. 직접적 진단 질문은 당사자 자신의 진단, 훈련 동료의 진단, 훈련자 진단, 회중 혹은 사역팀의 진단(예: 사역 환경 가운데서의 공동체적 평가) 등을 입수하기 위해 사용할 수 있다. 훈련생의 성품적 자질이나 태도의 변화는 시험이나 증명해 보이는 것을 통해 관찰하기가 어렵기 때문에 직접적인 질의 응답이 성품적 성숙의 목표를 성취하고 있는지에 대해 파악하는 거의 유일한 방법이다. 회중 혹은 사역 팀 보고는 훈련자의 보고와 함께 사역 기술 발전의 정도를 보여 주는 유용한 자료이다. 우리의 훈련 프로그램이 얼마나 효과적인지 알려면 훈련원에서 4일 동안 연구하는 것보다 4명의 졸업생을 인터뷰를 하면 더 잘 파악할 수도 있다!

4) 직접적인 관찰

훈련 프로그램의 어떤 측면은 오직 직접적인 관찰을 통해서만 평가가 가능하다. 특히 훈련 과정과 자원에 대한 청지기 정신을 평가할 때 평가자는 훈련 절차와 대인 관계, 각종 훈련 관련 문서[1], 물리적 시설(예: 건물과 장비), 그리고 환경적 자원 등을 관찰해야 한다.

3. 평가의 두 가지 유형

훈련을 평가하는 두 가지 방법, 상시 평가와 정기 평가가 있다. 상시 평가는 정보의 흐름을 보여주는데 때로는 훈련의 효율성에 대한 평가에 있어서 부정확하고, 비공식적인 정보를 제공하기도 한다. 반면에 정기 평가는 훈련 프로그램의 효율성에 대해 더 광범위하고, 체계적인 평가를 제공한다. 대부분의 훈련 프로그램에 대해서 5년에

---

[1] 각종 훈련 관련 문서는 공식 문서와 회의록, 정책 진술서, 직원 인사 기록, 훈련 행정 기록, 훈련생 행정 기록, 훈련생 평가 기록, 보고서, 졸업생 관련 기록, 재정 관련 기록, 발전 계획, 자산 관리 기록, 시설 유지 보수 기록 등을 포함한다.

서 7년 사이에 한 번 정도 평가할 수 있다. 만약 당신의 훈련 프로그램이 7년차인데 아직 정기 평가를 실행한 경험이 없다면 이는 매우 가치있는 평가가 될 수 있으므로 추천하는 바이다. 이 장에서는 선교 훈련의 상시 평가와 정기 평가를 실시하기 위한 원리와 방법 등을 제시한다.

1) 상시 평가

평가는 훈련 프로그램의 어느 시점에서 실행할 수 있고, 또한 실행해야 한다. 우리는 매일의 훈련과 각 과목의 학습 활동 마지막에, 그리고 전체 훈련 프로그램을 종료할 때마다 평가해야 한다. 상시 평가의 형식은 서로 다를 수 있지만, 평가의 수단과 적용하는 기준은 동일하다.

매일의 평가는 그 날의 학습 활동이 끝났을 때 이루어진다. 현명한 훈련자라면 자기 스스로에게 "오늘 어떤 일이 일어났지?"라고 물어 볼 것이다. 매일의 평가는 각 과목의 학습 활동들 가운데서 긍정적인 경험이나 통찰력이 있는 토론, 훈련생들이 직면한 문제들, 혹은 명확한 개념 설명 등을 포함하여 특히 효과적이었거나 비효과적이었던 학습 과목의 일부 결과에 대해 기록해 두는 것이다. 매일의 평가는 일반적으로 매일의 학습을 위해 설정된 목표와 훈련을 이끌어가는 헌신의 견지에서 훈련자가 주관적으로 평가하는 것이다. 시간을 들여 이러한 기록을 남기는 훈련자는 미래의 학습 활동 준비를 위한 매우 귀중한 자료를 갖게 되는 것이다.

각 과목의 학습이 종료되었을 때의 평가(강좌, 현장 실습, 과정, 혹은 학기)는 매일의 평가보다 더 공식적이다. 통상적으로 훈련생의 성취도를 측정(학점, 발달의 정도 등)하는 것은 각 학습 단위의 완료를 위한 한 부분이다. 우리는 이 판단을 훈련생 평가의 관점에서 보지만 훈련의 효율성에 대한 평가로 인식하는 것이 좋다. 훈련생의 허입 기준이 적절했다고 가정할 때 효과적인 훈련은 높은 단계의 학습 성취 결과를 가져올 것이다. 만약 훈련생들이 학습에 실패했다면, 훈련자 역시 실패했다고 봐도 무방하다. 훈련의 목표에 비추어 본 해당 과목의 성공 여부에 대한 훈련자의 평가에 훈련생의 학습 과목 성취도를 측정한 성적을 보충하는 것이 과목 평가에 더 효과적이다.

각 과목의 학습이 종료될 시점에 훈련생들에게 그 과목을 평가하도록 요청하는 것도 유용하다. 각 과목에 대한 평가서 양식을 만들어 사용할 것을 추천한다. 평가서 양식 첫 번째 부분에는 해당 과목에 대한 책임과 참여 척도(1~5)를 사용하는 것도 좋을 것이다. 평가서 양식의 두 번째 부분에는 이 과목의 목표를 나열하고, 훈련생들에게 각각의 목표에 대한 자신의 성취도의 평가를 기술하게 한다. 세 번째 부분에는 해당 과목에서 다룬 구체적인 주제 혹은 활동들이 그 과목의 학습 목표를 성취하는 데 얼마나 효과적이었는지를 평가하도록 요청한다. 네 번째 부분에는 훈련생들이 해당 과목과 관련하여 추가적으로 자신의 의견이나 제안을 할 수 있도록 격려한다. 많은 경우 네 번째 부분에는 훈련생들이 아무것도 기록하지 않기도 하지만, 이 부분이 가장 큰 격려와 통찰력이 있는 의견을 제시하는 공간이기도 하다.[2]

일반적으로는 훈련생의 평가가 훈련자의 주관적인 평가를 확증해주지만 가끔 훈련자가 미처 알아채지 못한 부족한 영역을 지적해 주기도 한다. 훈련자에 대한 훈련생들의 평가에 익숙하지 않은 사람은 이 평가로 인해 상당히 불편한 마음을 가질 수 있다. 그럼에도 불

---

[2] 평가 도구에 대한 하나의 예로 이 책의 자료 2의 "과목 평가 샘플"을 참조하라.

구하고 훈련생들의 평가를 존중할 때 훈련자는 더 겸손한 태도로 훈련생으로부터 기꺼이 배우고자 하는 마음을 보여줄 수 있다. 훈련생의 평가를 통해 우리의 훈련 프로그램을 더욱더 강화시킬 수 있는 통찰력을 얻을 수 있고 더 나아가 우리의 훈련생들에게 강한 긍정적 모본을 보여주는 것이기도 하다.

훈련 프로그램 종료 단계[3]에서의 평가는 통상적으로 훈련생들이 훈련을 수료할 즈음에 이루어지는데, 훈련 직원들이 자신의 훈련에 대한 책임과 충성도, 그리고 훈련 목적에 대한 성취도 등을 포함하여 훈련 프로그램 전체에 대해 재검토하는 것은 매우 유익한 일이다. 훈련의 종결은 특히 훈련 프로그램에 대한 범세계적 재검토를 위한 적절한 기회를 제공한다. 최근 졸업생의 사역에 대한 준비성에 대한 재검토는 훈련 직원들에게 매우 구체적으로 훈련의 결과를 평가할 수 있는 기회를 얻게 한다. 훈련을 구성하는 각 주제와 과목들의 효율성과 과목들 사이의 상호 관계에 대해 토론하는 과정에서 훈련 직원들은 훈련 프로그램의 개선 혹은 훈련 프로그램 전체를 다듬는 데 있어서 소중한 통찰력을 얻을 수 있다.

모든 건강한 훈련 프로그램들은 상시 평가를 위한 체계적인 계획을 갖고 있다. 상시 평가는 훈련 직원들이 연약한 부분을 파악하고, 문제를 제기하여 프로그램이 지속적으로 발전할 수 있도록 해주는 유일한 경로라고 할 수 있다. 방법은 다양하지만 상시 평가는 항상 다음 세 가지 사항을 고려해야 한다. 첫째, 훈련 프로그램에 대한 충성도. 둘째, 훈련 프로그램의 목표 성취. 셋째, 프로그램 자원에 대한 청지기 정신. 상시 평가는 훈련 프로그램을 가장 짧은 시간에 발전시킬 수 있는 확실한 길을 제공한다.

---

[3] 계속적인 평가는 발달 평가라고 할 수 있고, 주기적인 평가는 총괄적인 평가라고도 할 수 있다.

2) 정기 평가

때때로 훈련 프로그램으로부터 한 걸음 물러서서 다른 사람들이 바라보는 새로운 관점에서 총체적으로 돌아볼 필요가 있다. 공식적인 프로그램의 평가는 과학이다. 다양한 접근이 가능하지만 사역 훈련자의 가치관과 책임에 가장 적합한 정기 평가를 "책임있는 평가"[4]라고 부른다. 이 접근은 훈련 프로그램에 의해 영향을 받는 다양한 그룹의 사람들과 관계가 있다는 점에서 책임있는 평가여야 한다.

책임있는 평가는 사역 훈련자가 신뢰하는 일련의 전제들로부터 도출된다. 이 평가에 대한 관점은 전인적이고, 태도는 참여적이며, 목표는 훈련 프로그램의 발전이고 관심은 인간의 반응과 평가로부터 배우는 것이고, 전제는 도덕과 교육적 가치에 대한 민감성이다.[5]

(1) 용어 정의

정기 평가에 대한 이 접근을 서술하기 전에 세 개의 용어와 다섯 개의 그룹을 구분해야 한다. 정기 평가가 복잡할 필요는 없지만 초반부에 여기서 사용하는 용어들을 명확하게 설명하는 것이 도움이 된다.[6]

---

4 이 용어는 R. E. Stake, "Program Evaluation, Particularly Responsive Evaluation," in *Evaluation Models: Viewpoints on Educational and Human Services Evaluation*, ed. G. F. Madaus, M Sriven, and D. L. Stufflebeam, (Boston: Kluwer-Nijhoff Publishing, 1993), 311-333 에서 처음 사용된 것이다. 동일한 모델을 자연적인 상황 가운데의 상호 작용에 주목한다는 의미에서 "자연적 평가"(naturalistic evaluation)라고 표현하기도 한다. E. G. Guba and Y. S. Lincoln, "Epistemological and Methodological Bases of Naturalistic Inquiry," in *Evaluation Models: Viewpoints on Educational and Human Services Evaluation*, ed. G. F. Madaus, M Scriven, and D. L. Stufflebeam, (Boston: Kluwer-Nijhoff Publishing, 1993), 311-333.

5 Guba and Lincoln, 1993, 313-323.

6 이 개념과 용어들은 하나만 제외하고 모두 위의 단원에 인용된 자료에서 나온 것이다.

"장점"(Merit)은 특정한 유형의 교육자들(여기서는 선교 훈련자들) 사이에서 폭넓게 지지하고 있는 하나의 가치 체계이다. 공유 가치를 분류할 때 인정 기준의 목록에서 "장점"의 평가는 상당히 직설적이다. 선교 훈련자들은 그들의 훈련 프로그램을 이끌어가는 가치와 책임에 대해 공동체적으로 점검해볼 기회를 거의 갖지 못하는 것이 사실이다. 가치에 대한 명확한 진술이 없을 때는 이 책의 제6장에서 제시한 훈련 프로그램이 가지고 있는 고유한 책임에 대해 참고해보라.

"가치"(Worth)는 특정한 프로그램과 상황에 대한 구체적인 가치의 실재이다. 이 가치들은 선교 훈련 프로그램에 독특성을 부여하는 요소가 된다. "가치"는 정해진 훈련 목표를 포함하지만 그 범위를 넘어선다. "가치"는 훈련 프로그램을 섬기는 지지자들(교회, 선교단체, 선교사 등)의 필요와 기대의 목적이라고 할 수 있다. 훈련 프로그램의 가치는 또한 선교사가 가야 할 지역의 문화적 상황에 대한 적절성과도 관련이 있다.

"신뢰성"(integrity)은 정기 평가가 이루어지는 방법과 관련이 있다. 신뢰성은 또한 평가를 위해 사용하는 절차의 적절성과 평가가 수행되는 과정의 진지함을 말한다.

이 용어들과 더불어 정기적 과정에 중요한 역할을 담당하는 다섯 그룹을 명확하게 구분할 필요가 있다.

첫째, 훈련원 직원은 선교 훈련원의 직원으로 사역하는 훈련자 공동체이다. 어떤 경우에는 선교 훈련원의 "교수"로 불리기도 한다. 일반적으로 전임(full time)과 비전임(part time) 직원 모두를 포함한다. 그

"신뢰성"은 아시아에서 널리 활용되고 있는 TEE(신학연장교육) 제도를 개발에 참여한 교육 전문가 팀에 의해 추가된 것이다 (Ferries and others, 1986). Robert Ferris가 이 프로젝트에 대해 자세히 소개한 바 있다. "Accreditation and TEE," in *Excellence and Renewal: Goals for the Accreditation of Theological Education*, ed. R. L., Youngbood, 59-79. (Exeter, Uk: Paternoster Press, 1989).

러나 비정기적으로 가끔 훈련 프로그램에 참여하는 사람을 훈련원 직원으로 간주하지는 않는다.

둘째, 훈련원 행정가는 훈련원의 실제적인 운영을 책임지고 있는 사람이다. 종종 훈련원의 행정책임자는 훈련원 "원장", "교장", "학장" 혹은 "대표" 등으로 알려져 있다. 그는 가장 높은 지위에 있지만, 훈련원의 핵심 직원들이 행정의 책임과 실무를 맡고 있다.

셋째, 훈련원의 이사회는 훈련원의 외부이지만 훈련원의 사명에 헌신되어 있고, 훈련원 행정책임자로부터 보고를 받고 지도를 해 줄 책임을 가지고 있는 성숙한 그리스도인 개인들의 작은 그룹이다. 만약 훈련원을 교회, 교단, 혹은 선교 단체가 운영하고 있다면 이사회를 훈련원의 감독하에 있는 위원회로 운영할 수도 있다. 만약 훈련원이 독립적인 운영 체제를 가지고 있다고 할지라도 훈련원의 행정책임자는 자신의 책임성과 자문을 구할 수 있는 업무와 역할이 명확하게 정해진 그룹이 필요하다. 만약 독립적으로 운영되는 훈련원이라면 이사회는 법적으로 제도화된 조직이 될 수도 있다.

법적으로 조직화되었을 때는 이사회가 훈련원에 속한 모든 재산에 대한 결정 권한을 가지고 있고, 행정책임자와 직원들을 선정하는 책임도 가지고 있을 수 있다. 일반적으로 행정책임자나 행정사역자들의 가족 가운데서 이사진이 나오거나 훈련원 직원이 이사회나 법인의 구성원이 되는 것은 바람직하지 않다.

넷째, 평가팀은 정기 평가를 수행할 책임을 갖고 있는 훈련원 직원 가운데 한 명이 포함된 두세 명으로 구성하는 것이 일반적이다. 평가팀 가운데 적어도 한 사람은 사회적 조사의 절차를 잘 알고 있는 사람이어야 한다. 팀원들 사이의 관심 분야에 대한 갈등을 피하기 위해 훈련원 책임자는 평가팀에 참여해서는 안 된다.

다섯째, 평가지도위원회는 훈련원의 훈련관계자들(stakeholders)을 대표하는 그룹이다.[7] 이 위원회는 규모가 필요이상으로 클 필요는 없다. 일반적으로 각각의 훈련관계자 그룹을 대표하는 사람들로 구성하는 것이 좋다. 훈련원 직원은 하나의 훈련관계자 그룹이 될 수 있고, 평가지도위원회에 포함되어야 한다.

(2) 평가 절차

훈련원 프로그램의 평가 절차는 다음의 10단계로 진행할 수 있다.

① 정기 평가 실행 여부는 이사회 혹은 재단에 의해 결정되어야 한다. 그러나 훈련원의 행정책임자가 정기 평가의 필요성을 이사회에 제안할 수 있다. 이사회가 정기 평가를 승인할 때, 평가팀도 이사회가 구성해야 한다.

② 평가팀의 우선적 과업은 훈련 프로그램의 훈련관계자 그룹들을 파악하는 것이다. 만약 중요한 훈련관계자 그룹이나 개인이 간과된다면 평가의 신뢰성이 떨어질 수 있기 때문에 훈련원 이사회와 행정가, 그리고 지원은 훈련관계자들에 관한 필요한 정보를 평가팀에 제공해주어야 한다. 각 분야별 훈련관계자 그룹의 대표성을 지닌 사람을 선정하여 각 그룹의 관심 분야에 대해 설명하는 것도 권장할 수 있다. 이 분야별 훈련관계자 대표들은 평가지도위원회에 참여하게 된다.

③ 평가팀은 평가지도위원회를 소집해야 한다. 이 모임에서 논의할 주제는 훈련 프로그램의 "가치"와 관련된 요소들을 파악한다. 훈련의 목적을 검토한 후 평가지도위원회는 훈련원이 추구

---

7 "훈련관계자"(stakeholder) 개념은 제6장에 자세히 언급되어 있다. 이 용어가 익숙하지 않은 독자는 이 책을 계속 읽어가기 전에 그 부분을 다시 살펴보는 것이 도움이 될 것이다.

하는 사역 목적, 프로그램 계획, 운영, 혹은 훈련 프로그램의 영향, 훈련관계자 그룹 대표들의 필요와 기대를 채워줄 수 있는 훈련원의 사역 효율성에 대한 증거 자료 등을 제시해야 한다. 평가지도위원회의 과업은 많은 견해들을 논의하는 가운데 각 훈련관계자 그룹 사이의 견해 차이에 대해 절충해서 훈련 프로그램의 "가치"와 연관된 공통의 진술을 도출하는 과업을 가지고 있다. 이것이 평가팀의 지속적인 평가 작업을 위한 핵심적인 요소이다.

④ 평가팀의 다음 과제는 훈련 프로그램의 계획된 목표들의 "장점"과 "가치"를 평가하기 위한 방법을 개발하는 것이다. 평가팀은 훈련원과 관련된 모든 기록을 살펴볼 수 있는 권한을 갖고 있어야 한다. 훈련책임자와 직원, 현재의 훈련생과 졸업생, 그리고 훈련관계자 그룹의 일부 등에 대한 설문 조사와 인터뷰 등도 중요한 평가 자료가 된다. 평가지도위원회가 첫 번째 모임에서 (즉 ③에서) 제시한 자료들도 평가를 위한 특별한 증빙 자료이다.

⑤ 평가지도위원회의 두 번째 모임에서는 평가팀이 개발한 평가 방법에 대해 검토해야 한다. 평가팀으로부터 평가 방법에 대한 보고를 듣고 그 방법에 대한 적절성을 평가하고 필요하면 절충안을 만든다. 이 모임을 마칠 때 평가지도위원회는 평가팀이 최종적으로 제시한 평가 방법이 훈련 프로그램을 평가하기 위한 적절한 접근법이라는 확신을 가질 수 있어야 한다. 만약 확신을 할 수 없다면 ④와 ⑤의 단계를 다시 해야 한다.

⑥ 평가팀은 평가지도위원회가 승인한 평가 방법에 따라 평가를 진행해야 한다. 새롭게 발견한 사항들을 분석하고, 훈련원이 추구하고 있는 목표가 적절하게 성취되고 있는지의 여부와 훈련 프로그램의 "장점"과 "가치"를 평가한 보고서를 준비해야

한다. 평가팀은 또한 인사 관련, 시설, 훈련 프로그램 등에 대해 변화나 조정이 필요할 경우 이를 평가에 반영해야 한다.
⑦ 평가지도위원회의 세 번째 모임에서는 평가팀이 제시한 평가 결과를 검토해야 한다. 평가팀은 각 영역별로 보고하고 평가지도위원회가 평가팀이 발견한 개선 사항들에 대해 질문하거나 해석이나 제안을 할 수 있는 기회를 부여해야 한다. 평가팀은 평가지도위원회의 반대 견해에 대해서도 신중히 다루어야 한다. 만약 평가팀의 증빙 자료에 대한 새로운 관점과 해석이 받아들여졌다면 그 모임에서 보고서를 수정해야 한다. 만약 평가팀이 제시한 증빙 자료가 입수된 방법이나 해석, 혹은 그 자료가 나오게 된 출처 등에 대해 이의를 제기하면 평가팀은 변론을 하거나 관련 증빙 자료를 보강해야 한다. 만약 평가팀이 제시한 프로그램의 "장점"과 "가치"를 정확하게 반영한 평가 보고서가 만족스러울 경우, 위원회는 임무를 완수한 것이다.
⑧ 평가팀은 평가지도위원회가 승인한 보고서를 훈련원 책임자와 직원들과 함께 재검토한다. 평가지도위원회와는 달리 훈련원 책임자와 직원은 평가팀이 간과해버린 중요한 사항들을 언급할 필요는 있지만, 평가 보고서를 수정하도록 요청할 권한을 갖고 있지 않다. 훈련책임자와 직원은 이 보고서에서 제시하는 제안들을 적용해야 할 책임을 이사회로부터 부여 받았다.
⑨ 평가팀은 평가 프로젝트의 "신뢰성"을 보증하는 보고서를 작성해야 하는데 여기에는 평가에 사용된 절차와 방법들, 그리고 관점의 차이나 편향성에 대한 언급과 정당한 설명이 포함되어야 한다.
⑩ 평가팀은 훈련 프로그램의 "장점"과 "가치"와 평가 프로젝트의 "신뢰성"이 보증된 보고서를 이사회 혹은 법인에 제출한다.

이사회가 평가팀의 보고서를 받으면 평가팀의 업무는 종료된다. 이사회는 이 보고서의 제안들 가운데서 어떤 것들을 적용해야 할지를 결정할 책임을 갖고 있다. 이 과정이 복잡해 보이지만 실제로는 순조롭게 진행될 수 있다. 가장 어려운 문제는 다양한 훈련관계자 그룹이 훈련원의 목적에 대해 서로 전혀 다른 관점으로 이해하고 있을 때 발생할 수 있다. 이런 차이점들을 절충하는 일이 복잡하지만 이런 분열 가운데서는 훈련원이 성공하기 어렵다. 이런 경우에는 **훈련원의 사명 가운데 공통적인 이해의 영역을 성취하는 것이 바로 평가의 가장 중요한 산물**이 되어야 할 것이다. 견해 차이가 있을 때 평가팀은 한 쪽 견해에 치우치는 것을 피해야 한다. 평가팀이 타협을 이끌어낼 수도 있겠지만 평가팀이 "중간에서 꼼짝할 수 없는 상태"에 사로 잡혀서는 안 된다. 훈련관계자 자신들이 이 문제를 해결해야 하고, 훈련 팀은 타협을 통해 형성된 공감대의 바탕위에서 평가 작업을 진행해야 한다.

평가의 성공 여부는 평가팀에 적절한 사람들을 선정하고, 그들에게 충분한 시간과 평가에 필요한 자료들을 얼마나 제공해주느냐에 따라 좌우될 수 있다. 평가팀이 자신의 본래의 업무에 충실하면서 동시에 평가 업무도 완벽하게 수행하기를 바라는 것은 비현실적인 요구이다. 평가 프로젝트를 위한 예산은 평가지도위원회 회원들의 지리적 분포와 사용하는 평가 방법에 따라서 달라진다. 만약 평가지도위원회 회원들의 여행 경비를 최소화할 수 있고, 평가 자료를 수집하기 위한 여행 비용도 절감할 수 있다면(예: 개인적 인터뷰보다는 우편 통신을 통한 졸업생 설문 조사로 대체 등), 정기 평가도 적은 예산으로 실행할 수 있다. 그러나 정기 평가를 위한 예산이 없이 무료로 진행할 수 있다는 것은 비현실적인 생각이다.

정기 평가를 위한 비용은 이 평가의 유용성과 비교하여 책정해야 한다. 정기 평가는 훈련원이 본연의 사명을 충실하게 성취하고, 훈련 관계자들이 그들의 역할을 최선을 다해 감당할 수 있도록 하기 위한 가장 효과적인 방법이다. 정기 평가는 또한 훈련원이 개선해야 할 영역을 발견하는 가장 좋은 방법이기도 하다. 다른 말로 표현하면 정기 평가는 선교 훈련 프로그램의 계속적인 발전을 위해 필요한 핵심적인 정보를 제공한다. 우리는 훈련원 이사회가 정기 평가를 위해 투자한 시간과 자원에 대해 후회하는 것을 한 번도 본적이 없다. 반면에 여기서 제시한 절차를 사용하여 정기 평가를 실행하고, 그 평가에서 제시된 개선 방안을 적용하여 의미 있는 진전을 경험한 훈련원은 많이 찾아 볼 수 있다.

4. 결론

훈련에 대한 평가가 이루어지지 않을 때 훈련원 행정책임자와 직원은 그들의 프로그램 개선을 위한 핵심적인 정보를 확보할 수가 없다. 프로그램 평가는 상시 평가와 정기 평가를 위한 절차에 대해 다루었다. 이 두 가지 유형의 평가 모두 훈련 결과를 훈련의 목적과 비교하고, 훈련의 방법은 훈련의 책임과 비교해야 한다. 정기 평가는 훈련관계자들이 훈련 사역을 잘 지원하고 있는지에 대한 관심의 영역을 확대시켜 주는 역할도 담당한다. 평가팀에 의해 발견된 내용은 훈련 프로그램의 목적과 훈련 책임과 헌신을 재점검을 위한 새로운 관점을 제시해준다. 여기에서 훈련 프로그램의 개선을 위한 피드백이 종료되고, 선교 훈련의 의미있는 발전을 위한 계속적인 노력이 시작된다.

10장_ 실천하기
당신의 평가 과정을 평가하라.

1. 만약 당신이 훈련 프로그램이나 사역에 참여하고 있다면 얼마나 자주 그리고 어떤 방법으로 평가 도구와 기술을 활용하고 있는가?

2. 만약 당신이 이 과정을 소그룹 참여자들과 함께 진행하고 있다면 이 과정의 전달 방식에 대해 다음의 기준을 사용하여 평가해보라.

   a. 이 과정에서 제시한 원리들이 교육 철학과 성인 교육에 대한 성경적 관점에 근거한 일관성을 유지하고 있는가?

   b. 이 과정이 어떤 영역에서 당신 자신과 사역 혹은 단체에게 유익한가? 더 많은 유익을 위해 어떤 개선이 필요한가?

3부

추가적 자료들

자료 1 _ 세계 여러 지역 훈련 프로그램들 소개

1. Asian Cross-Cultural Training Institute(ACTI)

- 소재 국가: 싱가포르
- 기고자: 헨리 암스트롱(Henry Armstrong)

1) 훈련원 개요

이름	Asian Cross-Cultural Training Institute (ACTI)
주소	11 Pasir Ris, Drive 2, Singapore, 518458
연락 및 접속	Email 주소: admin@acti-singapore.org Website: www.acti-singapore.org 전화/팩스:(65)6583-0085/ (65)6583-0084
훈련 언어	영어
제휴 및 후원기관	ACTI 이사회는 싱가포르 OMF, 동아시아 SIM, OC International, 인터서브, 네비게이토, 위클리프 성경번역선교회, 베데스다 Pasir Ris Mission 교회, CNEC(Partners Int'l)의 대표들로 구성되어 있다. 그 외 제휴 기관들로서는 전도와 선교를 위한 싱가포르 센터 (SCEM), WEC International, CB International(WorldVenture) 그리고 World Team 등이 있다.

훈련 기간	ACTI는 3개월간의 파송 전(pre-field) 훈련 코스를 매우 쉬운 영어로 제공하고 있으며, 만일 영어 집중 훈련이 필요한 경우 추가로 1개월을 연장하고 있다. 우리 기관에 오는 대부분의 훈련생들에게 영어는 모국어가 아니다.
훈련생 인원	우리는 일반적으로 1년에 2차례 프로그램을 운영하는데 각 프로그램 당 평균 학생 숫자는 7명이다. 우리가 수용할 수 있는 최대 인원은 매 프로그램 당 15명 정도이며, 최적인원은 10명에서 12명 정도이다.

(1) 학생들

ACTI의 훈련생들은 한국, 홍콩, 일본, 싱가포르, 필리핀, 말레이시아, 태국, 인도, 미얀마, 인도네시아 그리고 네팔과 같은 주로 동아시아 및 동남아시아 국가들로부터 온다. 입학 자격은 성경학교나 신학교 학위를 요구하지만, 지원자들 각각의 경우를 고려하여 허입이 결정된다. 그들은 또한 파송 교회나 파송 단체의 승인과 지원을 받아야 한다. 훈련을 마치면 대부분은 교회 개척과 전도 사역에 참여하게 된다. ACTI 졸업생들은 아시아의 여러 나라들을 비롯해서 전 세계에서 사역을 하고 있다.

(2) 직원들

동남아시아 지역에서 생애의 절반 이상을 살아온 한 서양인 부부가 훈련자로 거주하면서 교실에서 하는 수업의 약 삼분의 일 정도를 담당하고 있다. 다른 훈련 자원들은 싱가포르에 있는 선교사 공동체로부터 모아진다. 이러한 자원봉사자들은 와서 하루나 이틀 아침 수업을 제공한다. 졸업생들이나 방문 선교사들은 자신들의 경험을 나누도록 요청받는다. 강의하는 사람들은 그들이 가진 타문화 경험뿐 아니라 주님을 위한 분명한 마음과 사람들을 위한 사랑 때문에 선택된다. 대체로 그들은 10년에서 20년 동안 타문화권에서 산 경험을 가지고 있고, 현재 선교사이거나 은퇴한 선교사 또는 선교 단체의 지도자들이다. 강의하는 사람들은 다양한 국가 배경을 가지고 있는데 40퍼센트는 아시아에서 사역하고 있는 북미 선교사들이고, 40퍼센트가 싱가포르 사람들이며, 10퍼센트의 다른 아시아 국가 사람들과 또 다른 10퍼센트는 뉴질랜드, 오스트레일리아, 영국으로부터 온 사람들이다.

(3) 훈련원의 역사와 훈련 목표

ACTI의 원래 목표는 한 아시아 국가의 타문화 상황에서 사역하고자 하는 선교사 후보생들, 자비량 사역자들과 전문인 사역자들을 위하여 임지로 부임하기 전 타문화 훈련을 제공하는 것이었다. 훈련 코스는 훈련생들에게 다음과 같은 것을 제공하기 위해 구성되어 있다. ① 다양한 타문화에서 온 사람들로 구성된 팀과 사역하기 위한 준비로서 타문화에서 온 사람들로 형성된 공동체 삶의 경험, ② 타문화 전도와 교회 사역을 위한 기술, ③ 아시아 문화 및 종교들에 대한 지식과 선교 전략들에 대한 전망, ④ 타문화 삶과 사역 상황 속에서의 자기 자신과 가족 정체성에 대한 성찰. 이러한 목표들은 ACTI 태동 이래 지속적인 요소들로 남아있다.

ACTI는 OMF(Overseas Missionary Fellowship) 사역의 한 부분으로서 "Asian Mission Training Center"라는 이름으로 1984년 시작되었다. 창립자들은 타문화에서의 삶과 사역의 도전들을 다루기 위해 선교사들이 더 잘 준비되어야 할 필요성을 보았다. 몇 년 뒤 ACTI는 다른 선교기관들을 포함해서 주로 다른 아시아 국가들로 가려는 아시아 사람들에게 문호를 개방하였다. 그동안 조쉬아 오가와, 타티터스 룽, 폴 한, 김기문, 멜빌 쯔토, 김종배, 헨리 암스트롱 같은 이들이 학감의 역할을 하였다.

선교사 파송 패턴의 변화에 따라, ACTI는 10개월 훈련 기간을 3개월 내지 4개월로 축소하였다. 어떤 싱가포르 선교기관들과 교회들은 이것도 여전히 너무 길다고 생각하고 있다. 지난 수년간, 싱가포르 안에서는 ACTI의 위상이 점점 축소되었다. 많은 사람들이 이런 종류의 훈련의 필요성을 인식하지 못하고 있는데, 특별히 선교사들을 직접 현지로 파송하는 교회들이 그렇다.

훈련이 시작된 후 초기 몇 년간은 훈련원을 위한 시설의 부족으로 인한 불안전성 때문에 어려움이 많았다. 10년 전에 ACTI는 베데스다의 파시르리스선교교회(Pasir Ris Mission)의 새로운 건물로 이주하면서 더 영구적인 본부건물을 찾았는데, 그곳에서 좋은 시설과 좋은 교회와의 사역 관계를 누리고 있다. 대부분의 훈련생들은 개발도상국가들로부터 오고 있기에, ACTI는 그들이 이 훈련을 받도록 하기 위해 싱가포르 교회들로부터의 재정적 후원을 계속 찾고 있다. 이것은 학교로 하여금 프로그램에 참석하기 위해 오는 훈련생들의 진정한 동기가 무엇인지를 분별해야 하는 심각한 문제를 만들어내고 있다. 수년간의 경험을 통해, ACTI는 훈련생들이 교회나 선교 단체의 파송을 받아야 한다는 것을 요구하고 있다.

2) 비공식적이며 공동체에 기반을 둔 학습

공식적 학습과 관련해서는, 많은 수업들의 내용은 바뀌었지만 수년간 그것이 이루어지는 방식에 있어서는 많은 변화가 없었다. 월요일부터 금요일까지 아침에는 8:30분에서 10시까지 교실에서 하는 학습이 이루어지고, 10시 20분까지 휴식(tea break)시간에 이어 10시 55분까지 예배가 있고, 다시 11시부터 12시 30분까지 수업이 진행된다. 점심은 12시 45분에 있으며, 오후에는 매우 다양한 활동들을 하게 되는데 연구, 우리를 둘러싸고 있는 주변 공동체의 사람들과의 만남(전도를 위한 접촉), 청소, 배구 경기와 같은 것들을 한다.

한 주에 한 번씩 "가족의 밤"이 있는데 거기에서는 각 사람이나 가족이 다른 이들에게 자신들의 나라에 대한 정보를 제공하기도 하고 게임이나 각 민족의 음식들을 나눈다. 다른 저녁 시간은 대체로 공부하는 데 사용한다. 다른 문화적 배경들을 가진 훈련생들과 또 그들이 앞으로 다른 문화권에서 사역하게 될 것이기에, ACTI는 커리큘럼에 있어 어느 정도 일반적인 것을 유지하여야 한다. 우리는 어떤 하나의 문화나 종교에 특별하게 초점을 맞출 수 없다.

ACTI의 커리큘럼과 거주하여 살면서 훈련받도록 한 것은 타문화 사역자들로 하여금 성품에 있어서의 성장과 다른 문화에서 사역하는 데 효율적이 되기 위한 역량을 키우도록 계획된 것이다. 이것을 염두에 두고 우리의 핵심 코스들은 효과적인 타문화 사역을 위한 여섯 개의 핵심에 기반을 두고 있다.

- 영성 형성(Spiritual Formation)
- 팀 세우기(Team Building)
- 음성학과 언어학(Phonetics and Linguistics)
- 아시아 종교들에 있어서의 상황화(Contextualization in Asian Religions)
- 문화 수용(Cultural Adaptation)
- 실제적인 사례 연구들(Practical Case Studies)

위에 기록된 여섯 가지 핵심 강조점들 외에도, ACTI는 또한 다음과 같은 코스들을 가르치고 있다. 교회 개척 원리들, 영적 전쟁과 중보기도, 텐트 메이킹 사역, 즉 창의적 접근 방법들, 선교에 있어 청지기 역할, 영적 은사들에 대한 이해, 오늘날의 선교동향, "교회-선교-

선교사"의 관계, 의사소통 기술들. 훈련생들은 또한 퍼스펙티브스 (Perspectives) 코스 자료의 다양한 부분들과 다른 책들을 읽어야 하며, 자신들이 읽은 것에 대해 짧은 보고서를 써야 한다.

3) 프로그램 개선과 발전

ACTI는 훈련생들 사이에서 섬기는 지도력을 배우는 것이 자연스럽게 이루어지도록 의도적으로 자신만의 하부 문화를 형성시켜 왔다. 훈련원의 모든 사람은 서로의 이름을 부르는 것에 동의하도록 되어 있는데 이것은 모두가 같은 수준에 있다는 것과 훈련원의 지도자들이라고 할지라도 여전히 섬기는 지도자가 되는 것을 학습하고 있다는 것을 훈련생들에게 보여주기 위한 것이다. 영어는 공적 대화에서 사용하도록 요구되는 언어이다. 이것은 해당 문화(host culture)의 언어를 존중하는 것의 중요성을 모델로 보여주기 위한 시도이며, 모두에게 이해되지 않는 언어로 말하지 않음으로 서로를 존중해야 한다는 것을 보여주고자 하는 것이다.

공동체 생활을 하는 상황은 훈련생들로 하여금 그들이 앞으로 사역하게 될 사람들과 좋은 관계를 만들어 나가는 것의 중요성을 보도록 한다. ACTI는 일종의 거주하며 참여하는 타문화 프로그램으로서, 상당히 밀착된 공동체 속에서 함께 살고 있는 다양한 문화적 배경들을 가진 훈련생들과 훈련자들이 있음으로 해서 유익을 얻고 있다. 심지어 훈련자를 포함하여 모든 사람은 어느 정도의 문화 충격을 경험하게 되는데, 우리는 한 지역의 그리스도의 몸(공동체)으로서 서로가 그 상황과 서로에게 적응하는 것을 돕는다.

식사를 함께 하는 것 외에, 훈련생들은 훈련자들과 더불어 식탁을 준비하고, 음식을 나르고, 설거지 및 훈련 시설의 전반적인 청소를 할 책임이 있다. 예를 들면, 훈련원장이 설거지를 하는 것은 어떤 훈련생들에게는 매우 큰 충격이다! 자신들의 모국 문화에서는 남자들이 부엌에 절대로 들어가지도 않을지 모르지만, 장차 그들이 갈 현지의 문화는 완전히 다를지도 모른다. 섬기는 지도력은 모범으로서 보여져야 한다. 이것과 관련된 중요한 경구는 "당신은 아는 것을 가르칠 수 있지만, 배출되는 사람은 결국 당신이 어떤 사람인가에 달려있다"고 말한다. 다른 몇 가지 중요한 강조점들은 공동체의 중요성, 유연성, 평생에 걸친 학습, 연약함을 인정하는 것, 정직성, 섬기는 지도력, 그리고 "존재"(단지 "행함"을 사역으로 보는 것에 대한 반대의 의미)로부터 흘러나오는 사역 등이다. 우리 직원 멤버들은 매일의 활동들 중에서 "가르칠 수 있는 순간들"을 발견하는 데 은사가 있다.

다른 활동들은 싱가포르 안에서 예를 들면, 리틀 인디아, 차이나타운, 말레이 마을 같은 문화적으로 특별한 장소들을 방문하는 것이 있으며 한 주간동안 인근 국가를 방문하여 문화 체험을 하는 것으로서 이것은 교실과 ACTI 공동체에서 배우고 있는 것들을 추가적으로 실습해보는 기회이다.

특별히 불신자들과의 타문화적 교류를 경험할 목적으로 훈련생들은 사람들을 만나기 위해 일주일에 한 번씩 밖으로 나간다. 소풍이나 매주간 다른 학교들을 방문하여 벌이는 배구 시합은 더 많은 비공식적 교류의 기회들을 제공한다. 이러한 활동들에 있어 우리가 항상 바라는 만큼 의도적이지는 못하는데, 이는 우리가 매우 적은 직원들을 가지고 있기 때문이다. 어떤 강의들은 경험적 학습 기술들을 사용하는데(예: 팀 세우기), 우리는 이러한 형태의 활동들을 발전시키거나 도입하기 위해 더 노력할 필요가 있다.

각 훈련생들에게는 주일 아침 영어를 사용하는 회중이 있는 교회에 출석할 과제가 주어진다. 이것은 훈련생들로 하여금 영어에 더 노출되도록 하고 또한 싱가포르에서의 경험을 향상시킨다. 그렇게 하는 동안 많은 훈련생들이 소그룹 모임에도 참여해줄 것을 요청받게 된다. 이것은 대부분의 훈련생들에게 최상의 경험이라는 것이 입증되는데 교회들이 훈련에 있어 이러한 돌봄의 측면에 관여하는 것은 언제나 매우 고무적인 일이다. 어떤 훈련생들은 자기 모국어로 드리는 예배에 참석하기를 원한다. 이것은 학감의 허락을 받은 경우에만 허용된다. 그 의도는 자기 동족들과 교제를 금지하고자 하는 것이 아니라 이러한 접촉들이 추가적인 부담이 될 수 있기 때문이다. 우리가 바라는 것은 훈련생들이 너무 많은 예배들에 특별히 참석을 요구받아 소진되기보다는 안식을 지키는 것이다.

작은 학교들은 원장의 태도와 믿음을 반영하게 된다는 것이 이 글의 기고자의 신념이다. 이사회의 의장에 의해 주도된 최근의 커리큘럼 검토는 핵심 목표를 정리하고 가다듬고, 교실에서의 가르침에 있어서의 초점을 선명하게 하는 데 도움을 주었다. 우리 직원들이 기도하며 기대하는 바는 주님께서 도우사 더 많은 다른 사람들이 ACTI에서 기다리고 있는 가치 있는 학습 경험들을 인식하게 되는 것이다.

2. 한국선교훈련원(Global Missionary Training Center, GMTC)

- 소재 국가: 한국
- 기고자: 이태웅

1) 훈련원 개요

이름	한국선교훈련원(Global Missionary Training Center, GMTC)
주소	서울특별시 양천구 목동중앙본로 18길 78
연락 및 접속	전화: 2649-3197/ 070-4066-0114/ 팩스: 2647-7675/ Email 주소: gmtc@chol.com Website: gmtc.or.kr
훈련 언어	한국어
제휴 및 후원기관	주된 소속은 한국해외선교회(GMF)이지만 GMTC는 여러 교단들과 선교 단체들과 동역하는 초교파적, 초기관적 선교 훈련 센터이다.
훈련 기간	GMTC는 1월부터 6월까지 진행되는 장기 프로그램(22주)과 8월부터 12월까지 진행되는 단기 프로그램(16주) 두 개의 교육과정을 가지고 있다.
훈련생 인원	일반적으로 매 기수마다 30여 명의 어른들과 그들의 자녀들로 구성된다. 최근 몇 년 동안의 훈련생 숫자는 평균 성인 35명에서 38명까지였다. 매년 70여 명의 성인 및 50-60명의 자녀들을 훈련하고 있다.

(1) 학생들

훈련생들은 다양한 선교 기관들, 예를 들면 개척선교회(GMP: Global Missions Pioneers), 성경번역선교회(GBT: Global Bible Translators), 전문인협력기구(HOPE: Helping Overseas Professionals Employment), 한국 OMF, 한국 Interserve, 한국 WEC, 예수전도단(YWAM), 한국침례교 해외선교회(FMB), 장로교총회세계선교회(GMS), 합신세계선교회

(PMS) 등 다양한 교단과 단체들로부터 오고 있다. GMTC는 지원자들에게 적어도 대학 학부 정도의 학위를 요구한다(기혼의 경우 특히 남편에게). 물론 배우자가 고등학교 졸업자인 경우 허입된 경우가 꽤 있지만, 대다수는 신학교 혹은 대학 학위를 가지고 있다. 모든 지원자들은 선교 사역으로의 소명이 있어야 하며, 교회와 선교 기관의 추천을 받아 허입되는 것이 일반적이다. 훈련생들은 성경 번역, 선교사 자녀(MK) 사역, 농업을 통한 지역사회 개발, 컴퓨터 관련 사역과 교회 개척 및 제자훈련 사역 등 다양한 선교 활동을 준비하고 있는 예비 선교사들이다.

매년 상반기의 22주 과정은 일반적으로 신임 선교사를 위한 프로그램이고 하반기의 16주 과정은 선교 경험을 가지고 있는 현장 선교사 혹은 선교 행정가 및 선교 지도자들을 위한 연장 교육 프로그램의 성격을 가지고 있으나 자신의 필요에 따라 지원할 수 있다.

(2) 직원들

현재 GMTC 직원은 16명이 있다. 그 중에 8명은 튜터(tutors)이고, 5명은 행정사역에 종사하며, 4명은 어린이 사역자이다. 전체 직원들이 "고효율 팀"(high impact team)을 이루기 위해 각 직원 멤버들은 팀원(team person)이 되어야 한다. 특별히 튜터들은 팀으로 일할 수 있는 사람이어야 한다. 그들은 선교학과 상담과 같은 이론 분야의 이해와 더불어 실제적 훈련에 있어 적절한 경험을 가진 사람이어야 한다. 타문화 경험은 중요하게 간주되지만, 그것이 선교 훈련에 대한 종합적인 이해를 갖는 것을 대체할 수 있다고 간주하지는 않는다. 현재 모든 튜터들은 어떤 형태로든 다른 문화권에서 사역해본 경험을 가지고 있다.

(3) 훈련원 역사와 훈련 목표

GMTC는 1986년 한국인 타문화권 선교사들을 훈련하고자 하는 선교적 비전을 가진 한 그룹의 한국 목회자들에 의해 설립되었다. 시작부터 훈련원은 초교파적 기관으로서, 다양한 교단들 및 선교 단체들과 협력 사역을 하며 한국 교회의 지원을 받았다. 훈련 커리큘럼은 학문적인 것과 사역의 실제 사이에 균형을 유지하도록 설계되었다. 훈련을 통해 배우는 것에 대한 내면화와 자기 성찰을 통해 변화와 성숙을 이루어가는 섬기는 지도자가 될 것을 목표로 하고 있다.

GMTC는 잠재적 지도자들과 개척자들을 훈련시킴으로 그들이 새로운 선교 현장들을 개척할 뿐 아니라 또한 후임 선교사들을 위한 선교 현장 체제를 세우도록 함으로써 한국 교회를 가장 잘 섬길 수 있다고 보았다. 점차적으로 그들 중 어떤 이들은 한국 선교 본부의 지도자들이 될 것이다. 초창기 시작에 있어서 훈련원은 시설, 직원, 훈련자들이 부족했고 경험도 없었다. 과거 20여 년 동안 GMTC는 지속적으로 직원진을 구축해왔다. 현재 훈련원은 "고효율 팀"을 가지게 되었고, 시설들도 애초에 상상했던 것을 뛰어넘는 확장을 이루었다. 훈련원은 현재 38명의 성인들과 25명 정도의 아이들을 훈련할 수 있다. 모든 훈련생들은 공동체로 살도록 되어 있다. 이것은 훈련자들로 하여금 훈련생들의 모든 삶의 영역을 관찰하고 도울 수 있을 뿐만 아니라 훈련생들이 서로 돕고 배우는 훈련 환경을 제공하고 있다.

훈련의 목표들은 섬기는 지도력에 큰 강조를 두고 있다. GMTC는 훈련의 결과로 중간급 지도자들이 부상하고 그들이 자신의 영역에서 성경적인 지도력을 발휘하며 더 잘 섬기도록 돕는 데 최선을 다하고 있다. 또 다른 중요한 목표는 훈련생들로 하여금 더 나은 인간관계 및 가정생활을 하는 사람들로 만드는 것이다.

미래를 바라볼 때 두 가지가 가장 큰 도전으로 보인다. 첫째, 신학교 출신의 전통적인 사람들과 더불어 세속화된 한국 일반 사회로부터 나오는 현대인들 양자 모두를 이해하는 적합하고 잘 훈련된 훈련자들을 찾아내는 것이다. 둘째, 어떻게 잘 훈련된 사람들을 배출하는 결정적 요소(cutting edge)를 잃어버리지 않으면서 현대적 감각을 유지할 수 있을 것인가 하는 것이다. 이 모든 것은 지도력의 문제로 귀결된다. 누가 이러한 전환이 잘 이루어지도록 만들 것인가?

2) 비공식적이며 공동체에 기반을 둔 학습

(1) 하나의 팀으로서의 전체 가정(whole family)에 초점을 맞춘 훈련

GMTC 훈련은 훈련생 가족 전체가 훈련원에 들어와 훈련 기간 중에 공동체로 사는 것을 요구한다. 훈련생들은 짧은 기간이나마 하바(house father)와 하마(house mother) 시스템을 통해 공동체 전체를 인도하는 경험을 한다. 3명 혹은 4명이 한 팀으로 이루어진 훈련생들은 차례대로 몇 주 동안 전체 공동체를 섬기게 된다(현재는 부부 혹은 두 싱글로 이루어진 하마, 하바 및 한 사람의 하미-간식담당-로 이루어진 3명의 팀이 일주일씩 돌아가며 섬기고 있다-역주). 이것은 공동체 안에서 팀 리더십을 발휘해보는 좋은 기회를 제공하는데, 마치 일종의 확대 가족의 부모 역할과 같은 것이다.

훈련의 초기에 제공되는 결혼생활세미나(싱글들은 별도로 싱글세미나를 운영)은 가족들에게 부부 관계에서의 발전을 가져오도록 하는 기회를 제공한다. 국내와 해외에서의 자녀 양육(교육)에 관한 강의는 각 가정으로 하여금 훈련원에 사는 동안 이론을 실습해보도록 만든다. 이와 같은 것들은 공동체 환경 속에서 제공되는 훈련의 현장 교육 요소로서의 몇 가지 예들에 해당한다. 이 모든 것들은 각 가정이 타문화 환경 속에서 전 생애 기간 동안 살 것을 예상하는 가운데 실행되는 것이다. 대부분의 한국 선교사들이 자신들의 남은 생애를 현지에서 보내는 것을 여전히 선택하고 있기에, 선교사 가족의 "생애주기"(life cycle)에 대해 강조하고 있다.

(2) 학습과 삶의 정황들 속에서의 그룹 혹은 팀 과제

대부분의 중요한 과제들은 그룹으로 이루어진다. 이것은 각 그룹으로 하여금 팀원들 간의 교류의 기회를 제공함으로 팀의 일부가 된다는 것이 어떤 것인지를 알게 하고 어떻게 팀 사역을 통해 일이 이루어지는지를 알도록 한다. 선교학 과목들은 교실에서 이루어진다. 하지만 이러한 강의들이라 할지라도 비형식적이고 비공식인 형태로 행해진다. 거기에는 토론, 질문과 답변, 그리고 워크샵 시간들이 있다. 이러한 실습들과 학습 경험들을 통하여 훈련생들의 세계관이 도전받아 변화되고 강화될 것이 기대된다.

훈련생들은 오리엔테이션 이후에 그룹으로 나누어진다. 한 명의 튜터에게 그룹 당 6-7명으로 이루어진 튜토리얼 그룹이 배당된다. 훈련 기간 내내 지속되는 삶의 형성(Life Formation) 코스의 일환으로 훈련생들은 매주간 한 차례 튜토리얼 그룹으로 모여서 그들의 삶을 형성하는 것과 관련된 다양한 주제들을 토론한다. 그 후에 튜터들은 각 그룹에서 나누었던 것을 같은 날 오후에 이루어지는 튜토리얼 그룹 모임에서 다른 튜터들과 나눈다. 이 모임에서 각 훈련생들을 위해 기도하게 된다. 훈련생들에게는 이러한 시간들을 통해 유능성과 더불어 성품의 성장이 이루어지기를 기대한다.

(3) 중요한 학습 활동으로서 계획된 "사회화"(socialization) 과정

훈련이 시작되면 첫 단계는 공동체 안의 모든 사람이 자신들의

살아온 여정에 대하여 나누는 것이다. 그들은 자신들의 과거, 현재, 그리고 자신들의 확대 가족, 특히 성품 형성기에 있어 부모들과 형제, 자매들과의 관계에 대하여 나누게 된다. 이것은 먼저는 자신을, 그리고 다른 사람들을 이해하는 기회를 주며, 사회화 과정이 시작될 수 있도록 한다. 이러한 비형식적 가르침과 서로를 격려하는 것을 통해 많은 배움이 일어나게 된다.

(4) 공동체적 경건생활을 통한 영적 변화에 대한 강조

영적이고 성품적인 성장을 가져오는 학습 활동들에는 가족의 밤(온가족이 모여 주로 재미있는 놀이를 함), 격주 금요일 밤 9시부터 11시 30분까지 남녀 그룹으로 갖는 심야기도회, 그리고 남녀 그룹별로 아침 6시부터 7시까지 매주 두 번씩 모여 함께하는 강해식 Q.T. 워크샵(나머지 날들은 개인적인 경건의 시간을 갖도록 함) 등이 있다. 이러한 활동들은 성품적이고 영적 성장을 위한 도움이 없거나 적을 수 있는 타문화 상황 속에서 살아가게 될 것을 미리 준비하는 것과 연관이 되어 있다.

(5) 전인의 성장을 지향하는 상담 시간

각 훈련생들은 적어도 자신의 튜터와 적어도 세 번의 공식적인 면담을 한다. 만일 거기에 더 다뤄져야 할 성품적 혹은 개인적 문제들이 있다면 추가로 도덕적 혹은 영적 상담이 제공된다. 이러한 면담들에는 몇 가지 도구들이 사용된다. 테일러 존슨 성격 분석 검사(T-JTA)는 한 사람이 가진 성격의 특성을 양극으로 나눈 아홉 가지 유형으로 보여주는데 거기에는 "긴장-침착", "우울-쾌활", "적개심-관용", "절제-충동" 같은 것들이 있다. 이것은 훈련생들이 자신들을 더 잘 이해할 수 있도록 도와주기 위한 도구들 중 한 가지인데,

그렇게 함으로 타문화권에서 어떤 형태의 팀 사역을 하든지 간에 더 잘 할 수 있도록 준비시켜 주기 위한 것이다.

(6) 삶의 형성(Life formation)

삶의 형성 시간들은 전 훈련 프로그램을 다시 꼼꼼히 다지는 것과 같은 훈련이다. 삶의 형성과 관련된 강의는 매주 금요일 튜토리얼 그룹 모임 전에 실시되는데, 대개 실제적인 삶의 이슈들을 다룸으로 훈련생들이 내적치유, 개인 관리, 영적 은사 등에 관한 것들을 배울 수 있도록 한다.

(7) 공동체 예배: 전체 커리큘럼의 중심축

매주 오후에 드려지는 예배를 의미 있는 예배가 될 수 있도록 순서대로 한 팀이 한 달 정도의 기간씩 맡아서 준비한다. 예배에는 전 공동체가 여러 가지 모양으로 참여하게 된다. "십자가의 삶," "성령 충만한 생활", "제자도", "하나님의 능력", "헌신"등과 같은 주제들에 대한 성경 강해식 설교를 통하여 전 공동체는 영적 자양분을 공급받고 나아가 영적 성장에 대한 도전을 받게 된다. 이 시간은 커리큘럼의 중요한 부분으로서, 통상적으로 성경적 세계관을 가진 성숙한 그리스도인이 되도록 하는 데 있어 가장 중요한 주제들을 다룰 수 있도록 잘 계획된다.

(8) 정오 기도 시간 및 공동 점심 식사

매일 정오에는 전 공동체가 모든 일을 멈추고 모여서 한 시간에 걸쳐 이 세계의 특별한 문제들을 놓고 기도한다. 또한 그들은 국가와 지역의 문제들을 위해 기도하고 그 달에 올라온 기도 제목들을 위해 간구한다. 마지막으로, 각 졸업생들을 위한 중보기도를 하게 되는데 이는 훈련원 설립부터 시작된 것으로 약 1,500명의 졸업생과 그들의 자녀들을 위해 기도한다.[1] 이 시간은 매우 밀도있는 기도 시간으로 많은 필요들과 제기된 문제들을 위해 기도하게 된다. 훈련생들은 어떻게 기도가 응답되는지를 직접 배우게 된다. 이를 통해 또한 그들이 현지에서도 다양한 문제들과 필요들을 위해 기도하게 되리라는 것을 기대한다.

기도 시간에 이어 전체 공동체가 공동 점심식사를 하게 된다. 매일 약 백 명의 사람들이 이 식사에 함께 참여한다. 함께 모여서 공동 식사를 하게 됨으로 이 시간은 훈련생들이 가족들과 서로 어울려 교제를 하게 되는 최상의 기회가 된다.

(9) "일반적인 생활환경" 속에서 살아가는 것, 훈련을 위한 최적의 배경

GMTC는 서울의 일반적 주거단지의 한 모퉁이에 위치하고 있다. 대부분의 선교사들은 아마도 현지에서 이러한 종류의 생활환경 속에서 거주하게 될 터인데, 특별히 도시 지역에서 사역할 사람들에게는 더욱 그러할 것이다. 훈련생들은 일상적인 생활을 하는 가운데 튜터들과 더불어 훈련생들 스스로가 자신들의 약점과 강점 영역들을 확인하게 된다. 튜터들은 지속적으로 눈과 귀를 열고 훈련생이 관심을 기울이는 문제들에 대한 실마리를 찾고자 노력한다. 이것은 훈련생들로 하여금 그들의 "느끼는 필요" 외에 그들의 "진정한 필요"를 채울 수 있도록 만든다. 지난 20여 년 동안 문제들에 대한 이러한 비형식적 확인과 해결 방식은 가장 효과적인 방법 중 하나라는 것을 입증하고 있고, 공동체 훈련의 강점 중 하나라고 생각한다.

---

[1] GMTC는 특별히 고안된 기도 계획표를 만들어 각 사람이 매일 정해진 분량의 배당된 기도제목을 순차적으로 돌아가면서 기도하게 하고 있다.

(10) 기도의 날과 MT

훈련생들과 튜터들, 그리고 행정 직원들 일부가 기도를 위해 매달 하루를 헌신한다. 아침 시간은 공동기도를 하고 이어 점심 식사는 금식한다. 오후에는 하나님과 개인적으로 시간을 보낸다. 자녀들을 둔 사람들은 그들과 함께 산책을 하거나 다른 활동들을 하도록 격려한다.

훈련 기간 중 한 차례 수양관에서 MT를 한다. 이것은 통상적으로 훈련이 중반정도 지났을 때 이루어진다. 온가족이 수양관에서 함께 자연 속에서 이틀의 시간을 보내게 된다. 그것은 기도, 예배, 오락을 위한 좋은 시간이며 자신들의 마음에 있는 것을 깊이 나눌 수 있는 기회이다.

(11) 총정리 및 종합 시험

훈련의 끝부분에 이르면 훈련생들에게 며칠 동안 그들이 전체 훈련 기간 중에 배운 것을 종합하는 시간이 주어진다. 훈련생들은 전체 훈련 기간 중 받았던 강의 내용 전부와 독서하고 기록했던 것들 모두를 기억해내야 하기에 어렵고 집중력을 요구하는 기간이다. 이것은 훈련생들에게 학습 경험을 되새겨보고 자료들을 통합하며 그 동안 배웠던 것들을 성찰하는 시간을 준다. 이러한 시간에 이어 반나절 정도의 시험 시간이 주어진다. 통상적으로는 훈련생들이 자신들이 정리한 것을 활용할 수 있게 한다. 훈련생들의 시험 결과는 졸업 이후 계속 공부를 위해 학점 인정이 필요한 경우를 대비하여 채점이 되어 기록이 보관된다. 통상적으로 졸업 사정은 얼마나 종합시험을 잘 보았는가에 의존하지 않는다. 그것은 단지 다른 많은 고려하는 요인들 중 하나일 뿐이다. 그보다는 비형식적, 비공식적 및 공식적 과정을 통한 전체 훈련이 최종 평가에 고려된다.

3) 프로그램 개선과 발전

아래에서 두 가지 차원의 평가를 소개할 것인데 그것은 훈련 프로그램을 평가하는 데 사용되는 도구들과 훈련 시스템을 개선하기 위한 피드백을 받기 위해 사용되는 정보들을 얻는 방법에 관한 것이다. 평가를 위한 도구들은 다음과 같은 것들이 있다.

⑴ 주간 튜토리얼 그룹 모임

튜토리얼 그룹 모임은 사적인 분위기 속에서 튜터들이 훈련생들을 평가하는 것을 주목적으로 만들어졌다. 각 튜터들은 자기 그룹의 멤버들에 관하여 보고를 하는데 그 내용은 가정생활, 재정, 건강, 영적 생활, 자녀, 훈련 진전 사항, 직면하고 있는 문제들, 공동체 내의 관계들과 교회나 다른 기관들과 같은 공동체 밖의 관계들에 관한 것이다. 튜터들이 자신들의 훈련생들에 관하여 보고를 한 후에는 각 훈련생과 그들의 자녀들을 위해 기도하는 시간이 이어진다. 이 도구가 주로 훈련생들을 평가하기 위한 것이지만, 동시에 그것은 훈련팀과 프로그램을 평가하는 좋은 도구이다. 어떤 변화나 개선 및 강화가 필요하면 튜터들에 의해 철저히 검토한 뒤 가능한 한 신속하게 실행된다.

⑵ 훈련생들에 의해 매주간 제출되는 평가서

매주마다 각 훈련생들은 중요한 정보들을 조사하는 질문들에 답변하도록 되어 있다. 여기에는 그들이 영적으로 어떻게 지내고 있는지, 매일 경건의 시간을 어떻게 가지고 있는지, 그들이 새롭게 배운 것들과 직면하고 있는 어려움들은 무엇인지, 관계적 문제들이나 생활상 불편한 것들은 없는지 등에 관한 것이다. 튜터들은 그것을 읽고 선교 훈련이 원활하게 진행되도록 적절한 조치를 취하게 된다. 만일 중요한 변화가 필요한 것이라면 튜터들이 함께 소집되어 토론하고 필요한 사항을 결정한다.

(3) 정오 기도 시간

정오 시간 공동체 기도 모임은 개인적 기도제목을 나눌 수 있는 시간을 포함하고 있다. 이것은 훈련생들의 필요를 알 수 있는 좋은 기회이다. 튜터들은 필요를 채우기 위해 도움이 되는 어떤 것을 행하는 데 매우 민감하다. 그것은 또한 공동체의 유익과 효과적인 훈련을 위해 개선되어야 할 영역들을 파악하는 기회를 제공한다.

(4) 평가의 한 방법으로서 졸업생들의 현지에서의 탈락률

2013년 현재 GMTC는 약 1,500여 명의 졸업생을 배출했다. 지난 20여 년 동안 전체 졸업생들 가운데 약 3퍼센트 정도의 탈락이 있었다. 이것은 매해 평균 탈락률로 계산하면 대략 0.16퍼센트라는 것을 의미한다. 이 **탈락률**은 한국선교사 전체의 통계에 비하면 현저하게 낮은 수치이다.

GMTC는 매일의 정오기도 시간을 통해 졸업생들을 살피고 있다. 어떤 면에서 이 기도회는 훈련원의 기압계(barometer) 역할을 하고 있다. 웹사이트에 게재된 기도 편지와 졸업생들의 소식은 여러 지역들의 선교 현황에 대한 실시간의 정보를 제공하고 있다.

(5) 한국해외선교회(GMF) 내의 파송 부서들과 GMF 밖의 파송 단체들과 같은 더 넓은 차원의 선교 공동체의 지도자들로부터의 반응(feedback)

GMF 공동체 안에는 세 개의 파송 부서들이 있고, 이러한 파송 단체의 지도자들은 GMTC 훈련을 마친 자신들의 회원들에 대한 평가를 정기적으로 주고 있다. 한편으로 이러한 평가를 받는 것은 졸업생들의 생활의 자질 향상을 위해 장기적으로 볼 때 좋은 일이며, 또 다른 한편으로는 이렇게 지속적으로 평가를 받는 것은 특권인데 필요한 변화를 가져와 더 나은 결과를 도출하게 만들기 때문이다. 이러한 피드백은 훈련 내용과 더불어 사람들을 평가하는 것 양쪽 모두와 관련된다. 튜터들은 변화를 가져오려고 노력 중인데 먼저는 이러한 필요를 훈련 철학 안에 포함시켰다. 그 후 커리큘럼 안에 변화를 주었다. 이러한 변화들의 몇 가지 예를 들자면 절제에 더 큰 관심을 기울이도록 하는 것, 건강을 해치지 않으면서 더 검소한 삶을 사는 것, 시간과 에너지가 제한적일 때도 주어진 과제를 완수하는 인내를 요구하는 것 등과 같은 것이다.

(6) 훈련의 전체 분야에 대한 졸업생들의 자세한 평가

지금까지 가장 효과적인 도구는 졸업하는 훈련생들에 의한 평가였다. 평가는 훈련 프로그램의 거의 모든 측면들에 관하여 이루어지고 만일 원하면 익명으로 이루어진다. 평가는 튜터들의 자질로부터 시작하여 훈련 방법, 직원들, 어린이 프로그램, 훈련 시설, 생활환경, 소음, 비용, 그리고 훈련을 운영하는 방식까지 이루어진다. 훈련생들은 또한 훈련 프로그램이 세워져 있는 가장 중요한 요소들에 관해 1-10까지 숫자로 자신들이 얼마나 배웠다고 느끼는지 표시하도록 되어 있다. 그들이 볼 때 훈련원이 성취하려고 한다고 그들이 느끼는 것에 대해 우선순위 목록을 작성하도록 하는데 거기에는 다음과 같은 가치들이 포함된다. 이론과 실제의 결합, 비공식적 혹은 일상 교육, 세계관의 변화, 총체적 사고, 총체적 선교 등등.

격주로 갖는 직원들 모임도 일종의 평가하는 도구인데 거기서 훈련 프로그램의 각각의 영역, 예를 들면, 사무실, 어린이학교, 시설,

네트워킹과 웹사이트 등에 관해 개선할 필요가 있는 부분을 고치는 기회가 된다.

(7) 최종 평가

졸업식 이후에 전체 훈련원 식구들은 끝마친 훈련에 대한 평가와 훈련생들 및 직원들에 의한 평가 결과를 숙고하기 위해 새로운 훈련이 시작되기 전에 수양회를 갖곤 한다. 결론적으로 평가의 모든 결과들은 궁극적으로 훈련 시스템에 반영된다.

GMTC는 포스트모던 시대에 자라난 선교사 후보생들로 구성된 새로운 세대를 위한 준비를 하고 있다. 훈련 프로그램은 미래의 더욱 젊고 세속화된 한국 젊은이들에게 맞추어 근본적으로 변화되야만 할 것이다. 이것은 다음 세대를 훈련하기 위한 도전이 될 것이다. 이러한 계속되는 변화에 부응하기 위해서 우리는 자신을 지속적으로 평가하는 생활스타일에 익숙해져야 할 것이다.

3. Nigeria Evangelical Missionary Institute(NEMI)

- 소재 국가: 나이지리아
- 기고자: 피터 보마(Peter Boma)

1) 훈련원 개요

이름	Nigeria Evangelical Missionary Institute (NEMI)
주소	NEMI Campus, Mista Ali Village, PO Box 5878, Jos, Plateau State, Nigeria
연락 및 접속	전화/팩스: 08037984008 Email 주소: nemitoday@yahoo.com Website: www.NigeriaMissions.org
훈련 언어	영어
제휴 및 후원기관	초교파적 나이지리아복음주의선교협회(NEMA)로부터 지원 받고 있다.
훈련 기간	1년
훈련생 인원	매년 변동이 있으나 평균 15명 정도의 규모

(1) 학생들

NEMI의 대부분 학생들은 선교 단체들에 의해 보내진다. 훈련받은 후에 그들은 선교 단체들로 돌아가 현지로 배치를 받게 된다. 개인적으로 프로그램에 들어오는 사람들도 있다. 그런 사람들은 졸업하기 전에 자신들이 선택하는 선교 단체와 연결하게 된다. 후보생들은 성숙한 그리스도인들이어야 하며, 선교에 부르심이 있고, 선교기관에 의해 파송되어야 하며, 글을 읽고 쓸 수 있는 사람들로서 규정된 인터뷰를 통과해야 한다. 그들은 교회 개척, 제자훈련, 교육과 행정 사역에 관여하고 있으며 나이지리아 국내외에서 사역한다.

(2) 직원들

NEMI 직원들은 선교 단체들로부터 파견된 사람들, 자원봉사자들과 고용된 사람들의 세 가지로 방법으로 채워진다. 직원으로 선발되기 위한 조건은 적절한 학력, 경험, 성숙성과 개인 간증이다. 현재 직원들은 지역과 해외에서 선교사로 사역했던 사람들을 포함하여 외국에서 선교사들을 훈련했던 사람들인데 거기에는 선교 행정가들로서 20여 년이 넘는 경험을 가지고 있는 사람도 있다.

(3) 훈련원의 역사와 훈련 목표

NEMI는 95개 이상의 선교 단체들과 교회들의 연합과 교제 모임인 나이지리아복음주의선교협회(NEMA)에 의해 설립되었다. 초교파적인 학교로서 타문화 선교를 위한 훈련을 20여 년 동안 해온 역사(1986년으로 거슬러 올라감)를 가지고 있다. NEMI는 하나님의 부름을 받은 사람들에게 타문화 사역에서의 실제적인 훈련과 기술을 제공하고, NEMA 회원 기관들의 지도력을 보강하고 나이지리아 국내 외적으로 시역할 질적인 선교 인력들을 발전시키기 위해 존재한다. NEMI의 기본 훈련 철학은 성품, 유능성과 기술 발전에 강조를 두는 전인적 접근 방식에 기초하고 있다. 과거 수년 동안 몇 가지 변화가 있었는데, 거기에는 지도자 변화를 포함하여 세를 내고 있던 아파트에서 영구적인 빌딩으로 이전하였고, 행정 구조를 갖추게 되었으며, 진전된 훈련자를 위한 훈련 프로그램을 도입하였다.

현재 목표하고 있는 것은 다음과 같은 것을 제공하는 것이다. 1) 자격을 갖춘 후보생들을 위한 현지 부임 전 실제적 타문화 훈련, 2) 훈련자를 위한 훈련(TOT: Training of Trainers) 프로그램, 3) 사역 중에 있는 선교사들을 위한 재충전 코스들, 4) 교회 지도자들, 선교 행정가들, 기독교 단체 책임자들을 위한 세미나들, 5) 여성 선교사들을 위한 행정, 비서, 연구, 기술 습득 단기 집중 코스들. NEMI가 직면하고 있는 도전들 중 하나는 선교사들을 효율적으로 훈련하고, 나이지리아 안에서 훈련 운동을 섬기는 일을 발전시키기 위해 자원을 찾는 것을 포함하고 있다.

2) 비공식적이며 공동체에 기반을 둔 학습

NEMI의 공동체 삶을 통하여, 사람들은 다른 이들에게 좋은 모범을 세우기 원하고 경건하지 못한 행위를 통제하게 된다. 일단 경건하지 못한 행위가 눈에 띄게 되면, 그것을 바로잡기 위한 노력이 이루어진다. 그러는 가운데 공동체 안에서 바람직하게 여겨지는 것을 모든 이들이 행하게 됨에 따라 성품에 있어 의도적인 성장이 일어나게 된다. 훈련 방법은 다음과 같은 것들을 포함한다.

- 교실 수업: 수업들은 코스들을 가르칠 수 있는 전문가들을 초빙할 수 있는 기회가 주어질 때마다 집중수업(modular) 방식에 근거하여 조직된다.
- 현장 방문(Field-trip): 1주일의 현장 실습이 계획되는데 거기에는 직원들과 학생들이 선정한 장소로 가서 머물며, 일하고, 교류하고, 배우고, 함께 기도하고 먹도록 되어 있다.
- 현장 실습(Field-work): 현장 실습은 4개월 동안 이루어진다. 예전에는 학생들이 현장을 선택했는데 최근에는 선교 단체들이 현장을 선택하고 자기 학생들을 배치하도록 결정하였다. 현재 NEMA의 회원 단체들은 현장사역을 위해 학생을 요청할 수 있다. 이것은 선교 단체들로 하여금 학생들을 돌보고 감독하는 데 헌신토록 하며 NEMI의 훈련 과정에 참여하도록 한다. NEMI는

선교 단체 감독자, 현장을 방문한 NEMI 직원, 학생, 세 곳으로부터 온 현장사역 보고서를 받는다. 학생 보고서는 자신이 섬긴 민족 그룹에 기초를 둔 일종의 민속학적(ethnographic) 연구 프로젝트이다. 모든 학생들이 돌아오면, 그들은 디브리핑을 한다.

- 운동: 일주일에 이틀은 직원들과 학생들이 함께 여러 가지 게임들을 한다.
- 손으로 하는 작업: 학생들은 훈련의 일부로서 손으로 하는 노동을 수행토록 요구받는다. 매 학기마다 의무 사항이 달라진다.
- 식사: NEMI는 식사를 일괄적으로 제공하지 않는데 학생들이 같은 방에서 함께 음식을 만들 것을 격려한다. 음식이 있는 사람은 없는 사람과 나누어야 한다.
- 가족의 밤: 주일마다 오후에 가족의 밤 행사를 갖는다. 우리는 퀴즈, 간증, 특송, 영화 상영과 같은 다양한 프로그램을 조직한다. 통상적으로 거기에는 "무엇이든 물어보는 자리"(Hot Seat)가 포함되는데 그곳에 앉는 사람에게 나머지는 무슨 질문이라도 할 수 있도록 하는 것이다.
- 전도: 토요일마다 학생들과 훈련원 거주 직원들은 전도하기 위해 근처 마을들로 나간다.
- 공동체 삶: 학생들에게는 언제든지 가능할 때 직원들 집을 방문하여 토론하고, 일하며, 음식을 나눌 수 있는 자유가 있다.
- 돌봄과 나눔: 이 프로그램은 학기 당 한 번 실시된다. 학기 초에 모든 사람은 종이에 기록된 다른 사람의 이름을 뽑는다. 아무도 누가 어떤 이름을 뽑았는지 모른다. 각 사람은 그가 뽑은 이름을 위해 학기가 끝날 때까지 기도하고, 선물을 해야 한다.
- 예배: 우리는 토요일을 제외하고 매일 예배를 드린다. 당번표는

- 모든 사람이 기도를 인도하고 설교하도록 짜여진다.
- 금식 혹은 철야기도회: 매주 수요일은 기도하며 금식하는 날이다. 아침 5시와 6시 사이에 훈련원 거주 직원들과 학생들은 예배하기 위해 모인다. 금식은 오후까지 계속된다. 사람들은 소그룹으로 나뉘어진다. 나중에는 전체 그룹들이 함께 모여서 중보기도를 한다. 매주 마지막 금요일에는 철야기도 모임을 갖는다.
- 부흥회 주간: 이 프로그램은 한 학기에 한 차례 열린다. 강사가 초빙되어 그 주간을 위한 주제로 말씀을 증거한다. 또한 초빙된 사역자는 학생들의 문제들을 듣고 상담을 할 시간을 가진다.
- 직원과 학생들의 평가: 이것은 학교의 오랜된 관습이다. 직원들과 훈련관계자들은 학생들을 평가하고 또한 학생들도 그들을 평가한다.

3) 프로그램 개선과 발전

위의 묘사한 내용은 훈련 과정의 공식적, 비형식적, 비공식적 방법들을 포함하고 있다. 교실 수업은 공식적인 것이다. 강사는 자신의 강의를 하고, 독서 과제를 주며, 강의에서 배운 것을 성찰할 것을 기대하고, 시험을 출제하고 시험지를 채점하며 점수를 준다.

현장 방문과 현장 실습은 비형식적 학습 과정의 요소들이다. 그것들은 직원들로 하여금 학생들의 어떤 행동 특성을 발견할 기회를 주며, 적절한 모델과 책임성을 보증한다.

현장 실습은 학생들이 새로운 타문화 현장에 머물도록 하면서 사람들을 발견하고, 관계를 수립하며 언어학습 기술, 인간관계, 타문화 교회 개척 등에 관해 강의실에서 배운 원리들을 실습하게 된다.

비공식적 과정을 사용하면서, 훈련자와 캠퍼스에 거주하는 다른 직원들은 학생들을 방문하고 교류한다. 종종 그들은 수업에서 일어난 일들에 관해 토론하고, 기쁨과 어려움, 갈등에 관해 나눈다.

　NEMI에 있어 평가와 측정은 훈련 과정의 기본적인 요소이다. 정규적인 평가 과정은 직원들과 학생들 및 학교 지도층 양자들이 방법론을 개선하고, 강사들을 선정하며, 코스 및 자기 발전, 프로그램 일정들을 개선하는 데 도움을 준다. 그것은 우리 기관을 성장시키고 활력을 준다. 가장 최근의 평가는 2005년 12월에 실시되었다.

　최근의 평가는 직원과 학생들 양자를 포함시켰다. 직원과 학생들 이름이 기록된 종이가 모든 사람에게 평가를 위해 주어졌는데, 거기에는 그 사람의 긍정적, 부정적인 두 가지 측면 모두를 기록하도록 되어 있다. 그렇게 하는 의도는 각 사람이 자신에 대해 다른 사람들이 어떻게 느끼는지를 알도록 하고자 하는 것이다. 지도자는 작성된 종이들을 모아 각 사람에 관련하여 모든 이들이 평가한 내용을 종합한다. 이것은 일종의 계시와 같다. 우리는 다른 사람의 눈을 통해 우리 자신을 보게 된다. 이것은 긍정적인 요소들에 대해서는 하나님을 찬양토록 하고, 부정적인 영역에 있어서는 개선을 결심하는 결과를 가져온다.

4. Ghana Evangelical Missionary Institute(GEMI)

- 소재 국가: 가나
- 기고자: 패트릭 누오데(Patrick Nuwode)

1) 훈련원 개요

이름	Ghana Evangelical Missionary Institute(GEMI)
주소	PO Box 2632, Accra, Ghana, Africa (GEMI는 Amedzofe, Ho District of Volta Region에 위치하고 있음)
연락 및 접속	전화/팩스: 233-021-405212/233-0931-22015/020-8495491 Email 주소: gemisint@yahoo.com
훈련 언어	영어
제휴 및 후원기관	GEMI는 선교 훈련에 초점을 맞춘 비교단적인 기관이다.
훈련 기간	초기에 GEMI는 단지 2년 과정의 선교학 수료(certificate) 코스 및 3년 과정의 선교학 졸업(diploma) 과정만 제공했다. 최근 GEMI는 선교학 수료 코스와 졸업장 수여 과정 이외에도 졸업장 소지 학생들을 위해 2년 과정의 학사 과정(B.A.)과 기독교 교육 및 목회에 초점을 둔 3년 과정의 교육학 학위(diploma) 과정, 3년 과정의 신학 과정을 제공하고 있다.
훈련생 인원	GEMI는 매년 평균 20명 정도의 학생들을 훈련한다.

(1) 학생들

학생들은 주로 가나의 여러 지역의 복음주의적 교회들로부터 온 사람들이다. 어떤 이들은 서부아프리카 해안 국가들, 예를 들면, 라이베리아, 감비아, 나이지리아, 토고 같은 나라들로부터 오고 있다. 수료증, 졸업장 혹은 학위 프로그램을 위한 입학 요건은 회심의 증거와 그리스도에 대한 분명한 헌신, 학생들이 모든 코스들에 의미 있게 참여할 수 있는 정도의 일반 교육 수준을 가진 학문적 능력에 대한 증거(중등학교 졸업 수료증이나 일반교육 과정 수료증)가 있어야 한다. 선교학을 공부하고자 하는 사람들은 사전에 성경학교 교육을 받아야 한다. 이러한 자격을 측정하는 방법들은 10페이지 분량의 글을 쓰게 하고, 지원자 개인 및 사역 발전에 영향을 준 중요한 경험을 밝히도록 하며, 자기소개서와 추천서를 받는 것이다.

학생들의 대부분은 교회 사역자들이다. 그들은 주일학교 교사, 평신도 전도자, 집사와 장로들의 위치를 가지고 있다. 학부 학생들 경우 중등학교(diploma course) 졸업 후 GEMI에 오기 전에 목사나 전도사로 사역하기도 한다. 이곳에서 공부를 마친 후 그들 중 대부분은 자신들의 지역 회중을 위한 목회를 하거나 가나 내의 다른 부족에게 가서 교회를 개척하는 선교사로 파송된다. 어떤 이들은 국경을 넘어 토고, 라이베리아, 나이지리아와 같은 다른 아프리카 국가들로 나갈 수도 있다. 흔한 경우는 아니지만 학생들 중에는 동부아프리카, 영국, 미국에까지 간 사람들이 있다는 것은 특기할 만한 사항이다.

(2) 지원들

GEMI는 수료증(certificate)이나 졸업장(diploma)을 취득하기 위한 학생들을 위해 학사학위(B.A.)를 가진 직원을 고용한다. 석사나 박사학위 소지자들과 강사들은 학사학위 과정에서 가르친다. 직원 선발은 다음과 같은 필수적인 영역들에 따른다. 직원 자격은 거듭난 그리스도인이어야 하며, 공신력있는 기관의 졸업생으로서 수료나 졸업장을 주는 수준을 가르치기 위해서는 학사학위를 소지해야 하고, 학사 과정을 가르치기 위해서는 석사학위를 소지해야 한다. 또한 선교사, 목사, 교회 개척이나 행정가로 사역한 경험이 있어야 하고 관련된 영역에 경험을 가진 사람이어야 한다. 직원들은 광범위한 경험을 가지고 있다. 그들은 다양한 문화적 배경으로부터 왔으며, 다양한 환경에서 사역하였기에 학생들에게 문화적으로 상황화되고 균형있는 훈련을 제공할 수 있다. 우리가 믿기로는 오늘날의 선교 사역에 있어 자주 이러한 차원이 간과되는데 그것이 피상적 차원보다 더 깊은 곳으로 성경을 가르칠 수 있는 유일한 방법이다.

(3) 훈련원의 역사와 훈련 목표

GEMI는 비교파적 선교 훈련 기관으로 1993년에 태동되었는데 가나 최초로 선교 훈련에 초점을 맞춘 기관이다. GEMI는 아프리카기독교선교회(African Christian Mission: ACM) 소속이다. 설립자는 가나 사람인 세트 아뇨미(Seth Anyomi) 박사이다. 학교는 1993년에 단지 일년 과정의 수료증을 수여하는 기관으로 출발하였다. 그 후 2년 과정의 졸업장을 수여하는 선교학 프로그램이 추가되었다. 두 개의 서구 선교 단체의 지원으로 훈련 기관의 초창기 수준에서 인력과 재정은 문제가 없었다.

훈련 프로그램의 목표는 아프리카 문화에 잘 맞는 총체적이고 성경적인 관점을 제공함으로 아프리카 교회가 이 세대에 아프리카 국가들을 복음화하고 제자화하는 것을 돕는 것이다. 1999년에 수료 및 졸업 과정 모두의 기간을 조정할 필요가 있었다. 수료 코스는 2년 프로그램으로, 졸업 코스는 3년 프로그램으로 연장되었다. 이러한 기간의 변화는 학생들이 그 수준이 요구하는 선교학적 주제들에 대해 최대한 완전히 친숙해질 수 있도록 하기 위한 것이었다. 2003년에 다시 행정부는 학교 활동에 대한 전반적 개혁을 단행했다. 선행하는 성경공부 배경 없이 선교학 과정에 지원하는 학생들을 거절하지 않기 위해, 1년짜리 성경 연구 코스가 기초적 코스로 도입되어 선교학 수료과정 및 졸업과정 프로그램 사이에 자리 잡게 되었다.

현행 목표는 이러한 개혁이 추구하는 바를 유지하고 정력적으로 추구하는 것인데, 그것이 학교로 하여금 다른 영역의 사역으로 프로그램을 확대하게 만들기 때문이다. 현재는 목회학 졸업장(diploma) 수여 과정, 기독교 교육, 신학 및 선교와 더불어 졸업장 소지자를 위한 선교학 학사(B.A.) 과정 코스도 제공하고 있다.

미래를 바라보면서 학교가 당면한 가장 큰 도전들은 다음과 같다. 공부하는 중에 자신들의 교회로부터 단지 최소한의 지원을 받은 대부분의 학생들이 어떻게 GEMI를 졸업한 후 그 교회들과 관계를 맺어야 할 것인가? 현지에서 졸업생들이 직면하게 될 어려움들은 무엇인가? 학교에서 얻은 지식들을 어떻게 성공적으로 적용할 것인가? 훈련 방법이 그들이 영향력 있는 사람이 될 수 있도록 돕는 데 효과적이었는가?

2) 비공식적이며 공동체에 기반을 둔 학습

GEMI는 수료증, 졸업증, 학위 수여 과정 차원에서 교실 수업과 현장 실습을 결합하고 있다. 학교는 성인 학습 원리를 사용하는 것을 추구하는데 학생들로 하여금 자신의 민족과 다른 문화권으로부터 온 민족들에게 선교사로서 기능할 수 있도록 토착화(enculturation)와 문화수용(acculturation) 양자를 결합한다.

(1) 교실 학습

선교적 주제를 가르치는 데 사용되는 교과서들의 대부분은 저자가 서구인들이다. 다행스럽게도 이러한 저자들의 대부분은 아프리카 상황에서도 효과적으로 강의하고 있다. GEMI는 강의의 실제성을 아주 강조하는데 현지 강사들에게는 가능한 실제적인 예화들을 많이 사용함으로써 학생들이 배우고 있는 것에 대한 이해를 심화시킬 수 있도록 해줄 것을 요청한다. 마찬가지로 외국에서 온 강사들에게는 강의 중에 열린 대화를 하며 학생들이 그 강의에 대하여 자신들 지역의 예를 가지고 참여하며 상호 작용할 수 있도록 요청한다. 우리는 두 개의 다른 상황들(학생들과 외국인 강사) 사이의 활기 있는 상호반응은 질문을 통해 더 분명한 그림을 제공할 것이라는 전제를 가지고 있다.

수업이 이러한 방식으로 진행될 때 학생들은 단순히 정보를 얻기 위한 목적에서 이론들을 배우기보다는 적용의 필요를 절실하게 보게 된다. 수업 과제와 시험은 단순히 교과서에 기록된 것을 반복하는 것이 아니라 학생들이 실제적 예화들을 가지고 답변하기를 요청한다. 학생들에게는 정보를 제공받는 공부를 넘어 변화를 일으키는 공부를 하도록 격려한다. 이렇게 함으로 현장 실습은 관광이 아니라 하나님은 우리가 의지하고 신뢰할 만하고, 성실한 분이라는 것을 볼 수 있는 곳이 된다.

(2) 현장 경험

현장 사역을 통한 학습은 습득한 이론들을 보여주는 것을 포함한다. 의심할 여지없이 실제적인 타문화 사역 참여와 학생들이 선교 사역에서 필요로 하는 기술 및 태도의 발전 사이에는 상호 관계가 있다. 기술 및 태도의 발전이 부분적으로는 교실 수업에서 축적되는 이론들에 의해 강화되지만, 이런 영역들은 실제적으로 타문화 사역에 참여함으로 다듬어지게 된다. 마치 그것은 설교나 가르침을 들은 후 하나님의 말씀을 믿는 것과 같다. 우리가 어떤 상황을 경험하고 하나님이 하나님의 약속을 성취하시는 것을 보기까지 그 말씀은 우리 속에서 온전히 살아있지 않고 우리의 일부분도 아니다.

이런 목적에 따라 GEMI의 현장 실습은 최고의 우선순위 중 하나이며 훈련 과정 중에 중요하게 고려된다. 학교는 현장 실습지로 종종 외국에 있는 현지를 찾기도 하고 그곳에 있는 교회들과 관계들을 발전시킨다. 예를 들면, 토고는 학생들의 현장 실습을 위해 자주 활용되었다. 작은 그룹으로 학생들은 각 교회에 배당되어 전도, 문제 있는 사람들에 대한 상담, 그리고 다른 문화적 배경을 가진 청중들에게 설교와 가르침을 수행한다. 이러한 타문화 경험은 학생들로 하여금 자신들이 습득한 타문화 의사소통의 이론들을 실습해보고 청중들에 대한 자신들의 영향력을 측정해보도록 한다. 그들을 초청한 교회들과 교회 밖의 사람들로부터 문화적 가치들과 신념들에 대하여 배운다. 실제적으로 현장 실습을 통해 생생하고 의미있는 교류가 일어나며 학생들의 타문화 경험은 풍부해진다.

그럼에도 불구하고, 현장 실습 동안에 학생들은 많은 어려움들에 부딪힌다. 부족한 재정 문제는 흔히 일어난다. 그들은 하나님이 어떻게 이러한 상황들 가운데 특별한 방법으로, 자신들의 기대를 넘어 일하시는가를 배우게 되고, 그분을 어떻게 신뢰해야 하는지를 배우게 된다. 그들은 종종 전통적 권세자들로부터의 강한 반대에 직면하는데 그들은 그리스도가 자신들의 전통과 어떠한 연관도 없다고 보는 사람들이다. 그들의 공동체 안에 있는 소수의 그리스도인들은 종종 그리스도가 전적으로 그들의 문화를 반대하고 있다는 것을 입증해주고 있다. 이러한 복잡한 상황들은 학생들로 하여금 적절한 해결책을 찾기 위해 자신들의 타문화 의사소통 방법의 지식을 적용할 수 있다. 학생들은 여러 번 능력 대결이 나타나는 것을 목도한다. 그들은 극복할 수 있거나 또는 극복하기 어려운 문화충격 둘 다를 경험한다. 그들은 복잡한 상황들을 타개하기 위해 수업시간에 처방 받은 이론들 그 이상의 할 필요성을 보게 된다. 그러나 이러한 다양한 삶의 상황들은 학생들의 태도 형성과 성품의 성장을 이루는 데 결정적인 역할을 한다.

코스의 마지막 부분에 학생들은 습득한 이론과 실제적 지식을 성찰한 것에 근거한 프로젝트나 졸업 논문을 쓰도록 요구받는다. 선교 사역을 향상시키기 위해 필요한 기술과 태도의 발전은 실제적인 타문화 사역에 얼마나 진지하게 헌신하였는가의 정도에 달려있다. 학생들의 태도 형성과 성품 성장은 의도적 삶의 상황들, 활동들 또는 관계들과 상관성이 있다.

결과적으로, 위의 언급한 훈련 방법들은 현장 실습을 통한 실제적 타문화 사역을 성공적인 사역을 위해 필요한 기술과 태도들의 발전을 가져오는 수단으로 간주한다. 현장 실습은 교실에서 배운 것들이 실재라는 것을 확인해준다. 교실 수업은 현장 실습의 기초를 놓아준다. 학교의 정책은 머리를 훈련시키는 것 뿐만 아니라 사역을 위한 가슴과 손을 훈련시키는 것이다. 훈련은 단지 학문적인 것뿐 아니라 사역의 영적이고 실제적인 측면을 강조한다.

실제로 GEMI에서의 가르침과 배움은 새로운 차원에서 이루어진다. 학교는 더 이상 단지 학문적인 것으로 만족하지 않는데, 그것은 사역의 변혁적 측면에 별로 중요하지 않기 때문이다. 한편, 학교는 외국에서 방문하는 강사들의 봉사를 계속적으로 활용하는데, 현재 그들은 우리 훈련 방법에 대해 짧은 오리엔테이션을 받게 되어 있다. 왜냐하면 전에는 강의가 방문자들의 시각과 방법으로 제시되었기 때문이다. 행정가들은 지역 현지 직원들에 대해서도 점진적으로 훈련하기로 결정하였다. 이러한 목적으로 세 종류의 강의들이 수료 및 졸업장 수여 수준에서 가르쳐지고 있다.

3) 프로그램 개선과 발전

평가: GEMI의 평가 과정은 지난날의 실수들을 주의 깊게 살펴보고, 더욱 창의적인 훈련 방법들을 목표로 할 때 개선될 수 있다. GEMI의 교수 및 학습 과정에 대한 기여는 세 개의 주요한 자원들로부터 온다.

(1) 입학 요건들(Admission Requirements)

위에서 묘사하였듯이 입학 요건들은 건강한 훈련을 이루기 위해 중요한 역할을 하는데 왜냐하면 훈련받기 위한 자격들을 규정하기 때문이다. 과거 입학에 있어서 학생 숫자를 늘리기 위해 예외를 두었던 것은 큰 잘못이었다. 선교적 소명이 부족하거나 또는 적절치 못한 동기(장학금을 추구하고, 직업 구하기에 좋은 여건을 만들고자 함)를 가진 사람들을 훈련 프로그램에 받아서 헌신되지 않은 그리스도인들을 걸러내는 것에 실패하였다. 결과적으로 성품 성장으로 이끄는 기술의 발전이나 태도의 형성이 효과적으로 덜 이루어지게 되었다. 그러나 진정으로 입학 요건들을 만족시킨 사람들은 그 영역들에 있어 발전을 이루었다는 사실에 주목할 가치가 있다. 철저한 검증 이후에 오로지 자격을 갖춘 후보자들이 프로그램에 받아들여지는데 그들은 그리스도께 헌신되었고 선교에 대한 건전한 소명을 가진 사람들이다. 장학금은 단지 필요가 있다고 입증된 학생에게만 주어진다. 사전 성경 지식이 없는 학생들은 첫 해 동안에 성경에 대한 기본적인 코스들을 반드시 통과해야 한다. 입학 요건의 강화는 비록 학생 숫자의 감소를 가져왔으나 매우 유익한 결과를 가져왔다.

(2) 교수와 학습 과정에 대한 직원들의 기여

선생이 단지 표지판(sign post) 역할만 하면 된다는 생각은 GEMI 에서 제거되었다. 학생들은 교사들이나 다른 행정 직원들 안에서 자신들에게 요구하는 것과 똑같은 자질들을 보기 원한다. 하나님의 은혜로 학교는 직원 선정에 있어 위에서 언급된 기준("직원들" 항목을 보라)을 만족시키도록 주의를 기울여 찾았다. 그들의 다양한 문화적 배경은 학생들이 다양한 상황들로부터 배울 수 있도록 하였다. 직원들은 사역에 있어 필요한 기술, 태도 및 성품에 대한 살아있는 간증들로서 학생들이 변화를 가져오는 믿음의 발걸음을 내딛는 것을 쉽게 만들어 준다. 더욱 창의적인 교수 방법들을 위한 계획은 늘 탐구되고 있다. 학교는 또한 학생들의 세계관에 기반을 둔 진정한 성품 성장을 유도하는 기술을 발전시키고, 태도를 형성시키는 데 도움을 줄 수 있는 지역의 전통적 훈련 방법들을 찾아 적용하려고 한다.

비록 외국인 방문 강사들의 기여가 매우 도움이 되지만, 그들의 협조 역시 다듬어져야 할 필요가 보였다. 서구에서 온 방문 강사들은 다른 사람들을 훈련함에 있어 단지 동일한 방법들만 사용하는 것으로 보였다. 학교는 서구에서 훈련받은 지역 강사들도 불가피하고 서구적 방법론만을 사용하는 동일한 문제를 가지고 있을 것이라고 믿는다. 혹자는 이것이 그렇게 중요한 문제는 아니라고 말하지만, 학교는 그 반대를 믿는다. GEMI는 외국에서 방문하는 강사들을 위해 짧은 오리엔테이션 코스를 계획하고 발전시키는 단계에 있다. 바라기는 그 코스가 그들로 하여금 가치 있는 도움이지만 자기 방식대로 주지 않고 전통적 방법들과 어울려 적절히 문화를 수용하도록 도와 주는 것이다. 서구에서 훈련받은 지역 강사들도 동일한 오리엔테이션 코스를 받게 될 것이다.

(3) 훈련 방법

위에서 이야기하였듯이, 훈련 방법들은 주로 교실 수업과 현장 실습에 기반을 둔 것에 기초하고 있다. 양쪽 방법들이 지향하는 목표는 학생들로 하여금 성품 형성을 유도하는 타문화 기술과 태도 형성을 발전시키는 것을 돕는 것이다. 교실 훈련 방법이 보여주듯이, 추상적이고 또는 명제적 진리 학습이 전적으로 배제되지는 않으나 가능한 많은 실제적 예화들과 결합되도록 하고 있다. 그 목표는 공식적 그리고 비형식적 방법들을 효율적으로 결합한 진전된 훈련 방법을 발전시켜서 상황화된 실제적 예화들을 통해 그것들을 경험적 차원으로 끌어오는 것이다. GEMI 학생들은 지식을 단지 정보로만 보지 않고 자신들 내면과 하나님 및 공동체 안에 있는 다른 이들과의 관계 속에서 변혁을 창출하는 수단으로 본다. 학생들은 실제로 이렇게 살기를 원한다. 이러한 학습의 개념은 학생들로 하여금 그들을 둘러싼 여러 가지 적대적인 매일의 사건들 속에서도 성경이 성취되는 데 초점을 맞추도록 한다. 교실에서의 사용되는 시간은 언제나 성령의 인도하심 아래 생동감 있게 진행되며 강의는 그 도구이다. 교실 학습의 이론적 측면들은 학생들의 기술, 태도와 성품의 발전을 위한 기초를 놓아준다는 것은 의심의 여지가 없다.

GEMI 학생들은 교실에서 필요한 지식을 습득한 뒤, 그 지식을 현장에서 실험한다. 이론은 그들이 다른 이들의 삶에 영향을 주기를 추구함에 따라 실제적인 것이 된다. 현장 실습에서 학생들은 다양한 어려움에 직면하지만, 그들은 현장 과제를 수행하는 동안 현장 감독의 안내를 통해 격려와 조언을 받는다.

5. Center for Cross-Cultural Missionary Training(CCMT)

- 소재 국가: 아르헨티나
- 기고자: 조나단 루이스(Jonathan Lewis)

1) 훈련원 개요

이름	Center for Cross-Cultural Missionary Training(CCMT)
주소	Villa Retiro, Cordoba, Argentina
연락 및 접속	전화/팩스: (54)(0351)499-0505 Email 주소: ccmt@ertach.com.ar Web site: www.ccmt-online.org
제휴 및 후원기관	CCMC는 Campos Blancos 협회의 주관하에 있다. 이것은 코르도바에 기반을 둔 비교단적 조직이다. 훈련원은 아르헨티나 복음주의 연맹 및 국제 코미밤(COMIBAM)과 긴밀한 관계를 맺고 있다.
훈련 기간	CCMC는 선교사 후보생들을 위해서 10개월 정도의 고급 프로그램(advanced program)을 제공하고 있다. 또한 연장 교육(extension) 및 컴퓨터 온라인 형태로 12주 정도의 도입 코스와 선교 훈련자를 위한 2년 과정의 석사 수준의 연장 교육 집중 수업(module) 형태로 운영하고 있다.
훈련생 인원	보통 8-12명의 사람들이 고급 프로그램을 이수한다.

(1) 학생들

고급 프로그램에는 라틴아메리카 전역과 가끔씩은 유럽으로부터 학생들이 들어온다. 그들 대부분은 자신들의 교회의 파송을 받아 훈련에 들어오며 진지하게 선교사가 되려는 후보생들이다. 훈련생들은 만 21세가 되어야 하며 파송 교회나 선교 단체들이 세운 성경 훈련 기준을 만족시켜야 한다. 학생 숫자가 많지는 않지만, 이 프로그램은 훈련생들의 대부분이 여러 대륙에서 장기적인 타문화권 사역을 위해 일하고 있는 것을 보고 있다. 인터넷 강좌는 30개국의 스페인어 사용자들이 수강하고 있다. 석사과정은 주로 라틴아메리카의 남봉지역(Southern Cone Region:아르헨티나, 볼리비아, 칠레, 파라과이, 우루과이)으로부터 참여하는 사람들을 위해 개설되는데 개중에는 멀리 멕시코와 같은 곳에서도 오는 학생들이 있다. 일반적으로 이러한 학생들은 선교 훈련 프로그램을 운영하는 일에 개입하게 된다.

(2) 직원들

CCMT는 전임 선교사들과 파트타임 직원들로 수년 동안 직원을 구성하여 왔다. 선교사 직원들을 자신들의 후원을 스스로 채운다. 최근, 두 가정의 전임 선교사들과 두 싱글 전임 사역자들이 주요한 책임을 맡고 있다. 그들은 우루과이, 칠레, 아르헨티나로부터 온 사람들이다. 강사들은 남봉지역과 북미로부터 초청된 사람들로서 집중 코스들을 개설한다.

(3) 훈련원의 역사와 훈련 목표

아르헨티나에서 국가적 선교 대회가 1986년 6월에 처음으로 개최되었다. 아르헨티나복음주의연맹(The Argentine Evangelical Alliance)의 선교 분과(Misiones Mundiales)는 또한 브라질 상파울로에서 개최된 (1987.11) 대륙 차원의 선교 대회인 "COMIBAM 87"의 여러 지역 선교 대회를 후원하였다. 선교 훈련에 대한 회의들이 이어졌고, 아르헨티나의 신학교들과 성경학교들은 그 후 수년 동안 타문화 선교에 대한 과정들을 개설하기 시작했다.

1991년 7월, COMIBAM과 함께하는 아르헨티나 선교위원회와 WEA 선교위원회는 라틴아메리카 남봉지역을 위한 선교 훈련에 관한 첫 번 대회를 후원하였다. 60명이 넘는 선교회와 훈련기관 대표들이 파라과이, 우루과이, 볼리비아, 칠레, 아르헨티나로부터 와서 참석했다. 선교사로 입문하는 사람들에 대한 프로파일이 개발되었는데 그것은 선교 훈련에는 어떠한 헌신된 후보생이 들어올 필요가 있는지를 보여주었다. 평가하는 시간에 참석자들의 3분의 2가 그 회의의 결과물로서 지역 선교 훈련 센터의 필요성을 가장 중요한 우선순위로 꼽았다. 이 역사적인 회의가 끝난 뒤 얼마 안 되어 상정되었던 훈련 센터에 대한 계획이 시작되었다.

1995년 1월, 네 가정이 타문화선교사훈련센터(CCMT)를 세우기 위해 함께 참여하였다. 1995년 7월, 행정과 교실을 위한 공간 및 숙박 프로그램을 위한 거주 장소로 도시 중심부 근처의 커다란 집을 구입하였다. 첫 후보생들의 그룹은 8월에 도착하였다. 그때부터 시작하여 100명이 넘는 선교사 후보생들이 훈련 과정을 통과하였고 수백 명의 사람들이 연장교육과 인터넷 프로그램을 통하여 도움을 받았다. 1998년 훈련원은 그 도시의 외곽에 있는 5헥타르의 땅을 사서 이사를 하였다. 이것은 훈련의 공동체적 측면을 향상시키고 동시에 시설의 확장을 가져왔다.

아르헨티나 선교 훈련 프로파일은 선교 현장을 위해서 후보생들은 강의 이상 훨씬 많은 것으로 무장해야 한다는 것부터 명백하게 보여주었다. 전인 훈련 방식이 필요하였는데 그것은 후보생들의 성품을 다루는 것이 되어야 하고 필요한 기술들을 발전시키도록 도와주는 어떤 것이어야 한다. 초창기부터 배운 또 하나의 교훈은 현장 실습은 단순히 하나의 선택이 될 수 없다는 것이었다. 거주 프로그램과 지도 가운데 이뤄지는 현장 실습은 필요한 태도를 형성하는 데 필수적이고 후보생들로 하여금 훈련이 끝난 후에도 그들이 계속 연마해야 할 기술들을 익히도록 한다.

2) 비공식적이며 공동체에 기반을 둔 학습

커리큘럼은 선교 훈련 프로파일에 묘사된 특성들에 기반을 두고 개발되었다. 다른 여타 프로그램과 같이, 훈련 기획과 사용되는 방법들 양자 모두에 개선이 계속 이루어졌다. 10개월 훈련은 최근에 5개월간의 거주 프로그램과 북아르헨티나 부족 그룹에서의 5개월간의 현장 실습을 포함하게 되었다. 현장 실습 기간 후에는 언제나 일주일 정도의 디브리핑 시간이 있다.

거주 프로그램은 훈련 프로파일에 묘사된 기본 영역들을 다룰 집중 코스들로 구성된다. 이것들은 하루짜리 워크샵으로부터 6주짜리 영어 몰입 프로그램까지 길이가 다양하다. 수업들 외에 공동체 경험을 통한 비형식적 학습이 강조된다. 시설이 제한적이라 가끔 비좁게 되지만, 그것이 오히려 대인 관계 기술을 다듬는 폭넓은 기회를 제공하고 있다. 학생들은 식사 준비와 시설 유지 활동에 참여한다. 전임 직원들은 학생들과 함께 살면서 멘토로서의 역할을 한다. 또한 이 기간 중에 훈련생들은 주말을 이용하여 가까운 지역의 교회 개척 사역에 참여한다.

타문화 몰입 기간은 북부 아르헨티나의 원주민 마을에서 그룹으로 실시하는 것이 전통이 되고 있다. 그래서 훈련원 직원들이 주기적으로 방문하기가 더 쉬워졌다. 최근에 학생들은 여러 지역의 여러 민족 그룹에게로 가고 있는데 그 중 한 부부는 현장 실습을 스페인에 있는 아랍 이주민들 사이에서 수행하였다. 이것은 훈련원 직원들의 방문을 제한한다. 몰입 경험은 프로그램의 핵심으로서 거기서 이전 5개월 동안 배웠던 것에 대한 "학습"이 일어나는 기회를 갖게 된다. 학생들은 언어 습득, 민속학적(ethnographic) 연구, 대상 민족들과 동일시에 관한 과목들에서 배웠던 것을 따른다. 이것은 대부분의 훈련생들로 하여금 자신들의 기술을 성숙시키고 타문화 사역을 이해하고, 헌신하는 것을 실험해보는 현장이 된다. 가끔씩 자신들이 이런 선교 사역에 적합지 않다는 이해를 가지고 떠나는 후보생들이 있기도 하지만 반대로 그렇게 때문에 현지로 향하기 전에 정말로 더 많은 훈련이 필요하다는 것을 깨닫는 기회가 된다.

디브리핑 시간은 아주 중요하다. 훈련생들은 자신들의 문제들을 분류해보고 어떻게 자신들이 경험한 것들을 자신들의 교회와 후원자들에게 전달할 것인가를 생각해보도록 과제를 받게 된다. 훈련생들은 타문화 현장 실습 동안에 자신들이 사역한 것에 대해 마지막 보고서를 만들어야 한다. 직원들은 후보생들과 긴 면담을 가지게 되는데 훈련생들은 자신들의 경험에 대해 집중하여 들어주는 사람들에게 장시간에 걸쳐 이야기할 수 있는 기회를 갖게 된다. 이 시간은 후보생들이 자신들의 다음 발걸음을 위해 계획을 다듬는 시간이 되도록 돕는다. 직원들 또한 후원 교회나 선교 단체에게 개인적인 보고서를 준비한다.

3) 프로그램 개선과 발전

전인 사역 훈련에 대한 도전들은 여러 가지가 있다. 직원들이 어떤 사람들인가 하는 것이 결정적 요소이다. 직원들은 자격을 갖춘 선교사들이어야 하는 동시에 자신들의 삶을 학생들에게 공개하고자 하는 마음을 가져야 한다. 만일 직원들이 훈련생들과 함께 공동체 속에서 살지 않는다면 훈련생들의 삶에 대하여 말하기가 거의 불가능하다. 이것이 우리가 서로를 어떻게 알게 되는가 하는 방식이다. 학생들과 함께 산다는 것은 직원들의 삶이 학생들에게 계속 노출된다는 의미이며, 공동체 삶의 역동성은 결코 지루할 틈이 없으리라는 의미이다. 이러한 역동성은 거의 지속적인 스트레스를 유발하며, 만일 직원들이 그것을 다루는 적절한 방법들을 찾을 수 없다면 지쳐버리는 것을 피할 수 없을 것이다. 우리는 직원들로 하여금 정기적으로 다른 곳에서 바람을 쐬도록 하는 것이 필요하며, 최소한의 사생활이 보장받도록 해야 한다.

공동체로 산다는 것은 이러한 것을 가능케 하는 시설과 하부구조를 만들어야 하는 도전이 있다는 것을 의미한다. CCMT의 경우, 원래 건물은 약 열 명의 학생들을 위한 숙소로는 적절했지만 직원들을 위한 숙소로는 그렇지 못했다. 우리는 이것이 프로그램에 있어 진정한 약점이라는 것을 발견했다. 현재 장소는 더 넓고 필요한 하부구조의 필요를 채우기 위한 몇 개 건물들이 건축되었다. 그러나 위치가 도시로부터 약간 외진 곳에 있고 공공도로와 교통수단을 이용하여 접근하기가 어렵다. 최근에 광케이블 인터넷 서비스가 그 지역에 들어 왔다.

훈련 프로그램에서 우리가 하는 모든 것이 목적이 있어야 한다는 이성을 고수하는 것 또한 매우 큰 도전이다. 그것은 지속적인 경각심과 책임감을 요청한다. 초청 강사들에게는 훈련의 대략과 철학에 대한 오리엔테이션이 주어지지만, 그들이 그것을 무시할 수 있고 혹은 이러한 요청들을 채우지 못할 수 있고 그들의 교수 방법이나 내용이 CCMT의 목표에 미달할 수 있다. 이러한 훈련자들을 훈련 또는 추려내는 일도 하나의 과제이다.

훈련의 특성과 자원의 부족은 특별한 학습 목표를 가장 직접적으로 다루어야 할 적절한 교수진을 확보하는 것이 여의치 않을 때 "땜질"(filler)하는 식으로 갈 경향을 부추긴다. 거기에는 항상 진부한 강의 방식으로 전락하는 것과 "유익"하지만 훈련 프로파일 목표를 채우는 데 "필수적"이 아닌 집중 수업(module)으로 땜질 할 수 있는 위험이 도사리고 있으며 훈련의 특별한 기준을 만족시키지 못하는 강의임에도 불구하고, "여행 삼아 가서 강의"하는 사역을 하는 "자유로운" 사람들을 사용하고자 하는 커다란 유혹이 있다. 원래 훈련 프로파일에 비추어 매년 훈련 과정을 검토하고 동시에 훈련자들을 검토하는 것은 CCMT로 하여금 "전락"(drift)하지 않도록 투쟁하여 원래 그것이 갖고자 하는 수준을 유지하도록 만든다.

현장 실습은 학습을 격려하는 데 있어 뛰어난 방법이 되고 있다. 그러나 이것은 훈련생들이 자신들이 받은 과제를 얼마나 수행하는가에 정비례한다. 현장에 대한 주의 깊은 감독을 하는 것은 쉽지 않다. 만일 훈련생 전체 그룹이 한 장소에서 실습을 한다면 감독이 훨씬 쉬울 것이다. 하지만 폭넓은 현장 실습을 할 수 있게 해달라는 요청은 증가하고 있기 때문에 감독에 사용할 수 있는 자원은 점점 부족하게 된다. 이러한 곤경을 해결할 수 있는 쉬운 방법은 없다.

다른 "실용적"(hands-on)이고 집중적인 전인 훈련 방법을 채택하는 프로그램들도 마찬가지 일텐데, 아마도 CCMT가 직면하고 있는 가장 큰 도전은 지역 교회들과 선교 단체들로부터 지원의 부족이다. 우리는 공동체 차원의 교류가 어느 정도 이루어질 수 있는 최소한의 그룹 크기는 6명이라는 것을 발견하고 있다. 이런 종류의 훈련 프로그램은 기수마다 20명 정도를 다룰 수 있다고 가정하지만 그것을 입증할 기회가 없었다. 기수마다 운영을 위한 최소한의 그룹 인원을 채우기가 급급하다. 이것은 입학 자격요건에 압력을 주어 결과적으로 처음에 세운 점검 기준을 만족시키지 못하는 후보생들을 가끔씩 허입하도록 만든다. 이것은 훈련 프로그램에 부정적인 영향을 미치고 계속 질이 떨어지도록 만든다.

CCMT는 지금까지 좋은 명성을 유지해왔고 그것이 기수마다 적절한 후보생들로 이루어진 그룹을 형성하는 데 도움을 주고 있다.

인터넷과 연장 교육 과정들도 웹사이트와 마찬가지로 훈련원 홍보와 훈련생 모집에 도움을 주고 있다. 그러나 교회들과 선교 단체들로 하여금 그들의 후보생들이 선교 현장에서 성공하기를 기대한다면 전인적 타문화훈련을 받아야 한다는 것을 확신하도록 만드는 가장 주요한 도전이 남아 있다.

6. Gateway Missionary Training Center

- 소재 국가: 캐나다
- 기고자: 로버트 브링줍슨(Robert Brynjolfson)

1) 훈련원 개요

이름	Gateway Missionary Training Center and Gateway Training for Cross-Cultural Service
주소	21233-32nd Avenue, Langley, BC V2Z 2E7, Canada
연락 및 접속	Ike Agawin (원장) c/o info@gatewaytraining.org
훈련 언어	영어
제휴 및 후원기관	국제 WEC과 다른 교육 훈련 동역기관들 교육 훈련 동역기관들: - Northwest Baptist Seminary: ACTS(캐나다 신학 협의회) 소속 - Christ for the Nations International, Surrey, BC - Pacific Life Bible College, Surrey BC
훈련 기간	Gateway는 두 가지 프로그램을 가지고 있다. - The Gateway program(TRAX) • 7개월(비학위 과정): 4개월 거주 훈련 프로그램에 이어 90일간의 타문화 현장 실습과 1주일간의 재입국 디브리핑 • 동역기관과 협력해서 수료증을 주는 성경 및 선교 훈련 과정: 11개월의 이 과정은 7개월간의 Gateway 프로그램(위에서 이미 언급)과 성경과 신학에 관해 한 학기(4개월)를 미리 동역 기관 중 하나에서 수강하는 것을 포함한다. 이것은 1년 과정을 이수한 것으로 간주된다. - 선교사를 위한 영어 과정(E-TRAX): 7개월(5월에서 12월까지로 8월에는 방학이 있음). 이 프로그램은 영어 사용이 요구되는 상황에서 사역하기 위한 선교사 후보생들의 영어 실력 증진을 위해 기획되었다.
훈련생 인원	매 기수에 6명에서 15명의 학생들이 훈련에 참여한다.

(1) 학생들

학생들은 여러 경로로 Gateway에 온다. 어떤 이들은 Gateway 프로그램을 자신들의 선교 프로그램으로 활용하는 Gateway와 동역하는 교육기관을 통하여 지원한다. 다른 이들은 국제 WEC에 의해서 온 사람들이다. 종종 이런 학생들은 국제적 파송 지부들로부터 오는데 그들은 자신들의 후보생들이 영어를 배우고 본국과 다른 상황에서 훈련을 경험하기를 원한다. Gateway는 더 넓은 선교 공동체를 섬길 책임이 있다고 믿고 있으며 종종 다른 선교 단체들을 통해 Gateway에 보내진 학생들을 받고 있다. Gateway는 적절한 영어 실력과 기독교인으로서 성숙을 요구한다. 다른 입학 자격 요건은 파송 교회와 단체들이 자신들의 후보생들에 대해 세운 기준이다. Gateway는 오로지 지역 교회 또는 선교 단체에 의해 선교사로 파송된 사람들만을 프로그램에 받아들인다. 훈련생들은 타문화 사역에 들어가고자 하는 의지를 가지고 훈련원에 오는데, 통상 교회 개척 또는 위기에 처한 어린이 돕는 사역이라는 두 가지 경로 중 하나에 초점을 맞춘다. 졸업생들은 전 세계에 퍼져있는데 창의적 접근 국가들에도 많이 나가있다.

(2) 직원들

훈련원은 이전에 타문화 선교사 경험을 가진 자원봉사자들로 직원을 구성하고 있다. 대부분은 국제 WEC에 소속되어 있다. 과거 Gateway에는 WEC소속이 아닌 사람들이 참여하여 시설관리로부터 행정책임자까지 책임을 맡기도 했다. Gateway가 훈련생들과 직원들이 한 건물에 함께 살면서 훈련받는 공동체이기에 다른 이들과 잘 관계를 맺는 능력은 결정적으로 중요하다. 직원들은 선교사적 삶에 헌신한 사람의 가치를 보여주는 모델이 될 것이 기대된다. 이것은 그들이 효율적인 타문화 사역을 하였을 뿐 아니라 해외에서의 삶을 즐겼다는 것을 명백하게 보여주어야 한다는 것을 의미한다. 타문화 사역에 대한 경험과 열정은 학문적 자질보다 더욱 중요하다.

(3) 훈련원의 역사와 훈련 목표

Gateway 선교 훈련 센터는 국제 WEC을 위한 북미주 선교 훈련 센터로 가동되고 있다. Gateway는 국제 WEC과 더 넓은 차원의 선교 공동체를 해외 사역, 특별히 교회 개척과 위기 속에 있는 어린이들을 위한 사역을 위한 선교사들을 훈련시킴으로 섬기고 있다. 현재 센터의 책임자는 아이크 아가윈(Ike Agawin)이다. 로버트 브링졸슨(Rob Brynjolfson)은 프로그램 책임자이다.

1991년 캐나다 WEC은 변화하는 북미의 교육적 상황이 해외 선교 훈련에 대한 강조를 약화시키고 있다는 것이 명백해지는 가운데 해외 사역자들을 준비하는 일에 전적으로 초점을 맞춘 훈련 센터를 시작하는 비전을 정당화하는 결정을 하였다. WEC은 기존의 캐나다 안에 있는 전통적인 성경학교, 대학들과 신학교들과 경쟁하지 않는 1년짜리 실제적인 선교 훈련 프로그램을 구상하였다. 그 비전은 한 번의 성공하지 못한 시도가 있었지만 5년 뒤에 현실화되었다. 훈련 센터는 2006년에 10주년을 맞이하였다.

과거와 같이 Gateway의 목표는 국제 WEC의 교육적 동반자로서 계속해서 서부 캐나다의 선교 공동체를 섬기는 것이다. Gateway는 학생 숫자가 늘어남에 따르는 도전에 직면하고 있다. 직원들은 두 번째 수업을 개설한다는 목표를 받아들였고, 2007년에 가을과 겨울 수업을 개설할 것을 희망하고 있다. Gateway와 같은 훈련 프로그램을 운영하는 데 있어 지속되는 도전은 적절한 직원진을 구성하는 것과 적절한 학생 수를 확보하는 것이다. 직원들은 월급을 받지 않는 자원봉사자들이기에, 적정 학생 숫자 확보가 문제인데 Gateway는 현재까지 긴급한 재정적 압박으로 고통을 받은 적이 없었다.

2) 비공식적이며 공동체에 기반을 둔 학습

Gateway는 태동부터 전인 훈련 방법에 헌신하였다. 거기에는 1년짜리 실제적인 선교 훈련 프로그램이라는 분명한 요구가 있었는데, 문제는 모든 사람이 그것이 의미하는 바에 대해 다른 생각들을 가졌다는 것이다. 어떤 이들은 Gateway가 성경공부 프로그램에 집중해야 한다고 생각했고, 다른 이들은 선교학적 과정들을 종합적으로 반영하는 것이 되어야 한다고 생각했다. 이러한 초기 개념들의 저변에는 학습은 교실에서 일어날 것이라는 가정이 전제되어 있었다. Gateway는 친숙한 전통적 학교 모델로부터 선교 훈련을 위한 진정한 전인적 접근으로 어떻게 이동해가야 할지 문제에 직면하였다. "이해, 존재, 행동"의 전인적 균형은 이해라는 지식적 영역으로 기울어져 있다.

정서적 영역 안에서 성장에 대한 헌신은 Gateway에서 결코 문제가 된 적이 없었다. 국제 WEC은 언제나 공동체 삶의 가치에 대한 헌신을 표명했고 Gateway는 아주 초창기부터 이러한 헌신을 채택했다. 프로그램은 바람직한 성품적 특성들과 영성 및 태도들을 성장시키려는 의도를 가지고 직원들과 학생들이 함께 살 수 있는 시설이 생기기까지 시작되지 않았다. 그러나 그때 가졌던 전제는 이러한 성장이 공동체적 삶을 사는 환경으로부터 나타나는 "우연한" 배움의 결과로 단순히 일어나게 될 것이라는 것이었다.

인지적 개발 쪽으로 많이 기울어져있던 훈련 프로그램을 유지한 채로, 기술 및 태도 개발에 대해서도 헌신을 천명했던 것과 관련하여 Gateway는 어려움에 직면하였었다. 다음 부분에서 이 영역에 대해 필요한 조정이 이루어지는 평가와 개선의 과정에 대해 이야기할 것이다. 여기서는 Gateway가 학습의 50퍼센트를 타문화 사역에 필요한 기술과 능력들을 추구하는 쪽으로 결정하게 되었다고만 말해 두겠다. 이것은 감독하에 이루어지는 체계적인 타문화 현장 실습을 위해 교실에서의 학습을 축소시키고 아울러 교회 개척, 도시 사역, 위기 속에 있는 어린이들을 위한 봉사와 같은 실습에 더 많은 시간을 할애했다는 것을 의미한다.

타문화 현장 실습은 선교사 후보생들에게 매력적인 요소이다. 학생들은 통상적으로 현장 실습에 대한 자신들의 계획을 가지고 오며, 자신들이 동역하기 원하는 선교 단체가 실행하고 있는 선교에 대하여 배우려는 동기를 가지고 들어온다. 학생들의 기대치들을 명확하게 하고 의사소통의 체계를 세우는 가운데, Gateway는 현장 실습 경험을 통하여 코치역할을 하는 감독자들의 중요성에 대하여 즉각적으로 알게 되었다. 여러 선교 단체들과 관련한 다양한 현장에 여러 사역 팀이 나갔음에도 불구하고 대부분의 현장 실습은 매우 성공적이었다. Gateway의 학생들은 90일간 이루어질 지시된 활동 계획을 가지고 실습 현장에 도착한다. 문화 및 언어 습득에 대한 지도는 미리 이루어지기에 학생들은 과제를 수행하며 현장 체제에 부담을 주지 않게 된다.

3) 프로그램 개선과 발전

Gateway는 1년마다 주기적인 재검토와 훈련 프로그램에 대한 정기적인 전체 평가를 시행하고 있다. 이것은 약점이 무엇인지 보여주며 관심사들을 드러내는 데 도움이 된다. 수년 동안 여러 가지 개선들이 이행되었다. 다음은 훈련이 시작되었던 처음 몇 년 동안 중요했던 초기 발전에 대한 이야기이다.

선교 명령 본문에 대한 다양한 연구를 통하여, Gateway는 결과에 기반을 둔(outcomes-based) 훈련 프로그램을 발전시키는 데 헌신하며 시작되었다. 처음에 직원들은 국제 WEC으로부터 물려받은 프로파일을 단순히 사용하였고 그것을 Gateway의 목표와 목적에 맞게 적응시켰다. 시간이 지나 조금 한가했던 여름의 몇 달 동안, 직원들은 WEC의 *Establishing Ministry Training*(WEC의 프로그램 발전 매뉴얼-역주)의 윤곽에 따른 단계를 사용하면서 자신들만의 선교사 프로파일을 발전시킬 시간을 가졌다. 이러한 합의를 이루는 과정에서 직원들은 그 프로그램을 결과에 기초를 둔 훈련 프로그램으로 재개발할 것을 결정하였다. 필자는 다른 많은 훈련 프로그램들을 좌절시켰던 문제를 Gateway가 직면했었다고 믿는다. 그것은 결과에 기반을 둔 접근 방식(아마도 멋진 선교 훈련에 대한 프로파일일 것인데)에 대해 이론적으로는 헌신하였지만, 그 프로파일 안에서 표현되고 있는 모든 훈련 필요들을 다루기 위한 적절한 상황들 안에서 적합한 방법들이 사용되는 것을 확실하게 만드는 커리큘럼 상의 조정을 거치지 않는 것이다. 예를 들면, 첫 이년 동안, 실제적으로 활용할 수 있는 요소들로 떠오른 것은 밴쿠버 안에 있는 도심부에서 혹은 등대선원센터(Lighthouse Seaman's Center)와 협조 아래 항구에 정박해 있는 외국배에서 전도 활동을 하는 것으로 제한되어 있었다. 이러한 경험들도 물론 가치가 있었고 의미있는 학습이 일어났다. 그러나 접촉 시간들과 학습 활동들은 여전히 교실 안에서 이루어지는 것에 과도하게 기울어져 있었다.

첫 변화들 중 하나는 전인 사역 훈련에 대한 더 깊은 헌신이었다. 이것은 훈련이 단지 지식뿐만 아니라 바람직한 성격 특성과 기술들을 훈련한다는 것을 의미하였다. 예를 들면, 성격과 태도의 발전의 필요를 더욱 확실하게 다룰 수 있도록 거주 프로그램을 더욱 의도적으로 활용하는 시도들이 이루어졌다.

성격 발전에 대한 의도적 노력을 심화시키기 위해 멘토링 프로그램이 개발되었다. 점차적으로 역할극과 모의실험을 사용한 "성격과 태도 훈련"이라는 프로그램이 개발되었는데, 그것은 태도에 있어 변화로 유도할 수 있도록 사람들의 감정을 건드리는 데 유용하였다. 복음을 타문화 속에 전달하는 방법과 같은 특별한 기술들을 부각시켰고, 학습 활동들은 학생들로 하여금 자신들만의 안전한 지대로부터 벗어나 의사소통 방법들을 발전시킬 수 있는 기회들을 줄 수 있도록 계획되었다.

실행 2년째 되던 해에, 조나단 루이스의 방문은 훈련원의 문제들에 대해 **특별한**(ad hoc) 조언을 위한 것으로 전환되었는데 그것이 Gateway의 직원들과 관련자들로 하여금 결과들을 특별한 학습 목표들과 활동들로 바꾸도록 하는 다음 단계를 취하도록 자극을 주었다. 만일 누군가 학생들로 하여금 결정적으로 타문화 기술들을 발전시키기를 진정으로 원한다면, 그는 학습 활동들에 이러한 헌신을 반영해야 한다. 그래서 교실 학습의 상당한 시간이 타문화 실습으로 대체되었다. 거주하는 기간은 15주간으로 축소되었고 90일간의 새로운 현장 실습이 만들어졌다. 현장 실습은 디브리핑 경험을 통해 강화되었고, 공동생활 및 교실에서의 공부, 현장 실습에서의 실제적인 경험을 통해 학습하였던 것들을 종합하여 더 깊은 성찰로 나아가도록 기획되었다.[2]

---

[2] 이러한 현장 실습들은 상황과 요구들이 있다면 어디에서라도 이루어질 것이다. 처음 방문 비자 기간이 90일이기 때문에 그 이상 현장 실습 기간을 늘리기는 어렵다.

(1) 동역관계(Partnership)

Gateway는 모체가 되는 조직의 훈련 필요를 섬기기 위해 설립되었다는 어려운 위치를 자각하게 되었는데, 모체 조직의 훈련은 Gateway의 것보다 더욱 엄격한 요구를 하였다. 국제 WEC은 2년간의 성경 및 신학 훈련을 요구하였기에 Gateway 졸업생들은 선교회에 가입하기 위해 다른 공부를 더해야 했었다. 조나단 루이스가 책임자로 있는 동안에, 주님은 근처 서레이에 있는 퍼시픽라이프성경대학(Pacific Life Bible College)의 학장인 롭 부자(Rob Buzza)를 만날 수 있는 기회를 주셨다. Gateway는 학생들을 위해 성경 및 신학 훈련을 발전시킬 필요가 있었고, 퍼시픽라이프성경대학은 그들의 프로그램에 선교학 학위 과정을 넣고 싶어 했다. 양쪽 기관의 필요에 맞아떨어지는 동역관계가 맺어지게 되었다. 이 모델이 너무나 잘 가동이 되어 다른 대학들과도 동역관계가 발전되었는데, CFNI(Christ for the Nations), "캐나다 신학교 협의회"에 가입되어 있는 랭글리(Langley)에 있는 한 교단 성경학교와도 협약을 맺게 되었다.

Gateway는 초기 성장과정의 몇 가지 고통을 피할 수도 있었을 것이며, 만일 훈련 프로그램이 실제적으로 시작되기 전에 동역관계들이 발전되었다면 그 프로그램이 더욱 빨리 완성되었을 것이다. 하지만 한편으로 생각해보면, 현재 Gateway가 누리고 있는 중요한 동역관계는 만일 Gateway가 이미 제공할 수 있는 프로그램을 갖지 않았다면 이루어지지 않았을 것이다. 그것은 그리스도 몸 안에 있는 다른 사람들의 가치의 필요를 깨닫게 하는 시간들이었다. 국제 WEC은 자산과 시간, 그리고 에너지를 투자하여 Gateway가 성공할 수 있도록 하였다. 그럼에도 이 훈련 프로그램은 오로지 강력한 동역관계 속에서만 생존할 수 있다. 어떤 단독 기관도 프로그램에 필요한 훈련생들의 숫자를 채울 만큼 충분한 수단을 가지고 있지 않다. 훈련 프로그램을 형성함에 있어, 착수단계부터 관련자들의 연합을 발전시키는 것이 현명하다.

(2) 결론

만일 전인 사역 훈련이 교실, 공동체, 문화라는 세 가지 상황들의 적절한 균형이 요구되는 것이라면, 이것은 언제나 지속적인 발전적 과정이 될 것이다. 이 경우는 동역관계를 주시하는 것으로 끝맺음을 하고 있는데, 왜냐하면 길게 보아 훈련프로그램은 학교에 의해 운영되거나 아니면 교회 또는 선교기관에 의해 운영되든지 간에 이 세 가지 모든 영역을 효율적으로 다룰 수 없다는 것을 인정하게 될 것이기 때문이다. 그러나 그리스도의 몸의 다른 지체들의 가치를 인정하고 다른 기관들과 동역하게 된다면 프로그램의 약점들은 보완되고 강화될 것이다. 그렇게 된다면 하나님께 영광을 돌리게 됨을 물론 멋진 훈련 결과를 산출해낼 것이다.

7. 열방대학 Youth With A Mission(YWAM)

- 소재 국가: 세계 여러 나라
- 기고자: 토마스 블루머(Thomas A.. Bloomer)

1) 훈련원 개요

이름	열방대학(University of the Nations: Youth With A Mission, YWAM)
주소	국제 사무국 Les Ormeaux 1268 Burtigny, Switzerland
연락 및 접속	전화: +41223663915 Email 주소: tom.bloomer@uofn.edu Website:www.uofn.edu
훈련 언어	50여 개 언어들
제휴 및 후원기관	열방대학은 YWAM의 선교 훈련 센터들의 네트워크이다. 우리는 어떤 교단과도 공식적 연관이 없지만 많은 교단들에 속한 지역 교회들과 다양한 사역적인 관계들을 가지고 있다.
훈련 기간	제자 훈련 학교(DTS): 필수 훈련 코스로서 12주간의 강의와 뒤이은 8-12주간의 타문화 현장 실습. 학생들은 또 다른 12주간의 집중 강의(modular) 코스들을 택힐 수 있는데 그것들을 통해 아래와 같은 학위들을 취득할 수 있다. 　예비학위 - 2년 반 　학사학위 - 4년 　석사학위 - 2년 반 이런 학위들은 7개 대학들을 통해 수여되고 있다.
훈련생 인원	매년 DTS에는 10,000여 명이 등록하고, 6,000여 명이 DTS 이후 집중 강의 코스에 등록하고 있다.

(1) 학생들

YWAM의 데이터베이스는 학생들이 전 세계의 200개국 이상의 나라들의 여권을 가진 사람들이라는 것을 보여준다. 미국으로부터 가장 많은 숫자의 훈련생이 오고, 이어 한국, 브라질, 그리고 인도로부터 온다. 중등교육(secondary school)을 받으면 좋다고 격려는 하지만, 그리스도인이어야 한다는 것 외에 입학 조건은 없다. 우리는 또한 중등 교육을 받을 수 없었던 사람들도 포함시키기를 원하는데, 그들의 공부 역량을 높이는 것을 돕기 위한 다양한 학습 증진 프로그램을 가지고 있다.

YWAM은 현재 160여 개국에서 섬기고 있으며, 우리는 세계 모든 국가에서 최소한 단기 선교 사역을 하고 있다. 그들은 온갖 종류의 사역들을 하고 있는데, 가끔씩은 카우보이(Cowboys With A Mission) 사역과 같은 새로운 종류의 사역들을 시작한다. 우리는 다양한 영역들을 훈련하는데, 예를 들면, 기초보건 사역, 가족 상담, 교육, 디지털 커뮤니케이션, TESOL과 같은 것들이다. 더 많은 예들은 www.ywam.org에서 찾아볼 수 있다.

(2) 직원들

직원들은 종종 우리 학교들의 최근 졸업생들이기도 한데, 교육 이론과 실습은 연령이나 경험이 학생들과 가장 근접한 사람들이 최상의 선생이라는 것을 지적하고 있다. 그들은 가르치는 능력, 하나님을 향한 갈망, 학교가 훈련하고자 하는 사역에 대한 열정들을 기초로 하여 선발된다. 직원이나 지도자가 되는 데 있어 학문적 자격 조건 같은 것은 없다. 우리는 직원과 학생들 구성에 있어 될 수 있는 한 다양한 문화들을 대표할 수 있도록 노력을 기울이고 있다.

어떤 직원들은 장기적으로 머물러 있는데, 우리 중에는 많은 이들이 이삼십 년간 YWAM과 사역하였고 선교 훈련 사역을 한 경험을 가졌다. 그들 중에 더 많은 선교사 경험을 가진 이들은 여러 학교들을 순회하며 가르친다. 우리는 또한 강사들에게 많이 의존하는데, 그들은 훈련 센터가 위치한 곳의 국적을 가진 사람들과 국제적 강사들이다. 가르치는 이들은 모두 성경의 권위를 확신하는 헌신된 그리스도인들이어야 한다.

(3) 훈련원의 역사와 훈련 목표

YWAM은 1969년에 처음으로 비공식적 선교 훈련을 시작하였는데, 그 후 확장되어 3-40개 훈련 센터들이 30개국 정도에서 운영되고 있다. 1978년에 하와이 코나에서 열방대학(University of the Nations)이 시작되었는데, 기존의 YWAM 학교들을 연결시키고 또한 많은 새로운 사역들을 시작하고 있다. 우리 홍보 책자에는 현재 약 900개의 다양한 학교들이 세미나와 학점을 주는 현장 실습을 제공하고 있다고 말하고 있다.

수준 유지(quality control) 및 직원 훈련과 학습 자료 개발을 위한 지속적인 노력은 우리 학교들을 더욱 효율적으로 만들어 왔다. 컨퍼런스를 녹화한 것을 사용함으로써 국제적 강사들의 가르침을 여러 지역에 동시에 제공할 수 있었는데, 특별히 세계 외딴 지역에 거주하는 사람들로부터 많은 좋은 평가를 받았다.

열방대학의 목표는 "선교를 위한 배가자"(multiplier)가 되는 것이며, 우리는 실제로 최소한 단기 선교 경험을 거친 150,000명을 훈련시켰다. 많은 새로운 사역들이 우리 열방대학 코스들을 통해 시작되는데 특히 지도자 훈련 학교는 코스 과제로 언제나 학생들이 새로운 사역의 계획을 제출하도록 하고 있다.

새로운 사람들이 계속 들어오기 때문에, 우리에게 지속되는 가장 큰 도전은 직원 훈련이다. 우리는 또한 마태복음의 지상 명령에 나타난 대로 모든 민족을 제자로 삼고 예수님이 분부한 모든 것을 가르치는 일을 수행하도록 준비시키는 데 노력을 기울이고 있다. 우리는 단지 선교사들을 훈련하는 데 그치지 않으며, 우리 대학은 선교 시스템을 만들어내는 곳이라고 생각하며 대학을 어떻게 잘 운영할 수 있는지를 더 배우기 원한다.

2) 비공식적이며 공동체에 기반을 둔 학습

열방대학의 네트워크는 110개국의 300개 선교 훈련 센터로 구성되어 있다. 훈련은 110개국의 50개 언어들로 이루어진다. YWAM의 모든 잠재적 직원들에게 요구되는 첫 번 과정은 제자훈련학교(DTS) 과정인데 12주간의 강의, 8-12주간의 타문화 현장 실습이 뒤따른다. DTS과정은 우리와 함께 앞으로 더 공부하기 원하는 모든 사람에게 요구하는 첫 번 코스이다. 매년 약 10,000명의 학생들이 이 과정을 이수하고 있다.

많은 이들이 DTS를 마친 후에 곧바로 현지로 나가고, 그 후에 자신들의 사역을 발전시켜 나감에 따라 더 훈련이 필요할 때 12주 동안의 집중 강의를 택하게 된다. 이러한 집중 강의들을 우리는 "학교들"이라고 부르는데, 그것들은 결합되어 예비 학위(2년 반 공부), 학사학위(4년), 또는 석사학위(2년 반) 프로그램으로 연결될 수 있다. 우리가 운영하는 모든 7개 대학은 선교에 초점이 있으므로, 어떤 학위 프로그램이나 학위를 따기 위한 노력은 선교사 준비의 일환이 된다. 우리와 함께 DTS과정 이후의 학교들을 이수하는 숫자는 매년 약 6,000명 정도이다.

위에서 언급하였듯이, YWAM의 학교는 처음에는 비공식적이었다. 공식적 차원은 우리가 학교들을 1978년 시작된 대학 안으로 연결시켰을 때 추가되었다. 1989년 스위스 로잔에서 열린 우리 열방대학의 처음 워크샵에서, 테드 워드(Ted Ward) 박사는 우리에게 대학 안에 공식 및 비공식 요소들을 함께 포함시키는 것이 불가능하다고 말했다. 그럼에도 불구하고 우리는 그렇게 하려고 지금까지 노력하고 있으며, 우리는 이러한 지속적인 긴장 속에 살고 있다.

우리 학교들과 훈련 센터들이 타문화 지향적이고, 모든 사람이 DTS와 함께 시작하여 타문화 현장 실습을 하기에 타문화에 초점을 맞추는 것은 우리 DNA의 한 부분이다. 그에 더하여 B.A. 프로그램을 졸업하기 위해서는 단기 현장 실습이 필수조건이고 또한 두 가지 다른 문화(원칙적으로는 두 개의 다른 대륙)에서 공부해야 한다.

공식-비공식 훈련 사이의 긴장은 우리가 점검하는 것의 일부로서, 각 학교 지도자는 대학 지도부에 보고서를 내게 되어 있는데 단지 코스의 내용과 과제뿐만 아니라 더 비공식적 요소들까지도 보고하도록 되어 있다. 예를 들면, 우리는 주일마다 3시간 중보기도, 매일 2시간 공동체를 위한 실제적인 섬김을 하도록 되어 있다. 또한 매 코스마다 예배는 필수이며, 동시에 주일마다 직원 중 한사람과 일대일로 만나도록 되어 있다.

각 코스의 점수 일부는 성품 성장에 기반을 두고 있으며, DTS 과정의 통과 여부는 거의 전적으로 성품 측정에 달려 있기에, DTS는 우리 모든 프로그램에 있어 가장 비공식적 프로그램이 되고 있다.

직원과 학생들은 YWAM 공동체 안에서 함께 살고, 함께 먹으며, 지속적인 제자훈련이 모든 사람에게 강조되고 있다. 우리는 각 훈련 센터가 학습과 예배의 공동체가 되기를 격려한다.

3) 프로그램 개선과 발전

기독교 고등 교육 기관들은 언제나 공식적 훈련을 향하여 나아가다 표류하였기에 우리는 우리가 위에서 언급한 비공식적 요소들을 유지하기 위해 더욱더 철저해야 한다. 학교 지도자들은 매 3년 마다 자신들의 학교를 재등록 하여야 하는데, 그것은 우리에게 표류하고 있는 경향이 있는지를 측정할 수 있는 기회를 주고 있다.

계속적인 수준 유지를 하는 데 사용되는 덜 공식적인 방법은 우리의 많은 직원과 지도자들이 순회하며 가르치는 사역을 하는 것이다. 그들이 학교들을 다니며 일주일씩 가르치게 됨에 따라, 그들은 학교의 경향을 점검하고 각 지역의 직원들과 지도자들에게 자신들의 관점을 제공한다.

1970년대 이래로 직원 훈련은 YWAM의 일부였지만 이 분야에 대하여 5년전부터는 더 많은 초점을 두게 되었다. DTS의 직원과 지도자들을 위한 유용성 점검 목록이 작성되었고, 그것은 다른 학교들의 직원들을 위해서도 계속 개발되고 있다. DTS 현장 실습을 위한 최상의 실천 문서는 열매있는 타문화 사역의 지침을 제공하고 있다.

직원 훈련 워크샵은 늘어나고 있으며, 직원 훈련 집중 과정도 발전 중에 있다. 인터넷은 여러 지역들에 있는 직원들이 역량을 높일 수 있는 새로운 가능성들을 열어주었다.

자료 2 _ 평가 도구들

1. 훈련 프로그램 평가와 개선을 위한 선교 훈련 평가(MTA) 도구

기관: The Next Step,[1] USA
기고자: 짐 로체(Jim Roch)

『잃어버리기에는 너무나 소중한 사람들』(*Too Valuable to Lose*)에 대한 응답으로 연합세계선교회(United World Mission)의 총무였던 작고한 우디 필립스(Woody Phillips)는 선교 단체, 교회, 그리고 공식적, 현장 교육 기관들이 선교사 후보생들을 위한 훈련을 제공하는 일을 위해 동역할 수 있을지에 대한 가능성을 논의하기 위한 장을 열었다. 이것은 무엇보다 선교사들을 위해 훈련을 제공할 수 없는 작은 단체들에게 유익을 주기 위한 것이었다. 그런 제안에 대한 첫 반응으로 약 50명의 사람들이 1997년 9월 열린 탐색 모임에 참석하였다. 그들은 강좌 개설 및 훈련 학교(training module) 제공 가능성, 미국 전역에 걸친

---

[1] The Next Step은 선교 훈련의 질을 개선할 목적으로 북미주 안에 있는 기관과 개인들 사이의 공동 협력을 통해 선교 훈련자(trainer)들을 위한 전문 기관으로 발전하였다.

지역 모임 조직, 나아가 더 큰 규모의 전국적 연례 수련회 지원을 위해 동역자들 간에 의사소통하는 것이 효과적인 전략이 될 것이라는 결론을 내렸다.

하지만 우리가 발견하게 된 것은 각 지역 조직의 책임자들이 본인들의 막중한 업무 외에 추가적인 모임들을 만드는 일을 하게 됨으로 곧 지치게 되고, 지역 모임들은 전국적 모임들의 참여를 저조하게 만든다는 것이었다. 또한 다른 단체들을 위해 훈련 학교를 연다는 것은 의사소통에서도 문제가 발생하고 사람들이 참석하기 편리한 시간표를 만들어내기가 너무 어렵다는 것도 발견하였다. 게다가 많은 단체들이 다른 기관으로부터 온 참석자들에게 자신들이 스스로 인식하고 있는 훈련의 약점을 노출하는 것에는 거의 관심이 없다는 것을 발견하였다. 어떤 단체들은 훈련 대부분이 자신의 단체 문화 혹은 현장에 너무 독특하게 연결되어 있음을 발견하였다. 따라서 "제공자"가 "수혜" 단체들에게 이미 짜여진 훈련 기회를 주기보다는 효율적, 비효율적 프로그램 양쪽 모두에 대한 비판적 평가를 통하여 선교 훈련 전체를 개선할 필요가 더 크다는 것을 인식하였다. 개선을 이루기 위해서는 동료들 간에 무엇이 작동을 하고 무엇이 작동을 하지 않는지에 대해 투명하고자 하는 새로운 정신이 요청되었다. 우리는 The Next Step의 필요성과 잠재력을 믿었지만 개선을 촉진시키기 위해서는 새로운 전략이 분명히 필요했다. 왜냐하면 파트너십 자체가 약화되고 있었고 선교 훈련을 이해시키고 실행하는 방법에도 영향을 주지 못하고 있었기 때문이었다.

2003년 1월, The Next Step은 전 미주 선교 훈련 포럼(the National Missionary Training Forum)을 후원하였고, 3일간의 대회와 시작 전 세미나를 개최하였다. 120명이 넘는 선교 훈련자들이 참석하였다. 네트워킹을 위해 제공된 충분한 시간으로 인해 이 커다란 그룹 안에서 맺어진 관계 사이에 신뢰가 형성되었다. 연속되는 연례 컨퍼런스에 참여하는 많은 사람들은 The Next Step으로 하여금 재정적 여력을 갖도록 만들어 주었고 선교 훈련 개선을 도모하기 위한 특별위원회(task force)를 구성하였다. 우리는 선교 훈련에 있어 고도의 자질과 경험을 가진 14명의 훈련자와 교육가들을 초청하였는데 그들은 The Next Step을 구성하고 있는 각 협력단체들을 대표하는 사람들로서 2004년 일정 기간 동안 만나게 될 예정이었다.

우리는 특별위원회에게 학문적 학점 취득을 위한 조건을 고려하지 말고 교육적 실행을 평가할 수 있는 도구를 만들어 줄 것을 요청하였다. 하지만 그 도구는 어떤 것이 충분치 못한(poor) 훈련과 대비되는 훌륭한 것(excellent)인지를 분별할 수 있도록 만드는 기준을 분명하게 제시하는 것이어야 했다. 그 측정 도구는 훈련자들에게 교육적 실행에 있어 주의를 기울여야 할 우선순위들에 대해 정보를 제공할 수 있는 것이어야 했다. 우리가 원하는 기준은 훈련원의 규모나 기관의 성격(학교, 교회, 선교 단체)에 상관없이 적용될 수 있는 것이었다. 우리는 그 도구기 우리가 연례저으로 개최하는 The Next Step 컨퍼런스에서 주제들을 고려할 때 기획자들에게 지침을 제공할 수 있는 것이기를 바랬다. 우리는 그 도구가 훌륭한 프로그램이 어떤 것인지 또는 그러한 프로그램의 특징 요소는 무엇이 되어야 하는지를 보여줌으로 훈련 프로그램 개발자들이 다른 기관들이 도움을 요청할 때 컨설턴트로 충분히 섬길 수 있게 되는 것을 원했다. 우리는 그 도구가 복잡하지 않아서 다른 이들의 도움 없이도 모두가 쉽게 사용할 수 있는 것이기를 원했다. 이러한 많은 요구들은 크고도 복잡한 것들이었다. 특별 위원회 리더인 스티브 호크(Steve Hoke) 박사의 지도 아래, 우리는 성공할 것이라는 믿음을 가졌다!

2005년 1월 전 미주 선교 훈련 연례 포럼에서 우리는 "최상의 실천"(best practices)이라는 개념을 소개하였는데, 그것은 기업과 비영리 조직들에게 잘 알려져 있는 일종의 평가와 개선의 과정이었다. 특별위원회는 그들이 맡은 프로젝트에 있어 이 접근 방식의 가치를 인식하였는데 그것은 비판적이지 않고, 긍정적 요소에 초점을 맞춘 것으로서 어떤 형태와 규모의 기관들이든지 채용할 수 있는 것이었다. 특별위원회는 선교 훈련의 교육적 과정에 있어 결정적이라고 간주되는 7가지 기준(그러한 표준에 기여하는 영역들에 대한 제안과 더불어)을 명시했다. 생각과 의도의 명확성을 돕기 위한 노력의 일환으로 몇 가지 초안들이 배포되었다.

그러한 기준들 중 하나의 개념-성인 교육 이론과 방법을 차용하는 것-이 회원들 사이에 특별히 분명하지 않다는 것이 드러났다. 그러한 필요에 부응하기 위해 The Next Step은 성인 교육 분야에 있어 뛰어난 교육가이자 저술가인 제인 벨라 박사 (http://www.globalearning.com)를 초청하여 2006년 전 미주 선교 훈련 연례 포럼에서 그녀의 훈련 개념을 소개하도록 하였다. 이것이 현재 선교 훈련 평가 (Missionary Training Assessment, MTA)라고 소개되고 있는 도구가 훈련 수준을 높이기 위해 우리가 개최하는 연례 컨퍼런스를 기획하는 데 사용될 수 있는지에 대한 하나의 좋은 사례이다.

MTA는 1월 연례 컨퍼런스에서 참석자들에게 배포되었고 다운로드를 할 수 있도록 우리 웹사이트(http://www.thenextstep.org)에도 게재되었다. 우리는 특별히 우리의 회원들 중에 자신들의 훈련 프로그램을 스스로 철저하게 평가하고 나아가 외부의 평가를 받는 것을 허용하고자 하는 훈련책임자들을 찾아냈다.

추가적으로 특별위원회는 평가 과정을 따르기 위한 일종의 행동 계획 지침(Action Planning Guide)을 개발했다. 그 측정 문항들은 각 항목마다 답변을 요구하는데, 표현된 문장(statement)이 자신들의 실행을 진정으로 묘사하고 있다면 "매우 그렇다"로, 어느 정도 그렇지만 개선을 요구한다면 "그렇다"로, 그 묘사가 약점을 보여주고 있다면 "개선이 필요함"과 "도움이 매우 필요함"으로 표시하도록 하였다. 답변에 따른 개선을 위해 다음의 조치들을 취하도록 행동 계획 지침이 주어졌다.

무엇이 우리로 하여금 "매우 그렇다"라고 답변하게 만들었는가?
- 이러한 강점을 만드는 데 핵심적으로 기여한 요소들은 무엇인가?
- "매우 그렇다"라고 답변하도록 만드는 우리의 모습은 어떤 것이며 그것으로 부터 우리가 배울 수 있는 것은 무엇인가?

무엇이 우리로 하여금 "그렇다"라고 답변하게 만들었으며, 더 개선해야 할 점은 무엇인가?
- "그렇다"라고 답변하도록 만드는 우리의 모습은 어떤 것이며 그것으로부터 우리가 배울 수 있는 것은 무엇인가?
- 이 영역에서 더 개선을 이루기 위해 우리가 해야 할 것은 무엇인가?
- 이러한 강점을 만드는 데 핵심적으로 기여한 요소들은 무엇인가?
- 연구와 계획, 교정을 위한 행동을 앞장서서 취할 수 있는 사람들을 찾으라.

우리의 훈련에 있어 "개선이 필요함"의 영역들은 무엇인가?
- "개선이 필요함"이라고 답변하도록 만드는 우리의 모습은 어떤 것인가?
- 각 영역의 개선을 위해 우리가 해야 할 것은 무엇인가?
- 우리가 적극적으로 직면해야 할 쟁점들의 우선순위를 정하라.

• 연구와 계획, 교정을 위한 행동을 앞장서서 취할 수 있는 사람들을 찾으라.

우리에게 절대적으로 "도움이 매우 필요함"의 영역은 무엇인가?
• "도움이 매우 필요함"이라고 답변하도록 만드는 우리의 모습은 어떤 것이며 그것으로부터 우리가 배울 수 있는 것은 무엇인가?
• SWOT(강점, 약점, 기회, 위험) 분석을 통해 우리가 가진 근본적 문제들을 확인하라.
• 각 영역의 개선을 위해 우리가 해야 할 것은 무엇인가?
• 우리가 적극적으로 직면해야 할 쟁점들의 우선순위를 정하라.
• 연구와 계획, 교정을 위한 행동을 앞장서서 취할 수 있는 사람들을 찾으라.

이 프로젝트는 계속 "진행중"이다. The Next Step은 협력단체 간의 동역이라는 가치에 헌신하고 있으며, 효과가 있는 요소와 그렇지 않은 요소들에 대해 솔직하게 나누는 것이 개선을 위해 절대적으로 필요하다고 본다. 우리의 비전은 북미주에서 이루어지고 있는 The Next Step의 동역이 국제적 연계로 확장되는 것이지만, 우리의 가치는 변하지 않을 것이며 세계 복음화에 대한 우리의 헌신은 절대적인 요소로 남아있을 것이다. 우리는 세계 각 지역으로부터 나온 개선을 위한 다른 생각이나 제안들이 우리 웹사이트(www.thenextstep.org)에 실리게 되기를 진심으로 바란다.

1) 선교 훈련 평가(Missionary Training Assessment: MTA)[2]
- 훈련 프로그램 평가와 개선을 위한 도구 -

MTA에 대한 안내: MTA는 선교 훈련에 있어 제시된 7가지(I-VII) 기준(standard)을 통하여 훈련 프로그램을 자가 평가해볼 수 있도록 고안된 것이다. 각 기준 아래에는 그러한 것을 형성하는 핵심적인 영역들이 나타나있다(예: "우리는 정기적으로 〈1년 혹은 2년마다〉 훈련생들의 필요를 확인한다").

답변 형태: 각 문장이 묘사하고 있는 것에 대해 여러분의 훈련이 상응하는 정도를 다섯 가지 형태중 하나에 표시할 수 있다.

- 매우 그렇다: 강한 긍정적 답변으로 여러분의 훈련이 그 기준에 명백하게 들어맞고 효과적으로 실행되고 있음을 의미한다.
- 그렇다: 긍정적 답변으로서 여러분의 훈련에 있어 그 기준이 적용되고 있으며 진전이 이루어지고 있음을 의미한다.
- 개선이 필요함: 이 답변은 그 기준이 아직 온전히 적용되지 못하거나 또는 어떻게 진전시켜야 할지에 대해 도움이 필요하다는 것을 의미한다.
- 도움이 매우 요구됨: 강한 부정적 답변으로서 그 기준이 존재하지 않거나 인식되지 못하고 있으며 어떻게 진전시켜야 할지에 대해 중대한 도움이 필요하다는 것을 의미한다.

---

[2] MTA는 The Next Step에 의해 임무를 부여받은 특별위원회의 산물이다. 이 도구는 완성된 것이라기보다 앞으로 다듬어져야 할 것을 전제로 제공된다. 다른 제안들이 있다면 우리 웹사이트(www.thenestep.org)에 기고해주기 바라며, 그곳에서는 MTA의 최신판을 다운로드 할 수 있다.

• 해당사항 없음: "해당사항 없음"(Not Applicable: N/A) 답변은 여러분 기관의 조직이 표현된 문장의 핵심적 사항과 연관이 없을 때만 표기해야 한다.

기관: _____ 이름: _____
훈련 프로그램 이름: _____
날짜: _____
우리 기관 성격:
___ 지역 교회 ___ 선교 단체 ___ 학교 ___ 비공식적 훈련원

	매우 그렇다	그렇다	개선이 필요함	도움이 매우 요구됨	해당 사항 없음
1. 필요 확인(Need Identification) 훌륭한(excellent) 선교 훈련 프로그램은 훈련생, 기관 및 다른 훈련관계자들(stakeholders)의 필요를 확인한다.					
A. 우리는 정기적으로(1년 혹은 2년마다) 훈련생들의 필요를 확인한다.					
B. 우리는 정기적으로 기관 내에서 훈련을 통해 얻고자 하는 바가 무엇인지 확인한다.					
C. 우리 훈련 프로그램은 훈련관계자들의 필요에 민감하게 반응한다.					
D. 우리 훈련 프로그램은 훈련생의 필요들(영적, 감정적, 신체적, 재정적 요소 포함) 및 사역 기술에 대한 요구를 적절하게 채우고 있다.					

	매우 그렇다	그렇다	개선이 필요함	도움이 매우 요구됨	해당 사항 없음
2. 노선 일치(Alignment) 훌륭한 선교사 프로그램은 모체 기관의 사명, 가치, 비전과 노선의 일치를 이룬다.					
A. 우리 기관은 명백한 사명, 가치, 비전을 가지고 있다.					
B. 우리 훈련 프로그램은 기관적 사명, 가치, 비전과 노선의 일치를 이루고 있다.					
C. 우리는 기관적 목적과 목표들의 변화에 우리 훈련 프로그램이 지속적으로 노선의 일치를 이루도록 하고 있다.					
D. 우리 훈련책임자는 기관의 책임자와 직접적으로 만날 수 있다.					
3. 핵심 가치들(Core Values) 훌륭한 선교사 프로그램은 영적 형성, 하나님을 의지하는 것, 그리스도인 공동체를 의도적으로 촉진시킨다.					
A. 우리는 훈련의 모든 국면에 있어서 정직한 기도와 하나님께 대한 순종을 보여주고 있다.					
B. 우리 훈련자들은 훈련의 효율성과 결과를 위해 하나님을 의지하며 겸손하다.					
C. 우리는 배움이란 안전하고도 "은혜가 충만한" 분위기에서 일어난다는 것을 믿고 있다.					
D. 우리는 공동체를 세우고 헌신하는 데 주력한다.					
E. 우리는 개인적이고 공동체적인 영적 생활의 성장을 위해 다양한 기회들을 제공한다.					

	매우 그렇다	그렇다	개선이 필요함	도움이 매우 요구됨	해당 사항 없음
4. 훈련 설계(Training Design) 훌륭한 선교 훈련 프로그램은 성인 교육 이론과 방법을 활용한다.					
A. 우리는 훈련생들의 능력과 경험을 존중하고 활용한다.					
B. 우리 훈련은 영향력 있는 선교사가 되기 위해 지식, 기술, 성품에 대한 분석에 기초를 두고 있다.					
C. 우리 훈련은 훈련생이 전 생애에 걸쳐 사역을 위한 지식, 기술, 성품에 있어 성장하는 역량을 갖추도록 돕는다.					
D. 우리 훈련 프로그램의 범위는 우리 기관안의 모든 계층과 역할에 적응되도록 하고 있다.					
E. 우리 직원들은 훈련 방법과 태도에 있어 교차문화적 민감성을 가진 모습을 보여준다.					
F. 우리는 훈련자들이 훈련 프로그램 이외 사역에 적극적으로 참여할 것을 기대한다.					
G. 우리 훈련자들은 자신들의 지식과 기술을 의도적으로 증진시킴으로써 현재 흐름에 뒤처지지 않도록 하고 있다.					
H. 훈련에 대해 우리가 가진 가치는 우리가 무엇을 어떻게 가르쳐야 할지를 분명하게 만들어 준다.					

	매우 그렇다	그렇다	개선이 필요함	도움이 매우 요구됨	해당 사항 없음
5. 자원에 대한 청지기 정신(Resource Stewardship) 훌륭한 선교 훈련 프로그램은 영적, 인적, 재정적 자원을 사려 깊게 사용한다.					
A. 우리 직원들의 영적 은사들과 경험은 온전히 활용된다.					
B. 우리 프로그램은 가능한 재정적 자원을 많든 적든 효율적으로 사용한다.					
C. 우리 프로그램은 증진된 사역 실행 대비 소요된 훈련 경비의 효율성을 측정한다.					
D. 우리 리더들은 조직 안에서 배운 것을 나누도록 격려한다.					
E. 우리는 다른 훈련자들 및 기관들과 훈련 기술과 자원들을 서로 나눈다.					
F. 우리는 우리에게 훈련생을 보내고 받는 교회, 선교 단체, 학교들과 동역한다.					
6. 평가 전략(Evaluation Strategy) 훌륭한 선교 훈련 프로그램은 명백하고, 측정가능하며, 실행할 수 있는 평가 계획을 가진다.					
A. 우리는 정기적으로(1년 혹은 2년마다) 우리 훈련 프로그램을 평가하는 계획을 가지고 있다.					
B. 우리 훈련생들에 대한 평가는 지식뿐만 아니라 기술과 성품을 포함한다.					
C. 우리의 평가는 단지 만족의 수준이 아니라 다음의 네 가지 차원으로 이루어진다. 반응, 배움, 행동, 기관의 평가					

	매우 그렇다	그렇다	개선이 필요함	도움이 매우 요구됨	해당 사항 없음
D. 우리의 평가는 훈련이 개인과 기관의 효율성에 얼마나 기여했는가를 측정한다.					
E. 우리의 평가는 시간, 자원 조달 체계, 접근성, 사용자 친화성, 기관의 자원에 대한 청지기직과 같은 다양한 훈련의 요소들을 살핀다.					
F. 우리는 프로그램의 개선을 위해 평가한다.					
7. 책무(Accountability) 훌륭한 선교 훈련 프로그램은 선교 훈련관계자들과 동료들에 책무를 진다.					
A. 우리는 훈련 프로그램의 효율성(efficiency)에 관하여 훈련관계자들에게 보고하기 위한 적절한 절차를 가지고 있다.					
B. 우리는 훈련 프로그램의 효과(effectiveness)에 관하여 훈련관계자들에게 보고하기 위한 적절한 절차를 가지고 있다.					
C. 우리는 동료들에게 우리 훈련 프로그램을 검토해줄 것을 정기적으로 요청한다.					

2. 참여자에 의한 과목(module) 평가

기관: Gateway Missionary Training Center
기고자: 로버트 브링죨슨(Robert Brynjolfson)

학습 경험 평가는 훈련 프로그램이 진행되는 동안 이루어지는 평가 중에서 가장 중요한 조치들 중 하나이지만 평가 양식(evaluation form)을 설계하는 것은 생각만큼 쉽지 않다. 훈련 프로그램이 단순한 직관 이상의 근거를 가지고 개선을 이루려 한다면 참석자들로부터의 객관적 피드백을 필요로 한다. 그렇다면 어떻게 한 훈련 센터가 훈련 프로그램을 평가하고 개선하는 데 사용할 수 있는 효과적인 정보를 학생들로부터 얻어낼 수 있을까? 여기에 샘플 평가 양식을 포함하여 몇 가지 제안들이 있다.

1) 시간을 주라

만일 학교가 훈련생들에게 응답할 수 있는 적당한 시간을 배당한다면 훈련생들은 자신들의 의견이 지닌 가치를 더 잘 이해하게 될 것이다. 때때로 평가지가 학생들에게 배부되고 휴식 시간에 응답하여 후에 사무실로 제출하라고 한다면, 그것은 학생들에게 평가가 그다지 중요하지 않다는 것을 간접적으로 전달한 것이다. 최상의 결과들은 교수들이 마지막 수업을 조금 일찍 끝내고 학생들에게 평가 양식을 완성할 수 있는 충분한 시간을 주었을 때 이루어진다.

2) 최종 결과를 마음에 두라

최종 결과에 근거한 훈련(outcome-based training)은 원하였던 최종 결과들이 성취되었는지를 측정하는 데 헌신해야 한다. 특정한 과목들(module)이나 학습 경험들과 관련된 최종 결과 평가를 설계하는 것은 그러한 가르침들이 성취하기를 원하는 특정한 결과를 이해한다는 것을 가정한다. 이것은 최종 결과들과 훈련자들 사이에 일치를 유지하는 데 있어 중요한 방법이다. 최종 결과가 명확하고도 의도적으로 설정되어 있다면, 그것들은 평가될 수 있다. 만일 최종 결과들이 성취되지 않았다면, 훈련은 수정되어야 한다.

3) 유용하도록 만들라

복잡한 평가 양식은 문제들을 단지 복잡하게 만들 뿐이다. 평가 양식이 길어지면 대체로 버려지거나 기껏해야 대충 완성된다. 만일 그 정보가 프로그램 개선을 위해 어떻게 사용될지를 모른다면 그것을 작성하는 데 응답자들의 시간이 낭비되도록 하지 말라. 여러분이 무엇을 정확히 알고 싶은지, 그리고 여러분이 필요로 하는 정보를 어떻게 잘 회수할 수 있을지를 결정하라. 평가는 (1) 필요측정, (2) 훈련 목표 결정, (3) 내용 다듬기, (4) 전달방법 개선, (5) 가능한 적용 등을 측정하기 위해 유용하게 사용될 수 있다.

4) 단순하게 만들라

간단하고도 빠른 평가 양식들은 숫자 척도(numeric scale)를 사용한다. 척도는 모든 숫자 범위를 사용할 수 있지만 짝수로 된 척도는 학생들로 하여금 중간의 "중립적" 숫자를 택할 수 없게 하여 긍정적 또는 부정적 답변을 유도하기에 좋다. 한편, 숫자 척도는 사용하기 편리하지만 숫자가 참여자들에게 동일한 것을 의미하지 않기 때문에 불명료함을 만들어낼 수 있다. 어떤 사람에게는 10에서 7은 창피한 것이지만 다른 이에게 5는 매우 만족스러운 것이 될 수 있다. 더 큰 정확성은 숫자적 가치보다 글로 표현된 것을 통해 성취될 수 있다. 만일 숫자 척도가 사용된다면, 각 숫자적 가치가 말로 된 문장과 함께 표기될 때 더욱 정확한 정보를 수집하는 데 도움이 될 것이다.

5) 개인적 요소를 축소시키도록 하라

평가방식에서 개인적 요소를 덜어내는 것은 어려운 일이다. 어떤 사람들은 다른 이들보다 더 쉽게 만족한다. 어떤 이들은 "비판적 사색가"들이지만 다른 이들은 그렇지 않다. 사람들은 응답할 때 다른 기분으로 임할 수 있다. 어떤 문화 그룹은 "선생님들"을 어떤 방식으로는 비판하는 것을 매우 힘들어 한다. 평가는 보통 익명으로 이루어지기 때문에, 어떤 개인이 표기한 것의 중요성을 어떻게 봐야 할지 아는 것은 어렵다. 숫자 척도를 사용할 때, 이런 개성적 변수를 제거하고 모든 응답의 평균을 내는 것은 유용하다. 또 다른 방법은 전체 결과를 왜곡시킬 수 있는 가외치(outlier)를 제거하는 것이다..

6) 글로 쓰는 응답을 허용하라

가장 유용한 정보는 대체로 기록된 응답으로부터 온다. 정보가 프로그램 개선을 위해 사용될 것이기에, 단순히 학생들의 느낌이나 그들이 좋아하고 싫어하는 것을 묻기보다는 실제적인 제안을 질문하는 것이 가장 유용하다. 다음과 같은 질문들이 유용할 것이다. "무엇을 하였더라면 더욱 유익했을 것인가? 또는 "당신이라면 어떻게 개선할 것인가?"

7) 익명성을 유지하라

최선의 평가는 솔직한 답변에 기초를 둔다. 만일 자신의 평가가 성적이나 자신에 대한 교사들의 의견에 영향을 미칠 것이라고 생각될 때 학생들은 덜 정직하게 될 것이다. 따라서 익명으로 하는 것이 일반적으로 더 정확한 자료를 제공할 것이다. 그러나 종종 어떤 쟁점들은 명확성과 더 큰 통찰력을 얻기 위해 추적될 필요가 있는데 이 접근방식의 단점은 그렇게 하기가 어렵다는 것이다. 따라서 학생들이 원한다면 자신들의 이름을 기재할 수 있는 선택권을 주어서 각자가 안정감을 느끼는 수준에서 응답하도록 만드는 것이 하나의 방법이 될 것이다. 어떤 훈련 프로그램은 규모가 너무 작아서 익명성 유지가 어려울 수 있다. 이런 경우 응답들은 비밀유지를 담보할 수 있는 한 사람이 종합하여 요약할 수 있다.

8) 정보를 활용하라

사람들은 아무도 그 정보를 활용하지 않을 것이라고 생각하는 평가 양식을 채우는 데 시간을 내지 않을 것이다. 선교 훈련 프로그램들은 이전 평가들 때문에 어떻게 개선이 이루어졌는지를 훈련생들에게 보여줄 필요가 있다. 교수들은 과목을 소개하면서 이전 학생들로부터 얻은 유용한 평가들로 어떻게 과목의 내용과 전달이 현재의 형태로 발전되어 왔는지를 설명하도록 격려받아야 할 것이다.

이 책의 편집자들은 현재 실려 있는 평가 양식 샘플을 포함시킬지 말지를 놓고 논쟁을 벌였다. 우리는 모든 훈련 프로그램들이 자신의 평가 도구를 설계할 필요가 있다고 확신하였다. 한편, 하나의 예가 위에 언급된 지침들을 이해하도록 도와줄 것이라고 보았다. 나아가 그 평가 양식은 특수한 상황에 적용시킬 수 있는 출발점 역할을 할 수 있을 것이다. 특정한 최종 결과와 학습 목표들이 검토되는 것은 중요하다. 이 평가 양식은 (이미 상당히 길지만) 특정한 최종 결과들과 학습 목표들에 의해 더 보강될 수 있다. 다음의 평가 양식은 더 "일반적"인 형태로 설계되었고 과목 개요(syllabus)와 함께 사용될 수 있다.

◆ 과목 평가(Module Evaluation) 샘플 ◆

과목 이름: _____ 평가자 이름: _____

다음의 항목들을 주의 깊게 검토해주십시오. 당신의 정직한 응답과 통찰력이 이 훈련 프로그램을 개선하도록 도움을 줄 것입니다. 만일 당신이 익명으로 응답하기 원한다면 당신의 이름을 기입하지 않아도 됩니다.

(1) 개요 검토, 내용 및 전달

이 평가 양식과 함께 제공되었던 과목 개요를 검토한 뒤 아래의 질문들에 대한 당신의 응답을 다음에 지시된 동의 정도를 나타내는 척도에 따라 표시해주기 바랍니다. 1 = 매우 그렇지 않다 2 = 그렇지 않다 3 = 그렇다 4 = 매우 그렇다	1, 2, 3, 4
1. 나는 과목 주제와 관련하여 내가 진정으로 배우려고 했던 것을 배울 수 있었다고 느낀다.	
2. 이 과목의 독서과제와 숙제들은 이 주제에 적합하였다.	
3. 이 과목의 독서과제와 숙제들의 양은 적당했다.	
4. 이 과목의 교사는 잘 준비된 사람이었다.	
5. 이 과목의 내용은 도전을 주었고 생각에 자극을 주었다.	
6. 교수는 흥미를 유발하였고 다양한 교수 방법을 사용하였다.	

7. 나는 이 과목의 개요에 특별히 명기된 일반적 최종 결과가 성취되었다고 본다.

만일 동의하지 않는다면, 어떤 최종 결과가 성취되지 않았으며 왜 그렇게 생각하는지 그 이유에 대해 기록해주십시오.

_____
_____
_____
_____
_____

8. 나는 과목 개요에 명시된 학습 목표들이 성취되었다고 본다.

만일 동의하지 않는다면, 어떤 학습 목표들이 성취되지 않았으며 왜 그렇게 생각하는지 그 이유에 대해 기록해주십시오.

_____
_____
_____
_____
_____

9. 어떤 교수 방법이 당신에게 가장 효과적이었다고 생각하는지와 그 이유를 기록해주십시오. 강의, 교실에서의 토의, 그룹 작업, 질문과 응답, 사례 연구, 역할극, 드라마, 다중매체 사용, 기타.

_____
_____
_____
_____
_____

(2) 서술식 질문 샘플

다음의 질문들에 대한 당신의 사려깊은 응답이 학교와 교사로 하여금 앞으로의 수업에 개선을 이루도록 도울 것입니다.

- 필요 측정:

A. 이 과목에 대해 당신의 가졌던 기대를 서술해보십시오. 그것이 이루어졌나요?

B. 만일 그렇지 않다면 어떤 개선이 이루어져야 당신이 가졌던 기대를 만족시킬 수 있다고 봅니까?

- 훈련 목표들:

A. 당신은 과목이 제시했던 최종 결과와 목표들이 어느 정도 성취되었다고 느끼나요?

B. 이 과목이 제시한 훈련 목표들을 성취하려면 어떤 개선이 필요할까요?

- 내용:

A: 당신은 기관과의 관련성, 사려깊음, 유용성 측면에서 이 과목의 내용을 어떻게 보았습니까?

B: 이 과목의 내용을 개선하기 위한 당신의 제안은 무엇입니까?

• **교수법**:

A: 이 과목을 전달하는 동안 사용되었던 방법들을 적어보십시오. 어떤 것이 가장 유용했다고 생각하며 그 이유는 무엇입니까?

B. 이 과목의 교수법을 개선하기 위한 당신의 제안은 무엇입니까?

• **적용**:

A: 당신의 사역 기대와 연관하여 새롭게 배운 것은 무엇입니까?

B: 이 과목이 어떻게 당신의 삶과 사역 계획에 영향을 미쳤습니까?

3. 최종 결과에 입각한 프로그램에 있어서 학생 평가

기관: Gateway Missionary Training Center
기고자: 로버트 브링죱슨(Robert Brynjolfson)

훈련 프로그램에 대한 최상의 평가는 그 훈련을 받은 학생들을 평가 해보는 것이다. 평가 결과를 종합하고 시간을 두고 모든 최종 결과를 추적해보면, 특정한 훈련 프로그램의 강점과 약점들을 확인할 수 있다. 전인적 선교 훈련 프로그램에 있어서 학생 평가는 어떻게 효과적으로 실행될 수 있을까? 공식적 교육의 품질 증명은 주로 지식 습득 여부로 이루어지는데 그것은 아주 쉽게 측정될 수 있다. 마찬가지로 비공식적 기술 습득에 대한 최종 결과도 인식할 수 있는 수행을 기반으로 평가할 수 있다. 하지만 성품 및 영성 형성과 관련된 최종 결과를 우리가 어떻게 측정할 수 있을까? 성품 및 영성 형성을 측정하기가 어렵다는 점은 교육가들로 하여금 훈련 커리큘럼에서 그것의 중요성을 평가절하 하도록 만드는 요인들 중 하나이다.

최종 결과에 입각한 훈련 프로그램은 단지 쉽게 테스트할 수 있는 것들만 평가할 것이 아니라 모든 최종 결과들의 발전과 진전을 평가해야 한다. 만일 어떤 훈련 프로그램이 성품, 태도, 영성의 성장을 이룰 것이라고 주장했다면, 이러한 영역에서의 성장이 실제로 일어났는지 아닌지를 확증할 수 있는 노력을 기울여야 한다. 최종 결과들을 측정하는 데 실패한다는 것은 그 훈련 프로그램 자체를 위험하게 만든다. 두 종류의 위험이 있다.

첫째, 입증되지 않은 가정들 위에 훈련 프로그램이 진행되는 것이다. 만일 성장이 측정되지 않는다면, 어떻게 훈련 목표들이 달성되었는지를 알 수 있다는 말인가? 또한 필요한 변화가 무엇인지를 보여주는 것이 없는데 어떻게 훈련이 개선될 수 있다는 말인가?

둘째, 모든 전인적 선교 훈련 프로그램에 공통되는 것으로 시간이 흐름에 따라 학문적이고 교실 학습 활동에 더욱 의존하게 됨에 따른 불균형이 생기는 것인데 이는 교실 학습 활동이 친숙할 뿐 아니라 더욱 쉽게 측정되기 때문이다.

아래 제시된 것을 포함하여 학생들의 성장을 평가하기 위한 평가 양식은 캐나다에 있는 Gateway의 훈련 프로그램이 명시한 최종 결과들에 기반을 두고 있다. 이 평가 양식은 학생들 수행 평가를 위한 특정한 과제, 시험, 능력 측정 또는 다른 방법들을 대체하는 것이 아니다. 그것은 무엇보다 자기 평가(self-assessment)의 도구이며 또한 멘토, 동료, 훈련 직원들에 의해 현장으로 나갈 준비가 되었는지를 측정하는 도구이다. 이 샘플과 같은 평가 양식은 주관성을 최소화하기 위한 의도적 노력을 요구한다. 객관성을 높이기 위한 몇 가지 조치들이 추가될 수 있는데, 가령 정기적으로 평가를 실행하고 그 결과를 이전 평가 결과들과 비교해보도록 하는 것이다. 두세 명의 사정관들이 훈련생을 독립적으로 평가한 뒤 그 결과들을 비교해보는 것은 판단 착오나 편견을 극복하는 데 매우 유익하다. 중대한 불일치에 대해서는 사정관들 사이에 토론을 거쳐 평가 결과가 훈련생 및 다른 관계자들에게 전달되기 전에 합의점에 이르도록 해야 한다.

1) 자기 평가(Self-assessment)

효율적인 학습의 목표들 중 하나는 자기 인식(self-awareness)을 갖도록 하는 것이다. 훈련 프로그램은 훈련생들에게 훈련을 시작할 때와 훈련을 마칠 때 자기 평가를 하도록 함으로써 훈련생들이 자기 인식에 대해 매우 큰 성과를 거두게 됨에 놀라게 될 것이다. Gateway

는 매 훈련 시작 때 자기 평가를 요구한다. 훈련 마지막에 다시 훈련생들이 자기 평가를 하도록 요청받을 때, 거의 모든 훈련생들은 많은 영역들에 대해서 훈련을 받기 전보다 훈련 후에 오히려 자신들에 대해 덜 긍정적으로 평가했다. 이런 현상은 어떤 이들로 하여금 훈련이 실패했기 때문이라고 생각하게 만들 수 있지만, 반대로 그것은 훈련생들이 해외 사역을 위한 자신의 능력과 준비에 대해 더 현실적인 관점에 이르게 되었다는 것을 나타내는 것이었다. 훈련이 자신에 대해 가졌던 천진난만한 관념을 깨뜨리는 것이다.

2) 동료 평가(Peer assessment)

동료 평가는 평가 행위에 있어 가장 보편적인 비형식적 방법 중 하나이다. 그것이 공식적으로 행해질 때는 종종 불편하게 받아들여진다. 동료끼리는 자연스럽게 주고받는 분위기 속에서 움직인다. 하지만 우리에 대해 다른 사람들이 어떻게 생각하는지에 대한 추측들이 더 공식적인 과정을 통해 확증될 수도 있다. 어떤 선교 단체의 대표는 그 선교 단체의 허입 심사에 동료 후보생들의 평가들을 포함해야 한다고 주장했는데 왜냐하면 그들이야말로 현지에서 함께 일할 사람들이기 때문이다. 아프리카의 한 훈련 학교는 모든 학생들에게 모든 동료 학생들과 직원들에 대한 평가를 글로 적을 것을 요구하고 있다. 비판과 평가를 받는 것은 힘든 것이지만, 동시에 성령의 은혜로운 역사로 말미암아 자기 인식, 겸손, 회개와 같은 결과를 만들어 냄으로 진정한 변화와 성장을 가져오도록 한다.

3) 훈련자에 의한 평가(Assessment by trainers)

아래 제시된 최종 결과 평가 양식은 훈련 프로그램의 직원들이 체계적으로 훈련생들의 성장을 관찰하고 평가하는 데 도움을 줄 것이다. 멘토나 코치들에 의해 평가가 이루어지지만 그룹이나 위원회가 그것을 검토함으로 단지 한 사람에 의해 수행 평가가 이루어졌을 때 나타날 수 있는 실수를 최소화시켜야 할 것이다. Gateway에서는 각 담당 멘토들이 학생들을 평가하고 그것을 다른 직원들에게 검토하도록 함으로 동의와 합의를 추구한다. 이러한 평가들은 훈련생을 후원하는 교회 또는 선교 단체와 나눌 수 있다.

4) Gateway의 평가 방법을 사용하는 것

훈련의 목적은 성장을 이루도록 하는 것이다. 성장은 정지되어 있는 것이 아니다. 따라서 이런 종류의 평가를 가장 유용하게 적용하려면 어떤 형태의 진진이 이루어졌는지에 대한 몇 가지 징후들을 주기적으로 살펴보는 것이 좋다. 어떤 최종 결과들은 대부분의 훈련 프로그램들이 제한된 시간에 성취할 수 없는 수준의 성숙을 표시하고 있다. Gateway에서는 현지로 들어갈 수 있는 준비와 태도를 평가하기 위한 목적으로 이 평가 양식을 사용하고 있다.

아래의 평가 양식의 일부는 한 훈련생에 대하여 훈련을 시작할 때 성령의 열매에 대한 분명한 증거가 부족했지만 훈련 마지막에는 괄목할 만한 진전을 이루었다는 것을 보여준다. 이것은 화살표로 표시된다. 그 훈련생은 또한 훈련에 들어왔을 때 하나님의 인도에 순응적인 것처럼 보였는데, 후에는 불안정함과 인내의 부족함을 드러냈다.

◆ 최종 결과의 한 가지 영역에 대한 평가 양식 샘플 ◆

최종 결과 영역: 영적 성숙	성장 0	1	2	3	최종 평가결과
지식, 하나님 사랑, 성령의 열매		├──→			2
하나님께 대한 자발적 예배 개인과 공동체의 예배 생활의 전진			├──→		3
하나님의 인도에 대한 순종(인내 등)	←──┤				1

◆ 샘플: GMTC 학생 평가 양식 ◆

학생 이름		날짜	
멘토 이름		훈련기수	

Gateway 훈련이 추구하는 최종 결과		현장에 대한 준비 정도 등급
다음은 Gateway 훈련이 추구하는 최종 결과 목록이다. 우리 프로그램의 설계 목적은 지식, 성품, 기술 영역에 있어 훈련생들이 현장에서 사역할 수 있는 준비가 되도록 성장시키는 것이다. 당신의 훈련생이 각 영역에 있어 현재 어느 수준에 있다고 생각되는지를 표시하라.	0 1 2 3 NA U	많은 노력이 필요함 노력이 필요함 현장에 갈수 있음 뛰어남 해당 사항 없음 모르겠음(Unknown)

영성: 하나님과의 관계에서 성장을 나타냄	등급
* 경건의 시간을 정기적으로 가짐	
* 적극적인 기도 생활을 함	
* 영적 분별력의 증거를 보임	
* 성경을 어떻게 연구하며 적용할지를 알고 있음	
* 하나님과 친밀한 관계를 어떻게 발전시키는지를 알고 있음	
* 믿음으로 도전함	
* 사역을 성장시키기 위해 하나님과의 활기찬 관계를 가꾸어 감	
* 하나님의 뜻을 분별하고 순종함	
* 공동체 안에서 다른 이들의 조언을 존중함	
* 성령의 은사들을 이해하고 지혜롭게 사용함	
* 영적 전투의 원리들을 이해하고 적용할 수 있음	

성품: 태도와 행동에 있어 그리스도 닮음을 반영함	등급
* 성령의 열매가 자라고 있음을 보여줌	
* 진정성(도덕성, 평판, 책임감, 신뢰성, 책무, 훈련)	
* 배우려는 태도	
* 격려와 교정에 기꺼이 반응을 보임	
* 문화적, 신학적, 교단적 차이에 대한 관용을 보임	
* 새롭거나 바뀐 환경에 대해 유연성과 적응력을 보임	
* 섬기려는 태도를 보임	

대인 관계 기술: 다른 사람들과 관계 맺는 능력을 보임	등급
* 자기 성격의 강점과 약점을 인식하고 있음	
* 갈등을 다룰 수 있는 능력이 있음	
* 좋은 관계를 유지하기 위해 노력함-관계 잘 맺는 법을 이해함	
* 팀으로 일할 수 있음	
* 다중문화 팀 안에서 효과적으로 사역함	
* 친구를 사귀는 능력이 있음	

* 다른 이들의 감정을 잘 알아차림	
* 자신이 어떻게 타인에게 영향을 미치는지를 인식하고 적절히 조절함	
* 다른 이의 말에 주의를 기울이는가(다른 이들을 이해하려고 노력하는가)	

신체 및 감정적 건강: 삶 전체에 있어 균형 잡힌 증거를 나타냄	등급
* 감정적인 평정을 보임	
* 이 영역들에 대한 조언과 충고에 개방적임	
* 다른 음식들에 대해 기꺼이 적응하려 함	
* 스트레스를 관리할 수 있음	
* 해외에서 겪을 수 있는 건강 문제들에 대한 인식이 있음	
* 정기적으로 운동을 함	
* 어려운 환경 속에서 긍정적으로 살 수 있는 감정적 회복력을 가짐	
* 안정적이고 건강한 자아상을 가지고 있음	

교회: 지역적이고 세계적인 그리스도의 공동체에 헌신을 나타냄	등급
* 지역 교회에 참여하며 헌신하고 있음	
* 모교회와 연관을 맺는 가운데 사역함	
* 우주적 교회에 대한 성경적 개념을 수용함	
* 교회 개척과 관련된 핵심적 쟁점들을 인식함	
* 교회 개척에 관한 기본적 전략을 발전시킬 수 있음	
* 교회 성장을 위한 선교사의 역할을 인식하고 있음	
* 현지 교회와 좋은 관계를 유지함(지나친 간섭이나 의존을 피함)	

선교에 대한 성경 및 신학적 이해: 확고한 성경적 선교 신학을 가짐	등급
* 성경의 권위에 대한 헌신을 나타냄	
* 하나님 말씀에 대한 깊은 관심과 갈망을 나타냄	
* 성경적으로 생각하며 삶에 적용함	
* 선교에 대한 성경적 기초를 이해하고 설명할 수 있음	
* 선교에 대한 성경적 기초를 이해하고 방어할 수 있음	
* 선교에 대한 열정을 나타냄	

팀 사역: 팀의 일원으로서 효과적으로 기능함	등급
* 팀으로 사역할 때 자신의 역할, 영적 은사, 성격을 인식함	
* 동료 및 현지 사역자들과 일할 때 섬기는 리더십을 나타냄	
* 동료 및 현지 사역자들과 상호 복종을 실천함(엡5:21)	
* 리더십 능력을 나타냄(비전 제시, 팀 세우기, 행정가로서의 가능성을 보임)	

타문화 적응력: 문화적 차이와 가치에 대한 이해와 적응력을 나타냄	등급
* 선교사의 문화적 적응의 중요성 및 과정을 이해함	
* 다른 문화의 규범에 민감하고 복장과 행동을 적절히 조절함	
* 다른 환경, 사람, 문화에 적응함	
* 문화 충격 증상을 이해하고 대응 전략을 적용함	
* 문화적 차이를 존중하고 즐길 수 있음	
* 선교사 소명에 걸맞는 가치와 기준을 채택함	
* 문화적 차이들을 편견 없이 수용하고 귀하게 여김	
* 문화적 차이들에 호기심과 관심을 보이며 이해하고 즐김	
* 언어적 및 비언어적으로 표출되는 문화적 실마리를 인지하고 관찰함	

상황화: 문화를 이해하고 복음의 메시지를 효과적으로 해당 문화에 전달할 수 있음	등급
* 세계관의 중대한 차이점을 인식하고 그것이 복음의 전달에 어떻게 영향을 미치는지를 이해함	
* 타문화 의사전달의 어려움을 이해함	
* 의사전달을 증진시키기 위해 방법이나 형태를 조절할 수 있음	
* 타문화 사역에서 상황화와 그 역할을 이해하고 그것에 대한 개인적 확신을 표현할 수 있음	

언어습득: 다른 언어를 습득하는 능력을 나타냄	등급
* 다른 언어를 배우는 데 헌신적임	
* 개인적으로 언어 습득 전략을 발전시키고 있음	
* 현지 언어와 사고방식으로 의사전달을 함으로써 언어습득에 있어 진전을 나타내고 있음	

의사소통: 다양한 환경에서 효과적으로 소통함	등급
* 정돈된 생각을 명확하게 전달함	
* 청중의 관심을 유지시킬 수 있도록 창의성을 발휘함	
* 열정을 가지고 자신의 비전을 전달함	
* 다른 환경을 위해 잘 준비되어 있음	
* 의사소통을 원활하게 하기 위해 메일을 사용함	
* 관심을 불러일으킬 만한 기도 편지를 쓸 수 있음	

전도: 사람들에게 예수 그리스도를 소개하기 위한 기회를 의도적으로 찾음	등급
* 복음의 핵심적 요소들을 이해하고 효과적으로 제시할 수 있음	
* 자신의 간증을 분명하게 나눔	
* 그리스도께로 사람들을 인도하는 데 열정이 있음	
* 민감성과 지혜를 가지고 분명하게 증거할 수 있음	
* 사람들을 그리스도께로 인도할 수 있음	

제자도: 그리스도의 제자이며 또 제자를 삼고 있는가	등급
* 제자 삼는 과업에 헌신되어 있음	
* 제자가 되고 제자 삼는 데 무엇이 필요한지 알고 있음	
* 성경공부를 통해 개인이나 그룹을 제자로 삼을 수 있음	

생활하기 위한 기술: 일상생활과 관련된 기술들을 기꺼이 배우고 실행함	등급
* 해외에서 건강한 삶을 유지하기 위한 적절한 삶의 기술들을 사용함	
* 근로 의무를 실행할 때 섬기는 태도를 보임	
* 선교를 위한 직업적("tentmaking") 요구를 만족시킴	

가정 및 독신의 삶: 본국과 현지에서의 가정 및 독신의 삶이 어떤 것인지를 이해함	등급
* 개인적 삶과 사역 사이의 균형을 유지함	
* 독신이나 결혼한 동료들의 필요에 민감함	
가정 생활:	
* 배우자와 자녀들의 필요에 민감함	
* 해외에서 가정생활을 영위한다는 것의 의미를 이해함	
* 해외 생활을 위해 가족을 준비시킴	
독신 생활:	
* 독신의 삶을 효과적으로 이끌어갈 수 있음	

파송 전 사역: 사역지로 나가기 전에 거쳐야 할 필수적인 단계 및 실행/기술들을 이해함	등급
* 효과적으로 동역자를 일으키고 있는가	
* 현지로 나가기 위한 계획을 시작하고 발전시키고 있는가	

※ 건의 및 제안:

색인

ㄱ

가르침 92, 170, 188, 192, 251-252, 274-275, 278, 287-288
가정 100, 146, 168, 222
가치(values) 94-96, 116, 204-205, 258, 261
가치(worth) 319-323
결과 78, 91, 108, 110, 220, 238, 244, 307-311
경험적 학습(학습 경험을 보라)
공감대 형성 199, 202, 207-209, 233
공동체 25-26, 111, 113, 135-136, 201, 217, 281, 334-335, 344, 346, 370-372
공식 훈련 122, 131, 133
과정 108-110, 113, 307-309
관계 101, 103-104
관계적 모형 105
광고 158
교실 중심 295-297
교육 96, 98, 131, 165, 185, 204
　신학적 159-160, 165-168
　이론 74-75, 173-174, 182-183, 191-192, 217
　접근 방식 혹은 영역 (공식적, 비공식적, 비형식적) 129-133
교육 계획의 순환도 284
교차문화적 119
교회 137, 141-142
교회 개척자 230, 243
균형잡힌 학습 257-258
기도 143, 150, 158-159, 200, 209, 260, 343
기술 91, 92, 104, 108, 126, 128, 130, 229, 233-238, 303

ㄴ

능력 점검표 255

ㄷ

대인 관계(인간 관계) 113, 124
동기 186

ㅁ

멘토 102, 109-111, 213, 248, 250, 303

멘토링　73, 79, 135, 185, 308
모델　111, 136-137, 297
목적(목표)　124-125, 205, 217, 238,
　　253-254, 285, 309
　　사역　85
　　조직적/기관적　85
　　훈련　125-126, 217, 280, 285,
　　307-308

ㅅ

사역 기술　129, 137, 257-258
사회 과학　96
삼각추 모델　77, 127, 132, 134, 136,
　　258
상황　135-137, 139, 169, 173-174
선교 단체　198, 288, 331-332, 339,
　　350
선교사　86, 91, 120-122, 145-146,
　　222, 230, 231
선교사 탈락 방지 프로젝트(ReMAP)
　　121
선교 훈련 평가　389, 392, 395
선택　176, 308
설계　74, 83-84, 109, 111, 145, 189,
　　192, 277, 398
성령　158, 207, 252, 270
성인 교육　75, 166, 170, 173, 188, 256
성인 학습자　174-176, 180, 185, 191
성찰　113, 183-184, 283, 295-296,
　　298
성찰하는 실천가　185
성품　77, 79, 104, 116-117, 129-130
　　성품의 성장　82, 109, 128, 200
　　성품적 특성　94, 218, 234, 241,

　　257-258
　　성품 형성　126, 139
세계관　93-94, 109, 114
순차적인 순서　237
숨겨진 의도　173
시험　312
신념　93-95
신학교　159, 210

ㅇ

역할　103, 197-199, 206, 228-230,
　　248, 303
역할극　175, 177, 180-181, 282, 294
연속성　238, 274
예술로서의 훈련　251
유지　137, 205
은유　183
　　교육　98-102
　　봉사/사역　109
의도성　99
의미 테두리틀　186
의사 결정　207-208, 217
이사회　151-153, 320-321
이해　82, 125, 129, 257-258, 263,
　　324
인간 관계　91
인지학습　82, 135, 261
일상 교육　132-133, 135

ㅈ

자원　95, 136, 287-290, 308, 399
자질　125, 222-223, 226, 257
장점　319, 322-323

재능 104, 167
재정 149, 150, 154
전략 217, 279, 294-295
전인적 71, 77, 78, 93, 110-114, 117, 119, 120-122, 124-126, 136
전인적 선교 훈련의 원리 110
전인적 인간(전인적을 보라)
전인적 훈련의 열 가지 원리 110
정보 전달 113, 171
정서적 학습 81, 135
정체성 103
제자도 145, 232, 245, 308, 343, 419
존재 73
존재, 행동, 지식 77, 257
지식 73, 92, 111, 120, 130, 132, 166, 219-223, 234, 257-258
직원 148-149, 151-152, 317, 319-320
직접적인 관찰 314
직접적인 질문 313

ㅊ

참여 143, 222-223, 282
책임성 158, 320, 354
최종 결과에 입각한 80

ㅋ

커리큘럼 78-79, 248-249
    개발 220, 249, 251-252
    계획 249-250, 273
    내용 78-79
    정의 78-79, 248
커리큘럼 계획에서의 "차이" 253-254

ㅌ

타문화(혹은 교차문화) 84, 86, 91, 134, 166, 243
    기술 125, 133, 201
    실습 213, 380
    의사소통 232, 297
    이슈 120, 168
탈락 121-123, 199, 347
태도 79, 82, 104, 126, 129-131, 200, 204, 336
통합 257, 275
통합성 219

ㅍ

파송 교회 120, 125, 198-199, 222
파송 단체 148, 151, 153, 155
평가(Assessment) 255-256, 287, 296, 302, 389
    동료 평가 412
    선교 훈련 평가 389, 395
    자기 평가 255, 411
    필요 평가 401, 408
    학생 평가 412-415
평가(Evaluation) 240, 302, 307-311
    계획적인 혹은 순환적인 316-317
    도구 389, 401, 406, 415
    정기적인 318, 324
    책임있는 318
    팀 320-324
    평가지도위원회 320-324
프로그램 141-143, 159, 163
    개발 307, 324-325

개발자 206, 215
소개 329-388
프로파일 91, 219, 239, 243-244, 368, 379
    결과물 91-92, 125-126, 219, 238-246, 254
    과정 220-241
    도표 91-92, 226, 237-239
    사역 239-240, 243
프로파일 워크샵 225-227
필요 84, 188-189, 253-254, 259-260, 290, 408

ㅎ

학습 185, 253-257, 279-283
    경험 133, 139, 248, 274-275, 277-283, 290-291, 296, 298-299, 304
    공동체 281
    목표 247-249, 253-256, 259-273
    유형 178-180, 186-187
    활동 249, 253-254, 290, 303
학습 목표 259
학습자 171-172, 179, 188-189
    성인(성인 학습자를 보라)
    특성 174, 182-183, 186-188
학습 활동 290
행동 73
행정 141, 159
행정 계획 150
헌신 88, 95-96, 116, 139, 217, 315, 320
    교육적 헌신 87, 217

훈련에 대한 헌신 95-96, 202, 285-287, 290-291, 294-295, 307, 314-315, 325
현장 교육 132-133, 135
현장 중심 295-296
회의진행자 206, 224, 227
효율성 121, 149, 201, 204, 219-220, 302-303, 312-313
훈련
    과정(과정을 보라)
    교실 중심(교실 중심을 보라)
    교회 중심(교회를 보라)
    모델(모델을 보라)
    목적(목적을 보라)
    설계(설계를 보라)
    위원회 151
    자원(자원을 보라)
    최종 결과에 입각한(최종 결과에 입각한을 보라)
    프로그램(프로그램을 보라)
훈련관계자 120, 197-198, 203-206, 217, 223, 320, 396
훈련생 287-288, 290
    선택 145-147, 153, 253-254
    특성 111-112, 146, 176-179, 188-189, 253-254
훈련자 188-189, 301-302, 316, 318
    역할 303
    특성 111-112, 116-117, 169-172, 188-189, 295-297, 397
훈련 철학 93, 107

GMF 시리즈 ②
전인적 선교 훈련, 어떻게 할 것인가?
Integral Ministry Training

2013년 7월 15일 초판 발행

지은이 | 로버트 브링좁슨 · 조나단 루이스
옮긴이 | 변진석 · 엄주연

발행처 | 사)한국해외선교회
발행인 | 이태웅
홈페이지 | www.gmf.or.kr
전화 | 02) 2653-4270

편집·총판처 | 사)기독교문서선교회
등록 | 제16-25호(1980. 1. 18)
주소 | 서울시 서초구 방배로 68
전화 | 02) 586-8761~3(본사) 031) 942-8761(영업부)
팩스 | 02) 523-0131(본사) 031) 942-8763(영업부)
홈페이지 | www.clcbook.com
이메일 | clckor@gmail.com
온라인 | 기업은행 073-000308-04-020, 국민은행 043-01-0379-646
　　　　　예금주: 사)기독교문서선교회

ISBN 978-89-341-1300-3 (93230)

* 낙장·파본은 교환해 드립니다.

이 도서의 국립중앙도서관 출판시 도서목록(CIP)은
서지정보유통지원시스템 홈페이지(http://seoji.nl.go.kr)와
국가자료공동목록시스템(http://www.nl.go.kr/kolisnet)에서
이용하실 수 있습니다.
(CIP제어번호: CIP2013008453)